2025 世界纺织行业趋势展望

2025 TREND OUTLOOK
FOR THE WORLD TEXTILE INDUSTRY

▶ 中国纺织工业联合会　世界布商大会组委会　编著

中国纺织出版社有限公司

内　容　提　要

本书以全球的宏阔视野，寻求纺织长远长久之策。内容包括科技、时尚、绿色三大篇，系统分析全球纺织产业现状与未来格局，通过前瞻性、专业性的梳理，擘画纺织产业未来图景。科技篇，剖析新变革下的科技创新之术，全面梳理全球纺织科技创新成果与新动态，围绕绿色化、智能化、高端化三大方向展开；时尚篇，洞察新格局下的时尚文化之势，以全球时尚消费市场现状与产业发展动态为基础，引导行业提升生成设计能力、快速反应能力、价值引领能力；绿色篇，聚焦新形势下的可持续发展之道，展示行业构建绿色低碳循环的制造体系，ESG信息披露和绩效评估体系的实践探索。

本书可供纺织行业管理者、企业家、专业人员和院校师生阅读参考。

图书在版编目（CIP）数据

2025世界纺织行业趋势展望 / 中国纺织工业联合会，世界布商大会组委会编著. -- 北京 : 中国纺织出版社有限公司, 2025. 1. -- ISBN 978-7-5229-2445-8

Ⅰ. F416.81

中国国家版本馆CIP数据核字第2025D7A655号

责任编辑：黎嘉琪　魏　萌　　责任校对：高　涵
责任印制：王艳丽

中国纺织出版社有限公司出版发行
地址：北京市朝阳区百子湾东里A407号楼　邮政编码：100124
销售电话：010—67004422　传真：010—87155801
http://www.c-textilep.com
中国纺织出版社天猫旗舰店
官方微博http://weibo.com/2119887771
北京华联印刷有限公司印刷　各地新华书店经销
2025年1月第1版第1次印刷
开本：787×1092　1/16　印张：19.5
字数：515千字　定价：298.00元

凡购本书，如有缺页、倒页、脱页，由本社图书营销中心调换

《2025世界纺织行业趋势展望》编写单位

编著单位
中国纺织工业联合会

世界布商大会组委会

联合研究
中国纺织信息中心

纺织产品开发中心

中国纺织工业联合会社会责任办公室

中国纺织工业联合会品牌工作办公室

绍兴市柯桥区中国轻纺城建设管理委员会

支持单位
工业和信息化部工业文化发展中心

联合国气候变化框架公约 时尚产业气候行动宪章 中国工作组

世界可持续发展工商理事会

中国循环经济协会

中国纺织工业联合会科技发展部

中国纺织工业联合会生产力促进部

中国产业用纺织品行业协会

中国服装协会

法国国家匠心联盟

德国亚琛工业大学（RWTH Aachen University）

东华大学

江南大学

武汉纺织大学

天津工业大学

北京服装学院

中国非物质文化遗产研究院

上海纺织博物馆

浙江纺织服装职业技术学院染整技术研究所

长三角ESG与零碳研究院

全球时尚资讯网·中国（WGSN China）

意大利Elementi Moda纺织&时尚咨询公司

日本时装周主办机构

《中国服饰》杂志

北京红棉小冰科技有限公司

北京商询科技有限公司

北京智慧净零咨询服务中心

布络维科技（上海）有限公司

广东匡敦科技有限公司

广东溢达纺织有限公司

格兰双国际（柬埔寨）有限公司 [Grand Twins International（Cambodia）Plc.]

杭州天富德泰信息技术有限公司

柯镂软件开发（上海）有限公司

联通（浙江）产业互联网有限公司

鲁普耐特集团

宁波新物云科技有限公司

青岛海丽雅集团

上海不工软件有限公司

上海青甲智能科技有限公司

上海嘉麟杰纺织品股份有限公司

上海元彩科技有限公司（Corolo）

西安华美海润软件工程有限公司

浙江凌迪数字科技有限公司

《2025世界纺织行业趋势展望》编委会

指导委员会

孙瑞哲　夏令敏　徐迎新　陈大鹏　李陵申　阎　岩
陈　豪　袁　建

工作委员会

袁笑文　胡　松　李斌红　张　玮　李　波　张　彤　齐　梅　胡发祥　陈宝建　宋富佳

特邀专家（按姓名首字母排序）

蔡再生　上海市领军人才、中国纺织学术带头人、教授
陈南梁　东华大学产业用纺织品教育部工程研究中心主任、教授、博导
Christoph Greb　德国亚琛工业大学纺织技术研究所（ITA）科学总监
Detlev Pross　Coloro总部首席战略官
何映昆　工业和信息化部工业文化发展中心主任
Hiroshi Komoda　日本时装周主办机构执行总监
Jaden Oh　柯镂虚拟时尚（CLO Virtual Fashion）创始人
贾一亮　上海纺织博物馆馆长
蒋高明　江南大学针织技术教育部工程研究中心主任、教授
李边卓　中国循环经济协会副会长、中国循环经济协会工业固废专业委员会理事长、尾矿综合利用产业
　　　　技术创新战略联盟理事长
林燕丽　布络维科技联合创始人、首席商务官
刘　郴　浙江凌迪数字科技有限公司CEO
刘东明　中国产业用纺织品行业协会绳（缆）网分会副秘书长
刘　容　原时尚集团副总裁，现任北京对外文化贸易协会副会长、清华大学艺术与科学研究院时尚产业
　　　　中心主任
刘晓青　中国服装协会副秘书长、中国服装协会会刊《中国服饰》总编辑
Lyne Cohen-Solal　法国国家匠心联盟主席、马克龙政府文化顾问、巴黎前副市长（2001—2014年）
Ornella Bignami　意大利元素时尚（Elementi Moda）纺织&时尚咨询公司创始人/艺术总监、前国际流
　　　　行色委员会主席
邱孝群　广东溢达纺织有限公司能源与环境管理部副总监
沈　明　鲁普耐特集团董事长、中产协绳（缆）网分会会长
施楣梧　原军事科学院军需工程技术研究所教授级高级工程师

孙冬宁　中国非物质文化遗产研究院学术院长
Thomas Gries　德国亚琛工业大学纺织技术研究所（ITA）主任、教授
王春红　天津工业大学教务处处长、先进纺织复合材料教育部重点实验室副主任、教授
王华平　东华大学高性能纤维与制品教育部重点实验室主任
王俊丽　上海嘉麟杰纺织科技有限公司副总工程师
王　锐　北京服装学院教授、服装材料研究开发与评价北京市重点实验室主任
夏建明　浙江纺织服装学院纺织服装研究院院长兼染整技术研究所所长、宁波市纺织服装智能制造技术
　　　　重点实验室主任、教授
徐卫林　中国工程院院士、武汉纺织大学校长
薛　华　中国传媒大学设计思维学院副院长
张大川（Johannes Neubacher）　WWD中国联合创始人暨首席内容官
张丽东　青岛海丽雅集团技术中心副主任、青岛华凯海洋科技有限公司总经理
张秀芹　北京服装学院材料设计与工程学院院长、教授

研究团队（按姓名首字母排序）

毕思伊	蔡再生	曹潇文	陈宝建	陈　佳	陈　晋	陈南梁	陈培培	陈　爽	陈小丽	陈寅杰
丁　瑶	杜培波	高　阳	关晓宇	韩俊霞	何粒群	和杉杉	胡发祥	胡柯华	胡雪睿	惠露露
计雅婷	姜润喜	蒋金华	孔　衍	李斌红	李　波	李程程	李可欣	李　雷	李晓菲	李　鑫
李晓彦	廖赖民	刘长江	刘凯琳	刘正源	吕江云	马　磊	门　征	齐　梅	齐艺晗	邱文熹
覃　晓	上官飞凤	邵光伟	邵慧奇	沈　华	沈亚萍	石建高	宋秉政	宋富佳	宋光敏	孙菲菲
孙丽蓉	孙清逸	田利君	王　晨	王浩宇	王佳月	王　洁	王开妍	王　丽	王晴颖	王新力
谢　然	徐广标	许展瑜	薛云帆	闫　博	阎　岩	杨　刚	杨玉华	杨雨心	曾龙龙	张露杨
张　娜	张思繁	张　玮	张文亚	赵永霞	郑国峰	周长年	周　峰	祝丽娟		

序

经纬全球，衣被天下。历经多年发展，中国纺织工业成功走出了一条规模化、体系化的后发赶超之路，进入高质量发展的新阶段，当前正面对走向价值链高端的新课题。世界之变不断向广度和深度延展。全球需求低迷，地缘政治影响深刻，离岸制造、回岸制造、近岸制造、"友岸制造"的不断变化，使全球贸易和生产格局加速调整；新一轮科技革命和产业变革正在重构全球创新版图、重塑全球经济结构。应变局，开新局，行业需要探索形成创新驱动的产业发展模式，更好应对转变发展方式、优化产业结构、转换增长动力的新挑战。

党的二十届三中全会对进一步全面深化改革、推进中国式现代化进行了科学谋划和系统部署。会议提出要"发展以高技术、高效能、高质量为特征的生产力""促进各类先进生产要素向发展新质生产力集聚""加快推进新型工业化"，为新时期纺织服装产业发展提供根本遵循。

围绕科技、时尚、绿色，中国纺织工业正在积极探索发展新质生产力的有效路径。

前瞻布局，以新质新力重塑产业形态。未来信息、未来能源重塑产业底层基座，未来制造、未来材料改变产业生产函数，未来空间、未来健康延展产业场景赛道，产业创新正以科技创新实现传统产业、新兴产业、未来产业梯次发展。行业积极发展新质生产力，推动传统产业的高端化升级，前沿技术的产业化落地。

责任发展，以新质新力重塑价值判断。绿色发展成为全球共识，产业的内在关联与成本优势正在重塑。发展新质生产力，行业以低碳、资源效率和社会包容性为重点，以集约化、减量化、低碳化、循环化、清洁化为方向推动全产业链的绿色低碳转型，以新技术、新模式创造新产品、新价值。

数智转型，以新质新力重塑制造模式。人工智能正在重塑生产力与生产关系，在研发端、制造端、设计端、市场端等方面，引发了产业深层次系统性变革。发展新质生产力，行业把握AI技术发展机遇，探索将设计、制造、营销、管理、品牌建设等架构于"大数据+大算力+强算法"之上。

文化赋能，以新质新力重塑产业内涵。作为纺织新质生产力的独特内容，文化生产力是形成美学价值、情感价值、品牌价值的重要源泉。树立文化自信，行业围绕优秀传统文化、当代先进文化的系统性挖掘和时代性转化，打造中国时尚产业新的突围和崛起路径。

他山之石，可以攻玉。要做好这项全新事业，不能闭门造车。明"破"与"立"的趋势，辨"稳"与"进"的方向，必须放眼全球，博观约取。《2025世界纺织行业趋势展望》一书正是这样的一扇窗口。很欣喜地看到该课题组全面、系统、细致、前瞻地开展了研究工作。从科技、时尚、绿色三大维度，深度分析了全球纺织产业现状与未来格局、市场消费与时尚趋势、科技创新与绿色发展，以前瞻性的专业视角展现产业新图景，擘画创新驱动、文化引领、责任导向的产业未来。相信其对于中国纺织工业科学把握新时期世界纺织产业发展规律，准确把握新时代中国纺织产业面临的外部环境基本特征，全面谋划和推进纺织现代化产业体系建设，具有重要的理论和现实意义。

该书数据翔实，研究客观，观点明确，兼备实用性、前瞻性，具有较强的参考和指导价值。开卷有益，通过一读此书，相信大家都能有所收获。知之愈明，行之愈笃。非常期待能有更多纺织行业发展新质生产力的成功实践。

中国纺织工业联合会会长

2024年10月11日

编者按

时尚是世界的语言，纺织是永恒的事业。作为举足轻重的民生产业，纺织产业不仅承载着推动科技革新、驱动时尚升级的使命，也肩负着引领全球产业向低碳、环保、可持续发展转型的重任。在新时代的浪潮中，面对日新月异的市场环境与全球竞争的新格局，纺织行业需加快推动质量变革、效率变革、动力变革，在全球范围内实现先进生产要素的优化配置，不断提升全要素生产率，为产业高质量发展注入动能。

世界布商大会自2018年起已成功举办六届。大会以"共商、共建、共享"切实推进纺织行业国际交流与合作，在增进行业理念共识、深化创新联动、推动产业发展、促进开放融通等方面取得了丰硕成果。基于多年来丰富的资源积淀和丰硕的合作成果，世界布商大会组委会联合来自国家部委、国内外权威研究机构、科研院所、知名企业等单位，数十位纺织服装领域的顶尖专家，跟踪分析全球纺织行业发展现状，论述行业热点话题，把握产业发展动态，预测产业发展趋势，通过持续发布年度报告，为推动全球纺织产业的转型升级指引路径。

本书综合运用了文献研究法、历史研究法、案例研究法、比较研究法等专业研究方法，以"科技·时尚·绿色"三大核心价值为统领，立足当下、放眼未来，通过分析与研判全球经济格局与产业生态布局，指明科技驱动、数实融创、文化引领、责任导向的行业未来发展大趋势，通过解读与剖析全产业链和多元维度的创新成果与实践案例，指引高品质、高性能、高价值、高标准的产品未来创新大方向。希望本书能为全球纺织行业企业的生产实践与转型升级提供借鉴参考和可行建议，带来收获和启发。

鉴于研究内容的复杂性，时间、资源及研究水平的限制，本书尚有诸多不足之处，期待各方读者提供批判性思考和建设性意见，我们将在此基础上不断修订和完善。让我们一起精准把握产业脉搏，深刻洞察前沿趋势，凝聚理念共识，弘扬共同价值，为世界纺织行业的融通发展书写浓墨重彩的篇章。

《2025世界纺织行业趋势展望》编委会

2024年11月

目录

综述 ··· **015**

第一章　世界纺织行业现状分析 ·· 017
　　　　一、链条长、涉及面广 ·· 017
　　　　二、社会经济影响大 ·· 018
　　　　三、产能转移步伐快 ·· 019
　　　　四、投资恢复性增长 ·· 021
　　　　五、贸易结构性变化 ·· 023
　　　　六、消费复苏和转变 ·· 029

第二章　世界纺织行业发展展望 ·· 036
　　　　一、产业布局持续优化调整 ·· 036
　　　　二、技术创新驱动行业升级 ·· 037
　　　　三、产文融合引领时尚发展 ·· 041
　　　　四、绿色导向推动可持续发展 ·· 042

科技篇 ··· **045**

第一章　世界纺织科技新进展综述 ·· 047
　　　　一、未来产业体系下的未来纺织 ·· 047
　　　　二、国际发达地区纺织科技创新概述 ·· 047
　　　　三、世界纺织科技的发展趋势 ·· 062
　　　　专家观点 ··· 066

第二章　功能性纤维新材料开发方向及趋势 ·· 070
　　　　一、基于舒适功能需求的纤维新材料开发及应用 ································ 070
　　　　二、基于健康需求的纤维新材料开发及应用 ···································· 077
　　　　三、基于安全防护需求的功能性纤维材料开发及应用 ···························· 083
　　　　四、功能纤维的发展趋势 ·· 090
　　　　专家观点 ··· 095

第三章	技术纺织品发展现状及趋势	097
	一、航空航天用纺织品发展现状及趋势	097
	二、海洋工程用纺织品发展现状及趋势	114
	专家观点	135
第四章	数字化赋能纺织产业发展	140
	一、纺织行业数字技术发展现状及趋势	140
	二、设计研发数字化	147
	三、生产制造数字化	161
	四、供应链管理数字化	173
	五、市场营销数字化	180
	六、纺织企业出海动因、挑战及数字化策略	186
	专家观点	193

时尚篇 ... 197

第一章	纺织行业发展文化生产力的时代价值	199
	一、提升品牌竞争优势的价值指引	200
	二、驱动行业内涵跃升的关键力量	201
	三、创造美好消费生活的现实支撑	201
	四、推动时尚美学进阶的重要实践	202
第二章	提升未来纺织行业文化生产力的创新路径	203
	一、提升纺织行业基于风格识别的设计力	203
	二、提升纺织行业面向传统文化的链接力	207
	三、提升纺织行业整合跨界文化的融合力	212
	四、提升纺织行业面向消费文化的叙事力	218
	五、提升纺织行业塑造企业文化的价值力	225

第三章	提升未来纺织行业文化生产力的发展建议	232
	一、建立国际交流合作机制	232
	二、给予多维政策保障支持	232
	三、推进三力融合共促体系	233
	四、搭建多元文化内容平台	234
	五、创新丰富交流合作形式	235
	专家观点	237

绿色篇 249

第一章	绿色低碳纤维材料发展及趋势展望	251
	一、绿色低碳纤维材料的概念与范畴	251
	二、天然纤维的发展现状与趋势	252
	三、再生纤维素纤维的发展现状与趋势	255
	四、生物基合成纤维材料的发展现状与趋势	258
	五、循环再利用纤维材料的发展现状与趋势	263
第二章	绿色低碳纺织技术发展及趋势展望	269
	一、绿色低碳纺织技术的定义与范畴	269
	二、绿色低碳纺织技术的发展现状	269
	三、绿色低碳纺织技术的发展趋势	286
第三章	绿色低碳制造模式发展及趋势展望	290
	一、绿色低碳制造模式的定义与发展背景	290
	二、纺织行业绿色低碳制造模式的发展现状	295
	三、纺织行业绿色低碳制造模式的发展趋势	303
	专家观点	307

SUMMARIZE

综述

第一章　世界纺织行业现状分析
第二章　世界纺织行业发展展望

第一章　世界纺织行业现状分析

纺织行业是全球最大、最重要的制造行业之一，首先，是因为其满足了穿衣这个人类第二大基本需求；其次，纺织行业是各国工业化的先导产业，目前仍有许多发展中经济体将其作为出口导向型产业，依靠该产业创造就业机会，增加外汇收入，推动经济增长；再次，纺织行业是社会经济影响面大的产业，其加工的天然纤维原料来自农牧业，涉及数以亿计农牧民的生计；最后，纺织行业为各行各业提供纺织配套产品，从最基本的农用覆盖网，到高技术领域的航天员宇航服、月球登陆车上的国旗。总之，纺织行业在美化人民生活、服务经济发展、实现共同富裕、增强文化自信等方面发挥重要作用。

目前，世界纺织行业呈现以下主要特点。

一、链条长、涉及面广

纺织行业是一个拥有上、中、下游紧密结合的产业链，也是涉及面和影响面非常广的行业。例如纺织行业产业链上游的原材料生产环节涉及种植业、养殖业、化工业和金属材料业，下游的纺织产品营销环节涉及各种纺织产品的应用产业和最终消费领域，尤其是产业用纺织品的使用遍及各行各业，为纺织产业链各环节提供支持、配套的相关产业更是丰富繁杂（表1-1）。

表1-1　纺织行业产业链各环节主要产品、参与方和相关方

纺织产业链各环节	上游	中游	下游
各环节内容	纺织原材料生产	纺织产品生产	纺织产品市场营销
各环节主要产品	天然纤维（棉、毛、丝、麻） 化学纤维（再生纤维素纤维、合成纤维） 纺织化学品（染料、助剂、油剂等） 纺织机械、器材	纺织纱线、面料、辅料等中间产品 服装、服饰 家用纺织品 产业用纺织品	
各环节主要参与方	棉毛麻丝加工和供应企业、个人 化学纤维生产企业 纺织机械、器材生产企业	纺织生产企业（纺纱、织造、染整、针织） 服装生产企业 家用纺织品生产企业 产业用纺织品生产企业	专业批发、零售市场 贸易企业（国内贸易、进出口贸易） 品牌企业 线下实体零售店铺 线上销售平台、企业和个人
各环节相关方	天然纤维种植养殖企业、个人 化纤和纺织化学品原料生产、供应企业 纺织机械、器材制造业原材料供应企业	生产性服务业（物流运输、产品设计、技术研发、产品检测认证、信息技术、教育培训等）	纺织品服装消费者 家用纺织品使用行业（室内装饰、旅游、酒店等） 产业用纺织品使用行业（建筑、交通、农业、食品、饮料、医疗、化妆、安全保护、航空航天等）

续表

纺织产业链各环节	上游	中游	下游
各环节相关方	相关服务业（天然纤维种植养殖、种子培育和供应、种植和加工技术服务、物流运输、化纤、纺机和纺织化学品生产技术研发、产品设计、产品检测认证、信息技术、教育培训等）		相关服务业（物流运输、品牌咨询、信息技术、产品检测认证、教育培训、市场调研、资源回收等）

二、社会经济影响大

纺织行业是重要的实体经济部门，在全球制造业中占据重要地位。根据联合国工业发展组织（UNIDO）数据库，2022年其统计的90个国家和地区制造业增加值为526.19万亿美元，其中纺织服装制造业（仅指纺织产业链中游的制造环节）增加值为3.55万亿美元，占2.61%。占比最高的20个国家中，大多数是发展中国家，也有发达国家葡萄牙以及东欧的保加利亚和土耳其（图1-1）。

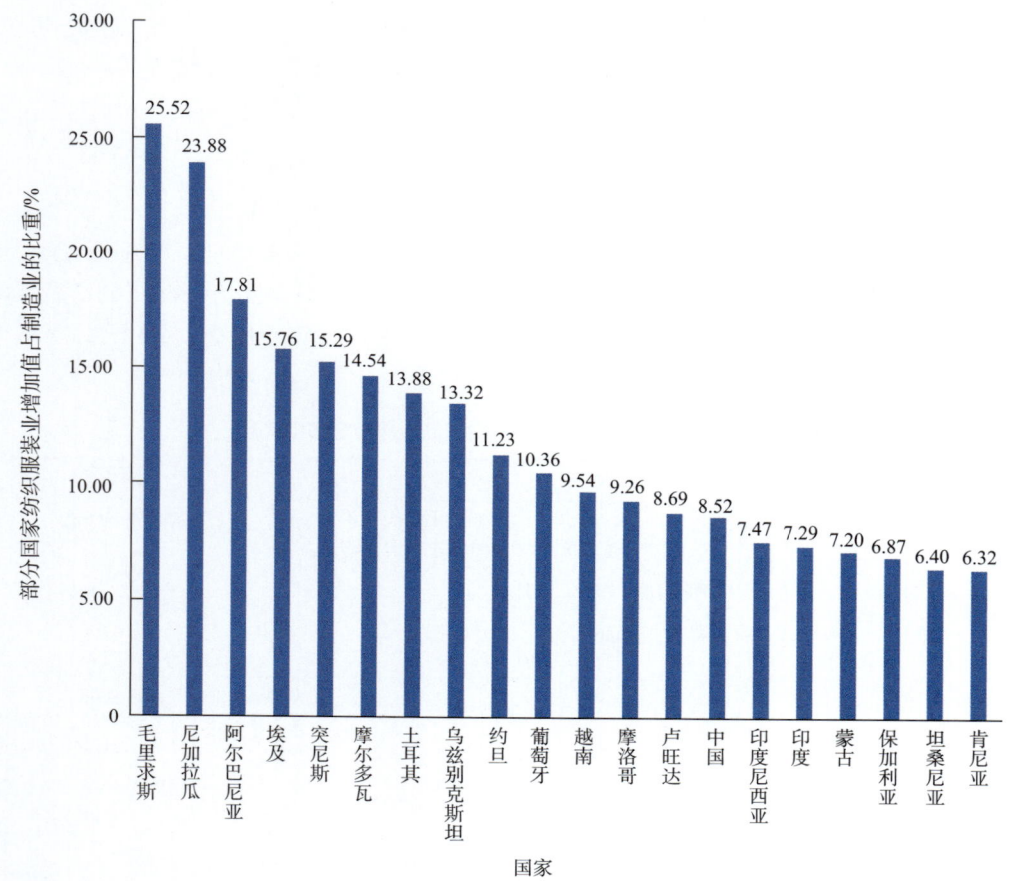

图1-1 部分国家纺织服装业增加值占制造业的比重

资料来源：联合国工业发展组织（UNIDO）数据库。

纺织行业是重要的就业吸纳产业之一。根据UNIDO数据库统计，2022年其公布的近90个国家和地区制造业就业总人数达21039.13万人，其中仅纺织服装制造业（仅纺织产业链中游的制造环节）就业就达 2259.25 万人，占 10.74%。如果加上纺织产业链上、下游产业以及影响带动的相关产业，就业方面的地位和作用将更加突出。纺织服装制造业就业人数在各国制造业中比重较大的主要是亚洲、非洲的发展中国家，但也有部分南欧和东欧国家（图 1-2）。

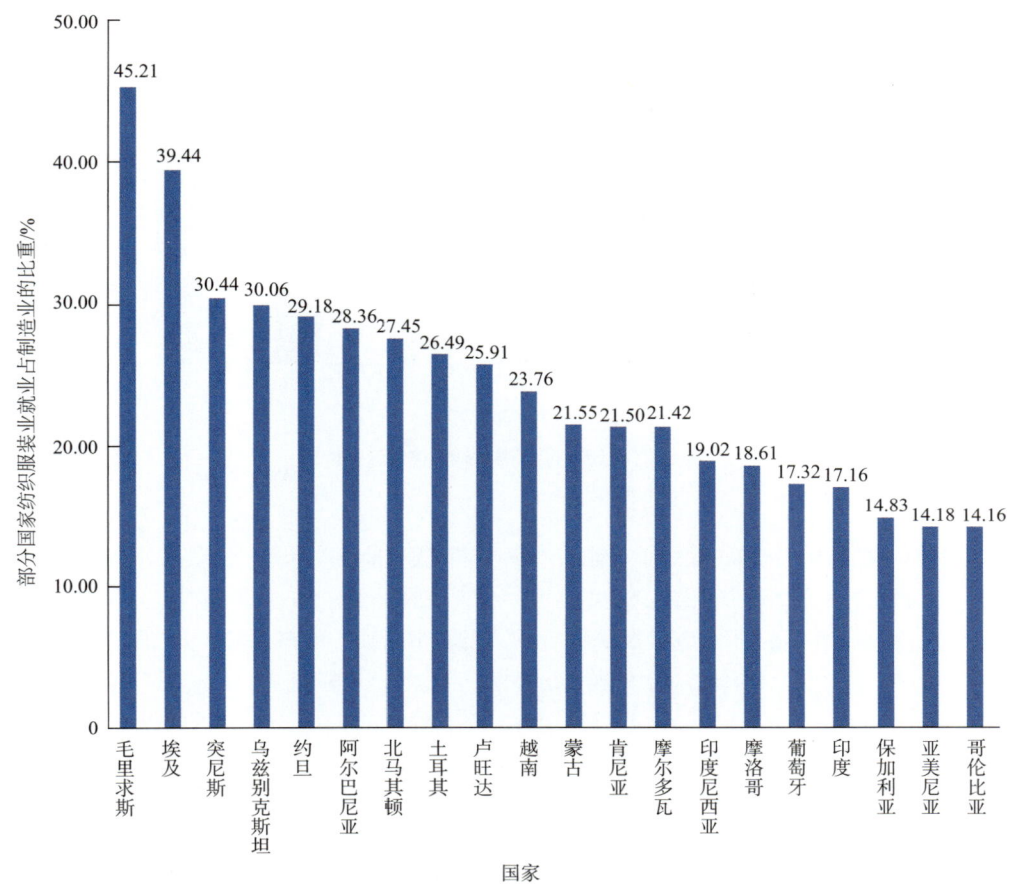

图 1-2 部分国家纺织服装业就业占制造业的比重

资料来源：UNIDO 数据库。

三、产能转移步伐快

近几十年，全球纺织品服装生产能力持续向亚洲发展中国家和地区集中。根据 UNIDO 数据库统计的近 90 个主要国家（地区）中，亚洲地区纺织服装业增加值占比一直在增加，到 2020 年已经超过 80%（图 1-3）。亚洲发展中国家无疑是最主要的纺织服装产地，中国、印度、印度尼西亚、越南、孟加拉国等几个主要纺织服装生产国增加值合计占比由 2000 年的 21.13% 增加到 2020 年的 69.15% 和 2022 年的 71.02%。

值得注意的是，发达国家并未完全退出纺织服装生产。根据 UNIDO 数据，2022 年欧洲国家纺织服装增加值占比仍然有 8.21% 的份额。据欧洲服装和纺织品联合会（Euratex）统计，2023 年欧盟 27 国有纺织服装企业 19.7 万家（67% 是服装企业），就业人数 129 万人，营业额 1700 亿欧元（其中纤维

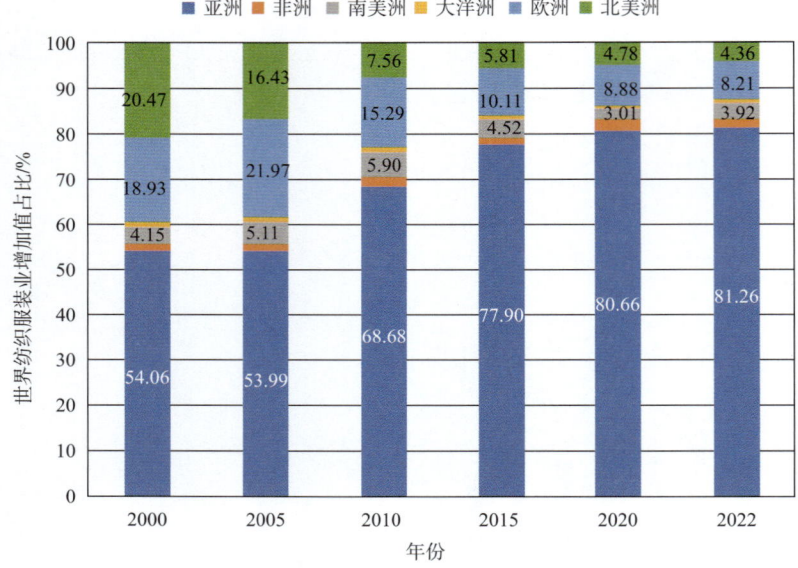

图1-3 世界纺织服装业增加值地区结构

资料来源：UNIDO数据库。

和纺织占54%，服装占46%）。意大利、德国、法国、西班牙和葡萄牙是欧洲主要的纺织服装生产和出口国家，其中意大利占欧洲纺织服装业就业的24%，营业额的36%，出口额的30%。

从棉纺织生产能力区域变化上看，根据国际纺织制造商联合会（ITMF）统计，2022年底全球已安装的棉纺设备中，喷气纺、转杯纺和棉纺细纱机的总量分别达到55.57万头、956.85万头和22680.61万锭，分别比上年同期增加7.25%、14.83%和1.00%，其中亚洲、大洋洲地区的喷气纺、转杯纺比重由2021年的81.6%、72.3%继续提高到2022年的82.39%和73.21%，棉纺细纱机从2021年的89.1%微降到2022年的88.89%。全球已安装的棉织机中，有梭织机和无梭织机分别为95.24万台和185万台，同比增长2.68%和7.97%，其中亚洲、大洋洲地区分别占79.5%和82.4%，亚洲大洋洲的有梭织机占比由上年同期的85.25%下降到80.05%。无梭织机由上年同期的73.18%提高到83.43%（表1-2）。亚洲大洋洲地区纺织设备安装量中发展中国家和地区占绝对多数，仅中国、印度、印度尼西亚、巴基斯坦、孟加拉国、越南六个国家的喷气纺、转杯纺、棉纺细纱机、有梭织机和无梭织机的安装数就分别占世界总数的75.74%、64.47%、83.45%、68.04%和72.91%[1]。

表1-2 2022年世界棉纺织生产设备数量及地区分布（年末安装数）

区域	项目	喷气纺	转杯纺	棉纺细纱机	有梭织机	无梭织机
非洲	数量	0.05万头	14.04万头	373.12万锭	4.82万台	2.43万台
	占比/%	0.09	1.47	1.65	5.06	1.32
北美洲	数量	2.36万头	46.80万头	439.32万锭	4.50万台	5.23万台
	占比/%	4.25	4.89	1.94	4.72	2.83
南美洲	数量	1.80万头	52.38万头	678.40万锭	6.43万台	5.28万台
	占比/%	3.24	5.47	2.99	6.75	2.85
亚洲和大洋洲	数量	45.79万头	700.53万头	20161.32万锭	76.24万台	154.34万台
	占比/%	82.39	73.21	88.89	80.05	83.43

续表

区域	项目	喷气纺	转杯纺	棉纺细纱机	有梭织机	无梭织机
东欧	数量	0.05万头	31.67万头	70.75万锭	0.68万台	9.29万台
	占比/%	0.08	3.31	0.31	0.72	5.02
西欧	数量	0.91万头	20.23万头	87.20万锭	0.56万台	3.15万台
	占比/%	1.64	2.11	0.38	0.59	1.70
欧洲其他	数量	4.61万头	91.20万头	870.50万锭	2.00万台	5.27万台
	占比/%	8.30	9.53	3.84	2.10	2.85
世界总计	数量	55.57万头	956.85万头	22680.61万锭	95.24万台	185.00万台

资料来源：ITMF，International Cotton Industry Statistics 2022。

四、投资恢复性增长

纺织行业是世界投资活跃的领域之一。联合国贸易与发展会议（UNCTAD）统计，2023年纺织服装和皮革业绿地投资项目数达到1071个，投资金额170.62亿美元，分别占制造业绿地投资的14.24%和2.79%[2]。虽然2019、2020年受新型冠状病毒感染影响，纺织服装和皮革业绿地投资大幅度萎缩，但随后3年绿地投资项目数和投资金额均呈现恢复性增长（图1-4）。

图1-4 世界纺织服装和皮革业绿地投资项目数和投资金额

资料来源：UNCTAD，World Investment Report 2024。

纺织行业设备投资方面。国际纺织制造商联合会（ITMF）每年都对全球200多家纺纱、拉伸、织造、针织和整理机械制造商进行调查，发布《全球纺织机械出货统计报告》。根据2024年发布的该报告，2023年受调查纺机制造企业主要纺织机械出货总量有增有减：转杯纺101.46万头，同比减少20.73%；棉纺细纱机977.95万锭，与上年度基本持平；毛纺细纱机9.77万锭，同比增加5.05%；加弹机59.27万锭，同比下降了27.75%；无梭织机17.14万台，同比增长了50.35%；大圆机3.35万台，同比增长了16.81%；电子横机11.67万台，同比增长了60.74%[3]。纺织设备最主要的出货目的地是亚洲和大洋洲，但是毛纺设备出货目的地中，欧洲仍占有超过40%的份额（表1-3）。

表1-3 2023年主要纺织设备出货量和出货目的地

设备名称	数量/头、锭、台	出货目的区域占比/%					
		非洲	北美洲	南美洲	亚洲、大洋洲	西欧	欧洲其他
转杯纺	1014592	0.90	2.51	2.89	84.94	0.45	8.31
棉纺细纱机	9779544	4.86	2.30	0.83	84.99	0.28	6.74
毛纺细纱机	97744	0.88	0.49	2.77	54.55	12.58	28.73
加弹机	592685	0.13	0.39	0.13	96.93	0	2.41
无梭织机	171427	0.92	0.33	0.24	96.20	0.68	1.63
大圆机	33467	4.72	1.60	2.18	85.71	1.11	4.69
电子横机	116709	1.65	0.86	1.76	91.90	1.08	2.75

资料来源：ITMF，International Textile Machinery Shipment Statistics 2023。

出货目的地分国别看，2014—2023年累计出货量统计，十大出货目的国中，只有土耳其来自欧洲地区，埃及来自非洲地区，其他均为亚洲发展中国家。中国是大多数纺织设备最大的出货目的国，只有毛纺设备除外，土耳其是最大的毛纺设备出货目的地。由此可以看出，中国是过去10年最大的纺织设备投资国（表1-4）。

表1-4 2014—2023年主要纺织设备累计出货量和十大出货目的国

总计	气流纺/万头	棉纺细纱机/万锭	毛纺细纱机/万锭	加弹机/万锭	无梭织机/万台	大圆机/万台	电子横机/万台
世界总计	670.41	8154.26	87.57	507.93	114.71	29.37	104.40
十大出货目的国及其占比/%							
中国	61.82	44.11	21.25	75.39	63.40	49.35	68.53
印度	8.34	20.57	3.59	1.81	16.80	11.34	4.20
孟加拉国	2.03	6.83	0.00	0.39	4.56	4.84	10.10
越南	3.59	5.44	2.06	1.94	1.75	5.31	3.04
土耳其	7.07	5.10	23.19	2.78	2.73	5.49	2.20
巴基斯坦	3.23	4.92	0.05	0.44	2.18	2.15	0.24
乌兹别克斯坦	3.29	4.25	2.17	0.16	0.55	1.53	0.42
印度尼西亚	1.48	2.66	3.24	1.00	1.94	2.78	0.70
埃及	0.16	1.09	0.00	0.65	0.34	1.63	0.56
伊朗	0.32	0.43	18.27	0.76	0.25	0.61	0.11
以上合计	91.34	95.40	73.83	85.31	94.49	85.04	90.09

资料来源：ITMF，International Textile Machinery Shipment Statistics 2023。

近几年，非洲地区在纺织设备上的投资呈现显著增长趋势。2023年，世界棉纺细纱机总出货量中，8.9%的交货目的地是非洲，数量比上年度增加120%，其中85%的交货目的地是埃及。另外还有10.5%的大圆机和6.8%的横机出货地为非洲。非洲拥有发展纺织服装制造业的有利条件。首先，非洲拥有资源优势，非洲劳动力丰富，而且是世界上人口最年轻的地区。同时非洲还是世界产棉区之一，马里、贝宁、喀麦隆、布基纳法索、科特迪瓦、埃及、尼日利亚等是主要棉花生产国，马里和贝宁是世界重要棉花出口国。其次，非洲有欧洲等发达地区市场准入优势，北非的摩洛哥、突尼斯长期以来就是欧洲重要的服装外加工地区。最后，非洲多国政府十分重视发展纺织服装工业，南非、埃及、摩洛哥和突尼斯等国有较好的纺织服装工业基础，尼日利亚、埃塞俄比亚、贝宁等国也加大纺织服装类外资吸引力度。非洲地区的纺织服装产业未来发展潜力巨大。

五、贸易结构性变化

纺织品服装自古以来就是非常重要的国际贸易产品之一。纺织品服装贸易与世界经济发展密切相关，随世界经济的兴衰而波动。据世界贸易组织（WTO）统计，2023年纺织品服装出口约占世界商品出口额的4%，而且纺织品服装贸易的波动幅度明显高于总体经济（图1-5）。2000年来，世界经济年均增长3.54%，商品出口年均增长6.82%，纺织品出口年均增长3.63%，服装出口年均增长4.77%。2023年，世界商品和纺织品服装贸易均呈现出负增长，主要原因是新型冠状病毒感染后世界经济复苏缓慢，地缘冲突对全球供应链的打击，贸易摩擦、通货膨胀对主要市场消费和跨国贸易的负面影响，以及新型冠状病毒感染冲击后，2020年、2021年纺织品服装贸易超跌强反弹后的高基数效应。

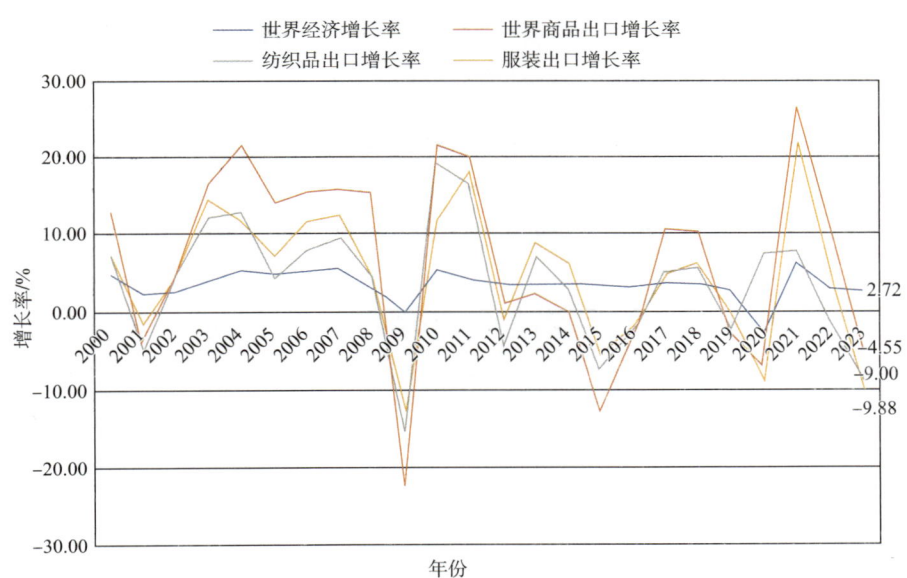

图1-5　世界经济和商品出口增长率（2000—2023年）

资料来源：WTO，世界贸易统计数据库。

（一）纺织品贸易

据WTO统计，2023年世界纺织品出口3193.72亿美元，比2023年下降9%。主要出口国（地区）均呈现显著下降，其中中国下降9.31%，印度下降6.66%，土耳其下降9.07%，而越南微增0.07%[4]。中国在世界纺织品总出口的比重仍处于超过40%的较高水平，欧盟对区外出口、韩国、美国、日本、中国台湾出口占比持续下降，印度、越南、土耳其出口占比持续增加（表1-5）。

纺织品进口方面，主要进口国家、地区均呈现下降趋势，其中欧盟区外进口下降 18.07%，美国进口下降 18.22%，越南进口下降 4.82%，孟加拉国进口下降 22.12%，日本进口下降 13.60%。进口占比方面，第一大市场欧盟的占比持续下降，而且十大进口国合计的占比持续下降，说明纺织品进口市场越来越分散。

表1-5　2023年纺织品主要进出口国家（地区）

国家/地区	金额/亿美元	占世界出口/进口的比重/%			
	2023年	2000年	2005年	2010年	2023年
纺织品出口					
中国	1343.36	10.33	20.21	30.40	42.06
欧盟 （其中对区外出口）	702.43 （250.08）	33.36 （11.45）	32.46 （11.30）	25.34 （8.99）	21.99 （7.83）
印度	180.42	3.58	4.10	5.08	5.65
土耳其	132.69	2.35	3.48	3.55	4.15
美国	123.98	7.01	6.10	4.81	3.88
越南	110.32	0.19	0.36	1.21	3.45
韩国	69.61	8.13	5.12	4.34	2.18
中国台湾	60.73	7.61	4.78	3.84	1.90
日本	56.90	4.49	3.40	2.80	1.78
巴基斯坦	53.94	2.90	3.49	3.10	1.69
以上合计	2834.37	79.96	83.50	84.47	88.75
纺织品进口					
欧盟 （其中自区外进口）	711.94 （308.87）	29.68 （9.64）	29.17 （9.85）	23.77 （9.59）	20.29 （8.80）
美国	320.77	9.67	10.49	8.74	9.14
越南	180.22	0.83	1.60	2.63	5.14
中国	120.47	7.76	7.21	6.61	3.43
孟加拉国	112.44	0.82	1.13	1.67	3.20
日本	83.14	2.99	2.70	2.69	2.37
英国	70.12	4.39	3.54	2.68	2.00
土耳其	65.19	1.28	2.07	2.44	1.86
墨西哥	64.87	3.52	2.81	1.92	1.85
印度尼西亚	62.99	0.76	0.35	1.58	1.80
以上合计	1792.15	61.70	61.07	54.74	51.08

资料来源：WTO，Global Trade Outlook and Statistics 2024。

第一大纺织品进口市场是欧盟，但是其以区内进口为主，2023年欧盟自区内进口占其总进口的 56.62%。区外进口来源方面，据欧盟统计局（Eurostat）数据，欧盟前十大进口来源国占其区外进口的 80% 以上，第一大来源地是中国，超过 30% 的纺织品来自中国。2020年中国占比异常提高，原因是当年来自中国的纺织防疫物资进口暴增,随后几年又恢复正常。土耳其的市场份额相对稳定在16%左右。巴基斯坦的份额稳居第三,且呈增长趋势。英国、美国等发达国家的市场份额呈下降趋势。越南的市场份额较小,但也呈现稳定增长趋势(表1-6)。

表1-6　欧盟区外纺织品进口主要来源国

时间	2010年	2015年	2020年	2023年	2024年1—6月
纺织品区外进口/亿欧元	193.49	245.30	442.018	285.65	142.13
进口十大来源国占比/%					
中国	29.74	31.55	61.99	34.10	34.31
土耳其	15.59	16.81	9.03	16.10	16.31
巴基斯坦	6.68	7.07	4.51	9.30	9.14
印度	9.54	7.92	3.98	8.29	8.19
英国	8.09	8.47	4.05	5.87	5.89
美国	3.77	3.73	1.80	3.48	3.35
越南	0.79	1.11	1.63	2.43	2.60
日本	2.10	1.83	1.02	2.11	2.16
瑞士	4.09	3.08	1.38	2.24	2.15
韩国	2.63	3.02	1.49	2.17	1.99
以上合计	83.01	84.59	90.87	86.09	86.09

资料来源:Eurostat。

美国是第一大单一纺织品进口国。进口来源方面,据美国商务部纺织品和服装办公室(OTEXA)统计,前十大纺织品进口来源国占美国进口的80%以上。其中中国是仍然是最大的来源国,虽然市场份额持续下降。印度是第二大来源国,份额稳步增加。墨西哥、越南、柬埔寨等国的份额也呈现持续增长趋势(表1-7)。

表1-7　美国纺织品进口主要来源国

时间	2010年	2015年	2020年	2023年	2024年1—7月
纺织品进口/亿美元	218.81	267.55	255.35	270.13	161.24
进口十大来源国占比/%					
中国	47.97	47.33	39.59	32.66	32.46
印度	10.34	13.46	14.87	16.74	16.97
巴基斯坦	7.18	5.96	6.12	6.43	6.16
土耳其	2.18	2.99	5.65	5.51	5.58
墨西哥	4.14	3.94	4.68	5.87	5.48
越南	1.88	2.71	3.22	4.19	4.64
柬埔寨	0.10	0.23	1.78	2.87	3.15
韩国	2.74	2.54	2.75	2.61	2.56

续表

时间	2010年	2015年	2020年	2023年	2024年1—7月
意大利	2.32	2.21	1.84	2.48	2.39
加拿大	4.13	2.87	2.36	2.34	2.16
以上合计	82.98	84.25	82.85	81.68	81.55

资料来源：OTEXA。

第三大纺织品进口国是越南，其进口在世界总进口的份额增长较快。越南纺织品进口大部分来自中国。据越南工业和贸易部信息中心数据，2024年上半年越南进口纱12.76亿美元，其中63.38%来自中国；进口织物72.43亿美元，其中67.44%来自中国。

（二）服装贸易

2023年世界服装出口额5206.19亿美元，比上年减少9.98%。中国仍然是最大服装出口国家，但在世界服装总出口额中的占比自2013年高点的39.17%回落到2023年的31.64%。相反，孟加拉国、越南、柬埔寨等亚洲国家的市场占比持续增长。

欧盟、美国和日本等发达国家、地区仍然是最重要的服装进口市场，但是其重要性在持续下降。欧盟（自区外进口）、美国、日本三大市场服装进口在世界的占比已经从2000年的59.16%下降到2023年的37.02%（表1-8）。

表1-8　2023年主要服装进出口国家（地区）

国家/地区	金额/亿美元 2023年	占世界出口/进口的比值/%			
		2000年	2005年	2010年	2023年
服装出口					
中国	1647.43	18.24	26.63	36.59	31.64
欧盟 （其中对区外出口）	1621.58 （438.31）	26.39 （8.10）	29.26 （8.61）	26.88 （7.51）	31.15 （8.42）
孟加拉国	384.02	2.56	2.47	4.19	7.38
越南	310.39	0.92	1.68	2.93	5.96
土耳其	187.36	3.30	4.25	3.60	3.60
印度	153.66	3.02	3.14	3.16	2.95
印度尼西亚	83.36	2.39	1.78	1.92	1.60
柬埔寨	79.65	0.49	0.79	0.86	1.53
美国	71.80	4.36	1.80	1.32	1.38
中国香港 （其中本地出口） （其中转口）	65.48 （0.69） （64.79）	… （5.02） （…）	… （2.60） （…）	… （0.12） （…）	… （0.01） （…）
以上合计	4539.94	66.71	74.41	81.56	87.20
服装进口					
欧盟 （其中自区外进口）	2030.86 （951.43）	32.66 （16.40）	37.38 （19.42）	37.59 （21.25）	35.79 （16.77）
美国	893.48	33.05	28.65	22.09	15.74

续表

国家/地区	金额/亿美元	占世界出口/进口的比值/%			
	2023年	2000年	2005年	2010年	2023年
日本	256.19	9.71	8.07	7.25	4.51
英国	213.82	7.47	8.72	7.12	3.77
韩国	128.10	0.64	1.04	1.20	2.26
加拿大	117.88	1.82	2.14	2.24	2.08
中国	102.28	0.59	0.58	0.68	1.80
瑞士	88.40	1.57	1.59	1.43	1.56
澳大利亚	83.63	0.91	1.12	1.30	1.47
俄罗斯	79.12	0.10	0.33	2.03	1.39
以上合计	3993.75	88.52	89.63	82.94	70.38

资料来源：WTO Global Trade Outlook and Statistics 2024。

欧盟是第一大服装进口市场，其区内进口大于区外进口。2023年欧盟自区内进口占其服装总进口的53.15%。区外进口来源方面，据欧盟统计局数据，欧盟前十大进口来源国占其区外进口的80%以上，第一大来源地是仍然中国，但是占比持续下降，而来自孟加拉国的进口占比增长明显，已经接近中国。其他亚洲国家越南、巴基斯坦、柬埔寨、缅甸等国的占比也在增长，虽然目前这些国家的市场份额还不高（表1-9）。

表1-9 欧盟区外服装进口主要来源国

时间	2010年	2015年	2020年	2023年	2024年1—6月
服装区外进口/亿欧元	594.50	756.38	755.34	880.39	404.53
进口十大来源国占比/%					
中国	43.82	35.72	31.23	28.30	24.57
孟加拉国	8.81	15.28	16.36	19.88	21.65
土耳其	11.60	10.49	10.83	11.49	11.49
印度	6.41	5.84	4.33	4.97	6.11
越南	2.02	3.24	3.93	4.57	4.49
巴基斯坦	1.73	2.72	3.14	3.83	4.20
柬埔寨	0.90	2.98	3.26	3.70	3.92
摩洛哥	3.27	2.84	2.66	2.93	3.31
突尼斯	3.83	2.56	2.24	2.72	2.84
缅甸	0.19	0.49	2.69	2.85	2.16
以上合计	82.57	82.16	80.67	85.22	84.74

资料来源：Eurostat。

美国是第一大服装单一进口国。进口来源方面，据美国商务部纺织品和服装办公室（OTEXA）统计，前十大纺织品进口来源国占美国进口的75%以上。其中中国虽然仍是最大的来源国，但是市场份额持续下降，2024年1—7月占比已经下降到20%。与此同时，越南的市场份额增加明显，1—7月占18%以上，已经接近中国。其他亚洲国家，如孟加拉国、印度、柬埔寨的市场份额也在增长，这些亚洲国家在美国市场上对中国服装的替代作用显著。美国服装进口主要来源中还有墨西哥、洪都拉斯等美洲国家，还有意大利这一欧洲国家（表1-10）。

表1-10 美国服装进口主要来源国

时间	2010年	2015年	2020年	2023年	2024年1—7月
服装进口/亿美元	713.98	851.51	640.62	779.34	436.33
进口十大来源国占比/%					
中国	39.18	35.87	23.66	21.00	20.07
越南	8.23	12.41	19.62	18.20	18.54
孟加拉国	5.50	6.35	8.16	9.35	9.39
印度	4.36	4.30	4.71	5.74	6.53
印度尼西亚	6.20	5.80	5.49	5.38	5.24
柬埔寨	3.11	2.91	4.41	4.26	4.37
墨西哥	4.96	4.18	3.44	3.60	3.47
洪都拉斯	3.38	3.14	2.85	3.11	3.04
巴基斯坦	2.09	1.68	2.19	2.59	2.75
意大利	1.28	1.46	1.72	2.63	2.66
以上合计	78.30	78.10	76.24	75.86	76.06

资料来源：OTEXA。

第三大服装进口市场是日本。日本服装进口来源集中度高，前10个来源国占全部服装进口的93%以上。最大的来源国是中国，但是中国的份额快速减少，已经从2010年的82.17%下降到2024年上半年的48.36%。越南的市场占比显著增长，孟加拉国、柬埔寨、缅甸、印度尼西亚、马来西亚和印度等亚洲国家的市场份额也在增加，不断挤占中国在日本进口服装中的份额。值得注意的是，意大利这一发达国家在日本服装进口的份额还有所增长（表1-11）。

表1-11 日本服装进口主要来源国

时间	2010年	2015年	2020年	2023年	2024年1—6月
服装进口/亿日元	23283.11	34153.78	27236.62	35413.41	16875.51
进口十大来源国占比/%					
中国	82.17	66.95	54.14	50.77	48.36
越南	4.52	10.27	16.04	16.90	17.31
孟加拉国	0.74	2.75	4.12	5.07	5.39
柬埔寨	0.31	2.27	4.12	4.51	5.22

续表

时间	2010年	2015年	2020年	2023年	2024年1—6月
缅甸	0.68	2.06	3.78	4.89	4.50
意大利	2.83	2.90	3.12	4.14	4.44
印度尼西亚	0.78	3.29	3.50	3.33	3.31
泰国	1.33	1.93	2.13	1.70	1.84
马来西亚	0.86	1.21	2.44	1.54	1.53
印度	0.79	0.88	0.93	1.00	1.46
以上合计	95.02	94.52	94.31	93.85	93.36

资料来源：日本海关。

随着2005年《多种纤维协定》（MFA）的逐步退出，纺织服装生产、贸易全球化进一步深化，亚洲的中国、孟加拉国、越南和印度等世界主要纺织服装生产和出口国在世界纺织服装供应链中的作用更加突出。中国目前仍然是世界最大的生产、投资和出口国，预计近期这一地位还不会改变。但是，受到中美贸易战等因素影响，纺织品服装贸易结构发生变化，亚洲其他国家，如越南、孟加拉国、印度、柬埔寨在稳步增长，在欧、美、日纺织品服装进口市场上持续挤占中国的份额，有的国家在局部市场上已经威胁到中国市场第一的地位。

六、消费复苏和转变

纺织产品消费市场包括服装、家用纺织品和产业用纺织品三大消费领域。2020年全球性新型冠状病毒感染对纺织产品市场消费造成严重负面影响。近两年随着新型冠状病毒感染过去，社会经济逐步走上正轨，但是地缘政治冲突不断，干扰全球供应链，货币加息、通货膨胀以及贸易战等不利因素持续扰乱消费市场，2023年来纺织产品消费市场在复杂多变环境中恢复、发展和转变，运动、健康、绿色消费渐成主流，线上消费作用更加突出，产业用纺织品消费市场增长较快。

（一）服装消费

服装是传统的纺织市场消费领域。服装有多种分类：按年龄分，有成人服、儿童服；按性别分，有男装、女装；按用途分，有正装、休闲装、运动装、职业装；按材料厚薄分，有单衣类、夹衣类、棉衣类、羽绒服、丝绵服等；按品种分，有上装（衬衫、T恤、卫衣、毛衣、马甲等）、下装（长裤和裙装两大类，长裤主要有牛仔裤、休闲裤、西裤等，裙装则包括长裙、短裙、半身裙等）、连体装、套装、外套（风衣、夹克、皮衣、棉服）等。

服装消费是高度个性化的，代表着我们的情绪、身份和背景也受到全球趋势的影响（比如经济、可持续性和流行文化）。新型冠状病毒感染后期，经济逐渐回暖，外出场景回归正常，全球消费者信心逐年恢复，服装添置更新意愿日渐增强。根据Euromonitor数据，世界人均服装消费从2020年的最低点快速回升，2023年已经超过2020年前水平（图1-6）。

根据Statista报告，2020年在新型冠状病毒感染影响下，世界服装市场规模比上年下降了11.46%，随后两年又恢复到2019年水平，2023年世界服装市场规模达到1.73万亿美元，同比增长10.3%，实现了强劲反弹[5]。预计2024—2028年复合增长率2.81%，2024年1.79万亿美元，预计到2028年达到2万亿美元（图1-7）。

（a）2018—2023年全球实际GDP增长与预测

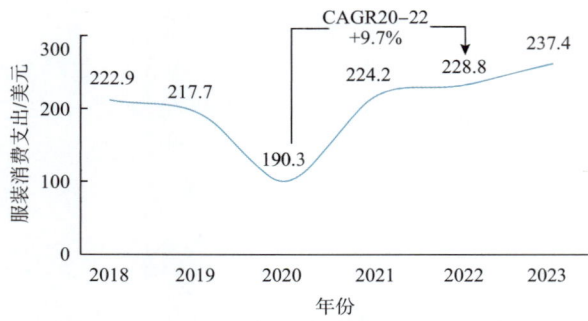

（b）2018—2023年全球人均服装消费支出

图1-6　2018—2023年世界经济与人均服装消费支出

资料来源：欧睿国际（Euromonitor），经合组织（OECD）Meet Intelligence。

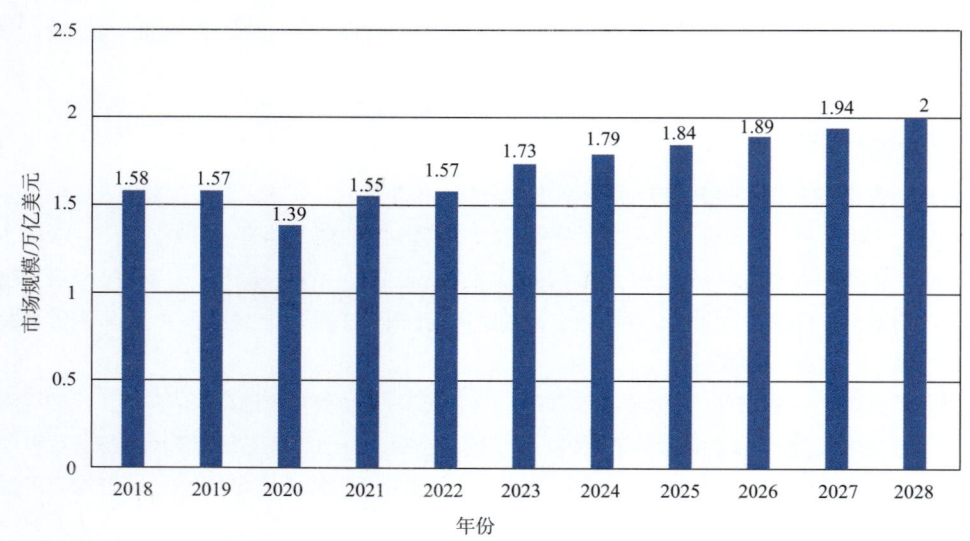

图1-7　2018—2028年世界服装市场规模及预测

资料来源：Statista。

分地区市场看，亚太、美洲和欧洲是世界三大服装消费市场。亚太市场中中国占有较大份额；美洲则主要在北美，但是南美地区增速快，服装消费需求高涨；欧洲的重点市场在西欧地区（图1-8）。

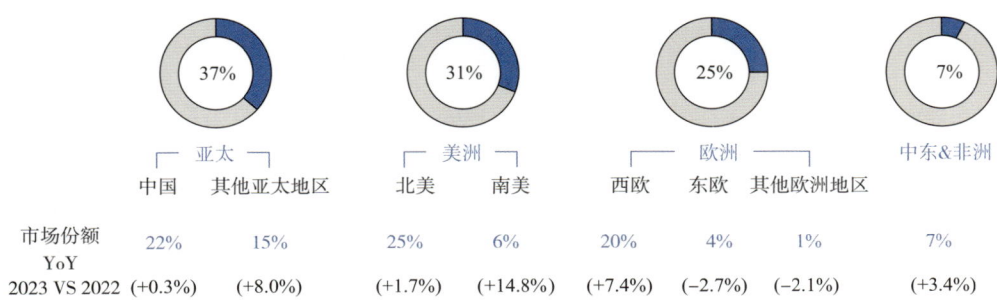

图1-8　2023年世界分地区服装市场份额和增速

资料来源：欧睿国际（Euromonitor），经合组织（OECD）Meet Intelligence。

分大类产品看，世界服装市场整体规模中，女装类产品占比超过了一半。据Statista数据，2023年世界女装市场规模0.91万亿美元，占比达到52.3%，而且增速最快，同比增长10.7%；男装0.56万亿美元，占32.2%，同比增长10.2%；童装0.27万亿美元，占15.5%，同比增长9.4%。

细分品种上看，2023年女装中，裤子、运动衫和裙子占据细分品类市场规模前三，但是增速方面，运动服装、紧身裤产品增速均超过14%（图1-9）。

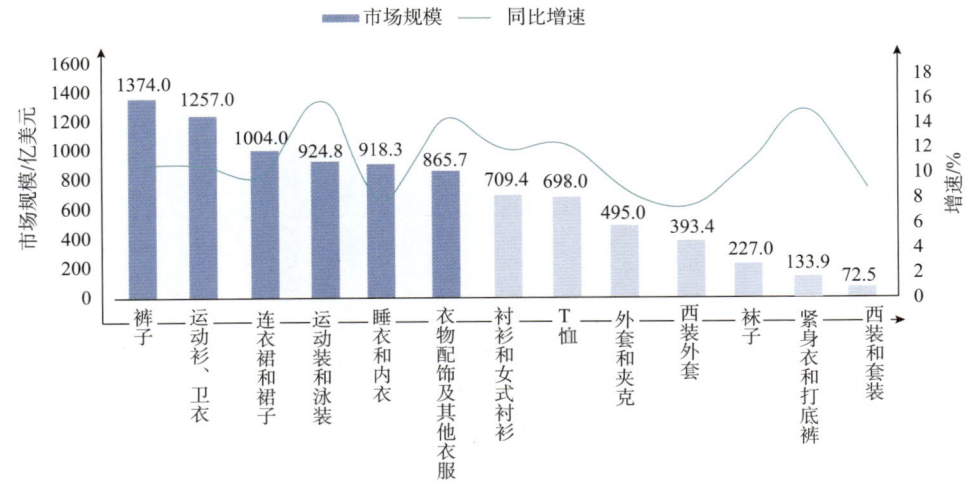

图1-9　2023年全球女装消费市场细分类目规模及增长情况

资料来源：Statista。

男装中，市场规模第一的细分产品是裤子，占男装市场的20%，其次是衬衫、运动衫。但是从增速上看，运动装和泳装最突出，同比增速达15.6%，比男装整体增速高5.4个百分点（图1-10）。

童装中，婴儿服装占据首位，其次是裤子、运动衫。增速方面，运动装同比增速达到14.4%，也比童装整体增速高5个百分点，紧身衣和打底裤增速也较高（图1-11）。

以上三大类服装中，运动服装类产品市场均快速扩大。究其原因，一方面，运动健身全球盛行，运动服装需求本身就长期存在；另一方面，人们更加重视个人运动健康，使运动装类产品需求持续释放；

同时，运动装一般设计宽松，且多采用弹性、高技术含量面料，兼具舒适性和功能性，符合当今科技、时尚与健康并举的消费大趋势。

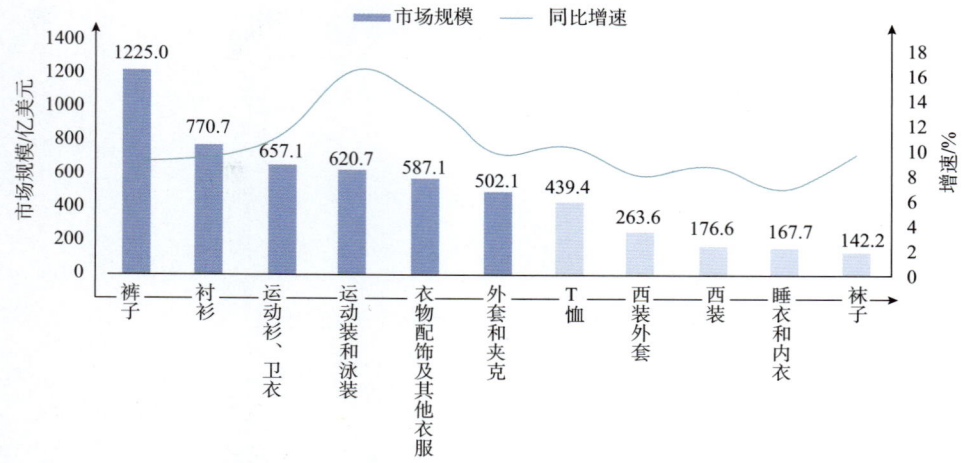

图1-10　2023年全球男装消费市场细分类目规模及增长情况

资料来源：Statista。

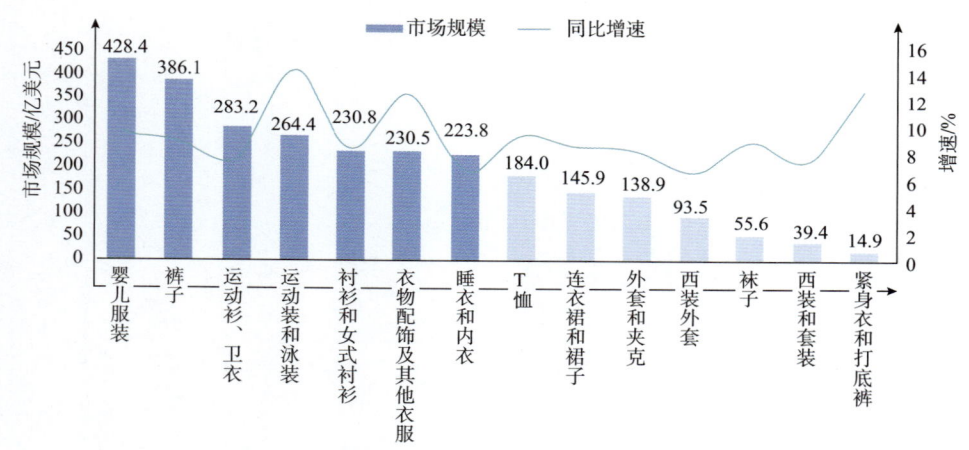

图1-11　2023年全球童装消费市场细分类目规模及增长情况

资料来源：Statista。

分销售渠道看，电子商务成为服装市场重要驱动力。受新型冠状病毒感染影响，用户服装采购渠道明显向线上迁移，服装线上销售逆势增长。据Statista数据，2020—2021年服装线上销售占比大幅增加，一度接近30%。2022年、2023年线上销售渗透率渐趋平稳。但是，由于线上消费习惯的形成并继续保持，预计未来几年服装线上销售将继续增长，到2027年占比将达到33.7%（图1-12）。

各国服装电商市场发展程度不一。欧美、日韩服装电商市场发展成熟度高，且具有强消费能力和相对完善的电商基建的特点，是服装品牌必争之地。与此同时，中东南美、东南亚等新兴市场随着互联网及电商基建的不断完善，服装网购需求增长旺盛，线上市场发展潜力巨大。

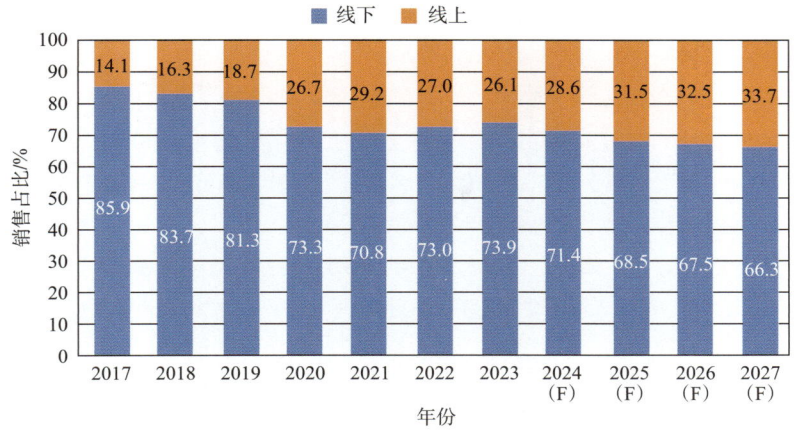

图1-12　2017—2027年世界服装线上线下销售占比

资料来源：Statista。

（二）家用纺织品消费

家用纺织品主要包括床上用品、窗帘布艺、毛巾、厨房和餐厅用纺织品、沐浴用纺织品、地毯类、家具和室内装饰装潢用纺织品等，用于满足消费者的家居装饰和日常家居环境中纺织品需求。

根据Grand View Research报告，2023年，全球家用纺织品市场规模为1247.2亿美元，2024年至2030年的复合年增长率为6.0%[6]。到2030年，全球家纺市场规模预计将达到1859.7亿美元（图1-13）。

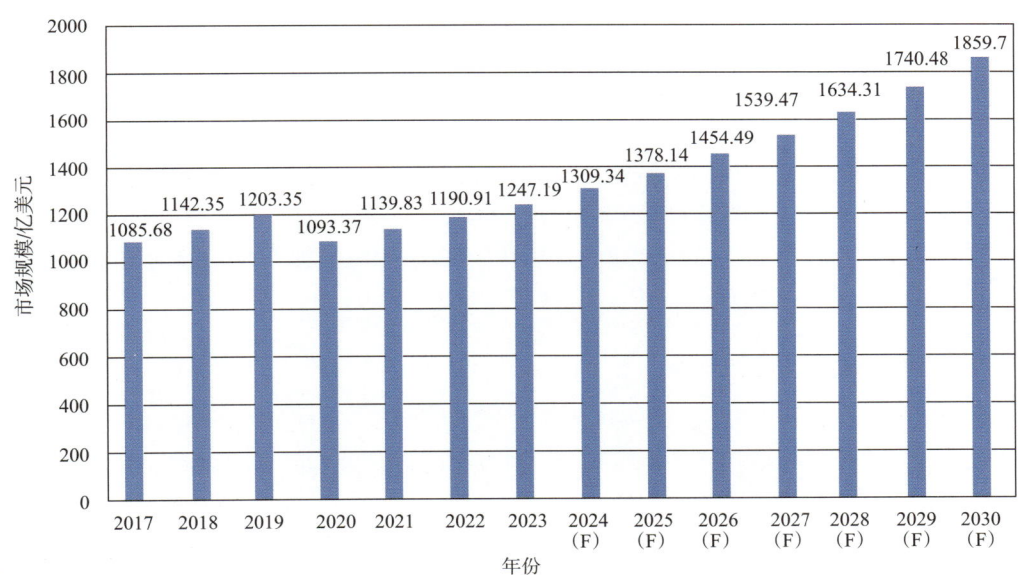

图1-13　世界家用纺织品市场规模及预测（2017—2030年）

资料来源：Grand View Research，*Global Home Textile Market Outlook 2017—2030*。

从产品品种上看，2023年，床上用品占全球家用纺织品市场的45%以上。窗帘通常比百叶窗和遮阳帘便宜，在中低收入人群中获得了显著的普及。另外，在过去的几年里，交通、商场、机场、电影院和医院等商业领域对隔音和遮光窗帘的需求越来越多。

从产品材质上看，2023年，涤纶家用纺织品占市场的37%以上。这种材料经久耐用，相对容易护理，因为它抗皱和少缩水，可以机洗和烘干，是床上用品、窗帘和室内装饰等物品的热门选择。此外，与某些天然纤维不同，聚酯纤维有抗尘螨的优势，使其成为过敏者的首选。棉质家用纺织品的市场占比第二，预计2024—2030年，其市场的复合年增长率将超过6%。

从区域市场分布上看，亚太市场主导着全球家用纺织品行业，2023年的市场份额超过44%。由于该地区制造商的广泛地理分布、品牌知名度和庞大的分销网络，亚太地区的家用纺织品市场竞争激烈。欧洲家用纺织品市场份额居第二，超过23%。2024—2030年，预计该地区将以7.5%左右的复合年增长率增长。北美市场以超过21%的占比居第三位，其中美国就占全球家用纺织品市场的15%。

家用纺织品消费市场具有一定的特殊性，呈现出一些新的消费趋势。首先，消费者的生活方式决定了家居装饰的趋势，随着生活水平的提高，消费者追求舒适、健康、安全和美观的家居生活环境，在室内设计和房屋装饰的支出也在增加，影响带动了家居和室内装饰纺织产品的设计研发、生产和消费。人口老龄化日益加剧的情况下，对舒适和长寿的关注不仅仅是身体健康，还希望家居环境更人性化、更具吸引力，要求家用纺织品能够提供安全感、舒适感、持久性和可持续性，甚至具备智能交互和辅助保健功能，如人工智能深眠床垫、睡眠监测枕头等。

其次，房地产行业在家纺市场中发挥着突出作用。该行业系统塑造了对各种家用纺织产品的需求，如房屋精装修产品的墙壁装饰材料图案、房屋配色方案、窗帘布艺、地毯、配饰搭配和照明方案等，为消费者提供精心策划的美观、协调的房屋装饰套装，或者通过室内设计师提供的房屋装修设计方案，为消费者提供来自不同渠道的产品，包括线下零售店和超市/大卖场，以满足家庭造型的不同偏好。

再次，家纺电子商务平台的兴起，迎合了现代家具和家居装饰消费快速变化的偏好，成为消费者寻求时尚家用纺织品的更加便捷的渠道。同时，消费者还可以通过家居品牌公司的在线平台，参与家居产品设计，满足个性化需求，获得更好的消费体验。预计未来几年线上零售市场的发展速度将快于线下市场。

最后，环保家用纺织产品的需求不断增长。人们越来越意识到大规模砍伐森林对气候变化的影响以及有毒涂料、染料等化学品对家庭空气质量的影响，导致许多家具制造商、家用纺织品生产商转向绿色制造，生产供应环保型家用纺织品。消费者逐渐了解绿色环保家用纺织品，并在市场上注意选购带有生态标签的环保家用纺织品，如地毯、床品、毛巾和家具等。

（三）产业用纺织品消费

产业用纺织品也称技术纺织品，是指应用于生产过程的纺织品，或是与其他材料组合或复合在一起，供各行各业使用的特殊纺织品，利用其先进的材料和技术，在各行业应用的苛刻环境下提供更高的性能和安全性，主要包括农业用纺织品、建筑用纺织品、篷帆类纺织品、过滤与分离用纺织品、土工用纺织品、工业用毡毯（呢）纺织品、隔离与绝缘用纺织品、医疗与卫生用纺织品、包装用纺织品、安全与防护用纺织品、结构增强用纺织品、文体与休闲用纺织品、合成革（人造革）用纺织品、线/绳（缆）/带纺织品、交通工具用纺织品和其他产业用纺织品。

产业用纺织品是目前纺织产品市场中增长最快的大类产品，也是许多发达国家纺织产业凭借技术和市场优势重点发展和应用的产品。据Euratex统计，欧盟27国2021年纺织工业销售额中，产业用纺织品占29%。产业用纺织品拥有跨行业、多学科交叉研究、开发和应用的特点，极大丰富了传统纺织品的概念和内涵。

全球产业用纺织品市场规模不断扩大。根据联合市场研究（Allied Market Research）发布的 Technical Textile Market Outlook 2032，2022年全球技术纺织品市场规模为1917亿美元，2023年至2032年的复合年增长率为5.7%，预计到2032年将达到3318亿美元。亚太地区的产业用纺织品市场规模处于世界领先地位，占据了全球市场的40%，其次是北美和西欧，分别占25%和22%[7]。

产业用纺织品市场消费的突出特点是随其应用产业的发展而变化。例如近几年高技术电动汽车产业发展迅速，相关的汽车用纺织品的需求相应增加。各行业对安全和防护的日益重视推动了防护服生产中对防护用纺织品的需求，包括阻燃服装、耐化学腐蚀服装和高能见度服装。工业环境、医疗保健和紧急服务对个人防护装备的需求推动了这一细分市场在技术纺织品市场的增长。全球基础设施建设和城市化的持续发展，对建筑用纺织品、土工用纺织品的需求上升。这些纺织品为土壤稳定、排水和环境保护提供了解决方案，有助于延长基础设施项目的使用寿命，提高可持续性。

（撰稿人：中国纺织信息中心　胡发祥）

参考文献

[1] ITMF.International Textile Industry Statistics no.65/2022［R/OL］.（2023-12-23）［2024-12-06］.https://kohantextilejournal.com/international-textile-industry?statistics-2022/.

[2] ITMF.Results of the 46th ITMF International Textile Machinery Shipment Statistics［R/OL］.（2024-08-16）［2024-12-06］.https://textileworldasia.com/textile-world?asia/2024/08/results-of-the-46th-itmf-international-textile-machinery-shipment?statistics-textile-machinery-shipments-rise-in-several-sectors/.

[3] UNCTAD.World Investment Report 2024［R/OL］.［2024-12-06］.https://unctad.org/publication/world-investment-report-2024.

[4] WTO.Global Trade Outlook and Statistics，April 2024［R/OL］.（2024-04-20）［2024-12-06］.https://www.wto-ilibrary.org/content/books/9789287076335.

[5] Statista.Global apparel market – statistics & facts 2024［R/OL］（2024-08-24）［2024-12-06］.https://www.uniformmarket.com/statistics/global-apparel-industry-statistics#:~:text=The%20global%20apparel%20market%20is%20estimated%20to%20be,2024%20accounting%20for%201.63%25%20of%20the%20world%E2%80%99s%20GDP.

[6] Grand View Research.Global Home Textile Market Outlook 2024-2030［R/OL］.（2024-01-20）［2024-12-06］.https://www.grandviewresearch.com/industry-analysis/home-textiles-market.

[7] Allied Market Research.Technical Textile Market Outlook 2032［R/OL］.（2024-01-15）［2024-12-06］.https://www.alliedmarketresearch.com/technical-textile-market.

第二章　世界纺织行业发展展望

目前，世界经济环境复杂多变。在自由、开放的经济环境下，产业要素资源全球化配置，可以充分利用不同区域的优势，优化产业链结构，提高企业的经营效率和市场竞争力。然而，政治和经济历来就是密不可分的。一些发达国家、地区不管是出于自身经济和产业安全的考虑，还是国际政治博弈、党派争斗，甚至大选的需要，或者是当自身社会经济出现严重问题的时候转移内部矛盾的需要，总是会出台一些非常规手段干预影响自由经济，将经济问题政治化，结果导致逆全球化，贸易保护主义抬头。而且这些年黑天鹅、灰犀牛事件频发，如2008年美国次贷危机，以及近几年的俄乌冲突、巴以冲突、红海危机等各种地缘危机，重重压力下，世界经济复苏乏力。在新的形势下，世界纺织行业生产、投资、贸易结构出现调整和变化。预计世界纺织行业将主要在以下几个方面调整和升级。

一、产业布局持续优化调整

（一）区域内产业转移增加

纺织服装业已经是全球化程度较高的制造业，全球范围的产业转移一直在进行中，例如纺织服装企业从中国沿海地区向中国中、西部地区的转移，从传统产业集聚地向周边低成本地区的转移。中国作为最大的纺织生产国，近几年在"一带一路"倡仪框架下，增加了纺织服装业的海外投资，加速了亚洲、非洲地区国家产业的发展。欧洲内部的产业转移方向主要是东欧低成本国家。美国纺织服装业倾向于在墨西哥和中美洲地区布局。美国政治家们倡导的所谓制造业回流战略至少在纺织服装制造领域不太切合实际，可能有少数纺织企业会到美国本土投资，比如利用美国棉花资源的纺纱企业，但这不是可持续的大趋势，因为美国本土早已失去全面发展纺织服装制造业的基础。

（二）产业集群化、集聚化、园区化发展

纺织服装业以中小企业为主体，产业倾向于集聚发展，以提高产业资源配置效率和抗击风险能力。主要纺织生产国都有这一特点，如英国的曼彻斯特市斯托克波特（Stockport）曾经是世界棉纺织工业中心；法国纺织业聚集于北方的北部-加莱海峡大区（Nord-Pas-de-Calais）和东南方的罗讷-阿尔卑斯大区（Rhône-Alpes）；意大利托斯卡纳大区（Toscana）的普拉多（Proto）和皮埃蒙特大区（Piemonte）的比埃拉（Biella）至今还是欧洲最大的纺织服装产业集聚区；日本关西地区的和歌山是针织产业集聚区，山形县米泽是梭织业集聚区；中国纺织业的集群化特征更加突出，中国纺织工业联合会建立联系的成熟纺织服装产业集群近210家，其中不乏世界级纺织产业集群，如世界级纺织产业集群先行区——浙江绍兴柯桥区、江苏苏州吴江盛泽镇，世界级家纺产业集群先行区——江苏南通市、浙江海宁市许村镇、山东滨州市，世界级针织时尚产业集群先行区——浙江桐乡市濮院镇，世界级服装产业

集群先行区——广东东莞市虎门镇等。

而近几年发展较快的新兴纺织服装生产国家，如越南、孟加拉国、印度等，得益于来自传统纺织生产国的投资和产业转移，更多地依托这些国家新建的产业园区承接纺织服装产业。这些国家的产业发展重点首先是下游的服装业，逐渐向中游的纺纱、织造、染整，甚至上游的化纤生产环节延伸。近年来甚至出现了纺织产业链上、下游企业组团到亚洲、非洲等新兴国家投资的趋势。

（三）企业产业链、供应链的调整和重构

世界知名品牌、大型骨干企业很多都采取跨国经营模式。在新的形势下，他们的产业链、供应链要进行相应的调整和重构。例如，为了规避中美贸易战的风险，一些全球服装业巨头和服装零售商采取多元化采购模式，将部分供应链外迁至中国以外的地区，减少对中国制造的过度依赖。部分大型中国纺织企业也加快海外投资，打造"中国+周边国家"的制造基地布局模式。

电子商务，特别是跨境电商的快速发展，对纺织行业企业的产业链、供应链带来巨大影响。跨境电商时代，企业面临的竞争是国际化的，带来的机遇也是全球范围的。许多纺织服装企业积极运用互联网思维，采取线上、线下相结合的运营模式，充分利用电商平台和网络化管理工具，整合利用全球资源、技术和市场，重新布局其供应链，打造快速响应的供应链，创新研发、生产组织和营销推广模式，提高企业经营效率。

二、技术创新驱动行业升级

（一）数智技术驱动产业创新发展

当前，纺织行业面临全球需求减弱、成本上升和地缘政治不稳定等挑战。为应对这些问题并抓住新机遇，行业正积极推动数字化转型。通过应用自动化、数据分析、人工智能等技术，企业提高了生产效率和产品质量，优化了供应链管理，并满足了个性化和可持续发展的需求。然而，数字化转型仍面临战略规划缺失、数据治理不足和人力资源短缺等挑战。纺织企业需制定明确的数字化战略，加强人才培养和基础设施建设，以实现高质量发展和长期价值增长。

1. 设计研发数字化

设计研发数字化是纺织行业实现数字化转型的重要组成部分。通过引入先进的数字技术手段，企业可以在产品设计和研发阶段大幅提升创新效率和质量。利用大数据和人工智能技术，企业可以收集和分析市场趋势、消费者偏好和竞争对手的信息，为产品设计提供坚实的数据支持。通过对海量数据的深度挖掘，设计团队能够更准确地把握市场需求，开发出更具竞争力和符合市场预期的产品；借助计算机辅助设计（CAD）、计算机辅助工程（CAE）和计算机辅助制造（CAM）等技术，设计师能够在虚拟环境中进行产品的三维建模和仿真，不仅加快了设计流程，而且在早期就能发现和解决潜在的问题，降低试错成本，优化产品性能；引入虚拟现实（VR）和增强现实（AR）技术，为产品展示和用户体验带来了全新的可能性，客户可以在产品尚未生产之前直观地感受其外观和功能，不仅提高了客户满意度，还为定制化设计提供了条件，满足了消费者对个性化产品的需求；云计算和协同设计平台的应用，使跨地域、跨部门的团队协作更加顺畅，设计师、工程师和客户可以实时共享设计文件和反馈意见，提高了沟通效率，缩短了产品研发周期，实时协作有助于减少误解和信息滞后，提升项目的整体效率。通过全面实施设计研发数字化，纺织企业能够实现从概念创意到产品上市的全流程数字化管理，不仅提

升了产品的创新能力和市场响应速度，还为企业带来了新的商业模式和增长机遇。在激烈的市场竞争中，数字化的设计研发将成为驱动纺织行业高质量发展的核心动力，为企业实现长期价值增长奠定坚实基础。

2. 生产制造数字化

纺织行业的制造技术正在从自动化、数字化向智能化迈进，旨在提升制造质量、效率、效益和柔性化水平。目前，纺织行业各细分领域积极应用数字技术，推动生产制造的精细化和智能化升级。工业软件如ERP（企业资源计划）、MES（制造执行系统）、WMS（仓储管理系统）等在行业内广泛应用，工业互联网平台逐步建立，为企业提供精益制造和智能决策服务。5G技术以其低延时、高带宽和大连接的特性，赋能纺织企业的数据传输和设备协同，实现生产过程的数据实时采集和传输，降低生产故障率，提高响应速度。物联网技术在纺织全产业链得到广泛应用，实现生产过程的可视化、自动化和智能化，提升生产效率和供应链的透明度。高级计划与排程系统（APS）通过自动化和智能化的排程算法，优化生产计划，提高生产效率，降低库存和成本，提升客户满意度。数字孪生技术通过虚拟与现实的融合，帮助企业在虚拟环境中模拟和优化生产流程，减少实际生产中的试错成本，实现生产过程的智能化管理，提高生产效率和产品质量。未来纺织行业的生产制造数字化将呈现技术融合驱动智能升级、实施柔性生产满足个性化需求、强化产业链协同提升国际竞争力等趋势。企业应积极拥抱数字技术，提升自主创新能力，加快数字化转型步伐，通过技术融合、柔性生产和产业链协同，实现从制造向智造的转变，推动纺织行业高质量发展。在此过程中，企业需要投资升级自动化、智能化装备，构建工业互联网平台，实现设备、生产线、供应商、客户等全流程的互联互通，利用大数据和人工智能优化生产流程和工艺参数。建立灵活的生产体系，支持小批量、多品种的生产模式，快速响应市场变化，提供定制化设计和产品，提升市场竞争力。加强与上下游企业的合作，实现资源整合和优化配置，提高整体运营效率和市场响应速度，积极拓展国际市场，参与全球供应链协同，提升品牌影响力和国际竞争力。通过技术融合、柔性生产、产业链协同，纺织企业将实现从制造向智造的华丽转身，推动行业高质量发展，迈向智能化、绿色化的未来。

3. 供应链管理数字化

纺织服装行业在全球化的背景下，供应链管理正经历深刻的数字化变革。为应对市场竞争和不确定性，企业应加强供应链弹性、优化客户体验、注重可持续发展和强化供应链协同。电商品牌供应链作为数字化管理的先行者，实现了订单、仓储、物流的高度在线处理，但直播电商的兴起对供应链的快速响应能力提出了更高要求。纺织服装企业利用人工智能、大数据、物联网等数字技术，重新设计和优化供应链流程，以客户需求为导向，实现端到端的可视化，提高响应速度、灵活性和透明度。然而，供应链管理中仍存在数据不准确、部门协同不足等问题，需要通过整合内外部数据、采用先进的预测工具、加强跨部门沟通、数据标准化和实时监控等措施加以改进。未来纺织服装供应链管理数字化将以客户为中心，构建智能供应链网络，利用智能算法推动柔性生产和人机协同，实现数智化驱动和透明化管理，加速企业内部融合，实现协同创新，从"单点突破"向"集成创新"迈进。企业将更加重视供应链的弹性和抗风险能力，通过多元化供应商、库存优化和风险管理策略减少中断，借助云计算、大数据等技术提高供应链透明度和响应速度，推动供应链数字化全面深化和生态化构建，以提升整体效率和竞争力，实现高质量发展。

4. 市场营销数字化

纺织行业在数字技术和数字经济的推动下，市场营销正经历深刻变革，呈现以消费者为中心的全渠道营销形式，以及数字化、智能化的发展趋势，满足消费者需求的个性化营销将成为重点，企业通过大数据深入挖掘客户需求，提供定制化的营销方案。线上线下的全域融合将进一步深化，企业利用数字技术打破界限，实现商品、库存、会员等数据的互通，为消费者提供无缝的购物体验，提升品牌形象和竞争力。企业通过分析社交媒体话题、时尚博主内容、搜索热度等，提前预测时尚流行趋势，帮助企业抢占市场先机；通过人工智能和大数据的深度结合，分析消费者的购买行为、浏览历史、社交互动等，精准勾勒消费者画像，为个性化营销提供坚实基础；发现特定消费群体的购买倾向，进行精准的产品推荐，提高转化率和客户满意度。同时，营销自动化与智能化决策成为趋势，企业借助自动化工具，实现营销活动全流程的自动化，提高效率和准确性。通过实时分析营销数据，利用机器学习算法，企业能够自动调整广告投放策略、优化产品定价、确定最佳促销时机，提升营销效果和投资回报率。在创新实践方面，客户关系管理（CRM）系统在纺织行业广泛应用，成为企业与客户互动的核心工具，CRM帮助企业集中管理客户信息，实现销售流程自动化和精准营销，提高与客户的互动和沟通效率。数字技术的发展使社交平台和内容生成不断进化，时尚品牌不仅在传统的微信、微博等平台布局，还拓展到抖音、小红书、B站等新兴平台，针对不同用户特点制定差异化的营销策略；易用的创作工具和人工智能技术降低了内容创作门槛，用户可以轻松制作高质量的短视频、图像和音频内容，为企业的营销活动注入新的活力；利用数字人的互动性和可定制化特性，为企业为消费者提供个性化的审美体验和情感陪伴，提升品牌忠诚度。未来生成式人工智能技术的应用将更加广泛，帮助企业实现营销环节的降本增效，AI应用将从单点突破发展为营销流程的闭环运营，纺织企业应积极拥抱数字技术，深入洞察消费者需求，提升市场反应能力和运营效率，构建数字化营销生态系统，实现高质量发展。

5. 纺织企业出海数字化

2022年全球纺织品市场规模达1.2万亿美元，预计2028年将增至1.6万亿美元，年均增长率约4.5%。在此背景下，纺织企业出海已成为寻求新增长的重要战略。出海的主要动因包括市场需求、成本考量和资源获取：中国劳动力成本上升约50%，企业通过将生产转移至劳动力成本较低的国家，降低生产成本，提高利润空间；全球化使企业能够优化供应链，获取优质、低成本的原材料，并通过国际合作提升技术竞争力。然而，纺织企业在出海过程中面临法规与政策、文化差异、供应链管理和可持续发展等挑战，不同国家的法律法规差异，如欧盟严格的REACH法规，要求企业遵守当地法规，否则可能面临高额罚款；文化差异导致消费者需求不同，企业需进行本地化产品设计和营销；跨国供应链的复杂性增加了管理难度，供应链延迟和中断可能影响生产和交付；可持续发展成为行业新标准，企业需采用环保材料，减少碳排放。

为应对这些挑战，数字化策略成为关键支持：利用大数据和人工智能技术，企业可进行精准的市场分析，了解不同地区的消费者行为和偏好；通过云计算、物联网和虚拟现实技术，实现远程产品开发和协同设计，提高产品创新能力；智能制造和工业4.0技术的应用，提升生产效率，降低对人工的依赖；供应链管理方面，采用物联网、大数据和区块链技术，提高供应链的透明度、效率和抗风险能力；数字化营销手段，如社交媒体和搜索引擎优化，提升品牌知名度和市场影响力；数字化合规管理系统，帮助企业实时监测法规变化，确保合规经营。国际品牌的成功案例为纺织企业提供了借鉴，如耐克的精准市场定位和全球营销策略、飒拉（Zara）的本地化设计和快速供应链反应，都助力其在国际市场取得成功。展望未来，区域经济合作深化，如RCEP的签署，为企业出海创造有利条件；多元化市场布局，开拓新兴市场，降低经营风险；供应链弹性增强，企业需构建更具弹性的供应链体系，提升抗风险能力；数字化转型加速，企业应加大数字化投资，提升国际竞争力；可持续发展成为关键，推动绿色转型，满足全球消费者对环保的需求；品牌国际化提升，通过创新和文化融合，增强产品附加值。总之，纺织企业应抓住全球化和数字化的机遇，积极应对挑战，制定有效的出海策略，实现长期可持续发展。

（二）纤维新材料驱动行业价值提升

全球来看，基因工程、高分子合成改性技术、纳米技术、新一代信息技术等诸多先进技术的综合应用，使得材料来源和性能正在发生革命性改变。以复合功能化、高性能化、绿色化、智能化为特征的纤维新材料为纺织行业价值提升提供重要路径。

1. 复合功能化与高性能化

功能性纺织品的需求量仍处于上升期，其市场也呈现出细分化、多样化特征，处于学科交叉点上的纺织学科可借助多领域的新兴技术获得长足发展。随着分子结构设计、共聚、共混、复合等多种技术手段的不断优化，以及原位聚合、在线添加、纤维形态控制的多重改性为一体的工程技术体系建立，功能性纤维的性能和品质稳定性不断提升，产品结构进一步丰富，应用领域不断拓展。纤维的复合功能化/功能一体化是未来纺织材料的发展趋势。例如军用装备需要高强、高模、轻量、吸湿透气、阻燃等功能一体化；航天服需要防辐射、隔热、防微陨石和防紫外线等功能一体化；高竞技运动服要求具备吸湿速干、亲肤透气、高强高弹等功能一体化；导电纤维、磁性纤维、光学纤维等这些特殊功能纤维材料在电子、通信、医疗、能源等领域具有广泛的应用前景。随着对纤维分子结构及排列的深入研究，纤维材料的功能性有望向更高性能甚至极致化发展，以更加适应在各种极端环境中的应用。

2. 绿色化

作为构建可持续纺织产业的基础载体，绿色生态纤维近年来成为全球纺织时尚产业、终端消费市场及资本市场的焦点。根据国际市场研究公司Spherical Insights发布的一份预测报告，全球生态纤维市场规模将从2022年的462.2亿美元增长到2032年的981.9亿美元。生物基纤维的功能化已经成为研究热点。目前，功能化生物基纤维的开发已取得一些成果，如导电纤维、荧光纤维、抗菌纺织品、生物传感器、智能包装纤维膜等。这些成果刷新了材料界对生物基纤维的认识。随着政府和产业界对可持续发展和环境保护的高度重视，未来生物基纤维的应用领域有望不断延展，如3D打印、智能纺织材料、差别化纤维、高感性纤维等，也会开发出更多新颖便捷的纤维生产方法。与此同时，功能性纤维材料技术正不断与生物基单体及聚合物、循环再利用原料及二氧化碳基单体所形成的聚合物等相结合，兼具功能与低碳特性，从而实现功能纤维材料的高端化与可持续发展。

3. 智能化

纤维材料的智能化与功能化有机融合已成为重要发展方向。智能纤维材料基于柔性功能纤维，结合感知技术、电子集成技术等，能够敏锐感知并响应外界环境的微妙变化，所构建的智能柔性纺织品在智慧监测、智慧医疗、智慧交通、智慧生活等领域发挥重要作用。目前，市场上研究成果多聚集于第二代智能纺织品（主动智能纺织品），其结合传感器和执行器来传递内部特性，不仅可以感知外界环境的变化或刺激，还可以对外界的变化作出相应的反应，如形状记忆纺织品、相变储热服装、光致／热致变色纺织品等。第三代智能纺织品（又称超级智能纺织品）仍处于起步阶段，其涉及通信、传感、人工智能、生物等高科技学科。随着物联网（IoT）的兴起，智能纺织品的进步不仅限于医疗保健和健身，其应用还将延展至软机器人、虚拟现实和智能纺织品互联网。

三、产文融合引领时尚发展

随着全球化与生活方式的多元化，纺织行业创作版图不断拓展，内容产品日益丰富，创意灵感交织，拓宽时尚多维空间。在此背景下，需要深刻洞察当前行业现状并前瞻未来趋势，全面完善并发展设计力、链接力、融合力、叙事力和价值力，通过五大力量的相互支撑与协同，激发纺织行业创新活力，促进文化资源高效整合与优化配置，力求实现全球纺织行业文化生产力质的飞跃。

（一）全球纺织行业发展文化生产力的时代价值

全球纺织行业文化生产力的基本内涵深刻体现在将文化底蕴与前沿设计融合，跨越国界与文化界限，探索微观细节之美，实现广博与精微的统一。其作用是表征文化自信、引领生态变革、提升价值空间的决定性力量。

在全球经济一体化与文化多元化背景下，纺织行业文化生产力的提升关乎产业转型升级、全球消费趋势、文化传承及人类文明演进。它不仅是行业脱颖而出的关键，更是体现知行合一与生命力的重要标志。现阶段，提升文化生产力对全球纺织行业具有提升品牌竞争优势、驱动内涵跃升、创造美好消费生活、推动时尚美学进阶的时代价值。

（二）提升未来全球纺织行业文化生产力的创新路径

展望2025，文化生产力为行业关键词，"五力模型"基于风格识别的设计力、面向传统文化的链接力、整合跨界文化的融合力、面向消费文化的叙事力，以及塑造企业文化的价值力，以提升全球纺织文化生产力，全方位推动创新，五大力量共促飞跃。

1. 提升全球纺织行业基于风格识别的设计力

当前，原创设计力已成为品牌和产品创新、提升市场竞争力的核心。基于风格识别的设计力在全球品牌竞争中愈发重要，不仅要求视觉元素的创意组合，更是品牌精神的外在表达。提升全球纺织行业基于风格识别的设计力，意味着增强产品的独特性与辨识度，通过技术创新和智能融合工具，推动设计向个性化、差异化发展，充分展现原创性、高智性和前瞻性，以提升品牌竞争力，建立独特风格的价值标签。

2. 提升全球纺织行业面向传统文化的链接力

消费者价值观转变下，纺织服装产品的文化内涵成为购买决策的关键。现阶段，面向传统文化的链接力，在纺织行业中展现出深层次力量，是历史传承的纽带和创新动力。通过挖掘传统文化精髓，转化为设计元素和品牌故事，增强产品文化附加值，加深消费者情感认同。这一力量正成为全球纺织服装产业创新发展的重要驱动力，结合现代设计理念，融合文化基因、匠心传承与古今价值，凸显系统性、技艺性与转换性，推动行业内涵式发展。

3. 提升全球纺织行业整合跨界文化的融合力

随着全球化加速和消费者需求多元化，跨界文化融合成纺织服装行业重要趋势。当前，跨界合作已超越传统意义上的产品设计叠加，深入品牌文化的精髓，触及营销策略的每一个层面。提升纺织行业跨界融合力，关键在于品牌所具备高度创造性、细腻情绪性与出色沉浸性，意味着品牌能够敏锐捕捉流行趋势和消费者需求，巧妙融入产品设计、品牌文化和营销策略，构建紧密联系，推动审美世界数字化、艺术化、多元化，实现品牌价值全面进化。

4. 提升全球纺织行业面向消费文化的叙事力

消费市场细分下，传统品类逻辑被颠覆，品牌聚焦消费者心理，内容营销成差异化竞争核心。全球纺织服装企业需敏锐捕捉变化，深耕细分市场，创新产品与内容，深研文化需求，构建情感纽带。提升全球纺织行业面向消费文化的叙事力，关键在于深度洞察消费者，创新内容，融合品牌价值观，拓宽叙事疆域，深化情感联系，建立品牌忠诚度与文化认同，最终以人文性、在地性、连贯性与交互性，实现品牌与消费者心灵的深度契合，引领消费与审美的全新风尚。

5. 提升全球纺织行业塑造企业文化的价值力

提升全球纺织行业塑造企业文化的价值力，既是纺织生产关系的重要组成部分，也是纺织新质生产力衍进跃迁的综合认知能力的价值呈现；是共同认可、共同传承的价值观、道德规范、行为规范和企业形象的物质文化和精神文化的价值总和；是促进推动的全球纺织行业价值导向力、战略规划力、创新融合力、人本激励力、产品竞争力等要素，所构成的重要"文化软实力"。提升全球纺织行业塑造企业文化的价值力，从自适性、创新性、独特性、人本性、匡正性五大特性出发，提升企业价值感召的凝聚力、兼容发展的融合力、战略镜像的影响力、人本管理的激励力、规范持续的约束力。

（三）提升未来全球纺织行业文化生产力的发展建议

对于如何提升未来全球纺织行业文化生产力，需要高屋建瓴，从建立国际交流合作机制入手，配套财税金融、人才队伍建设等政策措施支持，建立文化、科技、绿色生产力三力融合共促体系；搭建文化场所集成共建、优秀精神遴选推广、传统文化创新应用、区域文化融通共享、跨界文化拓展合作平台等多元文化内容平台；创新丰富交流合作形式，开展展览贸易、文化节庆、文旅国际合作、教育学术交流等多种形式的国际活动；创新多种传播形式，发挥数字赋能作用，建设专业化数字平台，进行数字展示与数字传播。

四、绿色导向推动可持续发展

当前，全球绿色发展正面临着自然资源的过度消耗、生物多样性的丧失、污染和废物处理问题，以及日益严峻的全球变暖趋势等挑战。应对这些挑战，是各国共同的责任，关键在于全球工业的绿色转型。纺织行业的生产过程要消耗大量水、能源、化学品等物质资源，由此产生的废弃物、排放物等对生态环境的影响重大且深远。作为全球工业的重要组成部分，推动纺织行业绿色低碳可持续发展，是世界纺织国家的责任。大力发展绿色低碳纤维材料、创新应用绿色低碳纺织技术、推动绿色制造模式变革，对纺织行业实现绿色低碳可持续发展至关重要。

（一）纤维材料绿色化

纤维材料是纺织行业发展的基石。大力发展绿色低碳纤维材料，是纺织行业实现绿色低碳、可持续发展的关键路径。绿色低碳纤维材料是指纤维材料在获取、加工、使用、废弃等全生命周期中，在满足纺织品基本功能需求的前提下，能够在减少碳排放、优化资源利用、降低环境污染等方面具有显著优势的纤维材料。近年来，伴随绿色发展理念的普及和消费者环保意识的大幅提升，天然纤维、再生纤维素纤维、生物基合成纤维、循环再利用纤维等纤维材料，因其在生产和使用过程中对环境影响较小而深受市场青睐，已成为绿色低碳纤维材料领域发展的重点方向。例如，天然纤维在可再生、可降解、低碳排放等方面，比传统的化学纤维更具优势。研究显示，生产1吨棉纤维的二氧化碳排放量约为5.9吨，而生产1吨聚酯纤维的碳排放量高达9.52吨；在可降解性能方面，棉纤维和亚麻纤维在适宜的堆肥条件下，数月内即可实现完全降解，而聚酯纤维则需数十年乃至数百年之久。

但是，这些绿色低碳纤维材料的发展也面临诸多挑战。例如，天然纤维的获取过程中，也面临水资源消耗大和大量使用农药、化肥等带来的环境影响、生态安全等问题，以及在保障粮食安全的条件下，如何解决有限土地资源支撑下的产量增长问题。再生纤维素纤维的生产过程水资源消耗和污染问题（主要是使用二硫化碳、氢氧化钠等化学品而产生的）亟待解决。生物基合成纤维同样也面临原料来源的可持续性、产品性能应用受限等挑战。循环再利用纤维的发展整体上，还处于起步发展阶段，在回收体系建设、回收利用技术、产品应用等方面还有诸多困难。应对这些挑战，加快推进绿色低碳纤维材料发展，核心要依靠科技创新。如衍生化水解技术和原材料开发，为提高天然纤维可持续性提供了可能；合成生物学和代谢工程技术的进步为提高生物基合成纤维的生产效率和性能提供了方向。

（二）纺织技术绿色化

绿色低碳纺织技术是指具有环境友好、节能降耗和碳排放低等明显优势的纺织技术。加强以绿色低碳为特征的纺织技术创新，是引领和支撑纺织行业实现绿色低碳、可持续发展的根本路径。近年来，各国顺应绿色发展潮流，纷纷出台有关政策，大力推进绿色低碳纺织技术的创新发展与推广应用，推动纺织产业绿色低碳发展取得显著进展。具体而言，短流程纺纱工艺、设备升级如高速环锭纺和集聚纺技术，以及智能化、数字化纺纱系统的引入，不断提升纺纱生产效率、减少能源消耗，也进一步改善纱线质量。高效织造机械的应用和工艺优化，推动织造生产低碳化发展。染色和后整理环节通过采用低温染色、无水染色、生物酶处理及低给液技术等环保技术，显著降低了能源消耗和化学污染，提升了染整工艺的环境友好性。此外，数字化、智能化纺织技术的应用，如建立智能染色工厂和智能化纺纱车间，在大幅提高生产效率和产品质量的同时，有效节约了能源和水资源，减少了污染物排放。

未来，随着绿色政策的积极引领和大力支持，以及新一轮技术革命和技术融合的不断推进，绿色低碳纺织技术正朝着短流程、低能耗、低水耗、数字化等方向蓬勃发展。

（三）制造模式绿色化

绿色制造是一种低耗、高效的现代化制造模式，在保证产品功能、质量且成本可行的前提下，将绿色低碳发展理念和要求贯穿于产品设计、制造、物流、使用、回收利用的全生命周期过程，以制造模式的深度变革推动传统产业绿色转型升级，从而实现环境影响及碳排放最小化。近年来，为适应和引领全球绿色低碳发展潮流，纺织行业制造模式在绿色化、低碳化转型方面取得显著进展。从国际看，纺织发达国家和地区如美国、英国、德国、日本、欧盟等，较早就通过立法、政策、标准等方式，积极引导和推动制造模式的绿色变革。目前，这些国家和地区已经在循环经济、清洁生产等制造模式领域，构建起系统化的理论体系，形成了切实可行的产业实践路径；同时，它们还致力于调整能源结构、智能化数字技术融合、节能环保设备创新、绿色低碳纺织装备研发等方面不断实现新的突破，为纺织行业制造模式绿色化发展提供有力支撑，持续引领世界纺织产业向绿色可持续发展方向迈进。从国内看，在借鉴国际绿色制造发展经验的基础上，在政府、企业和社会各界共同努力下，历经多年探索实践，中国已经形成了具有自身特色的绿色制造模式。该模式以绿色设计产品、绿色工厂、绿色供应链、绿色园区为主要形式，已经逐步走向成熟并趋于标准化，有关评价标准均已出台实施。目前，该模式已在纺织行业广泛应用，推动纺织行业绿色制造体系建设成效显著。截至2024年，我国累计培育纺织行业国家层面绿色工厂达205家、绿色供应链企业45家、绿色设计产品478种。

现代信息技术持续渗透改造下，纺织行业正在发生脱胎换骨的转变，从传统制造业向科技、时尚、绿色可持续产业转变，未来发展前景乐观，发展空间广阔。

科技创新是引领纺织行业未来发展的第一动力，是推动行业转型升级、抢占战略制高点的必由之路。当前信息技术和能源革命正在重塑产业基础，未来信息、未来能源、未来制造和未来材料将成为改变纺织行业生产方式的核心驱动力。在与新兴领域、未来产业的嫁接融合中，行业不断实现品质升级与生态调整，构筑着发展的无限可能。

在全球经济一体化与文化多元化背景下，文化传承与创新设计将成为中国时尚产业新质生产力的重要组成部分，以文化自信引领消费潮流与生态变革，重塑品牌精神内涵和竞争优势，提升品牌价值空间与时尚话语权。

行业的可持续性更是未来的关注点之一，行业向绿色低碳发展模式转变，除了要减少制造过程对生态的影响外，还要关注纺织服装产品全生命周期对生态环境的影响，从纤维材料的可持续开发，到产品设计、生产的绿色化，到纺织产品的绿色消费以及纺织产品回收再利用。纺织行业在碳达峰、碳中和进程中必将发挥积极作用。

全球纺织行业的转型升级不是一国一地能够完成的，需要各国产业界及其相关方加强互动交流，促进跨国协作，克服国际大环境的不利影响，共同构筑创新、协调、互利共赢和可持续的国际纺织产业链、供应链和价值链。

（撰稿人：中国纺织信息中心　胡发祥　赵永霞　王晴颖　宋秉政　李　鑫　宋富佳）

科技篇

SCIENCE & TECHNOLOGY

第一章　世界纺织科技新进展综述
第二章　功能性纤维新材料开发方向及趋势
第三章　技术纺织品发展现状及趋势
第四章　数字化赋能纺织产业发展

执行主编　宋富佳

副 主 编　赵永霞　李　鑫　王新力

特邀专家（按姓名首字母排序）

陈南梁　Christoph Greb　Detlev Pross　Jaden Oh　蒋高明
林燕丽　刘　郴　刘东明　沈　明　施楣梧　Thomas Gries　王华平
王　锐　徐卫林（院士）　张丽东

研究及编撰人员（按姓名首字母排序）

毕思伊　曹潇文　陈　佳　陈　晋　陈南梁　陈培培　陈小丽　丁　瑶
韩俊霞　和杉杉　蒋金华　姜润喜　李可欣　李　鑫　廖赖民　刘长江
刘凯琳　吕江云　马　磊　门　征　上官飞凤　邵光伟　邵慧奇　沈　华
沈亚萍　石建高　宋光敏　孙菲菲　孙清逸　覃　晓　王　晨　王浩宇
王佳月　王开妍　王新力　谢　然　徐广标　许展瑜　杨　刚　杨雨心
张露杨　张　娜　张思繁　赵永霞　周长年　周　峰

第一章　世界纺织科技新进展综述

一、未来产业体系下的未来纺织

先进科技是未来产业的先导。新一轮科技革命和产业变革深入推进不断催生出增长前景巨大的新兴产业。世界各国都高度重视未来产业的技术预见，或成立专门机构预判未来产业技术方向，或组织政府部门、科研机构、行业协会、企业等研判未来产业技术路径。陈劲等（2021）研究指出，美国、日本、德国等发达国家高度重视战略、科技、产业、政策"四位一体"和"软硬"融合发展，纷纷加强对人工智能、大数据、量子技术、虚拟现实、区块链、航空航天、能源、材料、生命、医药等领域的未来产业布局[1]。

2023年1月，英国成立先进研究与发明机构（ARIA），其年度经费约8亿英镑，为高风险、高回报的科学研究提供资金，工作机制模仿美国国防高级研究计划局（DARPA）；德国加强基础科学研究及关键领域的财政支持力度，力争到2025年全社会研发投入占国内生产总值的比例达到3.5%；日本在《实现面向未来投资的经济对策》中安排约28万亿日元支持未来产业基础研究；美国持续更新关键和新兴技术清单，提出大力支持未来工业、空天科技等领域的基础和应用研究。

未来产业依托颠覆性技术和前沿技术催生新产业、新模式、新动能，为各行各业高质量发展提供强劲推动力、支撑力。从智能制造、生物制造、纳米制造、激光制造、循环制造等制造创新，以及碳纤维、石墨烯材料、生物基材料、3D打印材料、纤维状能源与电子器件等材料创新，到核能、核聚变、氢能、生物质能等能源领域创新，以及智能纺织品、高性能纺织品等产品创新，系统性的技术变革正在推动纺织产业结构升级与应用场景延展。

二、国际发达地区纺织科技创新概述

制造业中，传统纺织品和高科技纺织品分别由发展中经济体和发达经济体掌握更多的优势。先进纤维材料和先进纺织品被认为是关乎国家战略安全的重要素材。在过去几十年中，欧美日等发达国家和地区在相关领域投入大量资源，形成难以撼动的优势。以下将聚焦欧洲、美国、日本的纺织科技创新方向以及新环境下其采取的产业发展策略。

（一）欧洲纺织产业科技创新策略

欧洲纺织服装行业是欧洲主要的工业部门之一。欧洲服装和纺织品工业协会（EURATEX）数据显示，2023年欧洲纺织服装行业（不含鞋履、皮革）营收达1700亿欧元；相关从业企业约19.7万家，其中98%为中小企业，多专注于高附加值的细分市场；为欧洲提供了约130万个就业机会，是欧盟许多城市和地区就业和经济收入的重要支撑之一[2]。

一方面，欧洲高校和科研院所十分重视产业制造研发端的基础研究和创新，因而欧洲地区创新和高附加值的纺织产品市场占有率高于其他地区。德国、法国、比利时等国的高校和科研院所在基础理论研究、应用创新研究、产学研转化研究等方面高度重视，投入了大量资金，例如在循环经济、纺织品回收再利用、纳米材料、生物基材料、环保化学品和工艺、3D纺织品设计、服装行业的数字化供应链、可穿戴纺织品、智能纺织材料、医疗健康与防护纺织品等领域都有相关支持，并且有具体的研究方向和实施路径，并借助欧洲纺织创新中心等平台为研究成果的产业化提供支持。

另一方面，全球环境的不确定性、不对称性与不稳定性与日俱增，为更好地应对全球性挑战、提升欧洲的科技水平和竞争力、促进经济增长、解决社会问题，欧盟委员会发布的《"地平线欧洲"2025—2027年战略计划》将聚焦"绿色转型，数字化转型，建设更具韧性、竞争力、包容性和民主的欧洲"三大方向。基于此，目前欧盟纺织服装产业的创新研究主要聚焦于绿色可持续技术、数字化及高附加值技术纺织品三大方向，不管是政策支持、资源集中度还是创新活跃度均非常突出，创新成果也颇为丰富。

1. 绿色可持续技术

从纺织行业生产端看绿色化转型，涉及了各类可持续纤维、绿色加工助剂、资源节约型工艺以及废物回收再利用。纤维选择作为流程的第一步，其性能表现直接影响终端产品的服用体验及后期回收难度。

（1）战略层面

据欧洲环境署（EEA）2022年数据，2020年，纺织业对环境的影响在欧洲全行业中排名第四，仅次于食品、住房、交通物流。在此背景下，2022年3月，欧盟委员会发布了更严苛的可持续法规——《可持续及循环纺织品策略》。由此，欧洲纺织服装行业的政策法规格局发生了根本性转变，纺织服装生产、销售和消费的模式被重新定义，对全球纺织产业链产生广泛影响。

在欧盟可持续发展法规中有多达16条法规约束着纺织服装行业的方方面面，旨在推动纺织服装产品的耐用性、可修复性和循环性，减少纺织品废弃物以及对环境的影响。表2-1是欧盟已发布的关于绿色可持续发展的重点政策、法规。

表2-1 欧盟发布的纺织绿色化相关的战略规划（部分）

发布机构	时间	名称	内容
欧盟委员会	2022	可持续及循环纺织品策略（EU Strategy for Sustainable and Circular Textiles）	呼吁在欧盟范围内对纺织品的设计、生产和营销进行重大改革。如： （1）强制性要求产品设计必须更耐用、更易于重复使用、修理和回收 （2）生产过程要环保，产品要具有可持续性 （3）禁止销毁未出售、退货的产品 （4）建立产品数字护照，使消费者可以查看成分、材料、环境足迹、可修复性等 （5）执行生产者责任延伸制度（EPR），要求生产者对其投放到市场的产品全生命周期负责等
欧盟委员会	2023	废弃物框架指令（Waste Framework Directive）	废弃物框架指令规定了一些基本的废物管理原则。它要求废弃物管理不能危害人体健康和环境；对水、空气、土壤、动植物无风险；不会产生噪声或异味；且不会对环境产生不利影响。2023年修订提案旨在根据欧盟可持续和循环纺织品战略的愿景，实现更循环和可持续的纺织废料管理。提案要求： （1）纺织废弃物的单独收集。要求成员国加强单独收集、分类、再使用和回收的能力，研发新的技术解决方案。欧盟成员国必须在2025年1月1日之前建立纺织废弃物的单独收集系统 （2）扩展生产者责任（EPR）范围。提议所有欧盟成员国引入协调一致的强制性纺织品EPR计划；并根据纺织产品的循环性和环境性能表现进行差额收费 （3）推动研究发展。促进纺织业循环利用的创新技术研发；支持激励生产者设计更环保循环的产品 （4）减少非法废弃物运输。进一步明确废弃物和可再利用纺织品的定义，补充提议废弃物运输法规，确保只有以无害环境方式管理的纺织废弃物才能出口到非欧盟国家

续表

发布机构	时间	名称	内容
欧盟委员会		绿色标识指令（Directive on Green Claims）	本指令旨在确保产品的环境声明在全欧盟范围内实现可靠、可比、可验证的属性，以期解决"漂绿"问题，为产品环境性能建立更加公平的竞争环境 主要措施包括： （1）就企业如何证明其环境声明和标签提出明确标准要求 （2）要求这些声明和标签须由独立的、经认可的核查人员进行核查 （3）通过环境标签计划监管的新规则，确保标签透明可靠
欧盟委员会	2023	纺织品生态系统转型发展路径（Textile Ecosystem Transition Pathway）	转型路径涵盖了八大领域：可持续竞争力、法规与公共治理、社会举措、研发与创新及技术解决方案、基础设施、技能、投资与资金，以及支持欧盟战略自主和国防能力的50项行动。第一阶段，已有19个组织针对行动作出了110项具体承诺；其中可持续竞争力的相关承诺占比最高（35%）[2] 可持续竞争力路径下与绿色化转型相关的共有6项行动： （1）推动、支持和实施循环可持续的实践、服务和商业模式 （2）通过设计推动，采用安全可持续的化学品和材料，提高欧盟生态标签（EU Ecolabel）计划的知名度和采用率 （3）通过欧洲企业网络（EEN）、欧洲集群（Eurocluster）倡议和欧盟循环经济利益攸关方平台，支持中小企业创新，加快绿色转型。为纺织中小企业提供EEN咨询服务，包括专门的业务计划、创新、各类欧盟项目的建议和资金支持等 （4）通过开展宣传活动，提高消费者的认识，重塑消费模式，从而创造更多对可持续产品的需求，让消费者参与到绿色转型中来 （5）减少每年时装发布会的频次 （6）建立纺织品行业实践社区
欧洲经济和社会委员会		纺织品标签条例（Textiles Labelling Regulation）	现行的纺织品标签法规（EU）No 1007/2011仅限于纺织品的纤维成分，因此各欧盟成员国在其他标签领域分别引入了不同的要求，使传达给消费者的信息变得复杂重叠，同时增加了企业的合规成本。本探索性意见包括： （1）引入一套统一的标签规则，涵盖服装、服装配饰、家居家装产品等所有相关领域，降低企业的合规成本 （2）特别关注环境的相关信息 （3）确保消费者能够准确、易懂并以可比较的方式获得购买的纺织品和相关产品的信息
欧洲未来纺织服装技术平台	2024	"地平线欧洲"2025—2027年战略计划（Horizon Europe Strategic Plan 2025-2027）	聚焦绿色转型、数字化转型、建设更具韧性、竞争力、包容性和民主的欧洲这三大关键战略方向，确定9项由欧盟与私人或公共部门共同资助和规划的新研究领域，包括脑健康、创新材料、绿色和数字化转型所需原材料、太阳能光伏、虚拟世界等 以尖端研究、产业创新、新技术为基础，推动欧洲纺织服装行业转型。在倡议初始阶段（2025—2027年），相关利益方应在共同商定的核心研究和创新行动上至少投入6000万欧元
		未来纺织品协同项目倡议（Textiles of the Future Partnership）	确定了三大优先领域：可持续材料及清洁生产；数字供应链和新商业模式；先进制造与高性能纺织品 其中与绿色化转型相关性最高的战略议题如下： （1）开发利用可持续生物基原料。如化学法再生纤维，农、林、海洋来源的再生纤维，真菌、藻类等生物体提取纤维 （2）开发可持续纤维。提高欧洲天然纤维的加工技术水平；开发新一代生物基聚合物及其纤维加工；利用生物技术为高附加值应用开发新型纤维 （3）开发利用可持续纺织化学品。淘汰替换有害的功能整理剂、添加剂和涂层；开发清洁溶剂和助剂；改进染料、墨水；部署生物技术工艺 （4）开发实施资源节约型工艺。践行低能耗生产，回收利用化学品及能源；践行无水、少化学品加工；开发新技术/设备用于回收加工生物基纤维；适应性改造现有生产线；践行水质管理和再利用 （5）高效废物分类及回收利用。开发改进自动化分类技术；开发高效的分离技术；扩大高效和可持续回收利用技术的使用规模；统一并标准化对回收材料的描述；优化逆向物流和报废材料智能输送

续表

发布机构	时间	名称	内容
欧盟委员会	2024	可持续产品生态设计法规框架（Ecodesign for Sustainable Products Regulation，ESPR）	ESPR是欧盟委员会推动实现更多环境可持续循环产品举措的基石，也是实现2020年循环经济行动计划目标的"一揽子"政策法规之一，旨在将材料使用的循环利用率提高一倍。 本法规取代了欧盟现行的生态设计指令2009/125/EC，细化了"生态设计要求"，包括： （1）提高产品的耐用性、可再利用性、可升级性和可修复性 （2）提高产品的能源和资源效率 （3）优化解决阻碍循环的材料 （4）提高产品可回收含量 （5）使产品更易于再生产和再循环 （6）制定碳足迹和环境足迹规则 （7）提高产品可持续性信息的可获得性 同时，ESPR还出台了数字产品护照、未售出消费品的销毁规则、支出约1.8万亿欧元在绿色公共采购方面的新措施
欧洲化学品管理局		全氟和多氟烷基物质（PFAS）限制提案 [Proposed Restrictions on Perfluorinated and Polyfluoroalkyl Substances（PFAS）]	提案涉及了超过1万种PFAS物质；措施分为全面禁令和特定豁免禁令；提案经过多轮广泛的磋商，预计限制将于2025年生效，并在2026/2027年正式实施 未十氟己酸（PFH_xA）和PFH_xA相关物质常被用作已禁用的PFAS的替代品，属于PFAS的亚类，在水中具有强持久性和流动性，会对人类健康和环境造成巨大风险。最新的限制将禁止在雨衣等消费纺织品中销售和使用PFH_xA

资料来源：根据公开资料整理。

（2）产业层面

在政策的强烈引导和市场前景的驱动下，近年来欧洲地区与可持续技术、可持续材料相关的创新项目、初创企业层出不穷，整体呈现出"创新活跃，资本驱动，品牌入局，联盟运作"的发展态势。以绿色纤维材料、绿色纺织技术为主要载体的可持续纺织产业迅猛发展，德国巴斯夫（BASF）、法国阿科玛（Arkema）等化工巨头在生物基合成纤维原料领域处于领先地位，德国、意大利等国的纺机企业也在绿色高效方面树立了标杆。

欧洲在绿色纺织领域的创新和投资一直非常活跃。据估计，2010—2022年，12%的欧盟相关投资项目包含与绿色转型相关的元素，包括由可再生能源驱动的新工厂以及对回收再生、生物基新材料项目相关的投资。这期间，私募股权和风险投资对该地区绿色纺织初创企业的投资急剧增加（图2-1），相关投资额达16亿欧元。2021年后期私募基金退出出现高峰，表明其获利离场，同时也在一定程度上验证了欧洲回收再利用及生物基纤维材料领域的一些绿色纺织初创企业成功走向市场化[3]。

2014—2021年，欧洲地区约82%针对绿色纺织的风险投资额以及私募股权投资集中于芬兰、荷兰、德国和法国；从被投资的企业数量来看，德国、法国、瑞典、葡萄牙和西班牙位居前五（图2-2）[3]。

在欧洲可持续相关政策条例以及"可持续时尚"趋势的影响下，时尚品牌持续加码战略投资，启动产业基金，组建可持续供应链，它们的入局大大驱动了绿色纤维材料及技术成果的规模化与市场化。如欧洲快时尚品牌爱特思集团（Inditex）等领衔投资了多家绿色纺织材料、绿色纺织技术相关的初创企业，加速"时尚产融"。

2. 数字化

除可持续外，数字化也是欧盟战略规划的重点（表2-2）。

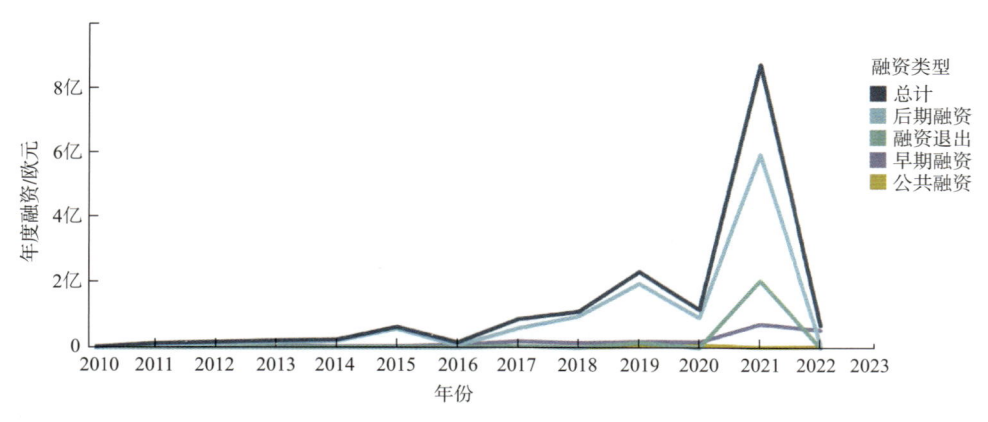

图2-1 2010—2022年绿色纺织初创企业年度融资情况

资料来源：Net Zero Insights；Crunchbase，2022；Technopolis[4]。

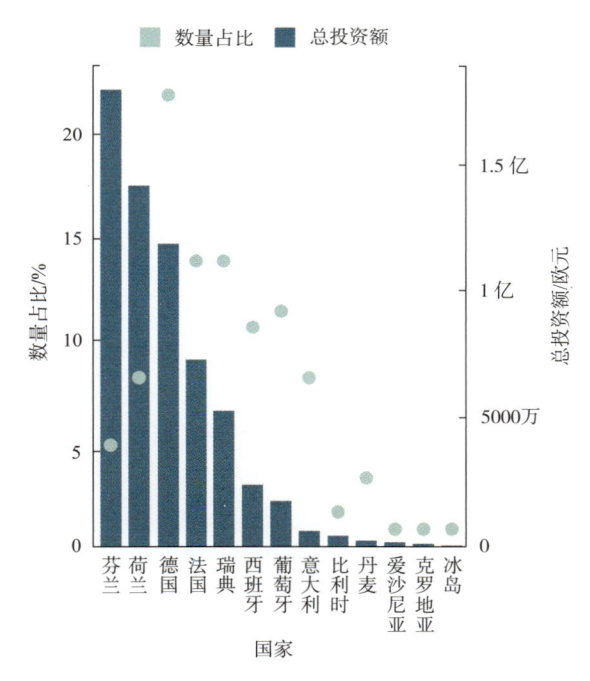

图2-2 2014—2021年欧洲部分国家绿色纺织初创公司获得的投资总额及企业数量

资料来源：Net Zero Insights；Crunchbase，2022；Technopolis[4]。

表2-2 欧盟发布的纺织数字化转型战略规划（部分）

发布机构	时间	名称	内容
欧盟委员会	2021	2030数字指南针：欧洲数字十年之路（2030 Digital Compass: the European Way for the Digital Decade）	提出2030年欧洲实现数字化转型的四个愿景和相应的目标。在企业数字化转型中，到2030年，力求75%的欧洲企业使用云计算、大数据和人工智能；90%以上的欧洲中小企业至少达到基本数字化水平；通过扩大创新规模、改善融资渠道，使欧洲的独角兽公司数量翻一番

续表

发布机构	时间	名称	内容
欧盟委员会	2023	纺织品生态系统转型发展路径（Textile Ecosystem Transition Pathway）	（1）推动可持续制造工艺和低碳足迹创新技术的研发。通过设计开发新的安全、可持续化学品和材料，使产品实现循环，并支持新数字化技术研发 （2）多方合作，通过"纺织行业技能条约"支持中小型企业开发数字化技能 （3）通过"数字欧洲计划"的支持项目，测试纺织行业产品数字护照的可行性
欧盟委员会	2024	未来纺织品协同项目倡议（Textiles of the Future Partnership）	（1）纺织产业链的数字化。可持续循环数据管理，建立材料和产品的可追溯性系统 （2）整合产业链中的数字化流程。开发利用数字孪生以实现智能制造等 （3）可持续性与循环性设计。开发使用先进的数字产品护照系统以支持循环产业链；确保数据的高质量、保密性和可信度等 （4）循环商业模式和客户及最终用户增值服务。如基于9R原则的循环商业模式、将数据与技术用于消费环节、推广慢时尚、减少材料消费等 （5）基于自动化与人工智能的智能制造

资料来源：根据公开资料整理。

在数字化转型方面，欧盟认为纺织中小企业相关技术的应用仍处于早期阶段。根据EMI的调研，欧洲纺织中小企业在数字技术方面的参与度较低，约40%的企业在数字技术方面的投资不足其营业收入的5%，且企业的数字化投资仍主要集中于消费端使用的线上平台（38.3%）。大数据和相关数据分析技术的中小企业使用率为12.8%；人工智能为8%；增强现实和虚拟现实技术为8%；数字孪生技术为4.8%（图2-3）。不过，47%的欧洲纺织中小企业表示已逐步增加了对数字技术的投资。

技术	已在使用	计划在未来一年内开始使用
线上平台	38.3%	2.3%
云软件和云计算	32.3%	1.3%
先进软件（商业智能；生产）	21.0%	7.0%
物联网	14.0%	2.3%
机器人	13.0%	4.0%
大数据	12.8%	2.5%
增强现实和虚拟现实	8.0%	1.3%
人工智能	8.0%	6.0%
数字孪生	4.8%	1.3%
区块链	3.5%	3.3%

图2-3 EMI对欧洲纺织中小企业采用数字技术情况的调查结果

资料来源：EMI；Kapa Research；Technopolis[4]。

而欧洲在纺织数字化领域创新和投资则有着极高的活跃度，受2020年新型冠状病毒感染影响，相关投资在2021年实现激增（图2-4）。根据Crunchbase测算，2010—2022年，私募股权和风险投资对数字纺织初创企业的投资约为38亿欧元，并一直在稳步增长。大部分投资进入了电子商务和在线应用领域。使用人工智能或区块链等数字技术的绿色纺织初创企业在2010—2022年的24轮融资中吸引了1.72亿欧元的风险投资，再次印证了绿色化转型与数字化转型是互相影响，紧密相关的。

2015—2021年，欧洲地区约62%针对数字纺织的风险投资额以及私募股权投资集中于瑞典和荷兰；从被投资的企业数量来看，意大利、西班牙和瑞典位居前三（图2-5）。

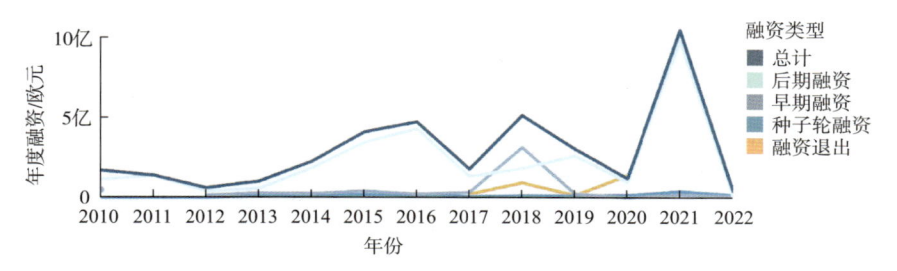

图2-4　2010—2022年数字化相关纺织初创企业年度融资情况

资料来源：Net Zero Insights；Crunchbase，2022；Technopolis[4]。

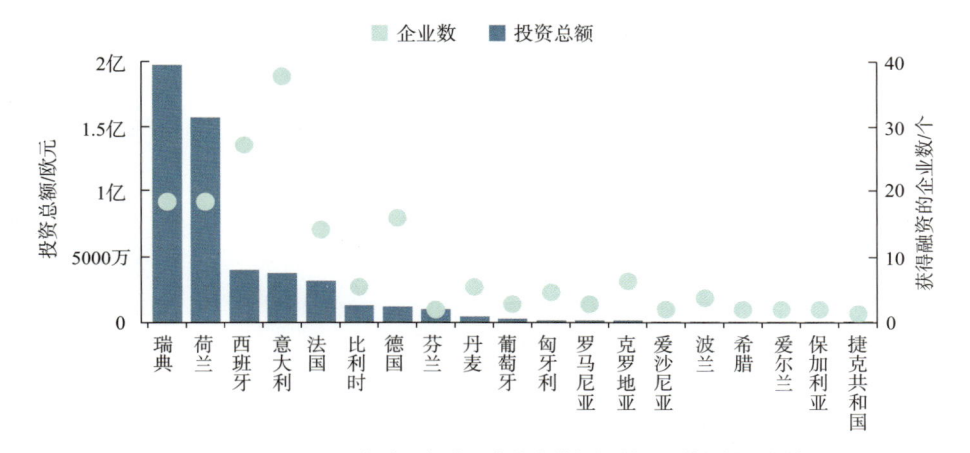

图2-5　2015—2021年欧洲部分国家数字纺织初创公司获得的投资情况

资料来源：Net Zero Insights；Crunchbase，2022；Technopolis[4]。

欧盟于2024年7月发布的 Strategic Research & Innovation Agenda 中提出了与未来纺织相关的六大数字化关键技术（表2-3）。

表2-3　欧盟ETP列出的纺织行业数字化关键技术及发展等级

序号	相关技术	描述	发展等级（影响等级）
1	大数据&人工智能（AI）	纺织品是最复杂的材料之一。纤维、结构、加工、成形、着色、图案等组合是无限的。因此，业内许多产品开发和制造过程凭借经验或简单的试错法为指导，通过高性能计算和AI模型捕获海量数据集并快速迭代进行模拟、分析和优化，可以彻底改变设计、生产、分销以及与客户交互中的许多传统模式	高
2	供应链溯源和数字护照（DPP）技术	如果不对价值创造过程中涉及的所有系统和流程的所有输入和输出进行详细测量和监控，就无法对复杂的供应链进行高效、可持续和负责任的管理。由于全球纺织品价值链高度复杂且地理上分散，而且缺乏收集和报告此类数据的法律要求，迄今为止供应链的透明度和可追溯性相当有限。欧盟即将出台法规对此进行约束，包括要求在欧盟市场上销售的纺织品配备数字产品护照，其中必须包含消费者、公共当局和授权供应链利益相关者的大量信息。因此，能够安全高效地收集、处理、交换和显示此类数据和信息的方法、技术和标准是关键的创新基石	高

续表

序号	相关技术	描述	发展等级（影响等级）
3	传感器及视觉技术	当材料和产品流经生产、物流和分销时，捕获数据对于流程优化、基于人或机器的快速决策、质量保证和维护、库存管理、成本和占地面积模拟和计算、监管合规信息等必不可少。与网络数据库、专家和机器学习系统相连的传感器和机器视觉系统预计将在未来的纺织行业中发挥更重要的作用	中高
4	机器人和数字微型工厂	由于柔性物料处理的复杂性，自动化和机器人化水平一直较低。随着新一代机器人、协作机器人和先进物料搬运技术的出现，这种情况有望改变。结合高度数字化和集成的工作流程，包括印刷、裁剪、缝纫、印染、折叠、压制和包装等流程，高度自动化的微型工厂的出现，实现高效的本地按需生产已指日可待。这种自动化流程还利于专业护理、维修或再制造以及旧纺织品的分类和拆卸	中高
5	物联网和智能可穿戴装备	纺织材料由于重量轻，且具有柔韧性、悬垂性和柔软性而成为智能组件和微系统的有效载体介质，例如传感器、执行器、导体、能量采集器或存储介质、光发射器等。由于微电子和纳米电子、小型化、能效、灵活的集成技术、计算和数据处理等技术的快速进步，智能或电子纺织品和可穿戴设备的潜力预计将迅速发展，并为智能纺织品提供大量市场机会	中高
6	虚拟&数字孪生技术	创建材料、产品、流程、生产线、工厂或完整供应链的虚拟现实表示可以加快开发流程，使生产计划和调度更加灵活，减少不必要的库存、资源消耗或废物产生。它还可以支持使用阶段的增值服务，例如产品保养、维修或适当的报废管理	中高

3. 先进材料及技术纺织品

尽管欧盟材料科学水平世界领先，但只有少数成员国制定了专门的材料战略。目前，欧盟在先进材料方面的投资与日益增长的需求存在较大落差。据欧盟委员会调研，2020年，欧盟产业界对先进材料的研发创新投资为198亿欧元，不及美国的一半，韩国（196亿欧元）、日本（140亿欧元）紧随其后。此外，欧盟企业申请专利的全球领先地位也在削弱，2019年排名第五，落后于美国、日本、韩国和中国。

2024年2月27日，欧盟委员会在《先进材料产业领导力通报》中提出一项全面战略——《先进材料工业领导力交流》，以期加强欧洲在材料领域全球地位。具体行动包括：加强欧洲材料领域创新生态建设；加速将新材料推向市场，包括推出"材料共享"行动；加强资本与融资渠道建设，目标是在2025—2027年投资5亿欧元；促进先进材料生产和使用；创新欧洲先进材料技术委员会。该战略的总体目标是建立一个动态的、安全和包容的先进材料生态系统，既确保欧盟在研究领域的领导地位，又快速将创新材料推向市场。战略初步选取能源、交通、建筑和电子等领域与先进材料产生关联，以促进欧洲的绿色和数字双转型（表2-4）[5]。

表2-4 欧盟《先进材料工业领导力交流》战略的部分要点

序号	领域	具体方向
1	能源	（1）可再生和低碳能源的转换和发电。主要包括提高可再生能源转换设备耐用性的先进材料；催化剂；涂层和防水材料；提高环境耐受性的材料；提高不同可再生能源的转换效率，如光伏电池板、风力涡轮机或热泵 （2）储能系统。包括用于储能技术的可循环、更可持续的先进材料，如电化学技术（电池和超级电容器等）、热和热化学技术（如相变材料）、化学技术等 （3）能源分配和输电网。包括可提高能源分配和输电网的效率和容量、可靠性和耐久性的先进材料，例如高性能涂层，保护基础设施免受腐蚀、摩擦、结冰或其他替代材料解决方案 （4）可再生燃料。包括生产可持续燃料的先进材料，如非生物来源的可再生燃料和合成燃料，解决环境足迹问题。主要挑战之一是开发足够活性、稳定且成本低的催化剂，以大量低成本生产可再生燃料或化学品

续表

序号	领域	具体方向
2	交通	（1）适用于不同交通工具的储能材料和替代燃料。包括：固态电池等先进电池，主要包括效率更高、生产过程中产生环境足迹更少的材料，可减少关键原材料的使用及可持续替代的材料，具有更高的安全性、更好的耐用性和性能、具有更高的能量密度和更高的可回收性的材料；效率更高的氢、氨或甲醇燃料电池系统，研究方向需专注于废热回收解决方案、电解槽、催化剂 （2）高性能轻量化材料，能够在恶劣环境中运行，具有可靠性和耐久性，适用于交通运输的先进材料。包括：先进的轻质材料，主要包括能耗低且具有较高安全性（对车辆乘客、行人、骑自行车的人和其他用户均安全）的材料；用于车辆、飞机结构和发动机部件的先进复合材料和结构，包括高性能热塑性塑料、自适应材料结构和系统、多功能要求 （3）提高对交通工具和基础设施的保护效果，增加韧性和耐用性。包括：与航空航天、水上运输、汽车和道路标线相关的涂料和油漆，提高其耐用性并降低生产过程中的燃料消耗；相关技术和工艺，主要包括混合制造技术、连接技术、表面处理技术、大型主要航空结构和发动机部件的自动质量检测/控制技术 （4）提高材料的循环性并解决其环境性能问题。包括：安全和可持续使用的更好材料，如在所有交通工具中使用的可回收或可生物降解的复合材料、电池和电子产品；进一步降低环境足迹并提高交通运输基础设施韧性的新材料，如可降低生命周期影响、可循环使用、更持久/更耐用的道路/铁路轨道材料，对生物多样性影响较小的材料，轮胎和制动装置中颗粒物排放量低的相关材料；交通领域先进复合材料、高温合金、涂层、混合和自适应材料结构的经济高效地维护和维修
3	建筑	（1）提高建筑物能源效率的材料。主要包括：复合泡沫、隔热和储热材料、综合能源系统 （2）可提升建筑结构的稳固性和耐用性，并可更好地监测结构完整性的材料。主要包括：石墨烯增强混凝土等复合材料、轻质材料、可用于3D打印的新建筑材料、预制和模块化材料，以及可自我监测、自我修复或自我保护的建筑材料 （3）更舒适的建筑所需的材料。主要包括可增加建筑舒适度且降噪的材料；照明材料；透光度可动态调节的玻璃材料及相关技术；透明氧化物电子器件；电致变色、热致变色、气致变色、光致变色材料；防污、防冰、防滑、防腐蚀、防水材料 （4）提高循环性和解决环境性能的材料。例如：新型生物基涂料；涂料配方；建筑中的木质隔热材料、黏合剂和复合材料；考虑了建筑材料整个生命周期过程中对全球变暖影响潜能的材料
4	电子	（1）高性能先进材料，具有适应恶劣环境的特性，能耗低，并可为不同领域的电子组件提供新功能。主要包括：传感器材料、可实现新型计算和存储概念的材料、功率电子材料、通信（包括下一代5G和6G网络及其他网络的信号传输和热管理）材料、柔性电子材料、光电子材料、光学材料和量子材料 （2）用于新型芯片生产和封装技术的先进材料，包括用于提高能源、电力和通信等不同领域效率的硅以外的晶圆和衬底；增强材料的耐用性、可持续性和循环性；减少对关键原材料的依赖

先进材料、技术、工艺和应用等关键领域的协同创新，推动欧洲技术纺织品持续保持技术领先，市场持续增长，应用不断拓展。根据调研，欧洲已形成较成熟的技术纺织品研究开发应用体系，在高度工程化的技术和高功能性纺织品、非织造布以及纤维增强复合材料等方面处于全球领先地位。据 *Data Bridge Market Research* 测算，2021年欧洲技术纺织品行业价值为260亿欧元，预计2021—2028年的年均增长率为10.5%。

（二）美国纺织产业科技创新策略

当前美国产业政策回归愈发明显，扶持措施逐渐增多，政策内容更偏向于扶持基础研究、前沿科学、新兴技术研发等环节。政策措施主要通过注入大规模研发基金、以国防安全为由直接采购新研制的高科技产品等方式扶持尚处于竞争前环节的产业发展[6]。

美国制造业认为，传统的纺织材料及纺织品正在升级为集成的网络设备和系统，超越了服装、家居装饰和建筑等领域的传统材料用途，这些先进的产品可以"看到、听到、感知、交流、存储和转换能量、调节温度、监测健康状况和改变颜色"，最终为用户提供附加值。该行业的新兴应用包括织物中的电子元件、化学感应服装、用于医疗的纳米纤维、非织造布、阻燃织物、用于国防的高强度纤维等。由于该行业的模式转变，美国的织物和纤维制造业开始复苏，许多美国公司参与设计、生产、集成或组装传统纤维、纱线和纺织品，将其整合到先进的集成和网络化设备和系统中。

1. 美国纺织服装行业现状

根据美国商务部纺织品和服装办公室（OTEXA）发布的《美国制造采购和产品目录》（截至2023年10月1日的调研），发现[7]：

①美国纺织品制造商的地理集中趋势明显，而服装制造商则分散在全国各地。同时，按纺织服装制造商数量计算，加利福尼亚州和北卡罗来纳州是全美仅有的两个进入所有产品类别前5名的州，拥有最完善的纺织服装供应链。

②美国纺织服装制造业中小企业集中度较高。与宏观数据高度一致，OTEXA数据库中纺织服装制造业员工人数超过500人的企业寥寥无几，尤其是超过74%的服装制造业和近60%的家纺制造业都是员工人数不足50人的"微型工厂"。

③美国纺织服装制造商的垂直制造能力有限。垂直一体化制造商通常生产的产品涵盖从原材料到成品的各个生产阶段。结果显示，OTEXA数据库中只有1/3的美国纺织服装制造商报告生产不止一类产品，其中纱线＋织物、服装＋家纺、织物＋产业用纺织品等特定类型的垂直整合生产模式相对流行。缺乏织物加工商是阻碍建立更加垂直一体化的美国纺织服装供应链的瓶颈。

④美国纺织服装制造商使用进口零部件并不罕见。具体而言，在OTEXA数据库的制造商中，近20%的服装和织物生产商明确表示他们使用了进口零部件。相比之下，考虑到产品性质，纤维和纱线制造商使用进口零部件的比例较低（11%）。此外，规模较小的美国纺织服装制造商似乎更有可能使用进口零部件。例如，员工人数少于50人的制造商中有20%使用进口产品，而员工人数在50～499人的制造商中只有10.2%使用进口产品，员工人数在500人或以上的制造商中只有7.7%使用进口产品。

⑤美国纺织服装生产企业已积极开拓海外市场。其中，纺织产品生产企业出口占比较高，包括纤维及纱线生产企业（68.4%）、织物生产企业（78.9%）、技术纺织品生产企业（69.1%）。相比之下，美国服装及家纺生产企业开展海外销售的比例相对较低。

⑥美国纺织品和服装制造商的出口市场相对集中。具体而言，OTEXA数据库中多达72%的服装厂和57%的家纺制造商称其产品主要在美国国内市场销售。同样，由于依赖西半球供应链，超过一半的美国纤维和纱线制造商报告称仅在两个或更少的市场销售。相比之下，美国技术纺织品制造商拥有最多样化的市场，反映了全球对其产品的需求，近40%的产品出口到10多个国家。

⑦虽然西半球仍然是美国最大的出口目的地，但许多美国纺织品和服装制造商也向亚洲、欧洲和世界其他地区出口。例如，OTEXA数据库中近一半的美国纺织品和服装制造商报告出口到亚洲，超过60%的美国技术纺织品制造商将其产品销往欧洲。

2. 美国纺织科技创新特点

（1）基于国防需求、兼顾商业潜力

美国国防机构与纺织业之间存在紧密的协同关系，其中涉及救生、医疗保健和环境问题的主要技术都得到了国防部门的资金支持。例如熔喷和静电纺丝等用于个人防护装备和过滤器加工的重要技术均得到了美国国防部的支持；中小企业（SME）通过小型企业创新研究（SBIR）和小型企业技术转让（STTR）等资助机制也获得国防部门支持；美国国家科学基金会和国防部等联邦机构正在通过资助重大计划来支持纤维材料研究。

美国在科技创新方面建立了非常完善的体系，成果颇丰。通过利用现有管理成熟、效果显著的"独立研发计划""快速创新基金""小企业创新研究计划""先进技术投资计划""制造技术计划"等高层次创新计划，实现军民创新计划的深度融合；或引入民间资本和社会力量有序参与战略性产业相关科研项目。例如在国防领域发挥重要作用的先进纺织品，包括防弹和软装甲、过滤器、降落伞织物、工业领域防护服、热控制、CBRN（化学、生物、放射和核）对策、荧光纤维材料、卫生和医疗产品等，这些创新技术和产品经过孵化成型、成熟后逐渐转向民用，赋能民用纺织品升级。2022年12月，美国政府选择24家小型企业共同开发先进的穿戴式技术（每家公司在第一阶段小型企业创新研究合约中获得15万美元），一方面满足当前和未来的作战需求，另一方面项目开发的多款先进产品将推动细分市场显著成长。

（2）政府牵引下的先进制造业创新体系

为重塑在全球制造业的领导地位，美国政府在2012年启动了"国家制造业创新网络"（NNMI，2016年9月更名为"Manufacturing USA®"，也称MFG USA），旨在通过在技术、供应链、教育和劳动力发展方面开展大规模公私合作，以构建独特的先进制造生态系统，加速技术进步和扩大规模，支持中小型制造商获得机遇并培养行业发展所需的技能人员，确保美国在先进制造业领域的全球领导地位。在其框架下设立了17个美国制造业创新研究所，其中至少有6个与纺织行业关联（表2-5）。

表2-5 美国与纺织行业相关的制造业创新研究所

序号	所属领域	机构名称	所在地	主要任务
1	材料	美国先进功能织物机构（AFFOA）	美国马萨诸塞州	致力于将传统的纤维、纱线和织物转化为高度精密、集成和网络化的设备和系统，从而推动一场以制造业为基础的革命；促进纺织业向高附加值的高科技产业转变。AFFOA引领先进技术与纤维和纺织品生产的融合，使产品商业化，为作战人员和消费者带来益处
		美国先进复合材料制造创新研究所（IACMI）	美国田纳西州	由工业、学术和政府组织组成，旨在加速开发和采用尖端制造技术，以低成本、高能效的先进复合材料应用于汽车、风力涡轮机和压缩气体存储的先进聚合物复合材料等商业领域
2	电子	美国柔性混合电子制造创新研究所（NextFlex）	美国加利福尼亚州	致力于美国进一步开发和采用柔性混合电子产品迈出了关键一步，这种电子产品将彻底改变美国民众的生活、工作和娱乐方式，并推动美国柔性混合电子产品的制造
3	能源/环境	美国减少内涵能源和降低排放研究所（REMADE）	美国纽约州	旨在促进关键工业平台技术的早期应用研究和开发，从而大幅降低与工业规模材料生产和加工相关的能源消耗和排放。该研究所致力于降低金属、纤维、聚合物和电子废弃物等材料的再利用、再循环和再制造所必需的技术成本，以实现美国制造业的循环经济
4	数字化/自动化	美国增材制造创新研究所（NAMI，又称America Makes）	美国俄亥俄州	是美国在增材制造（AM）和3D打印技术研究、探索、创造和创新方面的主要合作机构，其致力于发展和扩大美国在AM和3D打印方面的能力。该研究所正在创建以美国为基地的世界级设备和支持资源、高质量材料和服务的强大国内供应链以及高技能的美国劳动力，以充分利用AM和3D打印的能力和优势
		美国先进制造机器人技术研究所（ARM）	美国宾夕法尼亚州	通过整合传感器技术、末端执行器开发、软件和人工智能、材料科学、人类和机器行为建模等多个学科的各种行业实践和研究所知识，创造并部署机器人技术，从而建立一个强大的制造业创新生态系统。目前正与研究所成员合作，以确定先进的纺织技术和制造能力，实现流程自动化并开发智能织物和电子纺织品等创新产品

为了创造新的就业机会并帮助国内制造商建立竞争优势，其中两个研究联盟——AFFOA和ARM正在致力于改变美国国内纺织业，共同帮助振兴美国国内纺织业，提高先进制造技术的采用，并培养下

一代纺织从业人员。

（3）AFFOA创新体系下的先进纺织品创新和人才培育

美国织物和纤维行业正在稳步增长，预计到2025年将创造超过900亿美元的收入。历史上看，政府合同一直是美国先进纺织品领域研发的主要资金来源。由美国国防部资助成立的AFFOA已构建了由大学、初创企业、制造商和行业合作伙伴组成的先进纺织产品制造生态系统（表2-6）。其官网信息显示，目前其共有148个会员，包括24个学术界成员、36家初创企业成员、62家制造商、16个行业咨询机构、10个非营利组织成员。从合作企业/机构的地理分布来看，有36家会员位于马萨诸塞州，18家会员位于北卡罗来纳州，这与美国纺织产业的区域布局基本契合。

表2-6　AFFOA组织架构及成员主要职能

角色	类型	主要职能
牵头组织	AFFOA总部	内部突破技术；系统集成者；技术转让合作伙伴；供应链构建者
参与者	行业/市场咨询机构	拥有消费者洞察力以及满足国防部和商业需求产品理念的市场领导者：洞察应用市场、消费者对产品的需求
	政府赞助商（需求方）	具有特定应用和产品需求的赞助商和利益相关者：提供一部分创新资金
	大学/研究机构	创新研发机构、技术开发商以及教育和劳动力发展中心：新技术创新者；专业技术人员和劳动力培训教育
	织物创新中心（FDC）	技术创新、成熟、教育和劳动力发展的区域中心；其目标是推动功能性织物的创新、提高经济竞争力并在该地区创造更多高薪就业机会
	初创企业	拥有军民两用技术、创新商业模式和敏捷市场战略的新企业：探索新的商业模式和案例，以实现产品的快速商业化
	制造商	拥有原型设计和制造领域的专业知识，以扩展新技术和产品的企业：凭借制造能力帮助新技术、新产品进行产业化；技术转型和劳动力培训
	其他研究型制造机构	利用互补技术和AFFOA的制造生态系统，使创新技术和产品产生更广泛的影响
	非营利组织	行业贸易组织以及其他支持和推动该行业发展的组织：拓展创新成果的社会影响力；发展合作伙伴

AFFOA将功能性或智能织物描述为对环境具有主动响应性的系统，并致力于将传统纤维、纱线和纺织品转变为高度复杂、集成和联网的设备和系统，通过研发采用具有特定概念验证的新技术来开发原型和可扩展的商业化工艺，从而实现将织物升级为服务或解决方案的新产品和商业模式。为促进与先进纤维和织物相一致的创新和区域经济发展，AFFOA建立了3个织物创新中心（FDC），其功能是支持国防和商业需求，主要工作包括先进纺织品研发、端到端原型设计、初创企业孵化空间、制造工艺开发以及人才教育活动（图2-6）。

在严密的组织和协同配合下，AFFOA创新体系为美国国防部贡献了很多高端技术和产品，包括导电纤维和织物、个体防护装备、纺织传感器、纺织品无线充电装置等，这些创新成果在民用消费市场同样具有不俗的开拓潜力。为了帮助先进纤维、织物或相关工艺跨越商业应用的艰难阶段，实现在商业上的应用，AFFOA牵头开展了Product Accelerator for Functional Fabrics（PAFF）计划，入选者将能够使用AFFOA的系统集成、高等级织物原型设计、数字工程、供应链构建以及测试和评估功能，以加速产品和工艺开发。2024年7月，AFFOA宣布Loomia和Z-Polymers为首批PAFF计划获奖者。其中，前者制造了一种柔软、灵活的电路——Loomia电子层（LEL），可轻松集成到纺织品中，用于国防部制服、医疗设备、汽车内饰、户外用品和机器人领域。后者据称是美国唯一一家开发液晶聚合

通过政产学研合作，打造先进织物制造体系

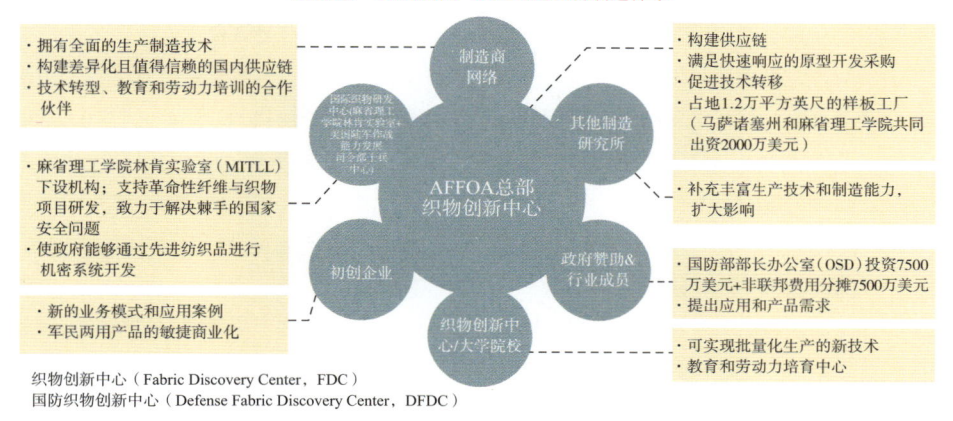

- 拥有全面的生产制造技术
- 构建差异化且值得信赖的国内供应链
- 技术转型、教育和劳动力培训的合作伙伴

- 麻省理工学院林肯实验室（MITLL）下设机构；支持革命性纤维与织物项目研发，致力于解决棘手的国家安全问题
- 使政府能够通过先进纺织品进行机密系统开发

- 新的业务模式和应用案例
- 军民两用产品的敏捷商业化

- 构建供应链
- 满足快速响应的原型开发采购
- 促进技术转移
- 占地1.2万平方英尺的样板工厂（马萨诸塞州和麻省理工学院共同出资2000万美元）

- 补充丰富生产技术和制造能力，扩大影响

- 国防部部长办公室（OSD）投资7500万美元+非联邦费用分摊7500万美元
- 提出应用和产品需求

- 可实现批量化生产的新技术
- 教育和劳动力培育中心

织物创新中心（Fabric Discovery Center，FDC）
国防织物创新中心（Defense Fabric Discovery Center，DFDC）

图2-6　AFFOA创新体系

物（LCP）的公司，其正在开发的Tullomer™可用于电解器、燃料电池和碳熔融沉积成型（FDM）部件。PAFF将利用超细Tullomer™纤维开发极其薄而坚固的编织结构，为燃料电池和电解器应用构建高效膜。

先进纤维与织物行业的发展意味着就业机会增加。美国劳工部认为，美国先进织物和纤维行业对技术工人的需求在不断增长。因此，在利用由生产商、研究人员和政府实体组成的广泛"生态系统"来完成各类创新项目的同时，AFFOA的另一项重要任务是构建人才体系，为发展"先进纺织"储备力量，据称其打算从高中开始培养一批能够在未来从事先进材料生产的技能人才。

（4）在关键纤维原料领域处于强势地位

除了以政府主导开展各项先进纺织品的研究与推广，美国企业在纺织源头，比如生物基纤维原料领域占据领先地位。或为传统生物、化工领域的巨头，例如杜邦掌握了生物基PTT的原料开发技术、Cargill开发并掌握了PLA的原料技术，并建设了现阶段全球最大的PLA企业NatureWorks；或为初创企业，例如Geno在20多年前就开始了生物基原料的技术开发，目前已与Aquafil、晓星、科思创等国际知名纤维及化学品企业建立合作，是全球可持续材料和技术领导者。

（三）日本纺织产业科技创新策略

近年来，日本纺织业也正处于重大转折点，日本国内外数字化和可持续发展运动正在对其产业结构产生影响。日本经济产业省于2022年5月编制的《纺织产业迈向2030年的展望》审视了日本纺织产业迈向2030年的方向，旨在开拓新市场并推进政策。将用于商业目的的领域定位为战略领域，将可持续发展和数字化等业务前提领域定位为交叉领域，而促进可持续发展的措施之一就是加强资源循环。此外，在同时制定的《纺织技术路线图》（经济产业省，2022年）中，规定了以实现资源循环为目标的纺织品横向回收技术[8]。

1. 大型企业集团的龙头作用

通过持续的科技创新和价值链升级，日本纺织产业已从基础纺织品成功转型至高科技纤维及技术纺织品，服装产业也从服装加工转移至时尚产业。在此过程中，日本政府、产业界、企业均对这些高附加值环节进行了投资，进一步推动了要素资源集聚，形成了一批在资金、技术、人才、渠道等资源上具备强大实力的大型企业集团，它们在日本纺织产业升级和新竞争力构建的过程中扮演了非常重要的角色。

以碳纤维为例，无论是规模、产品种类、性能指标还是生产成本，日本企业均具有领先优势。

2023年日系三大企业（东丽、帝人、三菱石化）的碳纤维运行产能约占全球的33%（东丽22%、帝人6%、三菱石化6%）。这些企业不仅具有规模优势，同时注重产业链上垂直经营，以控制产业链各个环节的工艺参数，对市场形势进行预判，同时更好地理解客户需求，从而制备出满足特定用途的合格产品。如东丽通过旗下公司覆盖了从PAN原丝到复合材料等产业链上各阶段产品，建立了包括碳纤维、碳纤维预浸料、碳纤维织布、碳纤维层压材料和碳纤维复合材料在内的碳纤维及其下游产品体系；帝人在热塑型碳纤维和高性能碳纤维上做了较多布局，建立了包括聚丙烯腈预氧化纤维、碳纤维和碳纤维复合材料在内的产品体系；三菱石化实现了从原料丙烯腈、原丝、碳纤维到最终产品一条龙生产，其充分优化从原料到产品的生产体系，以提供优质产品吸引客户。此外，这些企业还设立了不同性质的研发中心和研究所，在海外设有研究所从事应用基础研究；在日本以外的应用市场，通过并购或新建装置等方式形成完整的复合材料产业链和解决方案，以更好地匹配和服务大客户需求。

2. 绿色创新战略下的产业机遇

作为支撑《2050碳中和绿色增长战略》的大型长期资助计划，日本政府出资2万亿日元设立"绿色创新基金"，重点对绿色增长战略的三大产业类型和14个具体产业领域的核心技术进行支持（图2-7）。

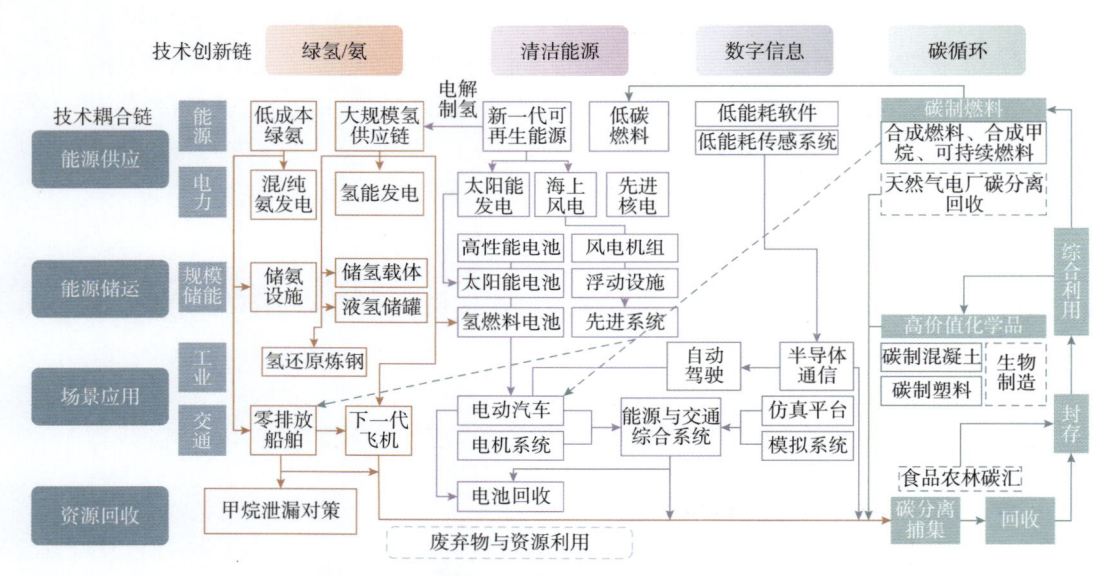

图2-7 日本绿色创新基金资助项目技术路线示意图[9]

日本在汽车、蓄电池、氢燃料等绿色能源相关领域的核心竞争力排在世界前列，且增长潜力巨大。2021年7月15日，日本新能源产业技术综合开发机构（NEDO）宣布将在"燃料电池大规模扩展应用产学研协同攻关项目"框架下，在2021年投入66.7亿日元支持3个子项目共24个研发主题，推进氢燃料电池研发以进一步增强日本的技术竞争力，在全球市场建立稳固地位。在NEDO计划的支持下，日本企业在氢燃料电池汽车全产业链的技术开发方面取得了全球领先的技术优势。例如在水电解制氢阶段，电解隔膜是关键元件，需要一种具有超低气体透过性的强韧性有机膜，东丽尖端材料研究所开发了一款高效固体高分子型制氢系统；在高纯氢制备与储运环节，日本（国研）产业技术综合研究所研发的中空碳纤维膜是氢分离的先进素材；燃料电池用电极材料方面，东丽开发的碳纤维纸已应用于本田CLARITY燃料电池中，提高了电池堆的性能，节约了空间；日清纺株式会社从家庭用燃料电池的碳纤维隔膜转向车载燃料电池汽车（FCV）用碳纤维隔膜领域并实现了盈利[10]。

2024年2月15日,日本NEDO宣布在"绿色创新基金"框架下启动"废弃物及资源循环利用实现碳中和"项目[11],计划在2023—2030年提供445亿日元(约合21亿元人民币)预算,开发相关技术,以实现废物和资源回收领域的碳中和。该机构认为,从保持和强化日本纺织产业国际竞争力的角度来看,促进纤维的回收利用以实现纺织产品的资源循环至关重要。日本帝人集团和JEPLAN公司目前是单一聚酯材料回收领域的先进企业,在化学回收方面展现出很高的技术实力。但服装需要满足多样性和功能性的消费需求,因此,为了研究不同纤维素材混纺产品的循环利用,NEDO提出"要开发易于回收的设计""构建服装资源动态循环体系"。一种方法是将纤维和织物转变为单一材料,以简化纤维到纤维回收过程中的材料分离等流程;二是在回收过程中使用电子标签,例如RFID(射频识别)标签,通过将纤维材料等数据写入电子标签,可以使收集后的分拣过程更加高效,但实际应用仍面临供应链协同、服装洗涤承受性、成本等方面的挑战[10]。

此外,日本于2024年6月制定最新版《生物经济战略》,提出要发挥日本优势,打造领先世界的生物经济社会,并将市场分为五大领域,分别为:生物制造和生物衍生产品;可持续初级生产体系;大型木材建筑和智慧林业;生物医药、再生医学、细胞治疗和基因治疗相关产业;生活方式改善保健和数字健康。战略提出到2030年要将日本企业在上述领域的海内外市场规模增至100万亿日元以上[12]。

3. 老龄化蕴藏的商机

日本是世界上人口最长寿的国家之一,老龄化程度日益严重。日本总务省人口统计数据显示,截至2023年9月15日,65岁以上老年人占日本总人口的比例已高达29.1%。预计到2065年,至少有38%的日本人将达到65岁及以上,届时日本将进入"超级老龄化社会"。

从商业角度来说,老龄化可能意味着新的商业机遇。从表2-7可以看出,在大于60岁的人群中,医疗保健相关产品的消费明显上升。鉴于高龄老人的护理及健康问题已成为阻碍日本经济自律性复苏的社会负担,日本政府正积极扶持与推动健康医疗产业发展,并在医疗健康领域建立了较强的竞争优势。根据麦肯锡的调研,2025年日本在健康产业方面的开支将占其GDP的11%左右。

表2-7 日本不同类型消费高峰年龄分布

消费大类	年龄/岁											
	<30	30~34	35~39	40~44	45~49	50~54	55~59	60~64	65~69	70~74	75~79	80~84	>85
食品烟酒	0.84	0.92	1.03	1.08	1.07	1.02	0.98	1.10	1.20	1.01	0.92	0.91	0.93
住房开支	2.26	1.71	1.28	0.98	0.88	0.79	0.74	0.79	0.87	0.64	0.64	0.62	0.80
水电燃料	0.76	0.87	0.94	1.02	1.04	1.03	0.97	1.09	1.18	1.04	0.98	1.02	1.06
家用器具	0.80	1.00	1.01	1.04	1.00	0.95	0.90	1.16	1.34	1.02	0.94	0.87	0.98
服装鞋帽	1.12	1.22	1.29	1.23	1.09	1.20	1.07	1.08	1.03	0.79	0.64	0.64	0.60
医疗保健	0.59	0.95	0.85	0.79	0.79	0.93	0.90	1.14	1.35	1.18	1.04	1.09	1.40
交通通信	0.93	1.08	1.11	1.12	1.27	1.23	1.14	1.27	1.14	0.82	0.70	0.59	0.61
教育	0.11	0.62	0.90	1.99	3.06	3.53	1.72	0.49	0.11	0.14	0.18	0.12	0.03
文化娱乐	1.03	0.98	1.04	1.08	1.05	0.97	0.97	1.14	1.27	1.05	0.89	0.79	0.75
其他	0.66	0.80	0.86	0.94	1.07	1.35	1.27	1.19	1.20	1.01	0.90	0.85	0.90

资料来源:日本统计局、国金证券研究所。
注:系数为特定年龄段消费水平除以全年龄段消费水平均值。

老龄人口的增长带动了成人失禁用品的需求上涨，成人纸尿裤成为一门越做越大的生意。日本领先的纸尿裤制造商 Oji Holdings 近日透露，计划停止生产婴儿纸尿裤，将重点转向成人纸尿裤。据市场咨询公司富士经济（Fuji Keizai）称，到2027年，日本成人纸尿裤市场预计将增长16%，达到989亿日元（约6.12亿美元）。

给老人服务已成为很多企业新的业务增长点，催生大量高科技解决方案。例如日本 Xenoma 公司开发了一套病人特别是痴呆病人可在医院穿的智能睡衣，据介绍，这种智能服装可自动履行功能，因为其中配备了可检测穿着者行动而设计的线路板，可通过分析穿着者胸部收缩来监控诸如呼吸等重要的健康信号，据称可耐受100次洗涤。除医疗外，Xenoma 织物还可应用于游戏、健身和工业领域；位于东京的 Triple W Japan 公司开发了一种专为尿失禁患者设计的可穿戴传感器 DFree，穿戴于身上后利用超声波检测膀胱的变化，通过连接到智能设备，提醒用户什么时候该上厕所[10]。

三、世界纺织科技的发展趋势

（一）产业创新机制需完善

创新企业需要更好的孵化培育机制。随着学科交叉、产业融合的推进，"大纺织""大纤维"概念将不断外延，碰撞出更多可能，展现出更大的应用价值。中小企业以及科技初创企业是未来产业最有活力的创新主体，如何孵化培育好未来产业企业十分关键。全球范围来看，欧盟通过新兴技术研发、加速器计划和专项股权基金的组合式资助措施，支持创新型初创企业和中小企业；美国也通过一系列政府项目集聚民间创新资源，帮助其成长、实现商业化的同时服务本国的军工国防需求，通过成熟的创新机制和体系建设将这些创新资源（包括科技、人才等）牢牢把握在政府手中，实现持续创新和成果的可持续推广。

产业人才培育是全球纺织产业面临的共性任务。当前，纺织产业成熟度较高的国家和地区普遍面临一线技术工人、跨专业人才短缺的问题。需要有针对性地设置面向行业纵深的人才培养专项计划，引导高校创新专业培养体系，促进学界与业界协同，构建教育联合体，促进技术与场景协同，构建供需联动的培训机制。在全球范围内，美国和英国的大学，例如得克萨斯州立大学、北卡罗来纳州立大学、亚利桑那州立大学、曼彻斯特大学、格拉斯哥大学等拥有一些世界上最全面、最精细的技术纺织品工程课程，这些大学的工程学士和硕士课程包括非织造工艺和产品、先进非织造加工、非织造表征方法、非织造产品开发、生物基纤维和特种织物、3D技术等课程；德国、日本、瑞典等国也设有以先进技术纺织品为重点的工程类课程，注重在理论与实践项目的结合中培育产业人才。

（二）新材料继续向功能性、智能化、可持续方向发展

新材料的研究将继续集中在功能性、智能化和可持续性方向。基于材料、电子、信息、机械、生物等学科领域的技术突破与交叉融合，给新型纤维材料的开发提供了更多可行性，其内涵将不断延展，以智能化、超性能、绿色为特征，具有多功能、多结构、多材料特性。纤维功能研究将由被动适应向主动创新设计发展；智能材料可以响应外界环境变化，实现自适应和智能控制，拓展人们对材料的使用方式和效果；可持续性材料将关注资源的有效利用和环境的保护，提高材料的可循环利用性、环境友好性和可再生性。3D打印、材料表面改性等技术为新材料研究提供了更精确、高效的方法和工具；大数据、人工智能等新一代信息技术的应用可能会重塑纤维材料开发模式，构建新材料研发智能化技术体系。至

于可持续材料，目前虽然欧洲地区，尤其是欧盟对包括纺织品回收再利用等提出了严苛要求和宏大目标，但产业界似乎对此也有不同声音，特别是在当下全球经济环境不确定性加大的背景下，很多从业者表示一些政策目标过于激进，对行业和企业均提出巨大挑战。

（三）高技术纺织品是拓展行业新增量的生力军

技术纺织品是全球纺织行业创新与技术集中度最高的领域之一，其开发涉及从纤维材料、织物、后整理、装备到应用的全产业链创新，甚至整合了电子科技、基因技术等其他领域的先进科技。正因如此，技术纺织品的创新发展需要跨领域、跨学科地对创新资源进行统筹与整合，通过政府牵头引导，以机制为保障，研究机构和相关企业积极参与创新活动，吸引越来越多的年轻力量、创新资本加入，实现了对传统产业的传承、超越甚至良性颠覆。欧洲、美国、日本等先进地区和国家多年前就已开始布局，将技术纺织品作为战略性产业，政府牵头组织多个跨学科、跨专业、跨领域的前瞻性研究项目，形成了一系列创新成果。未来，随着相关学科领域的技术进步及交叉融合，以及应用市场的不断拓展，技术纺织品的性能和功能将更加突出，专业性、细分化程度将愈加深入，航空航天用高性能纺织品、海洋产业与渔业用纺织品、交通运输用纺织品、土工建筑用纺织品、安全防护与应急救援用纺织品、高性能过滤用纺织品、医疗健康用纺织品、高品质非织造布等技术纺织品品类将呈现出新的发展前景。技术纺织品与智能纺织品的融合，有望带来意想不到的创新产品和解决方案。

（四）纺织装备将继续朝着高效柔性、绿色化、数字化发展

纺织装备继续朝着绿色、高效、柔性化、自动化、数字化、智能化发展。具体来看，化纤生产装备除以上趋势外，适用于新型纤维材料、差别化纤维材料加工的装备技术将加速发展。其中，化纤长丝装备将朝着节能减排、绿色生产、高能效以及自动化、数字化、网络化和智能化方向发展；化纤短纤装备将朝着绿色化、智能化发展，新型纤维素纤维等产品的快速发展和高环保诉求将促进装备技术的升级；化纤专件一方面要满足配套化纤主机对可靠性要求越来越高的需求，另一方面要满足越来越多差别化化纤品种生产的需求，此外还要满足节能降耗需求。纺纱装备继续朝着高速、高效、节能、降耗方向发展，自动化、网络化、智能化水平进一步提升，越来越多的企业推出再生纤维处理及纺纱解决方案。织造装备将继续朝着高速、高效、智能、节能、模块化应用的方向发展，并在提高智能化控制、产品适应性和降低成本方面更加贴近市场需求，产业用纺织品专用设备具有较高的增长潜力。针织设备朝着生产高效化、品种差异化、管理网络化和产品智能化等方向快速发展，不断满足面料产品的开发及终端市场的新需求。绿色化、智能化成为高端染整装备的主流发展方向，自动化、智能化数控技术在印染装备中的应用范围将进一步扩大，未来要进一步提高无水或者少水染色设备、数码印花设备的稳定性和可靠性，推动其产业化推广应用，加大对打印喷头等装备核心部件的投入与研发。非织造设备总体朝着可持续和数字化方向发展，其中针刺、水刺、气流成网、热风等装备生产线将进一步拓展在宽幅、高速、高产、节能、产品克重均匀性、绿色原料适应性等方面的提升潜力；纺丝成网技术继续朝着工艺复合化、纤维细度更小、产品纵横向强力更均匀、原料适应性更强等方向发展，其中闪蒸法、静电纺丝法技术在高端产品开发中拥有较好前景。未来应进一步提高纺织产业链全行业装备的技术水平，通过与人工智能、互联网、先进物流、自动化装备等产业的融合，不断降低纺织产业链的能耗和排放，能快速推动绿色纺织产业体系的建设。

（五）数智技术驱动产业发展

新一代信息技术已渗透至纺织行业设计研发、生产制造、营销推广、供应链管理、客户服务等各个环节。其中，生产制造的智能化不仅包括以计算机数字控制为代表的数字化技术，而且要重点突破实现泛在感知和互联条件下的网络化制造，并在此基础上持续完善，直接利用互联网、大数据、人工智能等新一代技术，走数字化网络化智能化制造的发展新路。生成式人工智能是近年来人工智能发展的一个重要方向，主要是通过数据挖掘寻找规律并适当泛化，从而生成相关的文字、图像、音频等内容。以ChatGPT为代表的大语言模型正是生成式人工智能商业化应用的方向之一。总体来看，以纺织行业为代表的制造业对人工智能的需求日益增长，加快布局和发展人工智能产业，能够为行业转型升级和经济社会发展注入新动力[13]。

（撰稿人：中国纺织信息中心　赵永霞　王佳月）

参考文献

［1］陈劲，朱子钦.全球未来产业的发展态势及对中国的启示［J］.新经济导刊，2021（3）:4-9.

［2］Textile ETP.Textiles of the Future:PARTNERSHIP UNDER HORIZON EUROPE Strategic Research & Innovation Agenda［R/OL］.（2024-07-11）［2024-12-06］. https://cms.extranet.textile-platform.eu/uploads/Final_Draft_SRIA_90cfe269e8.pdf.

［3］赵永霞.国内外可持续纤维材料新进展（上）［J］.纺织导报，2024（4）:36-43.

［4］Kincsö Izsak, Carmen Moreno.Monitoring the twin transition of industrial ecosystems［R/OL］.（2024-01-30）［2024-12-06］. https://monitor-industrial-ecosystems.ec.europa.eu/sites/default/files/2023-12/EMI%20CCI%20industrial%20ecosystem%20report.pdf.

［5］张超星，王建芳.欧盟发布提升产业领导力的先进材料战略［EB/OL］.（2024-06-06）［2024-12-06］. http://www.casisd.cn/zkcg/ydkb/kjqykb/2024/kjqykb2404/202406/t20240606_7185627.html.

［6］李晓华，张作祥.美国产业政策复兴：目标、特征与启示［J］.产业经济评论，2024（2）:172-186.

［7］Kendall Ludwig, Miranda Rack, Sheng Lu. Exploring the Production and Export Strategies of U.S. Textiles and Apparel Manufacturers［EB/OL］.（2024-02-03）［2024-12-06］. https://shenlufashion.com/2024/02/03/exploring-the-production-and-export-strategies-of-u-s-textiles-and-apparel-manufacturers/.

［8］NEDO.繊維リサイクル分野の技術戦略策定に向けて［J］.TSC Foresight，2023:116.

［9］李岚春，陈伟，岳芳，等.日本"绿色创新基金"研发计划及对我国的启示［J］.中国科学基金，2023，37（4）:699-708.

［10］赵永霞，祝丽娟.世界纺织版图与产业发展新格局（三）——日本篇（上）［J］.纺织导报，2019（4）:35-38，40-47.

［11］薛亮.日本最新版生物经济战略提出到2030年要将该领域市场规模增至百万亿日元以上［EB/OL］.（2024-09-29）［2024-12-06］. https://www.istis.sh.cn/cms/news/

article/98/27024.

［12］赵永霞，刘凯琳，张荫楠.世界纺织版图与产业发展新格局（四）［J］.纺织导报，2020（1）:25-42，44，46-47.

［13］史丹，渠慎宁.未来产业展望（人民观察）［EB/OL］.（2024-04-12）［2024-12-06］.http://opinion.people.com.cn/n1/2024/0412/c1003-40214299.html.

专家观点

专家观点 1

德国亚琛工业大学纺织技术研究所（ITA）
Thomas Gries教授（左）和Christoph Greb博士（右）

Future Trends for High-End Technical Textiles

Fibre-based materials and technical textiles provide superb mechanical properties, high inner surface/porosity, and bending flexibilities. Whenever these properties are needed, fibre-based materials offer utmost material efficiency and lightweight potential, making them ideal for a wide range of applications that demand strength, flexibility, and sustainability. These characteristics are especially beneficial in industries like automotive, aerospace, and sports, where weight reduction and material efficiency are key factors in improving performance and environmental impact.

Thus high-performance technical textiles are rapidly evolving and have seen significant advancements in recent years. These textiles are characterized by exceptional properties tailored to specific applications industries such as healthcare, automotive, sports, aerospace just to name a few. The trends in this area are not only driven by technological innovations and requirements regarding functionality, but also by a growing awareness of sustainability. Here is a possible addition to your first paragraph:

The development of functional texfiles is a major current trend. These materials integrate different functionalities directly into the fibers and textile structures, allowing them to act as sensors and actuators. For instance, they can measure body metrics such as temperature or heart rate and transmit this data to mobile devices. In healthcare, smart textiles can be used for patient monitoring or to assist in rehabilitation processes. Also, such functionalities are particularly appealing in the sports sector, where athletes can monitor and optimize their performance.

Multifunctional textiles combine properties such as water resistance, air permeability and UV protection, and can be used in outdoor equrpment, as well as special occupational work clothes or personal protecfive equlpment. The demand for these multifunctional solutions is steadily increasing as consumers place greater value on versatility. Integrating nanotechnology into textile materials is another trend to incorporate functionalities in textiles. Nanoparticles can be employed to achieve specific properties such as antimicrobial effects or self-cleaning capabilities. As a result, textiles become not only more functional but also more durable and easier to care for.

Sustainability is another crucial trend shaping the future of high-performance textiles. With increasing global environmental consciousness, many companies are turning to eco-friendly materials and production methods. Biobased fibers, recycled materials, and water-based coatings are gaining traction. Manufacturers are focusing on considering the entire lifecycle of their products - from raw material sourcing through production to disposal or recycling at the end of life. This approach not only promotes environmental protection but also opens up new markets.

Digitalization plays a pivotal role in developing technical high-performance textiles as well. By utilizing modern manufacturing technologies like 3D printing, companies can produce customized products more quickly and cost-effectively than ever before. This opens up new possibilities for personalized solutions in both apparel and technical fields while allowing for more efficient supply chains that respond faster to market needs.

Research into new fiber technologies remains central to the advancement of technical high-performance textiles. Innovative materials and processes offer promising attributes regarding strength-to-weight ratios, thermal and electrical conductivity or shape memory characteristics - they could revolutionize future applications across various sectors.

In summary, technical high-performance textiles represent a dynamic field that is subject to various trends - from smart fabrics that incorporate technological functionalities to sustainable production methods, digital innovations, multifaceted solutions, and groundbreaking material research. These developments showcase the sector's potential while indicating that technical textiles will continue playing a vital role across numerous aspects of our lives moving forward.

（以下为Thomas Gries教授和Christoph Greb博士观点的译稿）

高端产业用纺织品的未来趋势

纺织纤维和产业用纺织品具有优异的机械性能、高孔隙率以及弯曲柔韧性。当终端应用需要这些特性时，纤维材料能够赋予其极高的材料效率和轻量化潜力，为对于强度、柔韧性和可持续性有需求的各类应用提供了理想选择。这些特性对于汽车、航空航天和运动等行业的助益尤为明显，因为在这些行业中，减轻重量和提高材料效率是改善性能和减少环境影响的关键因素。

因此，高性能产业用纺织品正在迅猛发展，并在近年来取得了显著进展。这类纺织品具有针对特定应用行业（如医疗保健、汽车、运动、航空航天等）量身定制的独特性能、技术创新、功能性要求，以及日益增强的可持续发展意识都推动了高性能产业用纺织品的发展。

功能性纺织品的发展是当下一大主要趋势。通过在纤维和纺织结构中集成不同的功能，使其可作为传感器和执行器使用。例如，测量体温、心率等身体指标，并将这些数据传输到移动设备中。在医疗领域，智能纺织品可用于监护患者情况或在患者康复过程中提供帮助。此外，这类功能对体育领域尤其具有吸引力，运动员可以借此监测优化自己的表现。

多功能纺织品将防水、透气和防紫外线等性能结合在一起，既可用于户外装备，也可用于特种职业工作服或个人防护设备。随着消费者越来越重视多功能性解决方案，对相关解决方案的需求也在稳步增长。通过纳米技术赋予纺织材料功能性是另一大趋势。纳米粒子可赋予纺织品抗菌、自清洁等特定性能，从而使纺织品不仅变得更具功能性，而且更加耐用且易于护理。

可持续性也是塑造高性能纺织品未来的一大关键趋势。随着全球环保意识的增强，许多公司开始转向使用环保材料和生产方法。生物基纤维、可回收材料以及水性涂层正日益受到关注。制造商们正专注于审视产品的全生命周期——从原材料采购到生产，再到产品报废时的处理回收。这种方法不仅促进了环境保护，还开辟了新的市场。

数字化在高性能产业用纺织品的发展中也起到了关键作用。通过利用现代制造技术，如3D打印，企业能够比以往更快、更具成本效益地生产定制化产品。这为服装和产业用领域的个性化解决方案开辟了新可能，同时也使供应链更加高效，能够更快响应市场需求。

对新型纤维技术的研究依然是高性能产业用纺织品发展的核心。创新材料和工艺在比强度、导热性、导电性或形状记忆特性等方面具有广阔前景——它们有可能彻底改变未来各领域的应用。

总之，高性能产业用纺织品是一个充满活力的领域，同时受到了多种趋势的影响，如具有技术功能的智能织物、可持续生产方法、数字化创新、多功能解决方案和突破性的材料研究。这些发展展示了该行业的潜力，同时也表明，产业用纺织品将在我们生活的各个方面继续发挥重要作用。

专家观点2

在经济相对发达的信息化社会，消费者在选择纺织品时日益注重感性需求。在此背景下，除了在纺织品的产品标准方面应该设立反映感性要求的感性指标（类似毛料实物质量）外，还应对纺织品的设计加工采用感性工学的理念，建立纤维、纱线、织造、染整等各环节的原材料品种规格、加工工艺的理性参数，与最终产品的颜色、光泽、图案、纹理、手感、触觉等感性指标间的关系，最终得到从理性到感

原军事科学院军需工程
技术研究所教授级高级
工程师
施楣梧

性的预测,并根据消费者的感性要求来决定理性的加工工艺,将纺织品的感性效果达到定制化的结果。但传统的感性工学分析方法中,理性和感性之间的关系是采用神经网络方法进行层次分析的,采用语义分析方法定义感性(用一对词语如软和硬,分成5或7个等级,用等级来描述这个织物的软硬程度),使感性概念、消费者描述方式、层次之间关系上都比较含糊,难以提炼各层次之间及工程参数与感性效果之间的关系和难以将感性工学真正促进纺织品的产品创新。但利用AI技术,就可以运用成熟的语义分析能力、层次分析和不分层次直接将理性侧的工艺参数与感性侧的各类感觉间找出非线性的相关关系,为正向预测和反向设计创造有效的设计工具。并且可以认为,将AI应用于工业设计,比现有用于娱乐更具社会意义和经济价值。

第二章　功能性纤维新材料开发方向及趋势

纤维材料是基础工业的重要组成部分。进入21世纪后，我国纤维材料得到了迅速发展，并朝着功能化、绿色化、智能化方向不断发展。功能性纤维材料以其特殊性、差别性、功能针对性而受到行业的关注和市场的欢迎，尤其是在实现产业转型与产业升级、满足人民美好生活需求方面起到了重要作用。在服用领域，能够实现产品舒适性、健康性、安全性特点的功能性纤维更加受到关注，本章主要对其新产品开发现状及趋势展开介绍。

一、基于舒适功能需求的纤维新材料开发及应用

随着生活品质的提升，人们对纺织品的舒适要求也越来越高。服装的舒适性主要包括触觉舒适性、温度舒适性和湿度舒适性，每种舒适性要求下对功能性纤维的需求各不相同。

（一）基于触觉舒适需求的纤维

触觉舒适指纺织品在接触皮肤时提供的舒适感，包括亲肤、柔软、弹性、表面平整以及无刺痒感等，所涉及的功能性纤维主要包括弹性纤维以及各类仿真纤维。

1. 弹性纤维

弹性纤维指具有高延伸性、高回弹性的纤维，目前在纺织产品中应用较多的种类主要包括聚烯烃弹性纤维、聚氨酯弹性纤维（氨纶）、聚酯弹性纤维（表2-8）。其中，商业化应用范围最广的是氨纶。

表2-8　弹性纤维的主要类别及性能

类别	聚烯烃弹性纤维	聚氨酯弹性纤维	聚酯弹性纤维
代表产品	聚烯烃弹性体（POE）（如DOW XLA™、XLANCE®）	聚氨酯（PU）（如莱卡®、千禧®氨纶）	聚对苯二甲酸1,3丙二醇酯（PTT）、聚对苯二甲酸丁二酯（PBT）、聚对苯二甲酸乙二醇酯（PET/PTT）（如SORONA®、舒弹纶®）
弹性及弹性回复率	伸长率：400%~600% 回复性能优异	伸长率：300%~700% 伸长率300%时弹性回复率约95%	伸长率：200%~300% 回复性较好
拉伸原长3倍所需拉力	很小（约5gf）	较小（约10gf）	较大（>20gf）
热稳定性	能承受220℃高温	不超过180℃	与聚酯纤维类似
耐化学品性能	耐氯漂、耐强酸、耐强碱	耐酸，但不耐碱和氯漂	耐酸碱
耐疲劳性	抗氯光和紫外线降解，耐疲劳性良好	耐微生物和疲劳性能较差	耐疲劳性较好

续表

类别	聚烯烃弹性纤维	聚氨酯弹性纤维	聚酯弹性纤维
常用定型温度	120℃即可完成（亦可继续升温完成其他纤维的定型）	195~200℃（部分失弹）	视产品类型而定，一般需要湿热条件
是否需要预定型	否	是	视产品类型而定
服用弹性效果	低弹、中弹、高弹均可，弹性舒适	一般用于高弹，弹性舒适	一般用于低弹

（1）氨纶

随着产业的成熟，氨纶开始向更高功能性、更加绿色化方向发展。例如，美国莱卡公司的莱卡®智合智纤是一种高弹性、高回复性的弹性纤维，其通过对聚氨酯的聚合物结构进行设计，应用在服装时，会自动调整压缩保持力，以提供合适的贴合度、形状和控制力，具有很高的创新性。国内的连云港杜钟新奥神氨纶有限公司研发出石墨烯氨纶、抗菌氨纶、微胶囊缓释型芳香驱蚊氨纶等功能性产品，同时其与高校合作的"温感形状记忆氨纶生产关键技术及产业化"项目也取得突破性进展，该项目采用物理、化学改性相结合的方法，引入有机/无机改性组分，设计出高回弹易着色干法纺丝温感形状记忆聚氨酯，并开发了抗菌、消臭、防脱散及远红外功能的温感形状记忆氨纶功能化技术。项目已形成百吨级产业化生产线，开发的产品已应用于运动服装和辅助医疗用品等。

（2）聚烯烃弹性纤维

聚烯烃类弹性纤维以意大利XLANCE S.R.L.公司的XLANCE®最为知名，即可结晶的乙烯和不可结晶的1-辛烯单体的共聚物。这些共聚物在固态下构建了一张弹性网络，其中的结晶物是增强剂，也是物理交联点，连接着灵活的无定形链。纺丝后，XLANCE®会经历形成共价交联的过程，只要超过其晶体熔点温度（120℃），纤维就能获得额外的热稳定性和机械完整性。独特的耐化学性和耐热性能让XLANCE®纤维具有较强的耐用性和持久的弹力。此外，XLANCE®拉伸相同的长度所需要的拉力远远低于氨纶，同时优异的耐强酸强碱、耐氯性能及耐高温性能使其弹性更加持久。

（3）聚酯类弹性纤维

近年来，聚酯类弹性纤维发展迅速，以PBT和PTT为代表，在实际应用中多以复合纤维形式出现。目前常见的弹性复合纤维包括T400、T800、CM800以及Sorona®复合纤维等，其中T400和T800均由PBT和PET复合得到，而CM800和Sorona®均由PTT和PET复合得到，其卷曲收缩率基本能达到30%以上。

近年来，国外企业聚焦复合弹性纤维的绿色化。拉尼斯（Celanese）公司的Neolast™创新型弹性纤维是其与安德玛（Under Armour）合作开发，可作为服用氨纶的高性能替代品。Neolast™纤维使用可回收的高弹聚酯聚合原料，对弹性面料的回收利用起到关键创新作用。莱卡公司最新推出的新型LYCRA®（莱卡®）FiT400™纤维是包含两种不同聚酯成分的双组分纤维，两种纤维共同形成螺旋卷曲，可为织物提供持久的拉伸和回复性能，而且该纤维还采用了再生成分和生物基纤维。

国内方面，盛虹控股集团有限公司（盛虹集团）推出的循环再利用PET/PTT双组分复合纤维，由于两种组分黏度和物性差异带来收缩性能的差异，经过热处理后，可形成螺旋状的永久卷曲，产生优异的弹性性能，其卷曲收缩率≥35%。江苏新视界先进功能纤维创新中心有限公司公布了一种高弹吸湿抗静电PTT/PET复合纤维及其制备方法[1]，其中的双组分分别为纳米ZnO和聚乙二醇改性的PET和

PTT，制得的高弹吸湿抗静电PTT/PET复合纤维的比电阻＜$2.1×10^8$ Ω·g/cm^2，卷曲弹性收缩率为40%~50%，卷曲率回复率＞40%，拉伸弹性回复率＞86%，具有较高的弹性和回弹性。

2. 仿真纤维

仿真纤维是指通过特殊加工或者改性合成纤维，使其结构和使用性能接近天然纤维，主要包括仿棉纤维、仿毛纤维、仿麻纤维和仿真丝纤维。仿真纤维可以实现棉的柔软、毛的舒适、麻的挺括、丝的柔滑，手感性能上可与天然纤维媲美，甚至超越天然纤维，且比天然纤维更有性价比。

仿棉纤维不仅在手感、观感以及性能上仿棉，而且在功能方面比棉更好。日本早在30年前就已经开始对仿棉纤维的研究与开发，主要聚焦在高功能化、多功能复合化、高性能细旦化和超细旦化等方面[2]。日本东丽推出的Pentas®（蓬特丝）是一种拥有特殊截面的仿棉涤纶，其手感柔软蓬松，具有优异的吸湿速干性以及抗起毛起球性能、拉伸性能，适用于内衣、T恤、休闲衬衫等。而我国仿棉纤维技术则经历了从外观仿棉、到性能仿棉再到功能仿棉的不同阶段，经过多年发展，仿棉产品基本已形成易染色、高回潮、亲水细旦三大系列，以满足不同的市场需求。其中，易染色超仿棉纤维的典型代表为仪征化纤生产的"仪纶"、高回潮超仿棉纤维的典型代表为苏州斯尔克生产的"斯棉"、亲水细旦超仿棉纤维的典型代表为中纺院生产的"凯泰"[3]。

仿毛纤维产品方面，早在20世纪50年代国内外就开始了相关研究。经过多年的发展，化纤仿毛技术已经取得了重大进步，不仅能做到形态上仿毛，更是在某些性能方面超越毛纤维。仿毛的原料主要是涤纶、腈纶、锦纶、黏胶等。江苏垱恒复合材料有限公司推出的仿毛纤维Ternura具有轻柔、蓬松的特点，同时兼顾棉感和毛感，可用常温阳离子染色；浙江恒通化纤有限公司推出的仿羊羔绒专用三叶型截面聚酯纤维，具有更优良的折光性能，后道产品色泽更鲜亮，且吸湿性好，可与羊羔绒相媲美，用于雪地靴内层的羊羔绒织物。此外，国内的化纤巨头，如盛虹集团、福建永荣锦江股份有限公司等都有相关仿毛系列产品的推出。国外方面，日本东丽、帝人等也在持续进行相关产品的研究与开发，例如东丽的腈纶"トレロン"纤维、新一代高性能HEATMAX™以及帝人的Solotex®等。

随着纺织工业的发展，仿毛纤维品种不断更新，性能也相应提高。当然，目前的仿毛纤维已经不只关注仿羊毛，而且还有仿兔毛、狐狸毛等。例如，消光异形仿兔毛聚酯纤维是一类全消光异形截面涤纶牵伸丝，其截面形似毛虫，可分为四节毛虫和五节毛虫两类，截面异形度在70%以上，其纤维制品可较好地还原兔毛、水貂毛等天然纤维制品的外观和质感。

仿真丝纤维技术的发展经历了结构模仿、手感模仿、多样化和高级化发展等不同阶段。仿真丝原料包括聚酯、聚酰胺等不同种类。仿真丝聚酯纤维虽然亲肤性和吸湿性等不如真丝，但克服了真丝成本高、易皱、易褪色、易老化发黄和不易打理等缺点。上海凯赛生物技术股份有限公司推出的仿真丝生物基聚酰胺510纤维，仿照天然蚕丝分子结构、利用合成生物学开发生物基新型单体，再经成盐—聚合—切粒—干燥—熔融纺丝，构造仿真丝生物基聚酰胺纤维，具有接近真丝的柔软手感，丰满而蓬松，折皱回复性优良；再进一步结合消光、细旦化、异形截面技术，性能可超越真丝。

（二）基于湿度舒适需求的纤维

随着国民健康意识的觉醒，户外运动成为新常态。由于人们运动时间和运动量的增加，对运动服装的热湿舒适性要求更高。其中，湿度舒适涉及纺织品与周围环境的水汽交换这一复杂过程，其与纺织原材料、纱线结构、织物组织结构以及后整理加工等每个环节都密不可分，而吸湿速干纤维则从源头为产品提供了吸湿速干能力。

吸湿速干纤维是指具有吸收水分并将水分向外部输送能力的功能性纤维。天然纤维如棉、毛、麻等，具有良好的吸湿性，但无法实现速干效果；多数化学纤维的吸湿性较差，一般要经过物理或者化学改性处理来提高吸湿、导湿能力，如引入高吸湿性高聚物、表面改性、形成微多孔或沟槽结构等，具体方法包括改变喷丝孔形状、在纺丝液中加入功能性粉末、表面刻蚀、异形混纤、接枝共聚等。实际产业化应用的吸湿速干纤维，大多数通过改变纤维横截面形状和内部结构来开发中空、十字、多叶、沟槽等异形纤维，或者改变纤维的形态结构，使其表面和内部具有微孔，从而达到吸湿快干的目的。常见的吸湿速干纤维材料包括聚酯、聚酰胺以及各类复合纤维等。

聚酯类材料在吸湿速干领域的应用已较为成熟，例如国外的英威达（INVISTA）、帝人、东洋纺、晓星以及国内的德福伦、仪征化纤等都推出了吸湿速干涤纶，包括英威达的COOLMAX®系列、韩国晓星（HYOSUNG）的Aerocool纤维、仪征化纤的Coolbst导湿快干差别化纤维、桐乡中盈化纤的双十字吸湿速干纤维等。

在更高的吸湿导湿功能创新方面，通用技术中纺院凯泰特纤自主研发了"微多孔纤维"技术，其在纤维制备过程中，加入致孔剂，运用小孔径喷丝板等装置，进一步优化纺丝组件结构，同时通过调整上油位置、纤维冷却条件和加弹条件，确保取得最佳生产工艺参数。利用该技术，凯泰特纤已经推出多种规格的微孔聚酯DTY纤维系列产品，填补了国内微多孔纤维技术领域的空白。相关产品已应用于安踏的"速干之王"T恤，并获得高度的市场认可。

聚酰胺的回潮率高，吸湿能力强，但其吸收的水分无法迅速排出，因此锦纶的速干性能成为目前行业研究的重点和难点。实现锦纶的速干，可以通过异形截面设计增加纤维的比表面积，加快水分蒸发，目前国内很多企业也在对相关产品进行研究。如长乐力恒锦纶科技有限公司的微细沟槽异形截面Coolnylon聚酰胺6纤维、北京大学科研开发部的凝水功能六芒星形聚酰胺6纤维、义乌华鼎锦纶股份有限公司的扁形沟槽凉感高芯吸能力聚酰胺纤维等[4]。

除单一纤维外，也有研究机构和企业通过复合纺丝以及混纤丝加工技术，引入高吸湿性高聚物或增加纤维毛细管芯吸湿能力来开发吸湿速干纤维。例如可乐丽株式会社的Sophista™为乙烯-乙烯醇共聚物/聚酯制成的皮芯型纤维，能够快速吸收液体，具有优异的吸湿速干能力和服用舒适性；安踏公布了一种可降解的吸湿速干微多孔复合纤维的制备方法[5]，其通过将聚己二酸/对苯二甲酸丁二醇酯和聚乙烯醇进行共混复合纺丝，形成皮芯结构的复合纤维，然后对皮芯结构复合纤维进行后整理，使聚乙烯醇部分去除且形成表面微孔结构，得到可降解的吸湿速干微多孔复合纤维。

近年来，随着技术的不断发展与革新，吸湿快干纤维不断朝着功能复合化、产品绿色化方向发展，并在高端运动产品中得到应用。上海兴诺康纶纤维科技股份有限公司的CLEANCOOL®（康纶®）纤维改进了沟槽状截面的三维立体形态，大幅度提高了面料的吸湿速干效果，同时在纤维内部加入银基抗菌物质，使其能够迅速杀死引起汗臭味的金黄色葡萄球菌和其他有害病菌，在李宁为2024年巴黎奥运会提供的比赛服中就应用了该产品。莱卡则在其吸湿速干产品的绿色性能方面进行了创新，其由100%纺织废料或者回收PET瓶制成的COOLMAX® EcoMade纤维是巴西排球队2024年巴黎夏季奥运会室内和沙滩球衣的关键成分。Fulgar推出的生物基聚酰胺纤维Q-GEO，由于含有46%的生物基成分，故吸湿能力比普通聚酰胺高50%，透气性更好，超快速干燥的能力使织物达到了良好舒适性和湿度管理之间的平衡。

（三）基于温度舒适需求的纤维

纺织服装作为人体的"第二皮肤"，需要具备维持人体产热与散热平衡的能力，从而确保在不同温度环境下的体感舒适性，具有温度调节功能的纤维在其中发挥了重要作用。温度调节功能纤维可分为单向温度调节和双向温度调节两大类。

1. 单向温度调节纤维

单向温度调节纤维具有单一方向的温度调节功能，能使织物温度升高或降低，包括具有发热功能的保暖发热纤维和具有降温功能的凉感纤维。单向温度调节纤维通常在特定场景下使用，但其缺陷是当环境温度变化方向与其温度调节方向相反时就不能很好地发挥作用。

（1）凉感纤维

凉感纤维可分为本征凉感纤维和改性凉感纤维，较为常见的本征凉感纤维包括天然纤维如麻、丝、竹原纤维等；改性凉感纤维主要以天然生态功能材料（如云母片、玉石粉等）为原料，结合纤维亲水或异形截面，有效实现瞬间接触凉感功能。例如韩国晓星的Aqua-x凉感尼龙、太极石的冰莹玉纤维、杜邦（DuPont）公司的SORONA® + COOL凉感纤维、上海德福伦化纤有限公司的库思玛纳米凉感纤维等。

除此之外，黑龙江伊品新材料有限公司采用生物基聚酰胺作为基础材料，利用PA56的独特分子结构叠加十字异形截面、氮化铝纳米粉体和改性氧化锌纳米粉体凉感因子元素让纤维具有快速放湿功能，Q_{max}值可达到0.37，能够带来持久凉爽的舒适体验，产品名为"果冻凉"。安踏在其公布的一项专利中将纤维的扁平率控制在20%~30%，既保证材料生产的良品率、品质感，又可提升锦纶材料的凉感性能[6]。

除了上述聚酯、聚酰胺凉感纤维外，近年来随着超高分子量聚乙烯在民用领域的应用进入快速发展阶段，聚乙烯纤维本身较高的导热速率特征被人们发现，研究人员开始利用聚乙烯材料开发各种具有创新性的凉感纤维。例如，中纺院凯泰特纤公司以聚乙烯为皮层、聚酰胺6为芯层，优化了原料，研究了组分复合配比、纺丝温度、牵伸倍数，设计加工了专用复合纺丝组件，通过在皮层PE中添加专用助剂，改进纺丝油剂，形成了纺牵一步法聚乙烯凉感复合纤维并实现稳定生产，成品具有明显且持久的接触凉感；浙江恒逸石化研究院有限公司采用了改性高密度聚乙烯（HDPE）和改性PET制备凉感复合纤维，其中，改性HDPE包含了改性凉感粉体，改性PET中包含了改性二硫化钼，经改性HDPE和改性PET制成的凉感复合纤维兼具高强度和高导热性能，且凉感复合纤维在使用后能够阻断光电热等环境因素对凉感的影响[7]。

凉感纤维多用于夏季，与吸湿速干、防紫外线、防蚊、抗菌等多功能复合时，可满足不同穿着场景下的消费者需求。但多功能复合凉感纤维有一定的开发难度，需要解决复合功能材料之间的矛盾组合问题。福建永荣锦江股份有限公司的锦康纱®凉感防紫外锦纶，通过异形截面形成沟槽间隙，附加凉感工艺，可更好地应用于夏季防晒衣中，实现防紫外线、触肤即凉、干爽舒适的体验，目前该纤维已经应用于南极人里程碑系列防晒衣中。

（2）保暖纤维

保暖纤维大致可分为消极保暖纤维和积极保暖纤维两大类，前者是通过增加静止空气或阻挡热辐射等，尽量减少热量散失，实现御寒保暖；后者是材料能够根据环境温度或人体需求，自行产生热量或者通过吸收、存储太阳能、电能、化学能等散发热量，实现人体热平衡。消极保暖纤维除了木棉、羊毛、羊绒等天然纤维外，主要是异形中空纤维、超细旦纤维等化学纤维。消极保暖纤维可有效改善织物蓬松度，减少空气流通，降低热传导，从而达到良好的保温效果。积极保暖纤维根据发热机理一般分为吸湿发热纤维、电能发热纤维、光能发热纤维、化学发热纤维等。常见的代表性保暖发热纤维如表2-9所示。

表2-9　国内外代表性保暖发热纤维产品（不完全统计）

分类	产品品牌	材质	基本性能	推出公司
中空/异形纤维	Thermolite®	涤纶	有许多微小中空气腔，可以阻止热量通过材料传导到外部环境，使其保持在纤维内部，保暖性能提高了65%	英威达（美国）
	兰科秋尔	掺杂陶瓷纤维	中空率高达15%~20%，质轻、保温好，紫外线阻隔90%以上	仓丽公司（日本）
	Aerowarm	中空涤纶	吸湿、调温、耐日光、耐洗涤	晓星集团（韩国）
	Airlet® Light	中空涤纶	中空率由15%提升至30%，材质更轻盈、蓬松，制成品的保暖效果更好	东丽（日本）
	桐昆	涤纶	通过对中空喷丝板创新设计，提升中空度和异形度，结合蓄热功能母粒的添加，产品的平均温度提升4.4℃	桐昆集团股份有限公司（中国）
	Dralon	超细异形腈纶	哑铃型结构使得单根纤维不易紧密聚集，增加了纤维间的静止空气，同等质量下保温性能可比羊毛高出20%	拜耳（德国）
吸湿发热纤维	MOISCARE	丙烯酸酯纤维	吸湿时同时发热放湿	东洋纺公司（日本）
	"依克丝"	丙烯酸酯纤维	通过吸收人体的汗和湿气来发热，吸湿率远高于羊毛	EXLAN工业公司（日本）
	Warmsensor	碳纤维	可使体感温度提高3~5℃	东丽（日本）
	Thermostock	棉纤维	利用皮肤呼吸等产生的水蒸气与亲水基结合，产生水和热反应，通过吸收更多的水蒸气来提高发热量	敷纺公司（日本）
	HEATMAX™	腈纶	柔软、吸湿发热纤维	东丽公司（日本）
吸光发热纤维	Thermotron RadiPoka	涤纶或锦纶	在材料内部加入碳化锆微粒，将太阳能转换为热能，发射远红外线，具有高保温效果	尤尼奇卡（日本）
	Ceramino	涤纶	吸收红外线并将其转化成热能	钟纺合纤公司（日本）
	DynaLive	涤纶或锦纶	制成的服装内部温度比一般织物高3~7℃	小松精练（日本）
	Corebrid™ Thermocatch	腈纶	在纤维芯部掺入特殊微粒子，将太阳光转变为热能	三菱丽阳（日本）

　　除上述比较成熟的产品外，相关机构和企业也在积极进行更多产品的研究与开发。近日，帝人富瑞特开发了一种中空超细短纤维，该纤维具有中空的8翅改性横截面（图2-8），利用其开发的Octa® sf聚酯短纤纱，克服了现有长丝以及改性短纤维的柔软性限制，具有柔软、轻柔、蓬松、轻质、吸湿和保暖的特点，满足了对高性能和理想触感相结合的新材料需求。

　　远红外发射也可以实现良好的发热保暖效果，由于后续篇章有专门介绍，此处不做展开。此外，气凝胶纤维独特的纳米多孔结构使其孔隙率极高、密度超低，表现出高比表面积、低导热系数、优异的绝缘性和隔热性等特征，且由于纤维材料的保暖性能与其内部静止空气含量成正比，故目前理论上气凝胶纤维是隔热保温效果最好的一种纤维，也是下一代保暖纤维重要的发展方向。例如，浙江大学模仿北极熊毛发的核壳结构，将热塑性聚氨酯溶液涂覆在气凝胶纤维表面，得到具有仿生核壳结构的封装气凝胶

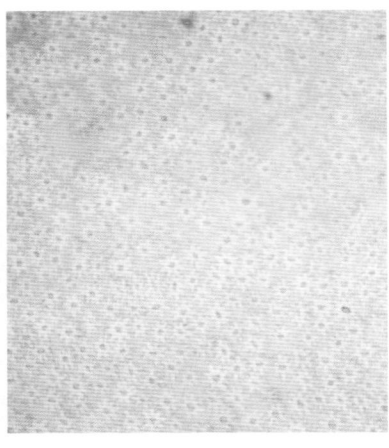

图2-8 超细改性纤维及其横截面

纤维。该气凝胶纤维内部孔隙率高达90%以上，拉伸应变显著提高到1000%，相较于传统气凝胶纤维的2%应变有了很大改进。该气凝胶纤维不仅耐洗、耐染，而且具备较高的机械强度，在经历1万次拉伸循环（100%应变）后，依然能够保持稳定的隔热性能[8]。

东华大学和江南大学联合提出了一种快速、可规模化制备交联聚酰亚胺（CPI）气凝胶纤维的方法，利用湿法纺丝和紫外线增强动态凝胶策略进行常压干燥。该策略使光敏聚酰亚胺的溶胶—凝胶快速转变，产生强交联凝胶骨架，有效地保持纤维形状和多孔纳米结构。连续生产的CPI气凝胶纤维（长度数百米），具有高比模量且与羽绒几乎相同的隔热性能，但厚度约为羽绒的1/8[9]。

2. 双向温度调节纤维

双向温度调节纤维能够根据外界环境温度的变化，自动进行温度调节，既能在环境温度升高时调节温度降低，又可以在环境温度降低时调节温度升高，从而保持人体表面的温度基本恒定，提供舒适的穿着体验。这类纤维同样通过吸收或释放热量来达到温度调节的目的，其工作原理主要是基于物质相态转变时吸收或放出热量，因此，相变材料（PCM）在双向温度调节纤维中发挥了重要作用，其可以在固态和液态之间转变，从而实现热量的吸收和释放，但由于相变材料在液态时易于流动散失，故在相变调温纤维开发时多采用微胶囊技术，即用成膜材料把固体或液体包覆成具有核壳结构的微粒。

目前，在企业中比较常见的做法是通过相变材料/相变微胶囊的加入来实现纤维的双向温度调节。例如，美国Outlast技术公司使用微胶囊包裹热敏相变材料碳氢化蜡研发出的新一代Outlast纤维是最具代表性的产品之一，其在下游如家纺床品、服装、户外用品中均得到了广泛应用；青岛邦特生态纺织科技有限公司的Tempsense®相变调温纤维以微胶囊包覆相变材料技术为依托，以潜热交换的方式吸收或释放热量，双向调节肌肤微环境温度，使人体处于舒适的温度范围，经温度检测，调温面料与普通面料的最大温差达4℃；上海德福伦新材料科技有限公司通过蒙脱土插入法将特殊的相变材料加入纤维基体中，制成的纤维焓值可达80J/g，在经过纺纱后纱线的焓值也有40J/g，相比于Outlast纤维来说，焓值提升很大，该研究目前还处于试验阶段。但总体来说，最终产品可实现的温度调节范围有限，而且对后续的染整加工、洗涤等都有一定要求，虽有应用，但不太成熟。

在前沿研究方面，四川大学以聚乙烯醇（PVA）纺丝原液为分散介质，常温相变材料RT27石蜡为芯材，正硅酸乙酯（TEOS）为聚合单体形成SiO_2囊壳，通过原位聚合直接制备含有石蜡微胶囊的PVA纺丝原液，再经湿法纺丝得到石蜡/PVA调温纤维[10]，其相变焓值为45.39 J/g，具有优良的储能及热稳定性；青岛科技大学以具有高相变焓的聚乙二醇（PEG 4000）为核层相变材料、PVA为壳层支撑材料，通过同轴静电纺丝制备出不同核层纺丝液浓度、不同进液速度的核—壳相变纤维。该相变纤维膜起始热分解温度较高，在经过500次热循环试验后，熔融焓约损失3.1%，仍能保持绝大部分相变能力，可以有效地调节微环境的温度[11]；中国科学院大连化学物理研究所在前期柔性相变储能材料的研究基础上，通过进一步调控化学交联过程并结合湿法纺丝工艺，制备出具有固—固相变特性的本征高柔性聚合物基相变纤维。该纤维展现出较高的能量存储密度和可调节的相变性能，且经历2000次冷热循环后相变焓值几乎未发生变化，性能十分稳定[12]。

（撰稿人：中国纺织信息中心　刘凯琳）

二、基于健康需求的纤维新材料开发及应用

经历过新型冠状病毒感染后，人们对自身的健康越来越重视，具有病菌防护和保健功能的纺织品很好地迎合了现代人的生活需求，同时相应的功能性纤维材料也受到格外关注。

（一）基于健康防护需求的纤维

纺织品对人体的健康防护，主要指其通过对细菌、病毒、螨虫、紫外线等各种可能会对人体造成健康影响的因素产生防御或者杀灭作用，进而保证人体健康，所涉及的纤维主要包括抗菌纤维、防螨纤维、抗病毒纤维、防紫外线纤维等。

1. 抗菌纤维

抗菌纤维以其独特的健康保护功能而受到广泛关注，其能够有效抑制或者杀死细菌、真菌等有害微生物，从而减少感染或者疾病的传播风险。此外，由于抗菌纤维能够抑制有害微生物的生长和繁殖，因此也可能具备抗病毒、消臭等功能。总体来说，抗菌纤维包括具有天然抗菌能力的本质抗菌纤维和通过人为改性使其具有抗菌能力的改性抗菌纤维。

具有本质抗菌功能的纤维，一类是本身具有抗菌性的天然纤维，如麻纤维和竹原纤维等；另一类是利用本身具有抗菌性的纤维原料制备而成的纤维，包括甲壳素纤维、壳聚糖纤维、海藻酸盐纤维等，这些纤维由于其本身成分或者结构等原因具有天然抑制细菌生长的能力。随着消费者对绿色健康安全的追求，其对抗菌天然纤维或者以天然成分为主的抗菌纤维的关注度越来越高。例如，2023年，新乡化纤股份有限公司研发出以菌草为原料的创新型非木源纤维素纤维——菌草纤维，经权威机构检测，该纤维具有天然抗菌、抗病毒、绿色环保、安全健康等特点，可广泛应用于成衣、家纺、户外用品、婴童用品等各终端领域。

改性抗菌纤维是采用化学或物理化学的方法，将具有能够抑制细菌生长的抗菌成分引入纤维的化学组成中，或者施加到纤维的表面及内部，按照所用抗菌物质和抗菌机理的不同，可以分为有机抗菌、无机抗菌和复合抗菌。

有机抗菌剂是种类最多、应用领域最广的一类，主要包括季铵盐类、双胍类、卤胺类、苯酚类等。有机抗菌纤维是将有机抗菌剂添加至纤维表面或内部，使其实现抗菌功能，其加工方法主要包括共混纺丝法、静电纺丝法、原位聚合法、复合纺丝法、接枝改性法等。例如，美国Mann工业公司将聚丙烯与酚型化合物熔纺生产抗菌丙纶、日本富士纺织公司将脱乙酰壳聚糖微细粉末混入黏胶纤维中生产抗菌黏胶纤维、南京禾素时代抑菌材料科技有限公司将PHBV（3-羟基丁酸酯和3-羟基戊酸酯的共聚物）与涤纶、锦纶、再生纤维素纤维等共混来生产能抗菌消臭的禾素纤维。寡聚羟基丁酸酯（OPHB）由可分

解塑料（PHBV）经过特殊的酶解工艺制备而来，是一种环保、安全的生物基广谱抗菌剂，禾素Pro®将临界CO_2流体的特殊性能与OPHB生物基抗菌剂独特的物化特性进行巧妙结合，通过超临界CO_2流体带动OPHB生物基抗菌剂扩散进入纤维表面，打破了纤维基体材料的种类限制（图2-9）。

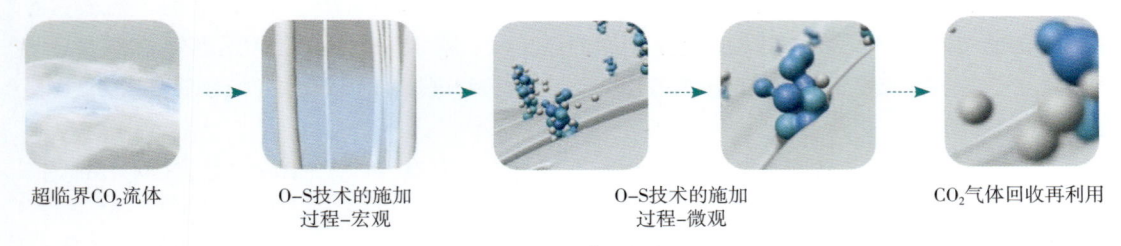

超临界CO_2流体 → O-S技术的施加过程-宏观 → O-S技术的施加过程-微观 → CO_2气体回收再利用

图2-9 禾素Pro®的制备过程

无机抗菌剂按照抗菌机制分为金属型无机抗菌剂和光催化型无机抗菌剂。金属型无机抗菌剂主要是将银、铜、锌等金属或金属离子负载于纤维，最常见的是银系抗菌纤维，例如Kosa公司将银基陶瓷添加剂嵌入在聚酯纤维中、日本东洋纺的PURECELL®银离子腈纶、美国Noble纤维技术公司研发生产的镀银纤维X-Static等。光催化型无机抗菌剂指能被光体激活产生自由基和活性氧离子，通过活性氧离子的氧化能力来破坏细菌繁殖，以此抑制或杀灭细菌的抗菌剂，如TiO_2、ZnO等多种金属氧化物。由于其需要在光照等条件下才能产生良好的抗菌活性，应用受到限制。方瑜[13]通过原位还原法得到纳米铜-氧化锌复合抗菌剂，并进一步通过浸轧—高温烘焙法和离心—静电纺丝技术将其引入到纤维中，得到抗菌率在97%以上的不同基体材料纤维。

随着新材料技术的发展，人们开发和设计了一系列新型的抗菌剂，例如MXene、卟啉类化合物、氧化石墨烯等。YAN等[14]通过静电作用将MXene与季铵盐壳聚糖复合，将复合物分散到棉纤维上，得到可快速光热抗菌的可穿戴织物，光照后织物对大肠杆菌和金黄色葡萄球菌的抑制率分别达到98.6%和97.8%。此外，研究人员也在探索更多的创新方法来制备抗菌纤维。帝人富瑞特公司推出的PIECLEX纤维是通过纤维伸缩时产生的压电效应来实现抗菌和除臭的纤维，所产生的电压为几伏到几十伏，人类无法感知，但可以抑制微生物的生长繁殖，发挥抗菌作用，经过反复洗涤后抗菌效果不会减弱。

当然，抗菌纤维的安全性，尤其是一些金属系抗菌纤维的安全性，一直是消费者比较担忧的问题。提取自植物的天然抗菌成分由于环保安全特性受到青睐，如芦荟、板蓝根、茶叶、艾草、薄荷等的提取物逐渐被用来制作抗菌纤维。例如，青岛邦特纤维有限公司以天然菘蓝的根（板蓝根）为原料，萃取其中的主要有效成分如生物碱类、有机酸类和多种氨基酸类等，制成板蓝根提取物，然后进行超细粉碎，做成介于纳米级和微米级间的超细粉体，最终制作出具有抗菌功能的板蓝根纤维；宜宾惠美纤维新材料股份有限公司从天然茶叶中萃取茶黄素、茶红素、茶褐素等多种茶多酚类物质，并将其均匀分散在纤维内部，制备出茶纤维，该纤维及制成品具有良好的抑菌效果；德国Zimmer公司以Lyocell纤维的加工工艺为基础，在纺丝溶液中加入超细海藻，开发出Seacell活性纤维。海藻物质的添加，使纤维对金属离子具有良好的吸附能力，从而获得良好的抗菌功能。但天然抗菌成分制备抗菌纤维对于加工条件要求较为苛刻，要密切关注其抗菌物质活性情况。

2. 防螨纤维

尘螨的危害主要是尘螨性过敏，临床表现为尘螨性哮喘、过敏性鼻炎和过敏性皮炎。具有防螨抗菌效能的纺织品不仅可以抑螨、驱螨，有效防止与尘螨有关疾病的发生，还可以抑制细菌的繁殖，进而达到改善生活环境的目的。近年来，防螨功能性纤维的应用取得了较大进展，主要包括天然防螨纤维和化学防螨纤维两大类。

天然防螨纤维包括木棉纤维、竹浆纤维等。竹子中含有一种独特物质"竹琨"，具有天然的抑菌、防螨、防臭、防虫功能。木棉纤维具有高中空率（86%以上）、纤维两端封闭和保暖性好的特点。研究者认为，表面含有蜡质是木棉纤维具有抗菌防螨功能的主要原因，测试发现木棉絮料的防螨率达到90%，防螨效果优良，市场前景良好。

化学防螨纤维主要有本征防螨纤维和经过化学改性的防螨纤维。例如聚乳酸（PLA）纤维天然的防螨效果主要在于其表面呈弱酸性，能够抑制微生物的生长，具有天然稳定的抑菌防螨效果。目前比较常用的化学改性防螨功能性纤维制造方法主要有两种：在聚合物聚合过程中添加防螨整理剂然后进行纺丝，或在聚合物纺丝过程中施加防螨整理剂。例如日本钟纺公司以腈纶为基材，在其处于凝胶状态时涂以防螨整理剂，使防螨整理剂渗入纤维表层之下，提高了防螨效果；江苏仲元润生实业集团有限公司推出的Recoyarns再生功能性涤纶长丝——植物防螨纤维，通过提取天然艾草的有效成分，从纺丝源头添加艾草成分使其均匀分布于纤维中，效果持久，螨虫抑制率高达99%。

此外，采用接枝技术将抗菌防螨基团接枝到纤维的反应基上也可以制成防螨纤维。英威达的Dacron™防螨纤维通过将抗菌成分固定在纤维表面，以离散的抗菌剂来制衡螨虫与细菌，更加环保与安全。

前沿研究方面，黄健恒等[15]将橘子精油、甜橙精油、薰衣草精油3种精油复配，并添加艾草和白鲜皮提取物，制备植物中药复合香味防螨功能黏胶纤维，结果发现，该功能纤维香味浓郁，经12次洗涤后，留香率为27.30%，螨虫驱避率为73.53%，在针织服装、床品等方面具有较大市场前景；吴娇等[16]为制备兼具抗菌、防螨、防霉功能且耐久性好的功能性黏胶纤维，利用水溶解制备的植物中药山苍子和小茴香提取物溶液，以及由百里香精油制备的微胶囊与黏胶纤维纺丝液进行共混，通过湿法纺丝制备抗菌防螨防霉功能改性黏胶纤维。

3. 抗病毒纤维

病毒是一种可以利用宿主细胞系统进行复制的微小、无完整细胞结构的亚显微粒子，主要由核酸和蛋白质外壳组成，体外抗病毒的方法主要包括直接破坏病毒结构和阻止病毒进入细胞等。抗病毒纤维通过杀死或者减少病毒的附着，阻止病毒的传播和繁殖，从主要作用物质和作用机理来看，抗病毒纤维和抗菌纤维具有很大的相通性，主要分为天然抗病毒、无机抗病毒和有机抗病毒三大类，目前以无机抗病毒类纤维居多。

无机纳米颗粒具有较好的稳定性、较长的保质期等特点，是抗菌纳米整理剂的理想材料。金、银、铜等金属纳米颗粒，以及石墨烯基材料和二氧化硅纳米粒子等无机纳米材料对细菌、霉菌和病毒的抑制率高达99.9998%。例如，江苏清大际光新材料有限公司与北京航天凯恩新材料有限公司共同开发的石墨烯导电抗病毒抑菌纤维对白念珠菌、大肠杆菌、金黄色葡萄球菌的抑菌率分别超过75%、80%与95%，抗病毒活性超过99.5%。

企业产品实践方面，福建永荣锦江股份有限公司在2020年初就开始研发用于医疗用品领域的锦纶6纤维，并取得重大突破，开发的全拉伸丝（FDY）、拉伸变形丝（DTY）抗病毒锦纶已实现产业化生产，在口罩、防护材料及特种服饰等领域实现应用。该抗病毒锦纶6通过在纤维端添加母粒熔融共混实现，其技术优势在于产品功能是在原料端添加特定复合纳米材料，破坏病毒的蛋白质外壳，使其失去生存条件而快速死亡，检测结果显示，其对甲型流感病毒H3N2的抗病毒活性率达99.97%，且耐水洗，功能长效；义乌华鼎锦纶股份有限公司的智美®抗病毒纤维利用添加含有特制纳米微粒的母粒，通过熔融共混技术制备而成，该纳米微粒的加入可以对一系列病毒的RNA复制起到很好的抑制作用，同时在很大程度上破坏微生物合成酶的活性，对病毒的灭活率高达98%；索尔维罗地亚（巴西）公司开发出一种永久性抗菌、抗病毒的聚酰胺纱线[17]，命名为Amni Virus-Bac OFF。其聚合物基体具有抗病毒和抗菌作用，可阻断病毒和细菌的交叉感染，如流感病毒、新型冠状病毒和其他病毒等。

前沿研究方面，北京化工大学研发出一款可让病毒"迷路"的纳米纤维材料[18]。该材料采用"零溶剂"熔体微分静电纺丝技术制作，这种高压静电力可通过静电微分和"拔河效应"将聚合物溶体均匀分割成多股流，最终可获得不同形态结构的纤维膜，形成错综复杂的微孔通道，病毒通过时就会像走"迷宫"一样被拦截，而且经酒精消毒或水洗后其阻隔病毒的功能不会大幅度衰减，可满足重复使用要求。

苏州大学陈宇岳团队[19]应用纳米银组装技术，向纤维内部定向渗透银纳米粒子，成功研发出长效抑菌抗病毒纺织品，并实现工业化生产。该纺织品的抗病毒活性率和抑菌率均达99%以上，且耐洗性好，且在自然条件下放置4个月后，对金黄色葡萄球菌的抑菌率仍在99%以上；郑幼丹[20]利用表面负载银纳米颗粒的介孔二氧化钛制成的锦纶6母粒制得抗病毒锦纶6FDY，研究了不同抗病毒母粒添加量对纤维性能及生产情况的影响。结果表明，抗病毒母粒的添加赋予了纤维抗病毒活性，但会造成锦纶6FDY的相对分子质量减小、分子质量分布变宽、力学性能下降、可纺性与条干不匀率变差，当添加质量分数4%的母粒时，抗病毒锦纶6 FDY的抗病毒活性率达到99.97%，且物理性能指标能满足纺丝及使用要求。

4. 防紫外线纤维

防紫外线纤维通常是通过在纺丝过程中添加紫外线屏蔽剂来实现的，一种是添加的物质为对紫外线有反射作用的紫外线屏蔽剂，如某些金属氧化物的超细粉体、二苯甲酮类有机屏蔽剂等；另一种是添加的物质对紫外线有强烈的吸收作用并能通过能量转换以减少紫外线的透过量。

在现有的防紫外线产品中，二氧化钛是常见的添加物质，添加二氧化钛的好处是其既可以做消光或者半消光的化纤，又可以实现防紫外线效果。目前国内此类防紫外线产品的开发已经非常成熟，可以说，各大化纤生产企业都有相关产品推出，如上海德福伦、永荣股份、桐昆集团、新凤鸣等。目前的通用技术能做到全消光、超无光或者超消光，但难以做到轻薄面料的防透。例如，日本东丽推出的超消光纤维中二氧化钛芯层浓度可以达到12%，是普通消光纤维的2~3倍，其充分利用了特殊的芯鞘结构，赋予面料严密的遮光性及优良的防紫外线性能；惠群新材料通过杂化改性功能粉体材料及其高浓母粒制备技术，量产了超高浓消光防透母粒，制备了超消光防透纤维，其在相对低的添加量下，即可达到防透视效果，且防紫外线功能优越[UPF ≥ 1000 +，T（UVA）$_{AV}$ < 5%]。

稀土元素如铈、镧和钕等也具有良好的紫外线吸收能力，基于此，镧明材料技术（上海）有限公司解决了稀土材料与不同化纤载体的兼容性问题，克服了下游使用过程中高温、强酸、强碱等环境对材料的损伤问题，成功开发出既能高效防紫外，还能满足服用舒适性的涤纶长短丝、锦纶长短丝、黏胶纤维和腈纶等产品，并实现优质稳定生产。目前，迪桑特、斐乐（Fila）、Ubras、巴拉巴拉（Balabala）、New Balance等终端品牌已经使用镧明稀土防紫外线纤维生产出夏季超轻薄防晒衣及户外运动服等。

但随着消费者健康防晒抗衰意识的提升，其对于多元化防晒场景的需求不断衍生，推动我国防晒产品市场快速发展，同时也对产品的防紫外线功能提出了更高要求。传统防紫外线产品在多次洗涤、高温等条件的作用下，防紫外线功能逐渐减弱，同时对于夏季产品而言，面料除具备优良的防紫外线功能外，还需要轻薄透气，满足实际应用需求，因此，功能持久、产品轻量化的防紫外线纤维成为防晒产品创新的重要原料。

福建省向兴纺织科技有限公司推出了一款采用天然薄荷植物为原料，结合纳米粉碎技术和微胶囊技术，将天然植物薄荷的有效成分以微胶囊包裹的形式与锦纶共混的防晒面料。这款面料为异型纱线截面结构，越洗越防晒，洗前紫外线防护系数可达150+，洗后则达300+。此外，这款面料还充分保留薄荷有效成分，具有天然抗菌的功能，并且多次水洗后依然保持抗菌性。通过在Sorona®纤维中加入冰感颗粒和抑菌因子，制备兼具凉感、抗菌及防紫外功能的生物基纤维，能够满足消费者夏季持久的凉爽与舒适需求，相关产品已经在实益长丰植物型纤维防晒衣以及TreesOutside、安踏等品牌产品中应用。

在防紫外线纤维的前沿研究方面，将紫外线吸收剂通过原位聚合或共混复合到合成纤维母粒或再生纤维中，可以获得防紫外线效果较好的纤维，并且耐久性得以显著改善。例如，朱燕龙等[21]以ZnO为功能粒子，采用熔融共混法制备PLA/ZnO共混物，赋予了PLA纤维高效的防紫外线性能和抗菌性能；李嘉乐等[22]为了提高PET纤维的紫外线防护性能，采用熔融纺丝的方法，将质量比1:1的二氧化铈-二氧化钛（CeO_2-TiO_2）功能性复合粉体与PET切片共混制备防紫外线消光PET纤维，结果表明，当加入质量分数超过1.5%的功能性复合粉体时，纤维的回潮率得到提高，此时防紫外线消光PET纤维织物的UPF值可以达到372+，长波紫外线区透过率小于3.67%，中波紫外线区透过率达到最小值0.05%，在正常和润湿状态下都能达到优异的防紫外线效果，同时消光性能得到明显改善。

（二）基于健康保健需求的纤维

1. 远红外纤维

远红外纤维一般通过在涤纶、锦纶、丙纶等化学纤维中均匀地加入远红外线发射或吸收物质（纳米陶瓷粉体）制成。所加入的纳米陶瓷粉体多是金属氧化物，如氧化铝、氧化镁、氧化锆，有时也选用二氧化钛和二氧化硅。远红外纤维具有良好的保健功能，有研究表明，远红外纺织品能够把吸收的红外辐射反作用于人体，从而加快人体的血液循环，以达到提高免疫力、消炎消肿、缓解疼痛、减轻肌肉张力等保健功效，对于缓解运动后疲劳具有良好的促进作用，更符合现代人运动锻炼生活环境下对纺织品的需求[23]。

20世纪80年代中期，日本率先研制出远红外纤维并向市场推出，例如日本钟纺公司开发的储热保温聚酯纤维Ceramino、尤尼奇卡公司的Thermotron纤维、三菱人造丝公司的无色光热转换聚丙烯腈纤维Thermocatch以及东丽公司的Torayheat纤维等。欧美等其他发达国家也相继在进行远红外纤维的开发，例如索尔维（SOLVAY）集团推出的远红外Emana®是一种加入了生物活性矿物质的锦纶66纤维，其中的生物活性晶体能够吸收热量并发出远红外线，具体温度调节特性并能改善血液微循环。由Hologenix和Kelheim Fibre公司共同开发的Celliant黏胶纤维，通过在黏胶基体中添加生物陶瓷矿物的混合物，可以捕捉人体热量并将其转化为远红外能量，给人体带来保健作用。

我国对远红外纤维的研究开始于20世纪90年代初，目前已经发展成熟。例如，江苏仲元集团有限公司和南良集团联合研发了远红外热感纤维——温多丝（WINTERSUN），目前已向市场推广；太极石股份有限公司开发的太极石健康能量纤维也具有优异的远红外线发射功能，其通过将天然矽晶石英矿石的纳米粉末加入聚酯纤维、再生纤维素纤维、锦纶等基体中制备而成，相关测试结果表明，其制成的产品具有远红外、抗菌、防紫外线等多种功能。

石墨烯因独特的电学、光学、热学和机械性能成为研究热点。随着学术界和产业界对石墨烯研究的深入，其在纺织领域的应用更加广泛。将石墨烯与纺织品相结合，可赋予纺织品远红外发射功能。国内外许多生产企业都以石墨烯为原料来开发远红外功能产品。例如，英国知名品牌Superdry将石墨烯融入防寒服装原料中，石墨烯的韧性能减少纤维的磨损，因此服装的保暖性、耐用性能大幅提升；运动服装巨头锐步也将石墨烯融入十几款功能性服装中，可在特定部位（如帽子、肩膀、大腿）形成保温效果，有效锁住热量，最大限度地提升保暖效果。

前沿研究方面，王文浩等[24]为了提高纤维可吸收光线的波长范围和光热转换效率，通过在海藻纤维中添加可吸收不同波长范围的纳米碳化锆和远红外陶瓷粉，以此提高海藻纤维对太阳光的利用效率，结果表明，同时添加碳化锆和远红外陶瓷粉的纤维温度变化比只添加单一材料的更快，且平衡温度也更高。例如，河北艾科瑞纤维有限公司公布的一项专利[25]中，通过在腈纶的制备过程中加入碳量子点溶液，使得制备得到的腈纶上分散有碳量子点，提高了腈纶的远红外性能和力学性能，使其具有较好的保健、抗菌作用。

2. 负离子纤维

负离子纤维是一种具有负离子释放功能的纤维，其所释放的负离子不仅对改善环境空气质量具有明显作用，还对人体起到缓解疲劳、增强免疫力、改善呼吸系统、促进睡眠等保健作用，已被越来越多消费者所接受。负离子纤维的生产方法主要有共聚法和共混纺丝法。

日本是最早对负离子纺织品进行研究的国家，日本的钟纺公司通过向腈纶中掺入可产生负离子的矿物质（一种特种陶瓷粉），生产出负离子腈纶；清纺、东丽等公司也通过后整理技术的应用陆续开发出各种负离子纺织品。目前，市面上比较知名的产品是日本企业与妮芙露经过多年研发共同推出的新一代负离子纤维NEORON®，该纤维除了能产生超强负离子外，还具有隔热保温、透湿等多种功能，这些特性有助于增强人体的自然免疫力，维持最佳的身体机能。

20世纪90年代，中国科学院通过不断试验成功研制了"丝普纶负离子特种功能纤维"。这种纤维具有自动发热功能以及负离子释放功能，应用在保暖内衣上，可提高服装的保暖性及保健性[26]。例如，北京洁尔爽高科技有限公司从托玛琳电气石等天然矿物质中筛选出"健康·环保"的功能材料，将其超微粉化加工制成纳米多功能粉体JLSUN®900，并成功地应用于化学纤维的生产；广州泰达纤维制品有限公司公布了一种环保远红外负离子纤维的生产方法，该方法规避了现有的负离子纤维生产工艺往往较为复杂且会产生一定污染的缺陷，制备得到的纤维具有调节神经系统、杀菌、除臭等作用[27]。

3. 芳香纤维

芳香纺织品被赋予舒缓心情、缓解失眠、镇静皮肤等医疗保健功能，因此芳香纤维也成为人们对美好生活强烈向往驱使下所研发的产品。芳香纤维一般是将芳香剂制成香味母粒或纳微胶囊，然后采用共混纺丝、复合纺丝、浸渍喷雾等加工技术，使其负载在纤维上所制得的一种带香气的功能性纤维。由芳香纤维制备的纺织品能够持久芬芳，为消费者营造出一种轻松、愉悦、健康、绿色的生活环境，且可有效应对日常活动和体育锻炼引起的难闻气味所带来的烦恼。

芳香气味的保留时间成为芳香纺织品的重要指标，香料的活性成分为有机化合物，在阳光和空气中暴露时间过长，会迅速挥发导致性能下降。例如，2013年，江苏蓝品纤维科技发展有限公司推出经"微胶囊纳米全包裹"技术处理过的"卢卡玫瑰纳米芳香纤维"，该纤维经过20次水洗仍能保留香味，同时在耐高温方面表现出优异性能，在300℃高温下仍能保持胶囊完整性；2017年，华峰化学股份有限公司在氨纶的纺丝原液中加入自制的微胶囊香料母粒，制备出具有持久芳香性能的氨纶，该纤维制备不受制于苛刻的纺丝工艺环境影响。无菌时代经过多次尝试，采用先进的微胶囊技术将安神助眠的香氛进行微胶囊化后融入纺织品中，实现缓解疲劳、安神助眠的功效，相比普通香薰，该技术能保证不泄漏不渗透，缓慢释放助眠香味，更加安全持久；吴江福华织造有限公司在其公布的一项专利[28]中，利用中空纤维来制造芳香纤维，并在制备中空纤维的过程中将含有香精的纳米胶囊注入中空纤维的空腔中，利用熔融纺丝纺出的中空纤维所带温度将纳米胶囊融化并分散至纤维的空腔和微孔中，冷却后得到芳香纤维长丝束。

此外，随着"护肤"等理念的不断深入，还有研究者通过将植物提取物、珍珠粉等具有护肤、保湿、美白等各种功能的物质添加到化学纤维纺丝液中，以制备各种具有护肤保健理念的新型产品，如芦荟纤维等。例如，青岛正信隆纺织科技有限公司通过特有低共熔溶解提取法提取积雪草苷、羟丙基积雪草苷等物质，利用湿法纺丝与再生纤维素纤维结合，制成含有积雪草成分的积雪草纤维素纤维，据称，该纤维具有抗氧化、锁湿补水、美白、抗衰老等作用。

（撰稿人：中国纺织信息中心　刘凯琳）

三、基于安全防护需求的功能性纤维材料开发及应用

安全防护指经装备适当装置以达到降低或消除可能面临的危险或风险所需采取的措施。一方面，依托于快速发展的社会经济与科学技术，人民生活水平的提高使大众对于人权的自主维护意识随之增强，提供有效的安全防护功能纺织品对于保障特殊职业人员安全与作业稳定至关重要；另一方面，在构建人类命运共同体的国际背景下，局部冲突与公共安全事件仍有发生，面对此类安全威胁，借助防护产品进一步巩固国防安全和保障人民生活安定，无疑是一项重要策略。

安全防护用纺织品通常指在日常生活和工作等环境中，为避免人体因物理、化学或生物等因素而受到伤害所使用的纺织品[29]，可以按产品应用领域和产品功能分为两大类。安全防护性纤维作为用于特定环境中的高性能纤维，根据终端产品的不同需求，需具备一定的特异性功能，主要包括抗静电纤维、阻燃纤维、化学防护纤维和防辐射纤维等[30]（表2-10）。

表2-10　主要安全防护纤维及其应用

纤维种类	作用	应用领域
抗静电纤维	防止静电积聚引起的火灾或爆炸，以及防止电线、电器设备电击或电烧伤	电子精密仪器、石油化工、电力、煤炭等
阻燃纤维	避免纺织品燃烧、熔滴、释放毒气	石化、消防、电力、加油站、近火作业等
化学防护纤维	防止化学危险品、腐蚀性物质以及油/水等侵蚀	军事、消防、工业、矿井作业、海洋石油污染等应急处理
防辐射纤维	阻隔无线电波、光波射线等对人体造成伤害	核事故、民用工业等
热防护纤维	避免热源对人体造成伤害，或避免/减少热损失保持适宜温度	石油、化工、冶金、船、野外、车间等
力学防护纤维	防止子弹、刀刃以及活动中的摔伤等意外伤害	运动防护服、士兵安保人员防护服装等
生物防护纤维	防止病毒、细菌等对人体的侵害	医护人员、生物制药和疫苗培养行业等

（一）抗静电纤维

抗静电纤维是指在标准状态下（20℃、65%），体积电阻率小于 $10^{10}\Omega\cdot cm$ 或静电荷逸散半衰期小

于60s的纤维[30]。抗静电纤维能够有效防止加工和使用过程中因挤压、接触、摩擦等物理机械作用引发的静电荷积聚现象，从而预防安全隐患，并改善服用过程中的舒适性和美观度。

1. 制备技术

抗静电纤维的功能实现主要通过亲水性改善、静电中和及静电逸散三种途径[30]，主要包括金属导电纤维、金属化合物导电纤维、炭黑导电纤维和导电高分子纤维等类型，其制备技术和特点如表2-11所示。

表2-11 抗静电纤维类型、制备技术及特点

类型	制备技术	特点
金属导电型	直接拉丝法、切削法、金属喷涂法等	利用金属的导电性降低电阻率，但纤维手感较差
金属化合物导电型	以铜、银、镍和镉的硫化物、碘化物或氧化物为导电材料，经混合纺丝法、吸附法、化学反应法等制得	纳米级金属氧化物粉体可制浅色、高透明度纤维，纤维轻、有可挠性，可洗性好、易于加工，电阻率一般在$10^{-5} \sim 10^{-4} \Psi \cdot cm$之间，耐热性、耐化学腐蚀性良好，但存在抱合力小、可纺性能差、耐洗和耐久性较差、价格昂贵、色泽受限等缺陷
炭黑导电型	将炭黑与成纤混合后，通过皮芯复合纺、涂层、炭化处理方法制得	炭黑成本低、易于获取、导电性能优异，但颜色单一、手感差、均匀度差
导电高分子型	由聚乙炔、聚苯胺、聚吡咯、聚噻吩等高分子导电材料通过直接纺丝或表面化学反应制得	纤维手感好，分子链刚性大，不溶不熔，但直接纺丝难度大，后处理法应用更广
抗静电剂型	共混纺丝法或表面涂覆、浸渍、喷涂等后整理法	形成表面导电层降低电阻率或通过油剂润滑作用降低表面摩擦系数

2. 创新及应用现状

通过对纤维本身结构、组分、抗静电剂的改性达到抗静电效果，本质是提高纤维的导电性，表2-12对抗静电纤维的创新技术案例进行了总结，从材料、技术和特点三个方面将五种抗静电改性纤维进行了对比。部分低电阻导电材料在提升纤维抗静电性能的同时，对电磁波具备一定的反射作用，也能够起到防电磁辐射的效果。

表2-12 抗静电纤维创新技术案例

创新技术产品	选用材料	技术方法	特点
抗静电聚苯胺改性羊毛纤维[31]	羊毛和苯胺为单体、过硫酸铵为氧化剂	原位吸附聚合法	羊毛表面鳞片结构受聚苯胺包覆，可加工性、服用舒适性及耐水洗性提高
抗静电石墨烯改性聚酯纤维[32]	石墨烯粉体、聚酯切片	母粒法和共混纺丝	母粒质量分数为5.0%时粉体分散性好，质量分数为1.0%时，复合纤维强力有所改善，石墨烯本身的二维取向性有助于改善抗静电性能
炭黑/废纸/聚丙烯复合导电纤维[33]	办公废纸、炭黑和聚丙烯	碱处理和注塑成型	开拓了木质纤维素纤维的应用潜力，原料易获得且符合绿色发展理念
抗静电微吸波改性碳纤维[34]	聚多巴胺、十六烷基三甲氧基硅烷和碳纤维	表面包覆和自组装	改善高湿热、高盐雾、高紫外线等复杂恶劣环境中抗静电性能的稳定性
基于钛酸盐的复合组分抗静电纤维[35]	锐钛矿型TiO_2纳米粉末、NaCl和Na_2CO_3	球磨法混合	提高纤维的白度和可染色性能，避免目前使用抗静电后整理产生的废水环境污染问题

目前从事抗静电纤维生产的国外厂商包括奥升德功能材料公司（Ascend Performance Materials）、Nanotex、Swicofil、土耳其阿克萨公司（Akrilic Kimya）、Sanayi、CytecIndustries等，国内厂商主要有中国石化上海石油化工股份有限公司、吴江市兴业纺织有限公司等，典型产品包括

涤纶抗静电纤维、丙烯酸抗静电纤维、聚酰胺抗静电纤维和聚丙烯抗静电纤维，表2-13是代表企业的典型产品及其特点。

表2-13 抗静电纤维产品及其特点

公司	产品名	特点
中国石化上海石油化工股份有限公司	抗静电腈纶	电阻率为$4.0 \times 10^8 \Omega \cdot cm$，静电荷逸散半衰期为0.1s，静电释放速度非常快，兼具良好的发热性能，具有在保暖服装应用的潜力
奥升德功能材料公司（Ascend Performance Materials）	No-Shock®抗静电纤维	利用双组分技术，将导电材料例如炭黑或金属纤维嵌入非填充聚合物，经熔融纺丝形成特定横截面的纤维，抗静电性能持久
Nanotex	Ace Static®微导电纤维	利用湿法纺丝技术，实现溶剂与化学药品接近100%的回收率，绿色环保
吴江市兴业纺织有限公司	MXene改性聚酯抗静电纤维	在聚合物中加入了具有导电性能的高浓度碳，并通过严格排列碳原子，使其呈三叶状形成纤维，从而获得较高的稳定性能

3. 发展趋势

出于对服装性能的复合需求及生产作业的安全考量，抗静电纺织品需通过抗静电纤维及其制备技术的改良而重塑，以满足市场的新要求。对已有纤维成品、抗静电剂等的品种改良，尽可能降低对自然环境的有害影响，使抗静电功能能够更持久稳定，结合其他如阻燃、防辐射等多种功能于一体仍是抗静电纤维技术发展的方向。例如浙江盛元化纤有限公司采用异形喷丝孔熔融纺丝技术，制备了一款新型阻燃抗静电聚酯纤维，用于地毯、窗帘、沙发面料等，可减少静电吸附的尘埃、花粉等空气污染物，提高居住环境的舒适度与安全性。

（二）阻燃纤维

阻燃纤维在接触火源时燃烧不充分甚至无法燃烧，离火可自熄，对有毒烟雾的释放起抑制作用[30]。氧指数法广泛应用于纺织品阻燃性能的测试，据纤维的极限氧指数（LOI值），阻燃纤维可分为易燃纤维、可燃纤维、难（阻）燃纤维和不燃纤维四大类，LOI值大于27%的纤维即具有阻燃性。

1. 制备技术

阻燃纤维包括本质阻燃纤维与改性阻燃纤维。本质阻燃纤维可分为无机纤维和有机高分子纤维两类，其中无机纤维包括玄武岩纤维、陶瓷纤维、石英纤维和玻璃纤维等，有机高分子纤维包括芳纶、卤素纤维和聚苯硫醚纤维等。改性阻燃纤维可通过改性法与后整理法制得，改性法主要分为接枝法、共聚法和共混法，后整理法则包括浸渍法、浸轧法、涂层法等，具体制备技术和特点如表2-14所示。

表2-14 改性阻燃纤维制备技术及其特点

制备技术	特点
接枝法	将含阻燃元素的反应性单体通过化学法或高能辐射法接枝至纤维表面，所得纤维阻燃效果好且耐久
共聚法	将具有反应性基团和阻燃元素的可共聚单体与成纤高聚物单体共聚
共混法	将阻燃剂与成纤高聚物溶液或熔体在纺丝阶段混合，所得纤维中阻燃剂分布均匀、手感受影响小、耐水性好、工艺简单
后整理法	将阻燃剂通过物理吸附或化学交联作用黏结于纤维表面，应用广泛，但可能造成纤维的手感、可染性、耐光性、耐磨性的下降

2. 创新及应用现状

阻燃纤维的技术突破口在于纤维本身的化学改性以及阻燃剂的性能改良。表2-15列举了近年来该类纤维的一些创新研究，从材料的选取与成形工艺角度进行了纤维产品的优化。

表2-15　阻燃纤维创新技术产品及特点

创新技术产品	选用材料	技术方法	特点
棉秆皮微晶纤维素/改性氧化石墨烯阻燃纤维[36]	微晶纤维素、氧化石墨烯	超声波分散法、真空抽滤和湿法纺丝	通过氧化石墨烯的二维晶体碳原子结构提高纤维的残炭率与热稳定性
阻燃改性Lyocell纤维[37]	N-甲基吗啉-N-氧化物、高分散型三聚氰胺氰尿酸	干喷湿纺	缓解了一般Lyocell纤维生产过程中可能出现的堵板、飘断丝、凝固浴中阻燃剂析出等问题，可回收性好
壳聚糖/植酸改性纳米纤维[38-39]	壳聚糖、植酸	静电纺丝和静电吸附法	阻燃剂组分间具有协同作用，来源天然且广泛

阻燃纤维的生产企业众多，主要包括杜邦（DuPont）、帝人集团（Teijin）、东丽（Toray）、东洋坊（Toyobo）、赛得利（Sateri）、烟台泰和新材料股份有限公司、新乡化纤股份有限公司、中国石化、唐山三友化工股份有限公司、吉林化纤集团有限责任公司等。其中DuPont在行业内部仍然属于领先企业，占据超35%的市场份额。表2-16对比了4款来自不同企业的阻燃产品，其功能实现方式与应用场景各有特色。

表2-16　阻燃纤维产品案例及特点

公司	产品名	特点
力丽集团、力鹏集团共同品牌LIBOLON	LiFRA®环保阻燃涤纶	采用非醛磷系反应型环保阻燃剂与成纤高分子的共聚合方法，得到永久性阻燃纤维，且纤维手感好、染色性佳
Milliken	Westex™系列纤维	采用双收缩技术，初次收缩提高纤维素结晶度，从而增强其热稳定性；二次收缩改善纤维形态，从而使纤维集优异的阻燃性、舒适手感、力学耐久性于一体
DuPont	Nomex®芳纶聚合物	具备本质的阻燃性、热稳定性、化学稳定性和机械强力，即使在高温环境下也能保持结构完整、抗熔滴，使用寿命长
四川大学联合上海全宇生物科技遂平有限公司	高效无卤低烟无毒阻燃剂	通过酸源（酸催化剂）、碳源（成炭剂）和气源（发泡剂）三种阻燃机制的协同作用，配合自主研发的阻燃维纶制备成套工艺技术，可开发用于军警防护设备的高强、可染色阻燃维纶面料

3. 发展趋势

近年来，微胶囊化技术、复配协同技术、交联技术及大分子技术等的优化升级为复合型阻燃纤维的开发提供了更多的可能性。如芳纶基阻燃抗静电纤维，解决了一般锦纶基、涤纶基纤维无法兼顾两种功能的困扰，且伸长易于调控、手感柔软，与其他纤维混纺可用于消防服、防火毯、石油工装等，具有广阔的市场前景。

（三）化学防护纤维

化学防护纤维是抵御化学品渗透、侵蚀或降解的高性能纤维材料，广泛应用于抗溶蚀穿孔材料、抗溶解材料和过滤阻隔材料等，可保障高危环境下作业人员及物品免受危化品的侵害。

1. 制备技术

常用的化学纤维主要包括芳香聚酰胺纤维、聚对苯撑苯并二噁唑纤维（PBO）纤维、聚苯硫醚（PPS）纤维和聚四氟乙烯（PTFE）纤维等[40]，这些纤维由于分子链中芳香环、强共价键、高饱和碳链等的存在，而获得了相对稳定的分子结构，具备了良好的化学稳定性。其制备技术包括干喷湿纺法、熔融纺丝法、载体纺丝法、复合纺丝法、静电纺丝法和切割膜裂法等[41-43]，表2-17对几种常见化学防护纤维及对应的制备技术和特点进行了简要介绍。

表2-17 常用化学防护纤维及其制备技术、特点

纤维种类	制备技术	特点
芳香聚酰胺纤维	溶液缩聚法和界面缩聚法	高伸长、耐腐蚀、耐热，多被应用于化学防护服中
聚对苯撑苯并二噁唑纤维	溶液聚合和干喷湿纺法	高强轻质、耐磨损、耐热、抗紫外线、耐酸碱、耐有机溶剂，可用于抵御多种化学品
聚苯硫醚纤维	溶液纺丝法、熔融纺丝法和液晶纺丝法	高强高模、耐酸碱、耐有机溶剂、耐部分卤素化合物、良好的环境适应性
聚四氟乙烯纤维	载体纺丝法、复合纺丝法、静电纺丝法和切割膜裂法	耐强酸强碱、耐有机溶剂、耐热（可在高达260℃下保持稳定性）、耐磨损、优异的电气绝缘特性、生物惰性

2. 创新及应用现状

危险化学品常具有易燃易爆的特征，因此化学防护纤维一般还需具有高强、阻燃、耐高温等防护功能以充分保证作业过程中的安全性。目前，各高校与研究所已开发出多种具有隔绝、吸附、过滤、解毒或复合功能的化学防护纤维及面料，表2-18列举了部分研究成果。

表2-18 化学防护纤维创新技术案例

创新技术产品	选用材料	技术方法	特点
基于活性碳纤维负载含锆基MOF的复合材料[44]	活性碳纤维	化学沉积法和循环浸渍法	通过活性碳纤维与金属有机框架的"吸附—降解"协同作用，辅以不同种类与负载量的金属离子可对多种化学物质进行有效防护
多级皮芯结构纤维材料[45]	芯层为柔性金属氢氧化物纳米纤维，皮层为金属氢氧化物屈曲薄层	皮芯复合纺丝法	表面活性位点多，对有害化学物质降解效率高，且柔性好、强力高
化学战剂催化降解气溶胶纤维[46]	聚丙烯腈纳米纤维、PIM-1纤维、UiO-66-NH$_2$颗粒	溶胶凝胶法	高强、高吸附性、高滤效、高透湿透气性
氧化锆基亲水化学试剂防护纤维[47]	氢氧化锆颗粒	加压自组装	高吸附性、自清洁功能佳、轻质、柔韧性好
安全人机工程学的化学防护服纤维[48]	水性聚氨酯、聚四氟乙烯、纳米金属粉末、尼龙纤维	共混法	基于人体工效学的设计理念，保证防护功能的同时满足了穿着舒适性与运动舒适性
凝胶态再生纤维素纤维[49]	壳聚糖、碳纳米管、纳米二氧化钛	湿法纺丝、熔胶凝胶法	耐强酸强碱、成本较低、生物可降解性好
硼掺杂聚丙烯腈基活性碳纤维[50]	聚丙烯腈、活性碳纤维、含硼化合物	原丝活化预处理	高吸附性、高伸长、高透气性（微孔结构）、高舒适性

化学防护纤维作为特种防护纺织品市场的重要组成部分，市场规模占比与阻燃和热防护、电防护领域相当，但由于所需防护的物质形式更为复杂、应用场景的危险系数更高，还需多角度、深层次的持续性研究以降低纤维加工难度、提高生产效率，进一步支持相关产业的发展。在表2-19中列举了两款代表性产品，其中以Tychem®C纤维为材料的系列防护服性能优异，Tychem®10000 FR防护服是首批以单层结构通过NFPA 1991—2016《危险材料紧急情况和CBRN恐怖主义事件的蒸汽防护合奏标准》认证的化学防护产品之一。

表2-19　化学防护纤维产品案例及特点

公司	产品名	特点
DuPont	Tychem®C	可应对超上百种不同类型化学物质，具有低化学物质渗透性、高化学稳定性特征
远致集团	P32®	属于新型聚芳砜亚砜纤维产品，在强腐蚀性溶液中经长时间浸泡仅发生表面颜色的轻微变化

3. 发展趋势

化学防护纤维制造的各类防护用产品在保障防护效果的基础上，一方面需要重点考虑穿戴过程中的舒适感，做到轻量化及透湿透气，维持特殊环境下长期作业时人体微环境的平衡，保证作业效率；另一方面，还需关注产品在整个生命周期循环中对环境的负担，不使化学性毒害物质在回收过程中造成二次污染。此外，微纳尺度材料及纳米制备技术的引入为应对有毒有害化学小分子的威胁带来了技术创新灵感，能够实时感应周边环境变化（如温度、化学物质浓度等）并发出预警、自主调节防护状态的智能化化学防护纤维也是未来研究的重点之一。

（四）防辐射纤维

一般的防辐射材料通过对辐射源的屏蔽与电磁波的反射、吸收或能量转换的方式实现对电磁波的主动控制与被动防护。防辐射纤维是指以纤维为电磁辐射防护载体的功能单位，在原理上与刚性防辐射材料基本一致，但具备柔性、轻质等特征，更有利于防辐射产品的设计与开发。在步入信息化、智能化时代的今天，电磁辐射源遍布每个人的身边，越是高频、大功率的电磁波对环境的污染程度与对人体的危害程度越大，而传统防辐射材料以刚性为主，在作为穿戴型防护设备时舒适感较低、不便于作业。因此，开发高品质、多功能防辐射纤维，对实现个体防护装备的舒适化与轻量化，以及电子设备组件及包装的减量化与绿色化具有显著的应用价值和积极意义。

1. 制备技术

防辐射纤维可根据其主要材料分为金属纤维、金属/石墨镀层纤维以及本质电磁屏蔽高分子纤维等（图2-10）。不同材质纤维的可防护电磁辐射波段不同，金属型对较宽能量射线防护效果更好。本质电磁屏蔽高分子纤维又可称为耐辐射纤维，以聚酰亚胺纤维为例，纤维本身在吸收电磁波辐射能量时，该能量远低于分子链中共价键间的结合力，辐射能将以热能的形式耗散。因此，聚酰亚胺纤维除高强特征外还表现出优良的防辐射性。

目前，非本质防辐射纤维的主要改性方法包括接枝法、共混法、复合纺丝法及涂（镀）层法，由不同制备技术获得的防辐射纤维及其特点如表2-20所示。

```
                        防辐射纤维
        ┌───────────┬──────────────┬──────────────────┬─────────┐
     金属纤维   金属/石墨镀层纤维  本质电磁屏蔽高分子纤维    其他
   ┌──┬──┬──┐  ┌──┬──┬──┬──┐   ┌──┬──┬──┬──┐    ┌──┬──┬──┐
   不 钢 铝   镀 镀 铝 石   聚 聚 聚 聚    碳 金 金
   锈 丝 丝   银 铜 粉 墨   酰 苯 吡 噻    纤 属 属
   钢 纤 纤   纤 镍 涂 涂   亚 胺 咯 吩    维 盐 氧
   纤 维 维   维 纤 层 层   胺 纤 纤 纤       纤 化
   维          维 纤 纤   纤 维 维 维       维 物
                          维 维   维                    纤
                                                        维
```

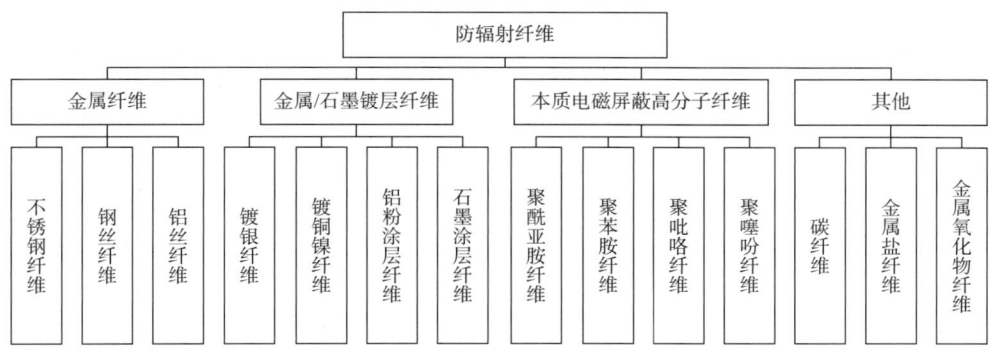

图2-10 防辐射纤维分类

表2-20 防辐射纤维的制备技术及其特点

制备技术	特点
接枝法	将防辐射剂单体或导电单体通过化学反应引入纤维表面或内部，具有长效的稳定性
共混法	通过将防辐射剂或金属、金属盐、金属氧化物等微纳米级粉体与成纤聚合物均匀混合，纺制成功能性纤维，防辐射效果持久，但制备技术要求较高
复合纺丝法	以各类型抗辐射组分为芯层，纯高聚物为皮层进行皮芯复合纺丝；或将具有防辐射作用的纤维与其他纤维进行层压复合，制备复合防护材料，可通过干热/湿热条件下的拉伸赋予纤维一定强度
涂（镀）层法	通过在纤维表面包覆金属型导电薄膜层或均匀涂覆抗辐射剂等方式形成电磁辐射的屏蔽层；纤维表面金属化的方法还包括电镀、化学镀、真空镀等

2. 创新及应用现状

防辐射纤维市场规模广阔，而新的技术突破口还将随科技研究活动的不断推进而被发掘。当前防辐射纤维的相关创新研究主要聚焦于新材料的开发与选用、纺丝工艺的效率提升等（表2-21），从而实现纤维的绿色化、智能化开发。

表2-21 防辐射纤维创新技术案例

创新技术产品	选用材料	技术方法	特点
导电型吸波纤维[51]	MXene、聚苯胺（PANI）	真空辅助逐层喷涂	可自主调节屏蔽强度（15~24dB）
微纳米级屏蔽填料粒子改性尼龙纤维[52]	尼龙	螺旋气流场静电纺	纺丝效率高、均匀性好
自洁防辐射镀镍棉[53]	（3-巯基丙基）三甲氧基硅烷、镍颗粒、棉纤维	化学沉积法和疏水表面处理	利用低表面能、粗糙沉淀结构的协同作用实现疏水自清洁性能，屏蔽效率符合AMD标准

产业用防辐射纤维可被广泛应用于个体防护、医疗健康、工业生产安全防护、国防军工等诸多领域，其市场处于稳步发展阶段，预计到2030年，全球防辐射纤维材料的总体市场规模可达83亿元。当前中国占据全球市场份额超过85%，美国与欧洲合计市场份额占有率超5%。该领域内的五大头部企业分别为上海添香实业有限公司、上海银盾纺织科技有限公司、南昌市婧麒服饰有限公司、上海百强朗臣实业发展有限公司和Swiss Shield。五大头部生产商占全球市场份额超70%，主要产品包括多离子纤维、金属纤维（尤其是银纤维）、镀金属纤维，如表2-22列举了代表性产品及其特点。

表2-22 防辐射纤维产品及其特点

公司	产品名	特点
Brunswick	不锈钢纤维、铝系和铜系纤维	高电导率、高电磁屏蔽效率、高化学稳定性
Toray	防中子辐射皮芯复合纤维	高强、防二次辐射污染
Teijin	含钨对位芳纶Technora	对X射线和γ射线具有良好的防护效果
上海银盾纺织科技有限公司	蚕丝银纤维系列、彩色银纤维系列、不锈钢金属系列	防辐射性能佳、可消炎杀菌
南京柯普新材料科技有限公司	高导电性轻质镀镍碳纤维	与一般金属防辐射纤维相比，质量相对减轻50%~80%

3. 发展趋势

当前市场中的防辐射纤维产品仍以金属系或金属镀层纤维为主，对于该类防辐射纤维，需要通过优化纤维的结构设计规避纤维对电磁辐射的屏蔽弱区，避免由于金属材料泄漏及二次辐射等对环境的污染与对人体的危害，保障产品使用过程中的安全性。此外，若妥善利用纤维所接收到的辐射进行能量转化，通过多层级结构的孔隙设计方法，达成辐射冷却或辐射制暖功能并应用于个人热管理也是新兴研究方向之一。

除上述纤维种类外，力学防护纤维也是满足安全防护需求的纤维种类之一。力学防护纤维属特种防护纤维，其主要针对物理机械作用（包括穿刺、切割、撕裂等）进行损伤防护，是具备高强度、高耐久的卓越纤维材料。常见的力学防护纤维包含防刺纤维、防割纤维和防弹纤维。其中，防穿刺主要是防止锐利器具尖端对材料的穿透；防刀割主要是防止连续性利刃对材料的划、裂、割等损伤；防弹主要是在子弹接触材料表面的瞬间，将子弹动能分散、扩散到材料表面并吸收。三者防护对象的能量密度存在差别，因此对应纤维本身与纤维间结构的设计要求各异，该类纤维在交通、能源、国防、航空航天等多个领域都有应用。

四、功能纤维的发展趋势

（1）高性能化

纤维功能的实现离不开其本身物理和化学性能的提升。随着对纤维的分子结构及排列的深入研究，纤维材料的功能性有望向更高性能甚至极致化发展，以更加适应在各种极端环境中的应用。

（2）多功能化

功能性纺织品的需求量仍处于上升期，其市场也呈现出细分化、多样化特征，处于学科交叉点上的纺织学科可借助多领域的新兴技术获得长足的发展。以功能性为核心，利用信息化、智能化工具驱动，基于人体工学设计改善服用产品的舒适性，实现纤维的复合化改造。

（3）智能化

功能纤维的智能化开发也是近年来的一大研究重点，基于柔性功能纤维结合感知技术、电子集成技术，所构建具备传感、通信、自调节等能力的智能柔性电子元器件可应用于柔性触觉传感系统、人工电子皮肤、远程健康医疗诊断等领域。

（4）绿色化

绿色环保产业作为战略性新兴产业，推动着制造业实现新发展，促进生态文明建设新进步。通过发掘可利用的非石油基原材料、环保型助剂、清洁化制备与改性技术手段助力绿色功能纤维开发，提高其在整个生命周期中的环境友好程度。

（5）时尚化

如今功能纺织品的应用已更贴近日常生活，消费者对于产品的实用功能需求以外，对外观美感也同样存在个性化需求。通过如3D打印等新型技术，实现功能纤维色彩、纹理的灵活设计，将科技与时尚相融合，在功能化创新的同时提高产品的吸引力与竞争力具有重要意义。

（撰稿人：东华大学　孙清逸　李可欣　王开妍　沈　华　徐广标）

参考文献

［1］徐锦龙，吉鹏，乌婧，等.一种高弹吸湿抗静电PTT/PET复合纤维及其制备方法：中国，112538662A［P］.2024-08-30.

［2］周建迪，赵连英，章友鹤，等.国内超仿棉纤维开发及应用情况探析［J］.浙江纺织服装职业技术学院学报，2016，15（4）：1-9.

［3］郭春花.超仿棉三大产品系列引关注［J］.纺织服装周刊，2019（12）：32.

［4］张月萱，刘亚，庄旭品，等.吸湿速干材料的研究进展［J］.现代纺织技术，2024，32（4）：114-124.

［5］安踏（中国）有限公司.一种可降解的吸湿速干微多孔复合纤维、其制备方法和应用：中国，117758392A［P］.2024-03-26.

［6］安踏（中国）有限公司.一种凉感速干再生尼龙纤维及其面料、制备方法：中国，117568949A［P］.2024-02-20.

［7］浙江恒逸石化研究院有限公司.一种凉感复合纤维及其制备方法、皮芯复合纤维：中国，118308804A［P］.2024-07-09.

［8］WU M R, SHAO Z Y, ZHAO N F, et al. Biomimetic, knittable aerogel fiber for thermal insulation textile［J］. Science, 2023, 382: 1379-1383.

［9］XUE T T, ZHU C Y, YU D Y, et al. Fast and scalable production of crosslinked polyimide aerogel fibers for ultrathin thermoregulating clothes［J］. Nature Communications, 2023, 14: 1-10.

［10］李佳佳，陆艺超，叶光斗，等.纺丝原液原位合成相变材料微胶囊制备石蜡/PVA储能纤维［J］.复合材料学报，2012，29（3）：79-84.

［11］徐瑾，陈龙，王金玉，等.聚乙二醇@聚乙烯醇同轴相变纤维的储热特性［J］.高分子材料科学与工程，2024，40（5）：134-143.

［12］LIU H Q, ZHANG X Y, ZHANG S H, et al. Intrinsically flexible phase change fibers for intelligent thermal regulation［J］. Angewandte Chemie International Edition, 2024.

［13］方瑜.基于纳米铜/氧化锌复合物的抗菌纤维制备及性能研究［D］.杭州：浙江理工大学，2022.

［14］YAN B, BAO X, LIAO X, et al. Sensitive microbreathing sensing and highly-effective photothermal antibacterial cinnamomum camphora bark micro-structural cotton fabric via electrostatic self-assembly of MXene/HACC [J]. ACS Applied Materials & Interfaces, 2022, 14 (1): 2132-2145.

[15] 黄健恒, 李明华, 邢上上, 等.植物复合香味防螨黏胶纤维制备及性能研究 [J]. 针织工业, 2024 (3): 17-20.

[16] 吴娇, 于湖生, 万兴云, 等.抗菌防螨防霉功能改性黏胶纤维的制备及其性能 [J]. 纺织学报, 2019, 40 (7): 19-23.

[17] 宋清泉.能永久抗病毒和抗菌的聚酰胺纱线 [J]. 国际纺织导报, 2021, 49 (8): 10.

[18] 中国青年报."彩虹丝口罩"让新冠病毒"迷路" [EB/OL]. (2021-11-11) [2024-12-06]. https://zqb.cyol.com/html/2021/11/11/nw.D110000zgqnb_20211111_4-03.htm.

[19] 佚名.苏州大学研发出新型长效抑菌抗病毒纺织品 [J]. 网印工业, 2021 (1): 58.

[20] 郑幼丹.抗病毒锦纶6FDY的制备及其性能 [J]. 纺织导报, 2021 (4): 47-50.

[21] 朱燕龙, 谷英姝, 谷潇夏, 等.抗菌和防紫外线双效功能聚乳酸／ZnO纤维的制备及其性能 [J]. 纺织学报, 2022, 43 (8): 40-47.

[22] 李嘉乐, 马博谋, 王学利, 等.抗紫外消光聚酯纤维的制备与性能研究 [J]. 化工新型材料, 2024, 52 (7): 109-114, 125.

[23] 赵润, 倪辰, 王玉萍.功能性纤维发展及产业化应用 [J]. 高科技纤维与应用, 2024, 49 (1): 17-33.

[24] 王文浩, 倪海燕, 吴是甬, 等.光热转换海藻纤维的制备及其热性能 [J]. 纺织科技进展, 2024, 46 (6): 23-27, 32.

[25] 河北艾科瑞纤维有限公司.一种具有远红外性能的碳量子点腈纶纤维的制备方法及腈纶纤维: 115247285A [P]. 2024-06-14.

[26] 高亢, 卢飞峄, 朱珍钰.负离子纤维及纺织品的研究及应用前景 [J]. 辽宁丝绸, 2019 (4): 28-29.

[27] 广州泰达纤维制品有限公司.一种环保远红外负离子纤维的生产方法: 中国, 118390189A [P]. 2024-07-26.

[28] 吴江福华织造有限公司.一种芳香抗菌复合纱线及其制备方法和应用: 中国, 115573072 A [P]. 2023-01-06.

[29] 郭晶, 李丽, 樊争科, 等.个体安全防护用纺织品研究 [J]. 针织工业, 2022 (12): 1-5.

[30] 赵润, 倪辰, 王玉萍.功能性纤维发展及产业化应用 [J]. 高科技纤维与应用, 2024, 49 (1): 17-33.

[31] 张洪锋, 杨锦锦, 吴壮壮, 等.抗静电聚苯胺改性羊毛纤维的制备 [J]. 天津科技大学学报, 2019, 34 (4): 42-44, 55.

[32] 李建武, 江振林, 李皓岩, 等.石墨烯改性PET纤维的制备及其抗静电性能研究 [J]. 合成纤维工业, 2019, 42 (2): 1-4.

[33] 王海峰, 杨衡彬, 康峰, 等.炭黑/废纸导电纤维的制备及其在聚丙烯中的应用 [J]. 塑料, 2024, 53 (1): 59-64.

[34] LI X, LIU S, MENG X, et al. Modified antistatic carbonaceous fiber with excellent hydrophobicity, environmental stability and radar absorption performance [J].

Carbon, 2024: 229.

[35] 江南大学. 一种以钛酸盐为原料合成的抗静电纤维及其制备方法: 中国, 118064992A [P]. 2024-05-24.

[36] 谷金峻, 魏春艳, 郭紫阳, 等. 棉秆皮微晶纤维素/改性氧化石墨烯阻燃纤维的制备及其性能 [J]. 纺织学报, 2024, 45(1): 39-47.

[37] 赵庆波, 王书丽, 高敏, 等. 共混法阻燃改性Lyocell纤维的制备及其性能 [J]. 毛纺科技, 2023, 51(10): 14-20.

[38] 范佳璇, 赵奕, 柯勤飞, 等. 壳聚糖/植酸静电纺涂层阻燃疏水棉织物的制备及其性能 [J]. 印染, 2023, 49(9): 1-6, 18.

[39] HUI X S, YUN Q L, LIN X L, et al. Construction phosphorus/nitrogen-containing flame-retardant and hydrophobic coating toward cotton fabric via layer-by-layer assembly [J]. Polymer Degradation and Stability, 2022.

[40] 陶武彪, 杨奋理. 化学防护服材料及其应用 [J]. 化工管理, 2021(21): 62-63.

[41] 梁晨, 张殿波, 刘薇, 等. 高性能芳杂环聚合物纤维制备技术研究进展 [J]. 高分子通报, 2024, 37(10): 1400-1413.

[42] 许志强, 陈江炳, 詹莹韬, 等. 高性能聚苯硫醚长丝的制备工艺 [J]. 工程塑料应用, 2024, 52(6): 149-154.

[43] 李佳宁, 刘明月, 马建伟. 聚四氟乙烯纤维的制备方法及应用研究 [J]. 山东纺织科技, 2022, 63(2): 23-25.

[44] 刘其霞, 张天昊, 刘运鸿, 等. 一种MOF@活性碳纤维复合材料及其制备方法与应用: 中国, 115573168A [P]. 2023-01-06.

[45] 丁彬, 郭竑宇, 斯阳, 等. 一种化学武器防护用纳米纤维材料及其制备方法与应用: 中国, 114214832A [P]. 2022-03-22.

[46] WANG S, POMERANTZ N, DAI Z, et al. Polymer of intrinsic microporosity (PIM) based fibrous mat: Combining particle filtration and rapid catalytic hydrolysis of chemical warfare agent simulants into a highly sorptive, breathable, and mechanically robust fiber matrix [J]. Materials Today Advances, 2020: 8.

[47] AGENCY DEFENSE DEV(KRAD-C). Method of manufacturing chemical agent protective fiber, involves mixing sol containing zirconium hydroxide particles and zirconia to form mixed aqueous solution, immersing fibers in mixed solution: Korea, KR2119184-B1 [P]. 2020-06-04.

[48] 毕敏. 一种基于安全人机工程学的化学防护服纤维制品及其制备方法: 中国, 114808189A [P]. 2022-07-29.

[49] 冯亿成, 孙长荣. 一种高强度耐酸碱新型纤维及制造方法: 中国, 111979606A [P]. 2020-11-24.

[50] 中国人民解放军军事科学院防化研究院. 一种硼掺杂的聚丙烯腈基活性碳纤维及其制备方法: 中国, 117418334A [P]. 2024-01-19.

[51] LI D Y, LIU L X, WANG Q W, et al. Functional polyaniline/MXene/cotton fabrics

with acid/alkali-responsive and tunable electromagnetic interference shielding performances [J]. ACS Applied Materials & Interfaces, 2022, 14 (10): 12703-12712.

[52] 王斌. 一种抗静电防电磁辐射复合面料及其制备方法：中国，115928424A [P]. 2024-09-16.

[53] LIU W, SUN D, MA H, et al. A Facile process combined with electroless deposition and hydrophobic treatment to fabricate self-cleaning radiation protection suits for pregnant woman [J]. Fibers and Polymers, 2022 (23): 1309-1317.

专家观点

专家观点 1

北京服装学院服装材料研究开发与评价北京市重点实验室主任、教授

王 锐

功能性纤维材料是关乎国计民生的重要基础材料,凭借其优异的性能,在航空航天、国防军工、医疗卫生、竞技体育等领域得到了广泛的应用。随着科学技术的飞速发展和人民生活水平的快速提高,对功能性纤维材料的要求越来越高,主要体现在以下三方面。

(1)高性能与多功能一体化

纤维的多功能一体化及功能的精准匹配是未来纺织材料的发展趋势。为满足服装安全性和舒适性对纤维功能与性能的特殊需求,需要纤维材料的高性能与多功能一体化。如军用装备需要高强、高模、轻量、吸湿透气、阻燃等功能一体化;航天服需要防辐射、隔热、防微陨石和防紫外线等功能一体化;高竞技运动服要求具备吸湿速干、亲肤透气、高强高弹等功能一体化;导电纤维、磁性纤维、光学纤维等这些特殊功能纤维材料在电子、通信、医疗、能源等领域具有广泛的应用前景。

(2)智能化与功能化有机融合

纤维材料的智能化与功能化有机融合已成为重要发展方向。纤维材料除具有特殊的功能外,同时具有智能感知和响应外界环境刺激的能力。例如,对光、电、热、湿、力、污染物及爆炸物等可以实现敏感响应的纤维,这些纤维材料能够根据外界环境的变化自动调整颜色、结构、透湿、透气、自清洁及探测等性能,以满足不同应用场景的需求。

(3)低碳环保与可持续发展

低碳绿色可持续发展是功能性纤维发展的必由之路。通过生产工艺与装备的创新、可再生及可降解原料的优化和利用、废弃功能纺织材料的回收再利用等,实现功能性纤维的节能减排、低碳环保与可持续发展。

综上,功能性纤维材料的发展趋势是多方面的,智能化、绿色化、高性能化、多功能化和产业化是其主要发展方向。未来,功能性纤维材料将在更多领域发挥重要作用,为人类社会的发展作出更大贡献。

专家观点 2

功能性纤维材料是提升整个纺织行业科技创新关键性的基础材料。虽然我国纤维材料品种、产量以及品质指标上已经在国际上处于领先地位,但从整个产品的功能性来看,多以纤维组分、规格及形貌

东华大学高性能纤维与制品教育部重点实验室主任
王华平

调控的物理改性为主，包括通过引入母粒得到原液着色与功能材料；而通过共聚与原位聚合方法来实现纤维功能性的品类与总量较少，以纤维制品的后整理较多。总体而言，现有功能性纤维材料存在原创性不足，制备技术水平单一，功能性需求与智能制造、低碳制造融合度低等问题，约束了纤维材料的专业化定制与高值化。

功能性纤维面向实际应用场景需求，结合产业链整体优化系统设计与开发，通过在聚合物合成阶段引入特定功能化学结构或组分，在纺丝成型过程调控其结晶、取向等凝聚态结构以及在卷绕过程中调控其形貌，纺织染整后加工强化风格与表界面功能等，多元化学与物理技术的融合实现集力、热、光、电等多功能于一体。多功能纤维与制品将实现单一功能的高水平发挥及多功能的复合化，从而满足服装、家纺、防护等不同应用环境下高强耐磨、高性能阻燃抗熔滴、舒适高弹性、热湿舒适等需求。与此同时，功能性纤维材料技术正不断与生物基单体及聚合物、循环再利用原料及二氧化碳基单体所形成的聚合物等相结合，兼具功能与低碳特性，从而实现功能纤维材料的高端化与可持续发展。

第三章 技术纺织品发展现状及趋势

一、航空航天用纺织品发展现状及趋势

航空航天用纺织品是指专门用于飞机、火箭、卫星等航空航天器材制造的纺织材料。随着航空航天产业的飞速发展和国际空天的竞争日益加剧，各类太空探索任务、军用航空器和民用飞机等正对纺织材料提出更多的需求和更高的要求[1]。新型航空航天用纺织品作为该领域的重要材料，不仅需要高比强度、轻量化、耐各种深空极端环境，如强射线、原子氧、强粒子流冲击及高低温循环等，还要求其具备功能化、智能化、可设计性等特点。

（一）航空航天用纺织品分类

航空航天用纺织品的纤维材料来源广泛，结构多样，应用范围广阔。按航空航天用纤维材料来分，可以分为天然纤维材料、无机非金属纤维材料、合成纤维材料以及金属纤维材料等[2]。按纺织结构来分，可以分为二维结构（机织物、针织物和非织造布等）和三维结构（编织结构、角链锁结构、多层多向机织结构、经编多轴向结构、间隔织物结构和叠层针刺结构等）。按应用范围来分，可以分为航空领域和航天领域，其中，航空领域包括军用（如航空器结构材料、救生防护、武器导弹存储及结构材料等）和民用大飞机（如飞机制造和充气救生装备等）；航天领域包括航天器制造和宇航员太空生活及实验等[3]。航空航天用纺织品的具体分类如图2-11所示。

1. 原料分类

随着航空航天技术的进步，天然纤维的性能已难以满足该领域的快速发展需求，无机非金属纤维材料、高性能合成纤维材料与金属纤维材料在航空航天以及相关配套产业得到了越来越广泛的应用。

（1）无机非金属纤维材料

常见的用于航空航天领域的无机非金属纤维材料主要有碳纤维、石英纤维、玄武岩纤维、碳化硅纤维、氧化铝纤维等[4]。碳纤维具有力学性能优异、高强高模、导电导热、轻质、耐高温耐腐蚀等特性，被广泛应用于复合材料或者增强材料的制备，是我国国防建设和国民经济发展的重要战略性材料。石英纤维是由高纯二氧化硅石英石经高温熔融后拉制而成，丝径在1~15μm的特种玻璃纤维丝，具有良好的耐温性，在1050℃高温环境下可以长期使用，最高承受温度可达1700℃。同时，石英纤维的介电常数和介质损耗系数在目前已知的矿物纤维中最优异，因此，由石英纤维制备的材料常作为透波复合材料的增强体，被广泛用于天线罩材料中。玄武岩纤维是一种由二氧化硅、氧化铝和氧化铁等氧化物组成的新型无机环保绿色高性能纤维材料，不仅强度高，还具有电绝缘、耐腐蚀、耐高温等多种优异性能，主要用作导弹、火箭、卫星等的隔热材料。碳化硅纤维是最为理想的航空航天耐高温、增强和隐身材料之

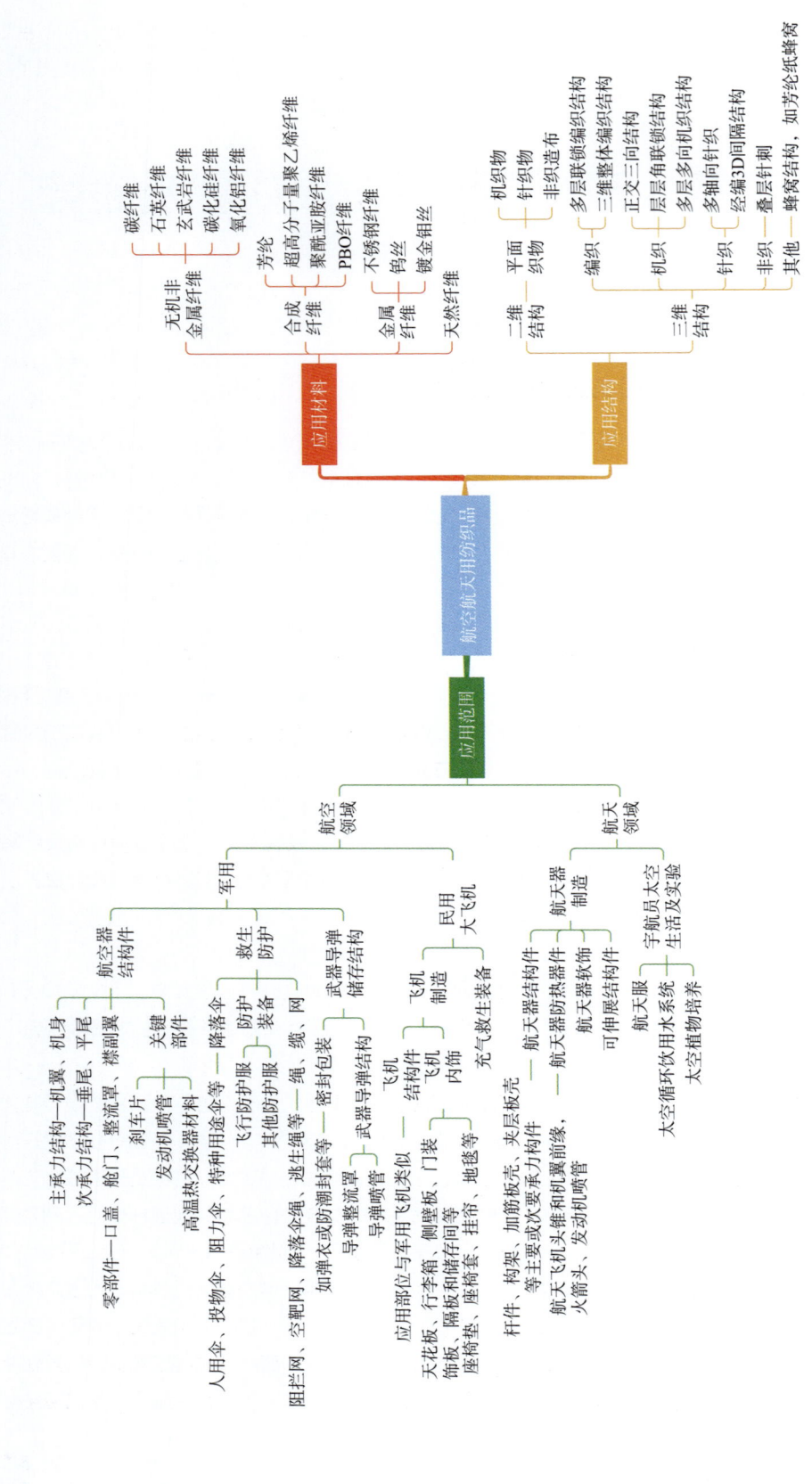

图2-11 航空航天用纺织品的具体分类

一，可被用于飞机的发动机叶片，以承受 1200 ℃的高温环境以及复杂应力的交互作用。氧化铝纤维是高温绝热材料之一，长期以来相关产品一直用于机头前缘、侧舱盖、机翼、垂直稳定器和航天飞机主发动机等部件的隔热罩。

（2）高性能合成纤维材料

应用于航空航天领域的高性能合成纤维主要包括芳纶、超高分子量聚乙烯纤维、聚酰亚胺纤维和聚对苯撑苯并二噁唑（PBO）纤维等[5]。芳纶1313因其良好的阻燃性能，可用于制造飞机和火箭的隔热部件；芳纶1414具有高强高模的特性，可用于高强度降落伞和飞机结构材料等。超高分子量聚乙烯纤维是目前世界上已知的比强度和比模量最高的特种纤维，且其具有优异的电磁波透射率和低介电常数，常用于飞机的翼尖结构、减速降落伞和特种缆绳等方面。聚酰亚胺纤维的力学强度、热稳定性、阻燃性和耐紫外辐射性等优异，在航天器、卫星天线和空间飞行器等方面有较多的应用。PBO纤维在力学性能、耐热性能、阻燃性能等方面表现优异，国产PBO纤维目前已成功应用于航空抛放式飞行参数记录器壳体制造。

（3）金属纤维材料

随着金属纤维材料生产及加工工艺的提升，其在航空航天领域的应用越来越广泛。钨丝的熔点和强度极高，可用于宇宙飞船的发动机和火箭发动机涡轮的叶片上，近年来，也逐渐被开发用于卫星天线。不锈钢纤维具有耐高温、耐腐蚀、高导电、高导热等性能，常用于低成本电磁屏蔽和抗静电。镀金钼丝是柔性经编金属网反射面的关键材料，通过攻关合金固液掺杂及镀层技术，在国内首次实现了直径15~30 μm极细镀金钼丝的制备和批量生产。

2. 纺织结构分类

二维结构复合材料通常以机织物、针织物或非织造布与基体材料复合而成；三维结构复合材料是纤维在三维空间相互交织形成整体后再与基体材料复合而成。

（1）二维结构

机织物具有强度高、延展率低等特点，常见的组织结构为平纹或斜纹，通常需要再经过铺层形成层压板进行使用。针织物分为纬编和经编两种形式，纬编织物的拉伸性能较好，而经编织物的抗拉强度高，不易脱散，是柔性金属网反射面的主要结构。非织造布中的纤维排布随机，抗拉强度较低，并不十分适合航空航天应用。

（2）三维结构

三维纺织成型的制备技术有三维编织、三维机织、三维针织和三维非织造等[5]。三维编织织物具有很强的抗层间分层能力，整体性良好，因此飞机的关键部件、卫星的柔性太阳能电池板、天线罩和雷达罩等结构材料常采用三维编织结构。三维机织技术可一次织成异形结构或间隔织物，因此可用于导弹的外壳、充气天线、充气太空舱、天线罩、整流罩和雷达罩等部件。三维针织技术可用于多轴向织物和间隔织物的制备，其中多轴向经编织物的抗拉强度高，抗分层能力强，常被用于太阳翼、天线和空间光学遥感器等航天器大型次级结构和机身蒙皮等结构。三维非织造织物通常质量轻且蓬松多孔，利用叠层针刺技术制得的无机纤维（如玻璃纤维、石英纤维、碳化硅纤维等）毡常用于隔热材料[6]。

3. 应用范围分类

（1）航空领域

军用和民用大飞机是航空纺织品的重要应用领域。军用航空纺织品包括机翼和机身等主承力结构、垂尾和平尾等次承力结构以及舱门和整流罩等关键部件的航空器结构材料；降落伞、防护装备和绳缆网等救生防护以及武器导弹存储结构材料等。随着我国C919大飞机的批产和全面国产化的加速，高性能纤维复合材料在飞机制造和配套充气救生装备等大飞机中的应用越来越广泛，亟需产品的全国产化。

（2）航天领域

碳纤维、玻璃纤维和碳化硅纤维等高性能纤维复合材料广泛应用于航天器结构材料和防热材料等航天器制造部件。如采用经编技术织造的半刚性玻璃纤维网太阳能电池帆板和星载大型可展开柔性反射面天线材料是纺织品在航天器中的典型应用。此外，纺织品也是航天服和太空舱等宇航员的太空生活及实验中的重要载体。

（撰稿人：东华大学纺织学院　毕思伊；中国纺织信息中心　张　娜）

（二）航空航天用高性能纤维材料技术进展

高性能纤维及其复合材料是航空航天材料的重要组成部分，它能有效降低飞机、运载火箭和导弹、卫星的结构重量，增加有效载荷和射程，降低成本。在航空领域，高性能纤维及其复合材料的应用几乎遍布飞机各个部位，包括垂尾、平尾、机身蒙皮以及机翼壁板和蒙皮等，同时还可以作为透波复合材料和吸波隐形复合材料应用；在航天领域，高性能纤维及其复合材料广泛应用于航天器结构件，包括卫星中心承力筒、各种仪器安装结构板等。在战略导弹和运载火箭上被用于火箭的排气锥体、发动机舱盖、燃烧室壳体、喷管、喉衬、扩散段及整流罩等部位，在固体发动机上用于壳体缠绕，可减轻重量，增加有效负荷，节省动力燃料。同时还可以作为防热耐烧蚀复合材料和梯度功能复合材料应用。未来航空航天用纤维材料将进一步朝着高性能化、多功能化和低成本化发展，出于现代高性能飞行器发展的需要，结构—功能一体化和智能化也是重要发展方向。

1. 碳纤维

航空航天是国际碳纤维应用的传统市场，也是主要市场之一。自20世纪60年代碳纤维首次商业化以来，碳纤维作为金属材料优良的替代品而首先开始在轻量化要求最为迫切的航空航天领域得到关注；20世纪80年代初，为满足新型波音飞机开发的要求，聚丙烯腈基碳纤维开始向超高强、高断裂伸长率方向发展，随后日本东丽（Toray）公司开发出T800（抗拉强度5490 MPa，抗拉伸模量294 GPa，断裂伸长率1.9%）碳纤维，才真正带动了碳纤维在航空航天领域的应用。此后，东丽又开发出T1000（抗拉强度7060 MPa，抗拉伸模量294 GPa，断裂伸长率2.4%）及以上的超高强系列碳纤维。从20世纪80年代中期开始，为适应飞机结构件对高强、高模同时并重的需求，东丽公司又在高模碳纤维M40和M50的基础上开发了高强高模型"MJ"系列产品，如M60J（抗拉强度3920 GPa，抗拉伸模量588 GPa）及以上碳纤维。因此，所谓的航空航天级碳纤维主要是指以高强、高模为代表的高性能碳纤维[7]。

（1）航空航天用碳纤维市场格局

根据广东赛奥发布的《2023全球碳纤维复合材料市场报告》，2023年全球航空航天（含军工）市场对碳纤维的需求回暖，需求量在2.2万吨左右（图2-12），约占该年全球碳纤维需求量的19%。该报告还预测到2025年和2030年，航空航天（含军工）的碳纤维需求量将分别超过2.9万吨和5.8万吨[8]。

而根据ReportLinker发布的《2023年全球航空碳纤维市场报告》，全球航空碳纤维市场预计将从2022年的22.6亿美元增长到2023年的24.7亿美元，年均复合增长率为9.2%。预计到2027年将达到33.7亿美元，年均复合增长率为8.1%[9]。

总体来看，现阶段航空航天领域用碳纤维及其复合材料仍由日本、欧美企业主导，包括日本东丽公司及其收购的复合材料企业、三菱化学公司、帝人（Teijin）公司、美国赫氏（Hexcel）公司、比利时

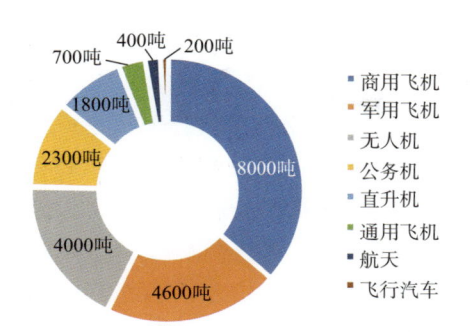

图2-12　2023年全球航空航天碳纤维需求量（按领域）

资料来源：广东赛奥。

索尔维（Solvay）集团[2015年收购了美国氰特化工（Cytec）]等。这些公司凭借广泛的产品组合、全球影响力和强大的研发能力，已成为航空航天和国防市场全球碳纤维的领导者。他们不断努力通过战略合作伙伴关系、并购和产品创新来夯实自己的市场地位。随着新参与者的进入和创新技术的出现，航空航天和国防市场中全球碳纤维的市场份额正在不断变化。此外，材料供应商、制造商和最终用户之间的合作正在促进技术进步并拓展市场机会。

东丽公布的2024财年报告显示，其碳纤维业务再次出现两位数增长，并且正在进一步扩张，特别是在航空航天领域，主要得益于对飞机轻量化以提高其环保性能以及用于下一代飞机的需求不断增加。从技术创新、新品开发及应用来看，该公司于2023年10月30日正式发布T1200超高强度碳纤维，拉伸强度达8.0 GPa，拉伸模量达315 GPa，断裂伸长率为2.5%，潜在应用市场包括航空、航天、高端体育休闲等。根据其官网发布的消息，2024年1月29日，耗资1500万美元的升级TORAYCA™ T1100碳纤维产能翻番项目在位于美国亚拉巴马州的工厂投产，据悉该型号的碳纤维是美国国防部多款武器系统的关键组件，未来将用于垂直升级Future平台。

赫氏发布的2023年财报数据显示，2023年其商业航空业务销售额为10.682亿美元，同比增长17.2%，太空与国防领域的产品销售额为5.448亿美元，同比增长17.1%。

国内来看，航空航天（含军工）领域对碳纤维的需求发展迅速，与国际的差距缩小，处于主力需求的商用航空刚刚起步。2023年该领域用量约8000 t，占总用量的11.6%，位居体育休闲、风电叶片之后[8]。其中，我国在商用航天领域奋起直追，由北京天兵科技有限公司设计、天津爱思达航天科技股份有限公司研制生产的大型复合材料火箭整流罩下线，直径4200 mm，长度约13 m，采用全碳复合材料高精度成型，这是国内商业航天最大的复合材料火箭整流罩，也是我国目前最大的全碳纤维复合材料航天结构件。

（2）低空经济兴起带来的市场机遇

近年来，包括我国在内的多个国家将目光转向低空经济，认为低空经济将为碳纤维复合材料带来增量市场。2024年两会期间，"低空经济"首次被写入政府工作报告。2024年3月，工业和信息化部、科学技术部、财政部、中国民用航空局印发《通用航空装备创新应用实施方案（2024—2030年）》，提出到2030年，推动低空经济形成万亿级市场规模。中国民航局积极落实相关规划，修订了30余部民航法规，初步建立通用航空标准法规体系，推进建设低空飞行服务保障体系。各地政府纷纷响应国家政策，截至2024年5月底，已有北京、广东、安徽等29个省区市将"低空经济"有关内容写入2024年政府工作报告，并已有8个省市明确制定了相关产业规模目标。

《中国低空经济发展研究报告（2024）》显示，2023年我国低空经济规模超5000亿元，2030年有望超过2万亿元。而根据Fortune Business Insghts的调研，2023年全球城市空中交通（UAM）市场规模为36亿美元，预计2032年将达146.4亿美元，2024—2032年复合年均增长率为16.9%。

电动垂直起降飞行器（eVTOL）作为低空经济的重要载体之一，其主流的设计方案均采用碳纤维作为主要机身结构材料。其中，有75%~80%用于结构部件和推进系统，12%~14%用于横梁、座椅结构等内部应用，电池系统、航空电子设备和其他小型应用占比为8%~12%。根据德邦证券的测算，单台eVTOL对碳纤维的需求为100~400 kg。

当应用于eVTOL时，碳纤维强度与模量的最佳比值至关重要。2023年7月，位于美国加利福尼亚州的Overair公司和东丽公司宣布了一项战略合作，前者将东丽的T1100/3960先进预浸料系统用于其Butterfly型eVTOL。东丽3960是一种高度增韧的177 ℃固化环氧树脂，玻璃化转变温度（T_g）为204 ℃，并可用于高压釜和高压釜外（OOA）固化。该树脂与Torayca^{TM} T1100中间模量+（IM+）碳纤维具有协同作用，东丽称该纤维是目前可用的最高拉伸强度的纤维。T1100/3960单向（UD）平纹预浸料用于蝴蝶的机身结构和推进装置。除应用于eVTOL之外，东丽多样化的产品组合还为一级和二级航空结构、旋翼机、雷达罩、天线系统、大型有效载荷整流罩、起落架组件等提供了量身定制的解决方案。

2. 陶瓷材料

陶瓷材料具有耐高温、耐腐蚀、绝缘性好等优点，在高温隔热、吸音、催化等领域具有广泛的应用。碳化硅（SiC）纤维是一种以碳和硅为主要成分的高性能陶瓷材料，具有高温耐氧化性、高硬度、高强度、高热稳定性、耐腐蚀性和密度小等优点，是最为理想的航空航天耐高温、增强和隐身材料之一，通常以一维形式的纤维、二维形式和三维形式的纤维集合体、非织造织物的形式应用于零部件。据Stratistics MRC预测，2026年SiC纤维市场将增长至35.87亿美元。该纤维自上市迄今已有30多年，目前领先的生产商集中在日本和美国。其中，日本碳素公司（Nippon Carbon）的产能达120 t/a，UBE工业株式会社在含钛SiC纤维（Tyranno）方面居世界领先水平。后者有标准型（非晶质）和高温型（多晶质）品类，高温型产品可耐1800 ℃，导热系数是标准型的20倍。Tyranno SA3是经Ar$^+$离子束照射，使表面结晶微细化，拉伸强度由照射前的2.8 GPa提高至3.1 GPa。

美国航空航天局（NASA）的无氧SiC纤维迄今无人可敌，最高耐热温度高达1800~2000 ℃，其掺硼的SiC纤维的Sylramic强度高达3 GPa；美国特种材料公司生产的SiC纤维直径142 μm，拉伸强度和模量各为3900~5900 MPa和380~415 GPa，热膨胀系数4.1 ppm/℃。

在SiC纤维增强复合材料（CMC）方面，CMC的复合方法有反应熔融浸渗（RMI）法、化学气相浸渗（CVI）法、聚合物浸渍热解（PIP）法和热压烧结法（HPS）。第3代SiC纤维的表面涂有氮化硼（BN）涂层，BN中含异种元素，可控制纳米组织，从而使复合材料的耐热性、强度和蠕变特性均获改进，适用于航空发动机的高压和低压透平、燃烧器衬里、火箭发动机燃烧器及喷嘴等。SiC/SiC耐热性能优异，在欧美等航空发达国家已被批量生产并实际应用于航空发动机静止件上，包括M53-2、M88、M88-2、F100、F119、EJ200、F414、F110、F136等多种型号军/民用航空发动机；在转动件的应用上仍处于研制试验阶段。

我国有国防科技大学等高校、科研院所和苏州赛力菲等企业研发和小批量生产的SiC纤维。国防科技大学研究以SiC纤维为原料，通过真空退火制得连续石墨烯纤维（GFS）和石墨烯/SiC纤维。这种连续石墨烯密度为1.63g/cm^3，电导率为53900 S/m，拉伸强度和模量分别为0.22 GPa和23 GPa，电磁干扰屏蔽效率为62.8 dB。石墨烯/SiC纤维丝束柔韧性好，在样品厚度为2.1 mm时，可实现54.86 dB的最小反射损耗（RL）值，当样品厚度为1.4 mm时，纤维的有效吸收宽度可达4.4 GHz。

宁波材料所杭州湾研究院发明了含硼碳化硅纤维（B-SiC 纤维），原料为有机硅聚合物，力学性能比 SiC 纤维高，并附加特殊功能。中国航发北京航空材料研究院研制的 SiC 增强陶瓷基抗烧蚀复合材料，是将 SiC 与硅化锆（$ZrSi_2$）、硼化锆（ZrB_2）或碳化锆陶瓷（ZrC）等功能粉体的料浆制成单向带预浸料后，热压成型制备预制体，再碳化、熔渗制得陶瓷基复合材料。其中引入锆化物后，在高温氧化时能生成二氧化硅（SiO_2）和二氧化锆（ZrO_2）而起协同作用，能有效阻止氧化介质进入复合材料内部从而提高抗烧蚀和抗氧化性能[10]。

3. 气凝胶材料

航空航天用飞行器在飞行时需承受长时间气动加热，基体表面将产生高温，为了保证飞行器的主体结构及内部仪器设备的安全，须使用高效隔热材料阻止外部热流向内部扩散。同时，轻质高效的隔热防护系统对降低飞行器载荷、延长飞行距离等均具有重要的意义。目前，常用的隔热材料主要包括酚醛树脂、纳米颗粒气凝胶、纤维毡等。其中，酚醛树脂泡沫具有较低的体积密度和导热系数，体积密度为 120 mg/cm³ 的酚醛树脂泡沫的导热系数为 0.057 W/（m·K），但材料本体延伸率低、质脆、硬度大、不耐弯曲、在高温下易分解等缺陷限制了其应用领域的拓展；纳米颗粒气凝胶材料（主要为 SiO_2）具有极小的孔径、超高孔隙率和比表面积，赋予了材料极低的导热系数，然而纳米颗粒气凝胶脆性大、不可压缩，同时纳米颗粒在使用过程中易脱落且在高温下可发生融合，从而使材料结构稳定性和隔热性能下降，难以满足实际应用的需求。与前两者相比，纤维材料具有长径比大、孔隙率高、耐振动等优点，同时随着纤维直径从微米数量级下降至纳米数量级，材料的孔径将会显著下降，孔隙率将会大幅提高，从而使材料的隔热性能等显著提升[11]。

气凝胶最早由 Samuel Kistler 在 1931 年合成，是目前最轻的固体，具有热导率低、密度低、气孔率高和比表面积大的优异特性，在光学、过滤、催化和隔热等方面有重要应用（图 2-13）。

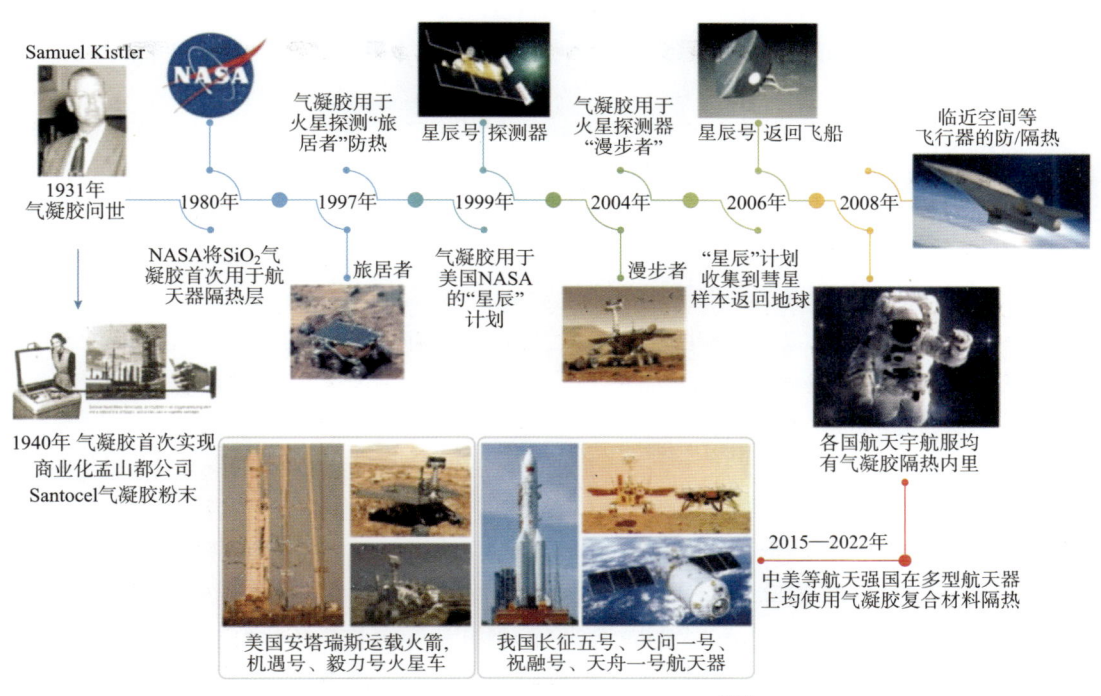

图 2-13 气凝胶材料的演变及应用历程[12]

基于气凝胶和纤维材料，NASA开始研制能够满足航天器结构材料和隔热材料要求的多功能复合材料。如NASA肯尼迪航天中心（KSC）的研究人员开发了一种多功能气凝胶/纤维混杂层压复合材料的制造方法，可以通过选择不同的纤维层（如聚酯、碳纤维、Kevlar®纤维、Spectra®纤维、Innegra纤维或其组合）、不同的气凝胶层厚度及不同的复合结构，制成不同功能或多功能的复合材料。这种轻量化、高强度的多功能复合材料可满足航空航天器在防热、耐冲击、能量吸收、吸音等方面的要求。

4. 航天器空调用纤维材料

飞机用空调滤材要求具有高效过滤功能，包括过滤尘埃和吸附各种臭味等，以保证客舱及驾驶舱内空气清新。这种滤材本身还要求具有轻量、阻燃、耐腐蚀、化学稳定性高、无毒、耐高低温性能和解吸功能。最理想的材料便是活性炭纤维（ACF）非织造布或毡，其比表面积甚大，比粒状活性炭具有10倍以上的吸附速度，材质有黏胶基、PAN基和酚醛基ACF，各有不同的吸附能力和选择性，一般其BET比表面积为1000～2500 m^2/g，比粒状活性炭大很多[13]。

（撰稿人：中国纺织信息中心　赵永霞）

（三）航空航天用先进复合材料技术进展

复合材料因具有轻质、高模高强、可设计性、热稳定性优异和耐腐蚀等特点，非常适合用于对承载及轻量化有高要求的航空航天器结构。随着复合材料技术的不断发展，其在航空航天领域的应用水平不断提高、应用范围不断扩展，已基本覆盖了"弹箭星船器"等航空航天系统的各类结构。同时，随着航空航天产业的进一步发展，尤其是空间站时代的到来，新的太空探索任务和太空生活、实验等正对先进复合材料提出更多的需求和更高的要求，先进复合材料的发展及应用已经成为航空航天领域公认的关键技术之一。除了对材料的选择外，纺织结构也是影响复合材料性能及应用的重要因素，各类高端网格结构复合材料、三维充气柔性膜结构材料、异形结构复合材料等被设计并应用于航空航天领域。

1. 层状结构先进复合材料

（1）结构特点

层状结构复合材料是指利用纺织工艺将纤维编织成片状增强体，再与基体复合形成单层或多层结构的一类材料，其已被广泛地应用于飞行器蒙皮、降落伞伞面、隔热防护层和宇航服等航空航天领域。二维机织物是最常见的单层结构，织物组织结构包括平纹、斜纹和缎纹等。其中，平纹组织的交织点多，质地坚牢，表面平整；斜纹组织的密度较大，较为厚实，手感松软。双层结构是将两层面料通过特殊的编织方式如交叉编织、平行编织等相互连接，形成整体的织物，该结构可以增加织物的厚度和密度，提高整体的抗拉强度和耐磨性。经编多轴向织物是由经编线圈将不同方向平行铺置的纤维束缚在一起形成的多层复合织物，具有抗拉强力大、抗撕裂性能好、可设计性强、生产成本低和效率高等优点。

（2）层状结构先进复合材料在航空领域的应用

①蒙皮。蒙皮是飞艇和飞机等航空器的关键部位，主要由高性能纺织材料经特殊缝合工艺复合而成[14]。早期的蒙皮织造方式主要采用平纹组织，但上下交织的经纬纱线在压力作用下容易滑移，降低气密性。为了解决这一问题，研究人员采用高密度轴向编织，通过增加纤维的密度和排列紧密度，多层多角度堆叠，形成牢固致密的层状屏障。随着飞艇在军事侦察、应急救援和气象探测等领域的广泛应用，其工作环境愈加严苛，对蒙皮的强度和耐候性等要求越来越高。因此，平流层飞艇的蒙皮材料现多采用多层复合工艺编织而成，由内到外分别为承力层、阻隔层和耐候层，其中，承力层的织物结构形式一般采用平纹织物或平纹/斜纹的双层布，黏结性和撕裂强度较好[15]。

国外对飞艇的研究起步较早，德国的齐柏林飞艇（Zeppelin）[图2-14（a）]于20世纪初设计制造，是历史上最著名的飞艇之一，其采用了帆布和天然橡胶的复合材料作为飞艇蒙皮，尽管具有一定的气密性和耐用性，但重量较大，影响了飞行性能；英国的天空登陆者10号飞艇（Airlander 10）[图2-14（b）]是一种现代飞艇，其蒙皮采用热封技术，通过加热和压合形成氟化聚合物涂层的高强度聚酯织物多层层压结构，使接缝部分具有更好的气密性和强度；美国的固特异飞艇（Goodyear Blimps）[图2-14（c）]作为全球最知名的广告飞艇之一，其蒙皮主要使用高强度的锦纶和聚酯纤维材料，表面涂有聚氨酯涂层，同样采用热封技术形成多层层压结构。我国首个军民通用新型临近空间平台"圆梦号"飞艇于2015年10月13日在内蒙古锡林浩特成功飞行，其艇身是由13层材料层压而成的功能层，能够做到抗压差、防臭氧、紫外线。此外，中国航空器材集团公司、中国南方航空科技有限公司（CASIC）和中国航天科技集团公司等国内领先的航空器材制造商单位也先后研发了一些高技术含量的飞艇，用于测绘、监视和宣传等用途。其中，CASIC在一些试验型飞艇蒙皮上使用了芳纶复合材料和自修复涂层的多层结构，提高了蒙皮在使用过程中对小损伤的修复能力。

（a）Zeppelin飞艇　　　　　　　（b）Airlander 10飞艇　　　　　　　（c）Goodyear Blimps飞艇

图2-14　飞艇

飞机蒙皮的制备技术与飞艇蒙皮类似，也需要利用多层层压结构抵御飞行环境空气稀薄、紫外线强和温差大等问题。此外，有的飞机蒙皮还会采用夹层结构，内部为泡沫夹层或蜂窝夹层，上下面板则是高性能纤维复合材料，不仅承力大，还能提供较好的隔热保护。波音787梦想客机和空客A350 XWB在机身和机翼部分的蒙皮大量采用了碳纤维复合材料，显著减轻了飞机的重量并有效提高了整体寿命。国产C919大飞机的蒙皮也大量使用了碳纤维复合材料和玻璃纤维复合材料，通过优化蒙皮设计确保了在各种飞行条件下的强度和耐久性。C919大飞机还配备了先进的健康监测系统，可以实时监控蒙皮和机身结构的状态，及时发现和预警潜在的损伤或疲劳问题。

②降落伞。降落伞伞面的面料要求强度越高越好，透气量越小越好[16]。平纹结构的伞面强度高、耐磨性好、稳定性高，可广泛用于标准降落伞面料，如军用降落伞、跳伞伞衣等，但其柔韧性和抗撕裂性能较其他结构差。斜纹结构的伞面具有更好的柔韧性和耐磨性，抗撕裂性较好，但成本较高，织物的重量和厚度可能较大，常用于需要更高强度和耐用性的降落伞，如竞技跳伞伞衣和特殊作业伞衣。缎纹结构的伞面具有更高的抗撕裂性和更平滑的表面，但耐磨性相对较差，可在需要光滑表面和低摩擦的特殊降落伞中使用。此外，可在平纹组织中穿插重平组织或方平组织形成格栅结构，在表面形成小格点或方格状的加固线条，增强织物的抗撕裂能力，提升耐用性，该结构广泛用于各种降落伞，如美国M1950降落伞和T-10降落伞都采用了抗撕裂锦纶织物。

③救生滑梯。我国民用飞机的救生滑梯大多采用抗撕组织织物与热塑性聚氨酯橡胶复合，再经过多道功能性涂层等复杂工序制备得到。国外公司在航空救生复合材料领域已开发了系列产品，其中瑞典的

特瑞堡公司是目前最大的聚合物涂层纤维供应商，其产品广泛用于制造航空防护服装及一系列飞机安全产品（图2-15）。国内在救生滑梯材料方面与国外产品存在着较大的差距，还未通过适航认证。

图2-15　救生滑梯

资料来源：瑞典的特瑞堡公司。

（3）层状结构先进复合材料在航天领域的应用

各类航天用舱体如神舟系列空间舱、登月舱、国际空间站（ISS）的实验舱、居住舱、控制舱、服务舱等的蒙皮复合材料也常采用多层层压结构，主要包括强度层、绝热层和防护层。这些蒙皮复合材料除了要满足轻量化、高强高模、耐高低温和耐久性外，还需要能够抵御太空中的辐射和小微流星体的撞击等特殊环境。

航天用降落伞多采用机织结构，其在返回舱着陆（宇航员返回和无人返回舱）、火星探测器和月球探测器等着陆、卫星和其他设备货物回收、轨道修正和实验、应急着陆和大气层再入等不同应用场景中扮演着至关重要的角色（图2-16）。神舟十四号飞船的主伞由1900多片伞衣、90多条径向带、20多条纬向带、96根伞绳构成，面积达1200m^2，是目前国内面积最大、相对质量最轻的航天器降落伞。"天问一号"火星探测器上的降落伞采用新型锯齿形盘缝带伞，使载荷分布更加合理（图2-17）。

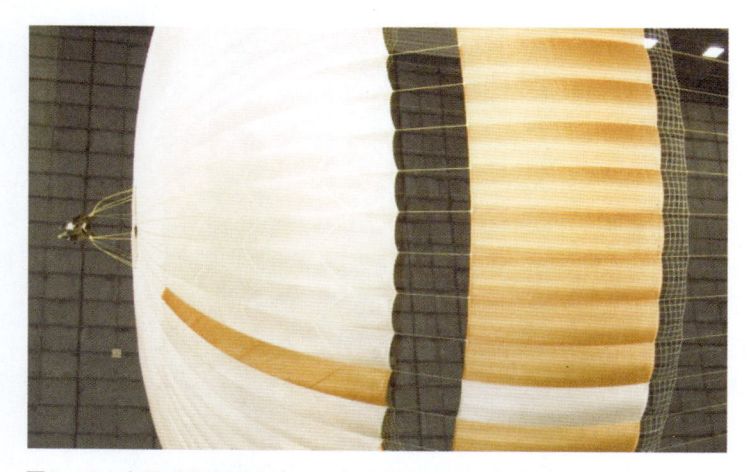

图2-16　火星科学实验室（MSL）降落伞测试迫击炮部署-12（MD-12）

资料来源：NASA。

图2-17 "天问一号"降落伞

多层隔热系统可以有效地对航天器进行高/低温的保护。在航天器再入大气层或靠近太阳时，表面会经历极高的温度，有效的隔热系统能够防止高温损坏航天器的结构。而在深空或远离太阳的区域，航天器可能遭遇极低的温度，隔热系统能够防止内部设备冻结或变得脆弱。例如，美国"好奇号"火星探测器表面使用了多层隔热毯来保护设备免受火星昼夜温差的影响；美国"朱诺号"木星探测器使用铝箔、聚酯薄膜、聚酰亚胺薄膜等材料的组合形成多层隔热系统，有效应对了木星探测器在深空和靠近木星的极端温度和辐射条件；美国"新地平线"号探测器的隔热层是由18层涤纶网布夹在镀铝聚酯薄膜和聚酰亚胺薄膜之间组成的，也有助于保护航天器免受微陨石的伤害（图2-18）；NASA发射的"帕克太阳探测器"采用了由2层碳/碳复合材料面材和1层4.5英寸（约11.43 cm）厚的碳泡沫芯层组成的隔热罩，以承受500~1400 ℃的高温和抵御高强度的太阳辐射环境；"天问一号"火星探测器中使用了我国独立自主研发的新型隔热保温纳米气凝胶材料，以应对"极热"和"极寒"两种严酷环境，并且超轻特性极大地减轻了火星车的负担。此外，火箭在长时间的飞行过程中，也会经历严酷的高温环境，为了确保装备的正常工作，可包覆柔性纺织材料进行隔热降温。目前主要以玻璃纤维布和硅橡胶布为主，研究表明仅单层玻璃纤维布就可使内外温差达到47℃；在"长征四号"运载火箭底部的防热结构中采用的是硅橡胶涂覆的玻璃纤维布，确保了火箭在发射过程中的安全性和稳定性。

图2-18 "新地平线"号探测器

资料来源：NASA。

宇航服是保障航天员生命活动和工作能力的个人密闭装备，通常由内衬层、压力层、隔热层、防辐射层、耐磨层、反射层和外保护层等多层结构组成[17]。美国阿波罗第三代航天服是由12~20层不同功能层复合而成，以确保宇航员在太空环境中的安全性。NDX1宇航服是NASA专为应对火星环境设计的，由超过350种材料制成，包括蜂窝凯夫拉和碳纤维，质量更轻、厚度更薄，能抵御极寒温度和每小时80.467km（50mi）的风力。我国也自主研发了"飞天"系列、"神舟"系列、"天宫"系列和"航天员"系列宇航服，并在材料、设计和功能上进行不断改进，以适应不同的任务需求和提高宇航服的安全性与舒适性（图2-19）。

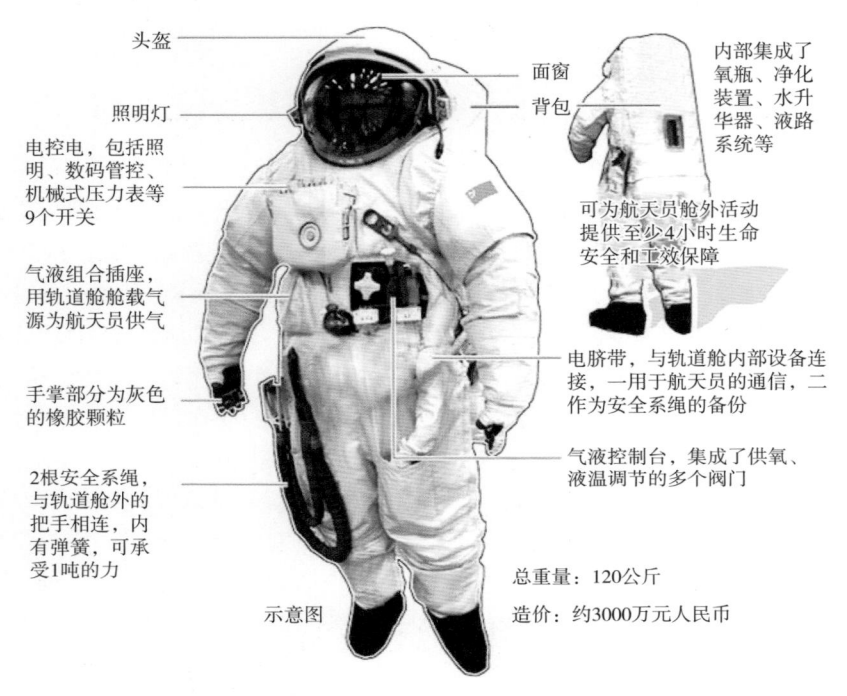

图2-19 我国研制的"飞天"舱外宇航服

资料来源：新华社。

2. 绳缆状结构先进复合材料

（1）结构特点

纤维通过捆扎、加捻或编织在一起成为张力单元的纤维集合体称为绳或绳索。常见的编织方式是两组锭子分别沿着"8"字形轨道的顺时针和逆时针方向运动，依次通过交织点进行交织。按外观形态可分为管状编织绳索和带状编织绳索，其中管状编织绳索又可分为中空编织绳索、双层编织绳索和包芯编织绳索[18]。绳索结构紧密耐磨，强度高，可进一步通过外层交错编织与内层螺旋捻合加工成缆绳结构，提高纤维的强度利用率。绳缆结构复合材料可用于降落伞伞绳、航天器的展开机构和宇航员的安全绳等领域。

（2）绳缆状结构先进复合材料在航空领域的应用

在一些机载起重系统中（如直升机的吊挂系统），通常采用紧密编织结构的高性能纤维绳索（如Dyneema®）来提升和悬挂负载。在航空器救生系统中，使用高强度的绳索和吊带来确保人员在紧急情况下的安全撤离，这些绳索常采用由芳纶或聚酯纤维编织成的多股编织结构，以提高强度和耐磨性，增加安全性。例如波音787、Hughes 500D直升机等都配备了个人救生降落伞，用于紧急迫降、海上救援等场景。此外，在飞机的操控系统（如副翼、方向舵和升降舵）也会使用具有防腐蚀涂层的高性能纤维缆绳来传递飞行员的操控指令。

（3）绳缆状结构先进复合材料在航天领域的应用

绳缆结构常用于太阳能电池帆板和天线展开机构、航天器的稳定系统、控制系统和回收系统以及太空行走和宇航员活动等。在国际空间站的太阳能帆板上，高性能纤维绳缆可以通过电动机或弹簧机制展开帆板，确保帆板在轨道上能够正确展开，并保持最佳的角度以获得最大能源。例如，哈勃空间望远镜的高增益天线的展开使用了Dyneema®绳缆，确保望远镜能够稳定接收地面信号，进行科学观测；"北斗"导航、"天通一号"卫星、"鹊桥"中继卫星等高性能卫星上的反射面天线索网系统采用了聚酰亚胺纤维编织的绳索，利用中心对称轴与天线焦轴重合的一系列圆柱面对天线进行环向切割方法，实现了天线的高精度网面（图2-20）。在航天器的稳定系统、控制系统和回收系统方面，"好奇号"探测车的着陆系统采用了伞绳和控制缆绳，协助控制探测车的稳定性和姿态，使其能在火星表面进行精确着陆。同样地，欧洲空间局的"罗塞塔"号彗星探测器也利用缆绳调整探测器的方向和角度，保持探测器在深空任务中的稳定性和精确性。NASA的"阿尔忒弥斯计划"任务中的返回舱和SpaceX的龙飞船也都使用了降落伞系统，通过伞绳系统控制伞的展开，确保返回舱在重新进入大气层和飞船返回地球时能够安全着陆。我国神舟十四号载人飞船着陆时的巨型降落伞是由96根直径仅2.5mm的Kevlar®29纤维以及超高分子量聚乙烯纤维编织而成的绳子串联着，其承受力可达60吨，且具有耐高温等特性。此外，宇航员在太空行走时，需要使用安全绳，如高强度的芳纶或Dyneema®绳缆，来帮助保持自身与空间站的固定联系，防止意外漂移（图2-21）。

图2-20　反射面天线索网系统

资料来源：央视新闻。

图2-21　宇航员太空行走使用的安全绳

3. 网格结构先进复合材料

（1）结构特点

网格结构是实现材料轻量化的重要结构之一，通常可在拉舍尔经编机上进行织造，通过梳栉不同的穿纱方式和组织结构，在相邻织针间形成局部无连结的结构，从而编织形成各种网格结构[19]。网格复合材料具有较大的横截面惯性矩，可设计性强、结构稳定、比强度和比刚度高。

（2）网格结构先进复合材料在航空领域的应用

近年来，波音公司推出了一种名为跨音速桁架支撑机翼（Transonic Truss-Braced Wing，TTBW）的新型亚音速桁架飞机机翼的设计方案。该桁架结构是一种由多根杆件组成的三角形或多边形网格结构，其具有轻质、强度高、刚度大等特点。波音公司对亚音速桁架机翼的研究已经有五年多，目前已经进入了实验阶段，若试飞成功，将正式推出商业化方案。

（3）网格结构先进复合材料在航天领域的应用

目前，我国天宫空间实验室和天舟货运飞船的半刚性太阳翼都采用了玻璃纤维网状结构，再与树脂复合，得到的复合材料具备轻量化、高压安全性、高承载性以及空间环境的强防护性，特别是对低轨空间环境中原子氧、等离子体等具有较强防护性（图2-22）。这种网状结构的半刚性太阳翼不仅寿命长，还极大地提高了飞行器的发电效率。为了进一步减轻太阳翼的重量，东华大学陈南梁教授研究团队提出了全新的网格结构织造技术，预期将有明显的减重效果。

图2-22　玻璃纤维半刚性太阳能电池基板及在"天宫"飞行器上的应用

随着人类航天活动的日趋频繁，空间碎片数量越来越多，对航天器存在潜在威胁。早在2018年，欧洲就进行了绳网捕获卫星试验，用于试验的卫星是"RemoveDEBRIS"。清除碎片的卫星弹射出一个由聚乙烯纤维编织的直径5m的绳网，准确捕获网中的小卫星（图2-23）。

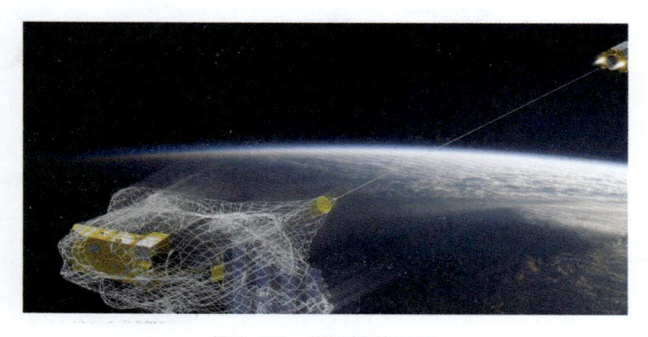

图2-23　绳网捕获卫星

网格结构的金属网反射面是星载天线的关键部位,东华大学陈南梁科研团队经过长期科研攻关,采用极细金属丝合股及经编技术研制得到网格结构的金属网反射面(图2-24)。星载大型可展开柔性天线已在世界首颗高轨卫星"陆地探测四号"及"北斗""天通""鹊桥"等30多颗高性能卫星上成功应用,极大地提高了我国卫星的通信能力。此外,该团队还采用不同经编结构,通过调控网眼的结构形状和尺寸大小等参数,设计开发了同时满足力学性能和电学性能要求的金属网反射面,形成了系列产品。值得注意的是,由于该金属网反射面原料选用的是镀金钼丝,具有高强度、耐高温、化学惰性和不易氧化等优点,可以满足星载天线的要求,无须再对其进行表面处理,因此严格来说并不属于复合材料。

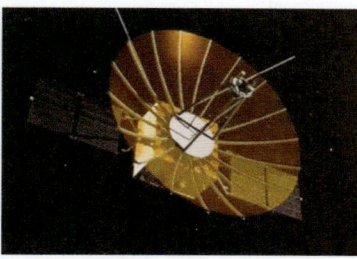

图2-24 星载大型可展开柔性天线金属网反射面

4. 三维充气结构先进复合材料

(1)结构特点

传统的充气结构材料是由层状柔性膜材制成,通过充气使结构形状随内部压力展开。在升空前可将其折叠以节省发射体积;而在进入轨道后,充气展开并成形固化使其具有强度和刚度。随着三维大隔距立体织物织造装备及技术的攻克,三维立体间隔织物增强柔性复合材料成为新型的充气结构材料,其中间隔织物增强体是由两层表面织物与内部间隔丝交织互锁形成的三维织物[20]。与传统充气材料不同,间隔织物复合材料在充气后,中间的间隔丝能实现各种形状塑性,提高结构刚度和模量,拓展了充气材料的应用场景。

(2)三维充气结构先进复合材料在航空领域的应用

三维充气结构复合材料的典型应用对象是浮空器囊体蒙皮[21]。美、英等国积极发展平流层高空飞艇,目前已突破部分关键技术,并成功进行了多项飞行试验,如高空飞艇、平流层飞艇、高空哨兵(HiSentinel)系列飞艇、同温层巴士(Stratobus)和传感器结构一体化飞艇(ISIS)等。中国在浮空器技术方面也取得了显著进展,研制的JY-400雷达浮空器,采用一个搭载预警雷达、雷达侦察设备的椭圆形系留气球作为空中平台,提高了对低空飞行目标、海面舰船目标的预警能力(图2-25)。

图2-25 Stratobus飞艇

资料来源:泰雷兹-阿莱尼亚公司官网。

三维充气结构复合材料也可用于航空航天领域中的安全防护,如飞机疏散滑梯和直升机安全气垫等。民航客机的救生滑梯是人员安全撤离的有力保障,目前救生滑梯材料主要依赖进口,国产材料均未实际应用。虽然C919大客机的研发极大地带动了我国复合材料的发展,但针对大飞机材料的基础研究时间较短,在材料基础研究、工程化应用研究和工业化批量生产方面还存在不小的差距。因此,还需要努力开发满足C919客机的新材料,加速C919客机配套复合材料的国产化进程。

（3）三维充气结构先进复合材料在航天领域的应用

随着载人航天技术的发展和各国竞相发展地月空间,以及登月、登陆火星等任务,宇航员在这些星球表面停留的时间会越来越长,航天器容积扩大是必然的发展趋势。但由于运载火箭直径有限,现在的航天器体积不能做到很大,而充气展开式舱体将能很好地解决这一难题。例如,20世纪60年代,NASA联合其他公司开展了充气雷达天线、充气反射器和充气隔热罩等结构的研究,美国固特异轮胎橡胶公司(Goodyear)成功研制了两个充气舱体工程模型；20世纪90年代,NASA又进行了充气天线轨道释放实验等一系列充气展开结构的试验,其中就包括充气展开式的太空舱——运输居住舱(Transit Habitation Module)；在2006年和2007年,比格罗航天公司(Bigelow Aerospace)利用俄罗斯的"第聂伯"火箭分别发射了"起源1号"和"起源2号"充气展开试验舱,并获得了成功；2013年,Bigelow Aerospace公司与NASA签署了一份协议,将研制充气展开式太空舱,并与国际空间站对接；2016年4月,Space X公司的"龙"飞船将Bigelow公司新研制的充气展开式太空舱BEAM(Biglow Expandable Activity Module)运往国际空间站,并在同年5月29日BEAM膨胀完毕,这是空间站上第一个充气式太空舱。之后,美国塞拉公司(Sierra Space)开始研发充气膜太空舱,充气外壳由聚芳酯纤维(Vectran)制成,该材料强度为钢的5倍、铝的10倍；2023年12月,Sierra Space公司对充气膜太空舱(图2-26)进行极限爆炸压力测试,并顺利通过测试。此外,美国Spacecastle公司也尝试设计采用轻质材料制成太空舱并通过充气展开形成太空居住空间。我国在这一领域的研究起步较晚,纤维原料、关键技术和加工水平都相对落后,尤其在高端功能性充气柔性结构产品方面的工作充气舱处于验证阶段。发展我国月球及火星表面居住、空间长驻、登陆缓冲等关键柔性材料,将全面提高我国深空探测器着陆及星球居住空间建设能力。

图2-26　Sierra Space公司研发的充气膜太空舱

资料来源：Sierra Space公司。

5. 异形结构先进复合材料

（1）结构特点

异形结构先进复合材料是指具有复杂几何形状或特定设计结构的复合材料，可以通过三维编织、三维机织、三维针织和三维非织等技术实现预制体的一体化成型[22]。如三维编织是通过纤维空间位置的变化交织而形成整体结构，得到的结构材料抗分层能力和整体性良好，常用于发动机支架、天线罩和雷达罩等结构材料[23]。三维机织技术能够一次织成各种异形结构，常用于天线罩、整流罩、雷达罩和导弹外壳等。

（2）异形结构先进复合材料在航空领域

异形结构先进复合材料在航空器发动机、飞机吊舱和骨架层等部位具有广泛应用。燃气涡轮喷气发动机运行时会产生高温，因此需要可以抵御航空发动机内部极端高温的材料。碳纤维毡或碳纤维编织复合材料加上陶瓷纤维可以实现耐高温特性，使发动机的涡轮扇叶耐用且轻质（图2-27）。飞机吊舱可以采用聚苯乙烯纤维复合材料，一方面降低重量，另一方面也具有耐候性等优势。飞机的骨架层是飞机承载力学载荷的关键，碳纤维编织复合材料可以让飞机减轻重量的同时，使其机动性能和运载能力得到提升，降低能耗。早在20世纪80年代，美国就开展了涡轮盘、发动机喷管和涡轮叶片等关键结构部件的异形复合材料研制工作。

图2-27 CJ1000A碳纤维风扇叶片

资料来源：中国民用航空网。

（3）异形结构先进复合材料在航天领域的应用

异形结构先进复合材料广泛应用于火箭导弹中的各部件。液体火箭发动机的喷管延伸段采用碳纤维复合材料，其预制体的成型方式包括三维编织和三维针刺等[24]。三维编织技术制备的复合材料整体性好，但受限于机器设备，通常样件尺寸较小。法国斯奈克马公司采用三维针刺技术实现了火箭发动机喷管延伸段的高效、低成本成型。导弹在高速运行时，其外壳会与大气发生剧烈摩擦，导致温度急剧升高，因此需在导弹外壳使用非织造方法制备的玻璃纤维毡或碳纤维毡防护层，避免受高温损害。此外，导弹的发动机也可采用玻璃纤维增强壳体、有机纤维增强壳体和碳纤维增强壳体等。

20世纪50年代初，波音飞机公司采用石英纤维缠绕成型技术制备了"波马克"导弹CIM-10天线罩[25]。美国F-15、F-22等战斗机以及"三叉戟"潜地导弹、高马赫数导弹天线罩中也均应用了石英玻璃纤维。俄罗斯"联盟号"火箭整流罩和国产"歼-11B"战斗机的雷达罩等都采用了碳纤维编织复合材料。

6. 航空航天用纺织品的发展趋势

随着我国低空经济的兴起和商业航天的快速发展，航空航天用纺织品市场发展前景广阔，需进一步加大新型纤维材料和纺织加工技术的研发以适应航空航天产业的不断发展需求。未来，航空航天用纺织材料将进一步朝着轻量化、大型化、智能化、多功能化和环保节能等方向发展。在轻量化方面，要提高高性能纤维材料的比强度，通过纺织结构设计与优化，使结构材料能承受更大的有效载荷，增加运载能力，并实现材料的全面国产化。同时，纤维复合材料技术和纳米材料的不断发展势必会为航空航天装备轻量化带来新的突破。在大型化方面，随着通信、空间站、深空探测等领域的深入发展，超大型航天器将成为未来空间资源利用、宇宙奥秘探索、长期在轨居住的重大战略性航天装备。大型三维充气结构材料、百米级/千米级可展开天线超轻型金属网编织技术等将成为发展趋势。在智能化方面，用于监测和预测故障的智能蒙皮、监测宇航员生理指标和环境参数的智能宇航服等能有效提高设备和人类的安全性。在多功能化方面，由于空天环境复杂，要求材料满足多项性能指标，因此具有多种功能的新型材料可以提升对极端环境的适应能力。在环保节能方面，航空航天级材料通常成本较高且大部分都会被遗弃，马斯克在十多年前就提出了火箭回收技术并成功实现，降低了进入太空的成本。若能实现大部分部件的重复使用，将使太空探索更加经济和高效。

（撰稿人：东华大学纺织学院　毕思伊　陈南梁　蒋金华　邵慧奇　邵光伟；
中国纺织信息中心　张　娜）

二、海洋工程用纺织品发展现状及趋势

海洋经济是国民经济的重要组成部分，在开发利用各类海洋产业及相关经济活动的过程中都离不开海洋用纺织品，如浮式生产储卸油装置、半潜式生产储油平台、半潜式养殖装备等重大海上结构均需配备高性能系泊缆索。2022年，工业和信息化部、国家发展和改革委员会联合印发了《关于产业用纺织品行业高质量发展的指导意见》，该意见将"海洋产业与渔业用纺织品"作为重点领域提升行动之一，提出重点发展海洋工程用纺织品，开发高性能海工缆、信号缆、系泊缆、锚固缆等产品，提升产品的高长度、高强度、抗蠕变、耐盐雾、耐老化等性能；推动我国海洋工程用纺织品模拟测试及实际工况测试，加快在油气开采、海上救援、深海探测、深海养殖等领域的推广应用。同时还提出，关注海洋渔业用纺织品，加快高强度、高耐腐蚀、低海洋生物附着捕捞网、养殖网箱等产品的研发应用；加强远洋渔网等产品全生命周期管理，保护海洋生态。

海洋用纺织品（marine textiles）是指应用于海洋养殖捕捞、海洋工程、海洋探测与海洋环境保护等的纺织品，主要包括海洋养殖捕捞用纺织品、海洋工程用纺织品、海洋探测用纺织品、海洋环境保护用纺织品和其他海洋用纺织品。海洋用纺织品的分类与产品如图2-28所示。

海洋用纺织品材料与产品众多，本章重点聚焦海洋用绳网材料及产品和石油吸附材料的开发与应用，分析各领域的材料、产品应用及发展趋势。

（一）海洋用绳网材料及产品的发展现状

海洋经济是国民经济的重要组成部分，在开发利用海洋的各类产业及相关经济活动中都能见到应用绳网产品的身影。绳网加工用纤维材料主要分为天然纤维和合成纤维两大类，与天然纤维相比，合

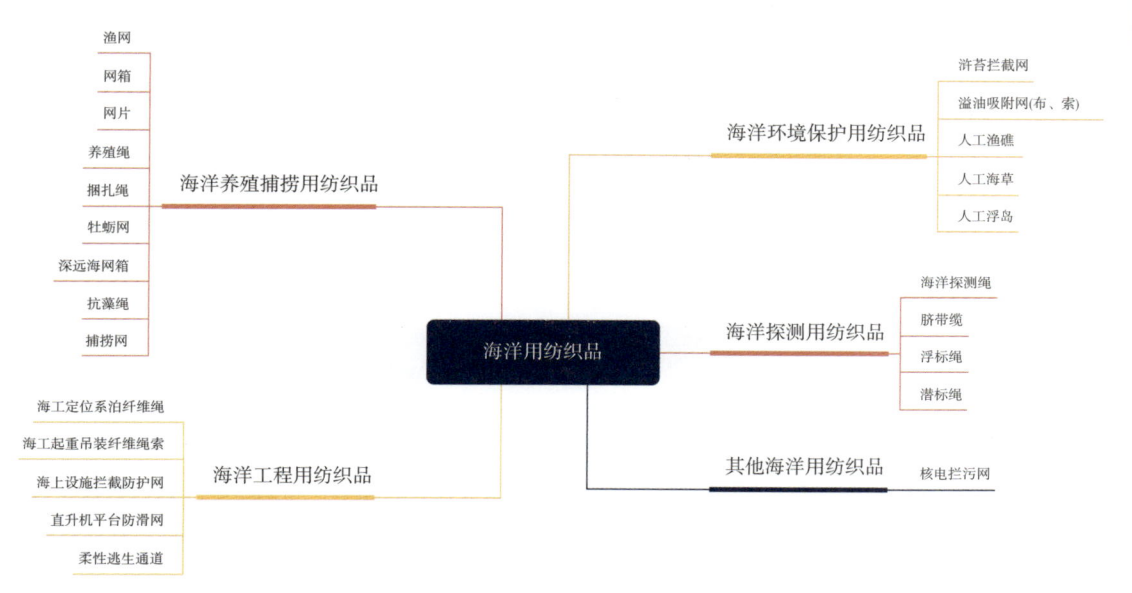

图2-28 海洋用纺织品分类

成纤维具有强度高、耐磨性和耐腐蚀性好等优点,因此现有海洋绳网产品主要使用合成纤维。普通绳网材料主要包括聚乙烯(PE)纤维、聚丙烯(PP)纤维、聚酯(PET)纤维、聚酰胺(PA)纤维等;高性能绳网材料主要包括超高分子量聚乙烯(UHMWPE)纤维、对位芳香族聚酰胺(PPTA)纤维等[26-27]。我国化学纤维产量占全球产量的70%。近年来,随着高性能纤维产业化,比强度最高的UHMWPE纤维获得迅猛发展,国内UHMWPE纤维生产企业已达20余家,成为UHMWPE纤维生产产能最大的国家,这为绳网的高强轻量化开发提供了丰富的纤维材料来源。

1. 海洋领域用缆绳产品

缆绳是由若干根绳纱(或绳股)捻合或编织而成的、直径大于4 mm的有芯或无芯的柔性制品。因功能、习惯、地域或使用部位的不同,缆绳又称为"缆索""绳缆""缆""网纲""纲索""纲",如系泊缆、海工缆、吊装缆等。根据不同领域需要,缆绳结构、股数、捻向、卷装形式及制绳用纤维(也称"基体纤维")的组成等均有不同。缆绳结构可分为捻绳和编绳,股数有3股、4股、8股、12股等,捻向有"Z"捻向与"S"捻向,制绳原材料主要为钢丝以及各类化学纤维[26]。缆绳广泛应用于渔业、船舶、海工、军事、航空、航天、消防和登山等多个领域。其中,缆绳在海洋领域的用量最大。PE单丝、PE与PP共混单丝与裂膜丝、PP、PET、PA复丝和UHMWPE纤维在海洋领域用的缆绳产品主要有航运系泊缆、海洋工程系泊缆、海洋渔业用缆绳、海洋科考作业缆等,应根据不同的应用领域选择合适的缆绳产品。

(1)航运系泊缆

航运系泊缆(图2-29)是让船停于泊位的一种系缆设备,是船舶系泊系统必备的重要柔性装备[28]。我国系泊缆索的生产企业众多,主要集中于江苏、浙江、山东等沿海

图2-29 用于船舶固定的系泊缆绳

地区。

由于液化天然气（Liquefied Natural Gas，LNG）运输船的干舷较高，容易受到风浪影响，并且液化天然气存在泄漏爆炸的风险，因此LNG运输船系泊的安全性与稳定性问题是航运系泊领域的研究热点[29]。LNG钢丝系泊缆一般采用表面镀锌的高强度钢丝为原材料，合成纤维系泊缆多采用PP、PA、PET及UHMWPE纤维。相较于钢丝绳，高性能纤维缆绳重量更轻、安全性更高、耐腐蚀性也更强，但存在温度耐受性差等缺点，所以现在一般采用复合材料来弥补单一材料的缺点，如利用UHMWPE纤维为缆绳主体，以PET或PA等普通纤维混合而成的缆绳作为尾缆，组合成的复合缆绳兼具高强度与高耐磨性等优点[28]。为了提高合成纤维系泊缆的安全性，可利用不同合成纤维的断裂强度和伸长率差异使系泊缆实现分次断裂，在首次断裂时将大部分能量释放，来克服传统系泊缆一次剧烈断裂产生回弹的风险。这是一种实现系泊缆断裂预警与提高安全性的有效措施，目前，相关产品在国外已经应用，国内航运界也逐渐开始关注。

（2）海洋工程系泊缆索

海洋工程是对海洋资源进行合理开发、利用与保护的海上设施工程[30]。传统海洋工程系泊缆索使用钢丝为制绳材料，钢丝绳强度高，但耐磨性一般、抗腐蚀性差、重量大，逐渐被性能更强、重量更轻的合成纤维系泊缆所替代[31]，尤其是PET纤维，其强度高、弹性好、蠕变低且有着较好的抗疲劳性，能够满足深海系泊的技术要求[32-34]。2021年6月25日正式投产的全球首座10万吨级深水半潜式生产储油平台"深海一号"为我国首个用于开发1500 m深水自营大气田的海上深水半潜式生产储油平台（图2-30），该平台系泊缆索采用PET作为基体材料，单根缆绳直径275 mm、长度2000 m、重51t，其中一根系泊缆为国内企业研发制造，打破了欧美企业在深水系泊缆领域的长期垄断。

图2-30　采用聚酯纤维缆固定的全球首座10万吨级深水半潜式生产储油平台"深海一号"

王宏伟等[35]针对一种作业水深为1500 m的半潜式钻井平台设计了多种系泊方案。其选用PET、聚萘二甲酸乙二醇酯（PEN）及高模量聚乙烯（HMPE）纤维三种合成纤维，利用水动力分析及时域耦合动态分析方法，对比各个方案的定位能力以及受力参数，并综合价格等因素考量，确定该系泊缆底部和顶部使用钢缆，中间采用PET纤维缆绳的张紧式系统为最佳方案。目前，海洋工程系泊缆索的主流材料开始由钢丝或锚链逐步转向合成纤维，与此相关的国际/国家与团体标准也相继制定颁布。

随着纤维材料技术、缆索加工技术及其可靠性、可检测性和可预测性研究不断成熟，以及合成纤维价格的下降，合成纤维缆将成为海洋工程系泊定位的主要柔性装备。

（3）海洋浮标系泊缆

海洋浮标是一种锚定在海面上的海洋水文气象观测站，其可对海水的各种理化参数及气候环境数据（如大气的气压、温度，海水的温度、盐度等）进行全天候采集[36]。浮标采用锚与系泊链等组成的系泊系统来实现固定[37]。传统海洋浮标系泊系统采用钢制锚链作为系泊缆，根据钢材级别的不同，系泊链强度也有变化[38]。目前，海洋浮标大部分使用的仍是传统锚链，相关研究也基本是基于传统系泊链材料对系统进行优化升级或进行系统设计。例如，郭宇等[39]对UHMWPE缆绳替代传统浮标锚链的可行性进行了初步探索，从断裂强度、重量及经济性等方面对UHMWPE和传统锚链进行对比，提出了"链—缆—链"的系泊系统设计方案，该方案可充分利用UHMWPE纤维的轻质、高耐磨性及强耐腐蚀性等优点，并且由于缆绳比锚链质量更轻，惯性更小，该方案还可有效保障浮标抛设作业人员的安全（图2-31）；薛洋洋等[40]对三体组合式激光雷达测风（THC FLiDAR）浮标系泊系统展开研究，研究表明，"钢链—聚酯缆—钢链"的单点系泊方案相对于THC FLiDAR浮标的系泊应用更具优势。山东鲁普科技公司研发团队开发的"深海浮标系留缆绳"兼具高拉伸伸长率和高弹性回复率的特点，迈出了深海浮标系泊缆国产化的坚实步伐。

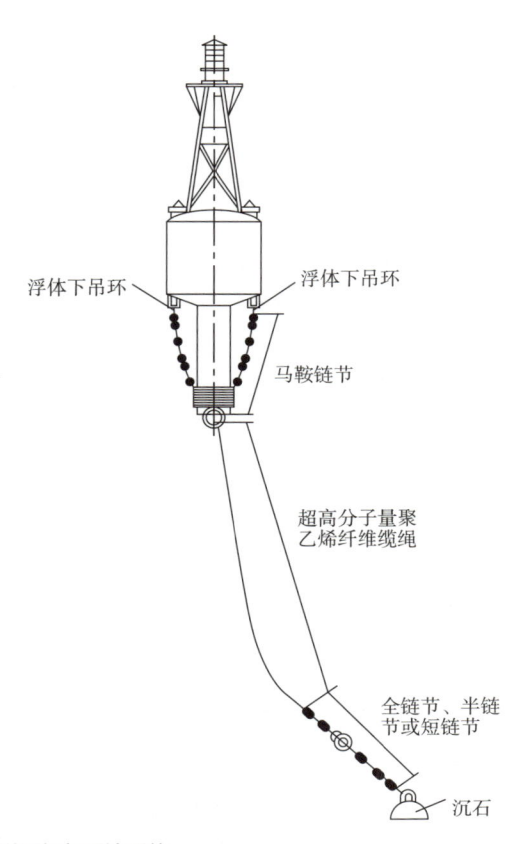

图2-31　海洋浮标与系泊系统

目前，国内对于海洋浮标系泊缆的研究尚处于发展初期，结合其他领域的系泊缆索发展态势，合成纤维系泊缆索、系泊组合连接索、碳纤维复材系泊缆索等新型缆索及其组合缆索对传统钢制锚链的替代将是未来的发展趋势。

（4）海上能源设施系泊缆

海上能源设施主要指各类海上发电设施，如风能发电、光伏发电、波浪能发电设施等，该领域是系泊缆的新兴应用领域。

对于风能发电设施，传统近海风电机组一般采用固定式平台方案，但其在深水应用的限制条件较多、经济性较差，因此科研人员开发出了漂浮式海上风电技术来应对多种水深条件下的海上风电。系泊系统是固定漂浮式风电机组的关键组成部分，也是国内外研究的一大热点[41]。PHAM等[42]对海上风力发电机尼龙系泊缆的动力学建模测试方法进行了研究，其根据前人的实验数据，得出了尼龙缆绳动刚度的经验表达式，并证实聚酯缆绳的建模与测试方法不适用于尼龙缆绳。其次，作者提出了一种实用的系泊分析程序并建立了一种非线性振动刚度模型来对尼龙缆绳进行测试，并对"钢链—尼龙缆绳—钢链"和"钢链—聚酯缆绳—钢链"两种系泊系统进行了比较。结果表明，尼龙缆绳在减少所需的系缆长度和张力响应方面具有优势。

海上光伏发电是将光伏板置于浮体之上，使其漂浮于海面，可有效解决光伏发电的占地问题[43]。波浪能是一种非常清洁的可再生能源，浮式波浪能发电是通过波浪能吸收传导装置将波浪能转化为机械能，再转化为电能的过程[44]。浮式波浪能发电设施的系泊系统不仅对设施的定位有重要作用，还能改变某些特定设备能量提取与转换效率，因此有些项目对其系泊系统建设的投入甚至占总投入的三成以上[44]。目前，人们已将浮式波浪能发电设施应用于深远海养殖设施中，助力了绿色养殖的发展。例如，Thomsen等[45]为解决波浪能发电系泊系统过于昂贵的问题，对大型波浪能发电装置的系泊方案的建设成本进行了优化；天津海王星、东海所等单位针对海上能源设施用系泊缆索进行了测试评价技术、海上运输技术、连接安装技术、湿态下无损预张力处理技术等相关技术的分析研究，助力了我国海上能源设施与风渔融合设施系泊缆索整体技术升级。

从目前的应用与研究情况来看，海上能源设施系泊缆所用材料的主流仍是钢制缆绳与锚链，兼容合成纤维系泊缆、锚链和钢制缆绳的混合缆索，其中合成纤维系泊缆主要为PET纤维系泊缆与PA纤维系泊缆，它们都具有强度高、弹性好、抗疲劳性优等特性，在今后的发展中，高性能纤维系泊缆索、碳纤维复材系泊缆索等新型合成纤维及复材系泊缆将会有更加广泛的应用，与传统钢制系泊缆形成优势互补的态势。

（5）海洋科考特种作业缆索

海洋综合科学考察涵盖了从大气到水面，经水体到海底，再到岩心的多学科、多专业、多圈层，学科交叉众多，入海的大中型调查设备多，且大多数作业都离不开缆索的支持。海洋科考特种作业缆是光电通信缆与缆索跨界结合集成的结果，其兼具系泊拖拽固定与数据传输通信功能，是科考作业必备的柔性实用器材。伴随着新一代科考船和新型高科技设备设施的飞速发展，特别是新型的铠装缆、合成纤维缆、同轴缆和光电复合缆等高科技新型缆索逐渐代替了传统缆索，大大提高了海洋科考调查作业的工作效率和样品、数据的采集质量。

例如，杨崔波[46]对水下机器人用零浮力光电复合缆进行了研究，设计的电缆结构包括内导体、绝缘层、光单元、内护套、铠装层、密度调节层及护套，材料使用高性能聚烯烃、聚对苯二甲酸丁二酯（PBT）、芳纶、PET等，设计出的复合缆具有拉伸性能好、光电传输效率高、零浮力等优点；成琦等[47]对水下光电复合轻型拖缆进行设计研究，选用不锈钢管光单元、氟塑料绝缘层、对位芳纶混合增强层、聚氨酯、热塑性弹性体（TPE）和热塑性硫化橡胶（TPV）材质外护套，并针对拖缆密度及拉力使用要求对材料及结构进行了优化，结果表明该复合缆的结构尺寸、缆绳密度以及承力强度等参数均符合使用要求；窦方芹等[48]设计了一种轻型水下光电复合缆，为满足用户对缆绳易布放、轻量、高柔性等要求，其将加装单元的材料由传统铠装钢丝改为芳纶，利用芳纶高柔韧性、高强度等优点来达到用户要求的同时，通过在芳纶加强层中填充阻水物质实现了缆绳的纵向阻水功能；佟寅等[49]对牵引深海调查绞车用高模量合成纤维（HMSF）缆绳的系统设计进行了研究，利用迪尼玛®、Kevlar®等HMSF纤维重量轻、耐疲劳性高等特点，设计牵引绞车缆绳来代替传统钢缆，以达到提高绞车性能的目的，为使用HMSF缆绳的牵引绞车系统设计提供了参考。由于UHMWPE系泊缆绳在低温环境具有优异的力学性能，青岛海丽雅集团有限公司生产的UHMWPE系泊缆绳已在"雪龙"号极地考察破冰船上应用。针对此次南极考察设计的潜标锚系绳缆通过立体编织成高性能绳缆强度高、延伸率低，可在-40~360℃范围内正常工作，具有"防日晒、防老化、防钩丝"效果，实现南极海洋环境对潜标缆的特殊要求，确保潜标缆在南极特殊环境下的稳定性。

海洋科考特种作业缆由于其功能的特殊性，需要在保证强度的情况下兼顾柔韧性、耐腐蚀等特性，有电流信号传输需求的缆索对防水、防污/防污损生物等方面有着更高的要求。目前，海洋科考特种作业缆仍以进口为主，所以利用高性能合成纤维与防水防污等各种化学材料及通讯传导技术复合以实现国产化替代是今后海洋科考特种作业缆开发的重点。

（6）休闲海洋缆索

休闲海洋缆索是高性能纤维应用的高频领域，各类游艇、帆船、海上观光、娱乐设施以及水上运动均有应用。除了常规合成纤维如丙纶、涤纶、锦纶制成的绳索外，对位芳纶、UHMWPE纤维、聚芳酯纤维、聚对苯撑苯并二噁唑（PBO）纤维、聚丙烯腈（PAN）基碳纤维等高性能纤维也常用于休闲海洋缆索中[50]，欧美发达国家绳索制作商对这些高性能纤维在休闲海洋缆索中的应用技术比较成熟。2021年6月30日，航海家翟墨驾驶"全球通号"帆船从上海启航，首次配备了鲁普耐特研制开发的帆船绳索，圆满完成"人类首次不停靠环航北冰洋"活动。每年在荷兰阿姆斯特丹举行的国际游艇帆船展，也是游艇帆船用高端休闲海洋绳索集中亮相及观众了解其发展趋势的最佳时机。

（7）海上吊装作业缆

海上吊装作业缆是重大海上结构工程建设及货物装卸的重要工具[51]，有吊装绳、升降索、吊索、港口吊装带等多种应用形式。港珠澳跨海大桥沉管隧道采用吊装方式进行对接施工，钢结构混凝土材料的接头预制件重达6000 t，接头方案选用河北巨力的4吊带、2钢丝缆混合吊装缆，吊带材质为中国石化仪征化纤公司生产的UHMWPE纤维。该吊带合理应用了UHMWPE纤维的强度高、重量轻、耐疲劳性好等特性，实现了稳定、经济的吊装作业过程[52]。奥地利拖飞宝公司（Teufelberger）研发生产了一种Hyper Ten纤维缆绳，并将其应用到德国利勃海尔（Liebherr）集团的HLC 150000重型船舶起重机上。该新型纤维缆绳的线密度仅为同类型钢丝缆的十七分之一，质量非常轻；缆索表面有由合成纤维覆盖而成的耐磨保护层；同时兼具高强度、易操作等优良性能，大幅提升了重型船舶起重机作业的安全性[53]。Lankhorst Ropes向Heerema Marine Contractors提供了Lanko®Force HL吊索，用于海上起重项目的4点式起重框架。该吊索采用迪尼玛®SK78纤维制成，其使用消费后的塑料废物作为原料。通过验证，使用回收纤维制成的Lanko®Force HL吊索与使用传统迪尼玛® SK78纤维具有相同的性能。针对海上作业缆绳，东海所石建高研究员课题组等[26]开展了新型纤维缆绳（如高性能纤维缆绳、混纺缆绳等）综合性能测试评价与分析研究。

由于海上吊装作业的特殊性，其对缆绳的安全性、稳定性、抗疲劳性、操作难度以及强度等综合性能有着诸多要求，合成纤维吊带缆可大幅提高吊装作业的便捷效率与安全性能，减少吊装作业缆对物体表面的伤害，这将是吊装作业缆今后的研发与应用方向。

（8）海洋渔业用缆绳

海洋渔业用缆绳（图2-32）广泛应用于捕捞渔具与水产养殖等领域，其中，捕捞渔具用缆绳包括拖网用缆绳、张网用缆绳、围网用缆绳、刺网用缆绳及钓鱼作业用绳等；水产养殖用缆绳包括筏式养殖用缆绳、网箱用缆绳、养殖围栏用缆绳、吊笼养殖用缆绳等。例如，石建高等[26,54]对海洋渔业用缆绳进行了系统研究，开发并示范应用了UHMWPE膜裂纤维绳索等10多种高性能缆绳新材料，出版了《绳网技术学》《深远海养殖用网纲材料技术学》《渔业装备与工程用合成纤维绳索》等缆绳专著，联合相关单位起草了PE绳、PP绳、PA绳、PET绳、PP-PE绳和UHMWPE绳等缆绳及夹钢丝绳相关国家标准或行业标准，编写了缆绳标准体系框架及标准体系表，推动了我国缆绳技术升级；刘义等[55]对我国海带养殖用苗绳的老化影响因素进行了研究，实验结果显示，特制的合成纤维绳（包含特制PE绳、特制PE和PP混编绳）在养殖前后的断裂强力均比传统苗绳高，养殖一年后，特制苗绳的强力保持率为93.8%，传统养殖苗绳仅为63.6%。徐俊杰等[56]系统研究了渔用高性能绳索材料，分析对比了UHMWPE绳索等3种高性能绳索材料综合性能（如断裂性能、抗腐蚀性能、抗蠕变性能）及其发展现状，为绳索新材料的研发及创新应用提供参考。

图2-32 采用UHMWPE绳网的深远海养殖装备设施

为适应现代渔业的发展需要，不同渔业领域用缆绳对绳索的渔用适配性、性价比、延伸性、抗冲击性、耐磨性等综合性能及价格有着特殊要求，高性能缆绳、功能性缆绳及智能化缆绳等将是渔用缆绳今后的主要发展方向[57]。

2. 海洋领域用网状产品

海洋领域用网状产品一般指构成海洋网具用的网片或网衣。当人们述及网衣系统时，相关材料还包括网具成型用网纲与缝合线等[58]。网片是指由网线编织成的具有一定尺寸网目结构的片状编织物。根据成型结构不同，网片可分为有结网和无结网；根据网目形状不同，网片可分为菱形网片、方形网片、六角形网片、多边形网片等；根据织网用纤维类别不同，网片可分为PE单丝网、PA单丝网、PA复丝网、PP复丝网、PET复丝网、UHMWPE纤维网和金属网等[26]。海洋领域用网主要包括海洋渔业用网、海上安全防护网、海上应急救援网等[26]。

（1）海洋渔业用网

在海洋用网产品中，海洋渔业领域用量最大。因此，海洋渔业用网[简称"（海洋）渔网"或"渔用网片"]是海洋用网产品领域的研究热点与重点[26]。渔用网片在海洋渔业领域尤其是海水养殖与海洋捕捞中应用甚广。习惯上将海水养殖用网片称为海水养殖网，主要包括网箱用网、围栏用网、藻类养殖网帘用网、扇贝笼用网、珍珠笼用网、防护用网、饲料挡网、捕捞用网、防鸟网等[26]。海洋捕捞用网片统称为海洋捕捞网,其主要包括网渔具用网。UHMWPE纤维由于其卓越的抗风浪冲击性能和耐磨性能,近年来在渔网产业得到了广泛应用[59]。例如,STERLING等[60]对3种拖网性能进行了对比分析,结果表明,UHMWPE网片拖网的性能远高于另外两种材料;挪威萨尔玛公司设计的"海洋渔场1号"(Ocean Farm 1)深海渔场(三文鱼养殖)采用了UHMWPE经编网衣,养殖应用结果表明,该渔场中的三文鱼生长速度快、病害少,且一个养殖季可产出三文鱼约8000 t,项目验证了UHMWPE经编网衣适合于深远海养殖,综合性能优良[61-62];石建高课题组联合益晨网业等单位开展了"深蓝1号"深海渔场网具工程的升级改造项目、"闵投1号"可移动半潜波浪能养殖旅游平台网衣系统项目,网衣分别采用国产UHMWPE经编网衣、Dyneema® SK 78经编网衣,保障了网具系统的安全。同时,其联合东一海洋集团有限公司完成超大型牧场化堤坝围栏(目前我国养殖水体中最大的深远海养殖围栏)工程的设计规划与建设实施,围栏网具采用特种超高强绳网或半刚性PET网,提高了围栏的抗风浪性能(图2-33)[63-64]。

图2-33 超大型牧场化栅栏式堤坝生态围栏

海水养殖网衣易受到各种海洋污损生物的附着,上述污损生物不但会对网箱等增养殖设施中的养殖鱼类产生危害,并且还会影响养殖网衣使用寿命。因此,石建高等学者不断研发网衣防污技术,以解决上述问题[62,65-66]。具有防污功能的金属合金是一种可抑制细菌生长和水生生物附着的特种金属。例如,石建高等[62]联合相关单位开发并示范应用了特种金属合金网衣新材料及增养殖设施(如双圆周管桩式大型围栏养殖设施、高清合金网衣网箱),并对其适配性等进行了系统研究,形成了一批金属合金网衣及增养殖设施成果,并在养殖业及核电等领域实现产业化应用(图2-34);陈正涛等[67]研制了一种水性渔网防污涂料,并对其附着率、稳定性及微观表征等参数进行了检测,结果表明,该防污涂层使用方便,防污性能优异且对环境友好。

图2-34 双圆周管桩式大型围栏养殖设施

自2017年挪威设计、中国建造的世界首座半潜式养殖平台——"海洋渔场1号"深海渔场交付以来，我国便开启了网箱大型化、智能化发展热潮，并逐步向深远海领域跨越，与此配套的高性能深远海养殖网衣也成为研发关注热点。海洋渔业用网产品作为海洋领域的重点研究领域之一，既需要质量轻、强度高、耐磨性及抗风浪性能好的高性能网片，又需要具有防污功能或智能化功能的功能性网片。目前，高性能网片和功能性网片已经成为海洋渔业高质量发展的关键与重点。

（2）海上安全防护网

海上安全防护网（图2-35）是海洋领域用网状产品的一类重点产品[26]。海上安全防护网在核电、运输、军事、堤坝、桥梁、海上平台、深远海养殖等领域广泛应用。基于安全防护的特点，海上安全防护网要求网衣具有较好的综合性能（如强度、抗冲击性或防撕裂性能等），以保障相关网具在台风等恶劣工况下的安全[26]。石建高等[65]开展了深远海养殖安全防护网的研究，开发了UHMWPE安全防护网、半刚性PET安全防护网等多种深远海养殖安全防护网，提高了深远海养殖鱼类的安全性。

海上安全防护网作为海洋领域用网产品的重点研究领域，其优越的综合性能保障了海洋领域不同结构、构件或物体（如核电机组、拦河堤坝、大型桥梁、军用设施、深远海养殖设施等）的安全，其产业应用前景广阔。

图2-35　海上安全防护网

（3）海上应急救援网

绳网在海上应急救援方面发挥着重要作用。基于应急救援的特点，海上应急救援网要求网衣具有轻量化、超高强、抗冲击或防撕裂等性能。在海上大型平台的应急逃生系统（图2-36）中，采用耐高温对位芳纶经编无结网组装折叠收放技术，可以提供应急救援逃生快速通道，在7~8级风力天气条件下进行人员安全撤离，最大撤离速度达到半小时内140人，此类产品已有示范样机出现。

此外，海上应急救援网在陆海空装备及航行器（卫星、飞船、飞机、水下潜航器）的海上打捞、救护或回收等方面也发挥着重要作用，其综合效益显著。

图2-36　海上平台柔性应急逃生系统

3. 结语

我国是一个发展中的海洋大国，海洋拥有丰富的资源，开发海洋、经略海洋对于缓解陆地资源紧张状况，拓展国土开发空间具有重要的战略意义。在开发利用海洋的各类产业及相关经济活动中，绳网发挥了重要作用。我国海洋用绳网材料及产品丰富。近年来，绳网企业的创新意识明显增强，涌现出一批专精特新绳网骨干企业；工信部、国家发展改革委等部委联合印发的《关于产业用纺织品行业高质量发展的指导意见》和《纺织工业提质升级实施方案（2023—2025年）》中，也都将"海洋产业与渔业用纺织品"作为重点领域之一，表明了国家对绳网产业的高度重视；同时，作为化学纤维生产大国，随着纤维新材料技术、绳网加工技术、渔具材料技术及海洋综合开发利用等技术的不断进步，我国绳网产业也由技术低端、工艺简单的传统产业模式向技术创新、科学规范的新型产业模式转型升级。综上所述，绳网产品的高性能化、轻量化、绿色功能化、智能化、多领域应用等已成主要发展趋势。随着人们环境保护意识增强，对废弃绳网制品造成的海洋微塑料污染现象逐步重视，环境友好型渔网及绳网的循环利用技术也成了关注的热点。

政府以及行业应给予绳网产业更多的政策引导与资金支持，推进产学研用合作，支持绳网头部企业在海洋与渔业用绳网纺织品开发与应用示范科技创新中的发挥带头作用；政府部门及行业协会等主管部门要加强指导，推进绳网标准体系建设，推动绳网产业规范健康发展，充分发挥绳网公共服务平台功能，实现绳网行业信息与检测资源的共享，多措并举，促进海洋绳网产业高质量发展。

（撰稿人：鲁普耐特集团有限公司　姜润喜；中国水产科学研究院东海水产研究所　石建高；
上海海洋大学海洋科学学院　陈晋）

（二）海洋石油吸附材料的开发与应用

随着全球化经济的快速融合和发展，以石油为代表的能源越来越成为各国经济增长的关键要素。在此背景下，海上石油的勘探和运输活动不断扩张，每年在开采、炼制、贮运和使用过程中进入海洋环境的石油及其制品达到1000万～1500万吨，约占世界石油年产量的5%[68]。大规模的石油开发活动，在推动全球能源供应与经济发展的同时，也不可避免地引发重大海洋溢油事故，对海洋生态系统造成了严重破坏，生物多样性受损，产生巨大的生态灾难[69]。

油品一旦泄漏，原油将会迅速扩散并形成覆盖海域的油膜，阻碍阳光照射，影响海洋植物的光合作用，进而引发水体缺氧，最终破坏海洋生物的栖息地。此外，原油中的有毒化合物如苯和多环芳烃等，会通过食物链累积，对人类健康构成潜在风险[70]。面对这一严峻形势，国内和国际社会积极制定并实施一系列的海洋生态环境保护政策（表2-23），开展海洋石油污染治理工作迫在眉睫。

表2-23　海洋生态环境保护政策

区域	政策/文件	内容
国际	《国际防止船舶造成污染公约（MARPOL）》	各缔约国保证实施其承担义务的本公约及附则的各项规定，以防止由于违反公约排放有害物质或含有这种物质的废液而污染海洋环境
	《联合国海洋法公约（UNCLOS）》	各国应在适当情形下，个别或联合地采取一切符合本公约的必要措施，防止、减少和控制任何来源的海洋环境污染；各国应共同发展和促进各种应急计划，以应对海洋环境的污染事故
国内	《中华人民共和国海洋环境保护法》	国家根据防止海洋环境污染的需要，制定国家重大海上污染事件应急预案，建立健全海上溢油污染等应急机制，保障应对工作的必要经费
	《国家重大海上溢油应急处置预案》	制订海上溢油应急行动方案，组织相关应急力量，开展海上溢油的围控、回收、清除、焚烧和岸线油污清理、船体油污清洗、回收油及油污废弃物的临时储存与转运，以及其他相关应急处置工作
	《中国的海洋生态环境保护》白皮书	印发实施《国家重大海上溢油应急处置预案》《海洋石油勘探开发溢油污染环境事件应急预案》，明确应急组织体系、响应流程、信息管理发布和保障措施等，建立起较为完备的海上溢油污染应急预案体系

当前,针对海洋溢油污染问题已开发了众多油污处理技术。其中,利用围油栏、石油吸附材料和撇油器进行海面油污的迅速清理与回收,已成为主流解决方案。这一方法凭借其快速响应的灵活性、操作上的简便性以及油污回收的高效性[71],已成为处理近海和深海区域大规模溢油最实用的方法[72-73]。石油吸附材料作为该技术的核心组成部分,能够在短时间内迅速部署到事故现场,依靠超高吸油效率,有效控制石油扩散和污染,是海洋溢油应急响应中不可或缺的关键物资。正是基于石油吸附材料在海洋溢油治理中的巨大应用价值,海洋吸油材料迎来了前所未有的发展机遇。

1. 海洋石油吸附材料的主要分类

海洋石油吸附材料来源广泛,加工方式多样,种类繁多。依据材料特性进行划分,可分为天然无机吸油材料(硅藻土、沸石等)、天然有机吸油材料(秸秆、动物毛等)、化学合成吸油材料(聚丙烯纤维、聚氨酯泡沫等)[74]。其中,天然吸油材料经过适当的处理和封装后便可直接投入使用,同时也可像化学合成吸油材料,通过特定的加工处理进行性能提升后使用。另外,吸油材料从加工技术特点进行分类,可以分为物理改性吸油材料和化学改性吸油材料。依据终端产品形状,海洋石油吸附材料可以分为吸油索、吸油垫、吸油卷等[75]。

(1)按材料特性分类

①天然无机吸油材料。天然无机吸油材料包括沸石、黏土及早期的石墨、活性炭、碳酸钙粉末等[76-77],以其取材方便、性质稳定而受到青睐。这类材料经过简单的清洁、干燥及封装处理(包裹在透气性良好的织物或网袋中),便可直接应用于海上油污清理。这种方法操作简单且成本较低,但由于材料疏水性较差,导致其在吸收油品的同时也会吸收水分,产品吸油效率低、保油率差[78],限制了其实际应用范围。此外,天然无机吸油材料由于颗粒细小容易导致封装泄漏,且颗粒回收困难,会对海洋环境造成二次污染。

②天然有机吸油材料。天然有机吸油材料通常是指小麦秸秆、羊毛、棉花等可再生的动植物纤维材料,具有来源广泛、成本低、生物可降解性好等优势[78]。该类材料内部具有大量的微孔和介孔,这种得天独厚的结构优势为油品分子提供了大量的吸附位点。然而,由于植物纤维主要由纤维素、半纤维素以及木质素构成,其中纤维素与半纤维素因富含羟基而展现出强亲水性[79-80],这在一定程度上限制了材料的吸油效率和吸油倍率。当前,常采用物理或化学改性的方法,通过脱除亲水基团或引入疏水基团等[81-82]来提升天然有机吸附材料的吸油性能。

③化学合成吸油材料。化学合成吸油材料采用化学合成原料通过特定的加工工艺而制成,这类材料通常因为具备疏水亲油的化学基团而显示出良好的吸油性能。例如,聚丙烯结构中的酯基、羧基等极性基团赋予其良好的亲油特性,同时还具备密度小、成本低、耐化学腐蚀性能好等优点[75,83],常用来制备成聚丙烯非织造布,广泛用于开发工业、商业用吸油产品。聚氨酯也是开发高效吸油产品的重要原料,通过改性方法制备的聚氨酯泡沫/海绵具有超高的吸油速率和吸油倍率[84]。同样地,聚酯、聚乙烯和聚偏氟乙烯等合成材料,也因其独特的物理化学特性,在海洋吸油产品的开发中发挥着重要的作用。

(2)按加工技术特点

①物理改性。物理改性是通过改变吸油材料的形态、尺寸或孔隙结构不改变其化学组成,来增强其吸油性能,这包括机械粉碎、熔体纺丝等方法。物理改性的优点在于操作简单、毒副作用小,可以根据实际需求调整合适的工艺条件。

机械粉碎是通过机械设备将原材料打碎,细化为尺寸较小的颗粒或粉末,可提升材料吸油性能。这种方法通常适用于天然或合成的多孔材料,如木材、木棉纤维、吸油海绵等。经粉碎处理后,材料的比表面积和孔隙率大幅提升，原本隐藏的亲油基团暴露出来，可提供丰富的吸附位点，因而这些微粒在吸油时能够表现出快速吸附特性[85]。该方法操作简单、成本低廉，且不涉及复杂的化学反应，易于规模化生产。不过该处理技术在提升材料吸油能力的同时，也可能会导致材料吸水率上升，油水选择性受限。因此，在实际运用中，为了获得更加满意的效果，还需综合考虑并结合化学改性手段。

随着科学技术的发展，人们开始考虑制备具有亲油疏水性的超细纤维用于海洋溢油处理[86]。熔体纺丝是一种可高效、连续制备微纳米级超细纤维的先进生产技术。该技术是将聚合物加热至熔融状态后经喷丝孔挤出，聚合物射流在冷却介质中拉伸变细并固化成纤维，无数纤维交错堆叠形成三维多孔的非织造布。这种独特的加工方法赋予了材料超高孔隙率和大比表面积特征，极大地提升了材料的吸油效率和储油容量[87]。其中，熔喷纺丝工艺是最具代表性的熔体纺丝加工技术[88]，已广泛应用于生产海上油污清理的吸油垫。该技术所制备的聚丙烯熔喷非织造产品油水选择性好，吸油速率快，对油污的吸油倍率在20~50 g/g之间[87]，并且由于其比重较轻，吸油后能长期浮于水面，是使用最为广泛的吸油材料。熔体微分静电纺丝技术[89]也常用于制备多孔的非织造纤维材料，在溢油吸收领域也具有广泛的应用。

②化学改性。化学改性通过改变吸油材料的表面特性或化学组成，以提高其亲油疏水性。这种改性方法通常需要引入特定的化学试剂，并在一定的反应条件下进行。常用的化学改性方法包括表面活性剂处理、接枝改性等。这种方法可以显著提升材料的吸油效率和油水选择性，且适用范围较为广泛。

表面活性剂处理。使用表面活性剂可以显著降低材料的表面张力，使原本不易被油润湿的表面变得亲油，从而增强材料对油类物质的吸附能力。该方法操作简便、成本相对较低，且适用范围广，包括但不限于纤维材料（如聚酯纤维、棉纤维）、粉体材料（如碳酸钙、硅藻土）以及多孔材料（如活性炭、海绵）。此外，通过选择合适的表面活性剂种类和浓度，可以精确调控材料的吸油性能，满足不同场景的应用需求。如木棉纤维是最常采用的一种石油吸附材料，中空内腔和表面蜡质使其具有疏水亲油的特性，且具有良好的浮力，能实现油水分离，并悬浮在油水混合物中。为进一步提高木棉纤维的亲脂性，通常会采用浸渍[81]、喷涂[90]表面活性剂等方式对木棉纤维进行处理。

接枝改性。通过接枝改性方法将具有亲油疏水特性的功能化支链接枝到吸油材料的基体上，可以对吸油材料的结构进行精确控制，实现其吸油性能的大幅提升。功能化支链增加可提高材料对油分子的吸附能力，同时保持疏水性，使得材料在油水混合物中具有更好的吸油选择性[85]。如对聚丙烯纤维进行接枝改性，引入长链烷基，可以显著提高其亲油性能和吸油速率。纤维素纤维作为一种天然吸油材料，通过接枝改性引入疏水性较强的单体，如烷基或氟碳链，可以有效提高其吸油容量和速率。经接枝改性处理后的纤维素材料在处理油水混合物时表现出优异的吸油性能和重复使用性[91-92]。接枝改性方法显示出高度的可定制性和广泛的适用性，在吸油材料的开发及性能定向优化中具有重要的应用价值。

（3）按终端产品形状分类

①吸油索。吸油索是一种长条状、圆筒形的浮动吸油装置（图2-37），两端配备有金属附件夹子或环扣，便于连接形成闭合的吸附区域，其灵活的管状结构能有效围住并吸收泄漏的石油，防止其进一步扩散。吸油索在海洋油污清理中应用广泛，主要用于围隔和引导油污，在处理大规模油污泄漏事故时尤其重要。吸油索通常由包裹吸附颗粒的聚丙烯、聚乙烯等非织造布和专业制作的浮体组成，有时还会使用天然纤维或改性材料等作为辅助成分，编织成内部为吸油材料，外部为柔性加强网布的纺织品，然后将其缝合成管状结构，确保其在使用过程中的有效性和耐用性。

图2-37　吸油索

资料来源：Udyogi。

②吸油垫。围油栏控制油污范围后，可用吸油垫吸附浮油。吸油垫是片状或垫状的吸油材料（图2-38），其厚度可调，可根据实际需求灵活选择，适用于小规模工业设备漏油和小型船舶的溢油清理。在实际使用过程中，吸油垫的片状结构有利于增大与油品的接触面积，展现出较快的吸油速率和较高的吸油容量，是快速响应油品泄漏事件的理想选择。常用的吸油材料是由亲油性的超细纤维非织造布制成，具有吸油速率快、易于操作和可重复使用的优点。吸油垫的核心材料多为熔喷聚丙烯非织造布，另外常结合热粘合或化学粘合方法来增强材料结构的稳定性。

图2-38　吸油垫

资料来源：New Pig。

③吸油卷。吸油卷的设计类似于卷筒状，可根据实际需求将其快速展开并剪裁成合适的尺寸，迅速响应大面积水域及不规则溢油区域的油污清理需求（图2-39）。另外，吸油卷也广泛应用于船舶码头、炼油厂周边等高风险区域，进行大面积的预防性铺设，降低油污泄漏带来的潜在危害。吸油卷的核心材料通常采用有高吸附性能的聚丙烯纤维，其具有优异的防水性能和吸油性能。吸油卷体积小、重量轻、便于运输和存储，同时成本低、利用率高，使用吸油卷应对海上大面积的油污清理是一种经济高效的解决方案。

2. 海洋石油吸附材料的创新应用

全球吸油材料市场正经历蓬勃发展的黄金时期，吸油产品种类日益丰富，产量呈现显著增长态势，石油吸附材料也正加速向高性能、环保化方向创新升级。在此背景下，国内外企业纷纷加大科研创新投入，推出一系列新型的吸油材料，以期不断满足全球吸油材料行业对高效、耐用、环保吸油材料的广泛需求。

图2-39 吸油卷

资料来源：New Naval。

（1）高效型吸油产品

3M品牌的吸油棉是一种专门设计用来吸收碳氢化合物和石油烃类液体（如石油、汽油和润滑油等）的高效吸油产品。该类产品在维护工作环境的清洁和防止油气挥发引起的爆炸事故等方面发挥着重要作用。其中，3M公司所开发的标准型吸油棉的吸附能力为自重的10倍，适用于各种泄漏场景；其开发的高效型吸油棉则采用了3M专利的微束技术，吸附能力可达自重的20倍，成为处理紧急漏油事件的最佳选择之一（图2-40）。使用后的3M吸油棉可以通过挤压方式回收所吸收的液体，每次挤压后，材料的吸油能力仅减少10%。回收的油品可以重新利用，有效节约成本。此外，废弃的3M吸油棉在焚烧处理时，只残留0.02%的灰烬，充分体现了其环保特性。

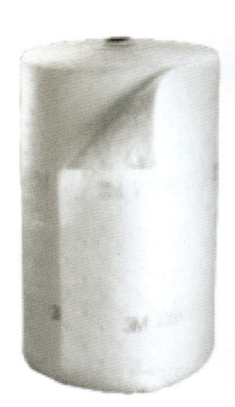

图2-40 3M高效型吸油棉

资料来源：3M公司。

美国ELASTEC公司推出的吸油垫是一款集高吸油效率、多功能和环保特性于一体的优质产品。该产品采用单层极细的天然纤维制成，相较于市场上的聚丙烯纤维吸油剂，可多吸收25%的油类和油基液体。这些吸油垫还经过了特殊添加剂的共混处理，旨在最大化地提升材料的疏水性能，处理后的吸油垫还展现了良好的阻燃性，并能有效防止霉菌和其他微生物的滋生。此外，该公司还推出了一款吸油绒球（PomPoms）（图2-41），该产品可漂浮在水面上，专为吸收油性溢出物及表面油膜而设计。其由成千上万根聚丙烯细纤维紧密连接而成，形成超高比表面积结构，这种独特的构造使其能够牢牢捕捉重油，有效增加了吸附油性物质的能力。此外，聚丙烯材料的使用保证该产品不会因吸水而浪费吸附容量，实现最大化的油污清理效率。PomPoms的创新结构设计为处理水面油污提供了一种高效、便捷且经济的选择。

图2-41　吸油绒球

资料来源：ELASTEC公司。

（2）耐用型吸油产品

为应对海洋复杂化环境中的应用需求，在吸油产品开发中，良好的耐用性和高效的吸油效率同等重要，例如，贝迪（Brady）公司推出的SXT200轻量级吸油垫采用了创新的3层结构设计，上下两层采用纺粘非织造布，这使得产品具有优异的耐磨性，能够承受高强度的拧绞和重复利用，大大延长吸油垫的使用寿命。为了进一步提升用户体验，产品表面设置了穿孔线，方便按需撕取，有效避免了资源的过度消耗与浪费；Oil Eater公司推出Oil Eater®Tuff Rug系列吸油产品，采用100%回收材料，并通过热压工艺制成。热压处理使得在不影响产品吸油效率的同时，强化了其力学性能，尤其是抗撕裂性能，使其在复杂环境应用中能够保持结构稳定性和性能可靠性，吸油产品的整体耐用性达到了极致。

此外，吸油垫在海洋环境长时间的循环使用下，内部会滋生一些细菌和微生物，微生物腐蚀也会缩减吸油垫的使用寿命。为解决此问题，广州信诺船舶服务有限公司开发了一种新型抗菌吸油垫，该产品内部核心吸附材料为聚丙烯纤维层，外侧分别固定包覆了聚氨酯材料层和棉布层，随后在材料的最外层分别固定连接了银离子纤维层和其他多层材料（棉布层、吸油纸层、非织造布层）。银离子层呈螺旋状缠绕在纤维层的外表面，可提供良好的杀菌作用。该产品在具备良好吸油效果的同时，能够防止滋生细菌和微生物的侵蚀，提高了吸油垫的耐用性能。

（3）环保型吸油产品

Fentex公司推出的环保型吸油产品EVO Recycled®（图2-42）性能优于常规产品，兼具可持续性与成本效益。EVO Recycled®系列中的吸油垫、吸油卷材等产品，85%的原料来源于回收棉纤维，这不仅赋予了产品卓越的环保特性，还得益于其高蓬松结构和创新的生产工艺，使得EVO Recycled®系列产品在吸油效率上超越了传统的聚丙烯纤维吸油产品。此外，EVO Recycled®系列产品具有更强的保油能力，能够有效吸收并锁定油品，避免了在清理过程中因油品渗出而造成的二次污染，是环保与效率并重的溢油处理的理想选择。

Brady公司推出的Re-Form™/Re-Form™Xplus系列环保产品使用至少70%的可回收木质纸浆及其他纤维素材料作为核心成分，并采用对环境影响较小的生产流程制成，展示出卓越的环保特性。实验证明，该类产品的吸油能力比普通的聚丙烯纤维产品高出25%~50%。使用Re-Form™/Re-Form™ Xplus可减少废物制造，也使得溢油清理过程变得更加节约、更加环保。Eco Pro Solutions公

图2-42　EVO Recycled®环保型吸油产品

资料来源：Fentex公司。

司推出的COIRLOC™系列全天然吸油剂（图2-43），以丰富的椰壳为加工原料，相较于传统吸油剂，COIRLOC™系列在吸油能力上表现尤为突出，其吸附力高达黏土基吸油剂的19倍之多。

图2-43　COIRLOC™椰壳基吸油颗粒

资料来源：Eco Pro Solutions公司。

3. 海洋石油吸附材料的发展趋势

随着全球海洋污染问题日益严峻，吸油材料作为应对油类泄漏事件的关键技术手段，其研发与应用已成为海洋环境保护领域的研究热点。展望未来，海洋石油吸附材料的发展将聚焦于以下四个关键方向。

（1）吸油材料的油水选择性增强

传统吸油材料在油水分离过程中常常面临油水选择性不足的问题，这会影响其吸油速率和吸油倍率，从而限制其在油水混合复杂化环境中的应用效果。通过材料表面改性进行功能化设计，开发超疏水—超亲油的吸油材料，实现油水的选择性吸附与精准分离。这种高效吸油材料特别适用于溢油应急场景，有助于提高吸油效率，显著缩短处理时间，在溢油应急领域有广阔的应用前景。

（2）吸油材料耐蚀性能提升

海洋环境因其复杂多变的自然条件对吸油材料提出了严苛的要求。高盐度、强紫外辐射及生物附着等因素均会对吸油材料造成损害，影响其长期及重复使用的稳定性和有效性。因此，开发能够适应海洋极端条件的吸油材料，增强材料的耐用性，成为未来溢油污染治理的重点。通过聚合物分子结构设计或表面改性等方法，研发具有优异耐海水腐蚀、抗紫外老化及生物防污能力的吸油材料，对于延长其在海洋环境中的使用寿命具有重要意义。

（3）吸油材料环保化、绿色化发展

许多具有高吸油能力的化学合成材料，如聚丙烯纤维、聚氨酯泡沫等，在使用结束后难以在自然环境中完全分解。这些材料在其生命周期结束后，仍会以微小颗粒或其他形式残留在环境中，不可避免地对海洋生态造成二次污染。因此，未来的研究将更加注重材料的可持续特性，致力研发可自然降解的吸油材料。这类材料将依托于生物质原料或可生物降解原料，如植物纤维、淀粉、聚乳酸等，确保其在完成使命后，能够迅速且安全地融入自然界的物质循环中，减少乃至消除对海洋环境的长期污染。

（4）海上吸油材料的产业化制备

当前新型高效吸油材料的实验室研究和小规模生产已初见成效，展示了其在应对海上及工业生产漏油事故中的巨大潜力。然而，面对日益严峻的海上漏油挑战及工业化进程中不可避免的环境风险，还需跨越技术门槛，实现大批量吸油材料的连续化、产业化制备，建立规模化、标准化的生产体系，使得吸油材料能够更广泛地应用于海洋污染控制与生态修复项目中。

（撰稿人：中国纺织信息中心　孙菲菲）

参考文献

[1] 赵颖.航空航天用纺织材料全球关注[J].纺织科学研究，2021（9）：24-25.

[2] 芦长椿.从战略性新兴产业看纤维产业的发展（三）：高性能纤维材料在航空航天领域的应用[J].纺织导报，2012（7）：115-118，120.

[3] 张荫楠，赵永霞.航空航天用纺织品技术发展现状及其科技创新模式探讨[J].纺织导报，2018（S1）：8-30.

[4] SINHA M K，PANDEY R.Non-metallic Technical Textiles：Materials and Technologies[M].Florida：CRC Press，2024.

[5] 姚穆.高性能纤维产业发展的关键问题[J].西安工程大学学报，2016，30（5）：553-554.

[6] 徐卫林.航空航天纺织品探秘[M].武汉：湖北科学技术出版社，2022.

[7] 张定金.做大做强碳纤维产业链，推动相关产业联动发展[J].纺织导报，2018（S1）：44-48.

[8] 林刚.2023全球碳纤维复合材料市场报告[R/OL].（2024-03-28）[2024-12-06].https://www.sohu.com/a/767573289_121124370.

[9] 中国纺织工业联合会，世界布商大会组委会.2024世界纺织行业趋势展望[M].北京：中国纺织出版社有限公司，2024：119-134.

[10] 罗益锋.全球高性能纤维及其复合材料行业新进展[J].纺织导报，2023（3）：65-75.

[11] 王雪琴，俞建勇，丁彬.纳米纤维隔热材料在航空航天领域的应用进展[J].纺织导报，2018（S1）：68-72.

[12] 邢悦，井致远，陈永雄，等.航空航天用气凝胶材料的研究进展[J].材料导报，2022，36（22）：137-151.

[13] 罗益锋，罗晰旻.现代飞机用特种纤维及其复合材料的最新进展[J].纺织导报，2018（S1）：

61-67.

[14] 刘军虎,刘振辉,纪雪梅,等.平流层飞艇蒙皮材料的研究现状[J].信息记录材料,2016,17(2):1-5.

[15] 李帅.平流层飞艇蒙皮复合织物材料撕裂性能研究[D].上海:上海交通大学,2020.

[16] 赵钊辉.降落伞伞衣面料的开发[J].棉纺织技术,2020,48(7):39-42.

[17] 拔刀齐.天外飞仙铁布衫是如何炼成的——舱外宇航服的历史变迁[J].卫星与网络,2008(10):24-31.

[18] 丁许,孙颖,罗敏,等.航天器用高性能纤维编织绳索研究进展[J].纺织学报,2021,42(12):180-187.

[19] 邵慧奇,李建娜,邵光伟,等.复合材料增强用经编网格结构的性能对比[J].玻璃钢/复合材料,2018(10):76-81.

[20] 蒋金华,邵慧奇,陈南梁.经编增强复合材料的研究进展[J].纺织导报,2022(5):28-35.

[21] 蒋金华,陈南梁,钱晓明,等.产业用纺织先进基础材料进展与对策[J].中国工程科学,2020,22(5):51-59.

[22] 陈利,赵世博,王心淼.三维纺织增强材料及其在航空航天领域的应用[J].纺织导报,2018(S1):80-87.

[23] 郝新超,胡杰.三维编织技术在航空航天中的应用[J].中国科技信息,2019(21):25-26.

[24] 刘昌国,邱金莲,陈明亮.液体火箭发动机复合材料喷管延伸段研究进展[J].火箭推进,2019,45(4):1-8.

[25] 李正义,陈刚.玻璃纤维缠绕壳体在固体火箭发动机一二级上的应用研究[J].航天制造技术,2011(1):49-52.

[26] 石建高.绳网技术学[M].北京:中国农业出版社,2018.

[27] 兰红艳.纤维绳索的发展与应用[J].上海纺织科技,2024,52(8):6-8.

[28] 纪俊祥,姜文松,朱仲成,等.液化天然气运输船系泊绳缆[J].船舶工程,2019,41(5):20-24.

[29] 高峰,唐友刚,聂晓彤,等.港口船舶自动系泊系统研发与应用综述[J].中国港湾建设,2022,42(9):11-15.

[30] 黄吉,姜晓翔,甘霏斐.FPSO国内外发展及市场展望[J].船舶工程,2021,43(12):29-36.

[31] 李志海,徐兴平,王慧丽.海洋平台系泊系统发展[J].石油矿场机械,2010,39(5):75-78.

[32] 尹彦坤,周声结,李清明,等.聚酯缆在"深海一号"半潜式生产平台的应用技术[J].船舶工程,2022,44(S1):592-596,608.

[33] 王宇骅,李航宇,董海磊,等.海洋工程中国产深海聚酯缆绳述评[J].合成纤维,2022,51(10):36-40.

[34] 蔡元浪,张广磊,杨小龙,等.国产聚酯缆性能评估及其在陵水17-2气田"深海一号"能源

站的适用性研究[J].中国海上油气,2021,33(3):189-192.

[35] 王宏伟,罗勇,马刚,等.深水半潜式钻井平台纤维材料系泊方案研究[J].船舶工程,2010,32(3):58-62.

[36] 黄飞龙,吕雪芹,陈刚.海洋气象探测基地——浮标[J].海洋技术,2011,30(4):46-49.

[37] 李剑,陶兴,张卫新,等.海洋系泊链发展现状探究[J].中国设备工程,2022(21):246-248.

[38] 邵云亮.海洋系泊链研究和发展现状[J].海洋工程装备与技术,2019,6(3):603-609.

[39] 郭宇,赵春建.超高分子量聚乙烯纤维缆绳替代传统浮标锚链的初探[J].信息记录材料,2019,20(2):215-217.

[40] 薛洋洋,窦培林,彭作为,等.三体组合式FLiDAR测风浮标系泊系统的选型[J].船舶工程,2019,41(S1):413-419.

[41] 王富强,郝军刚,李帅,等.漂浮式海上风电关键技术与发展趋势[J].水力发电,2022,48(10):9-12,117.

[42] PHAM H D, CARTRAUD P, SCHOEFS F, et al. Dynamic modeling of nylon mooring lines for a floating wind turbine [J]. Applied Ocean Research, 2019(87):1-8.

[43] Dobrotkova, Zuzana.Where Sun Meets Water: Floating Solar Handbook for Practitioners(English)[M]. Washington: World Bank Group, 2019.

[44] 王伟宏,王焕栋.波浪能发电技术及其相关专利[J].中国科技信息,2023(7):11-14.

[45] THOMSER J B, FERRI F, KOFOED J P, et al. Cost optimization of mooring solutions for large floating wave energy converters [J]. Energies, 2018, 11(1):159.

[46] 杨崔波.水下机器人ROV用零浮力光电复合缆的研究[J].电子技术,2021,50(10):230-231.

[47] 成琦,姜建功,姜伟威,等.水下光电复合轻型拖缆的设计研究[J].光纤与电缆及其应用技术,2020(5):21-23,46.

[48] 窦方芹,赵京凤,汪波.一种轻型水下光电复合缆的设计[J].现代传输,2016(5):55-57.

[49] 佟寅,桑巍.应用高模量合成纤维缆的深海调查绞车系统设计[J].船舶工程,2020,42(6):109-113.

[50] 李亮,邰阿旺,宋炳涛,等.帆船用纤维绳索简介及其发展现状[J].产业用纺织品,2022,40(8):1-6.

[51] 朱岭,窦从越,宁进进.港珠澳大桥沉管快速锚泊定位系统开发[J].中国港湾建设,2018,38(3):62-65.

[52] 翟瑞龙,刘玉福.《厉害了,我的国》厉害了,仪征"力纶"——中国石化仪征化纤有限公司超高分子量聚乙烯纤维成功为"港珠澳大桥"合拢吊装[J].东方企业文化,2018(2):54-56.

[53] 孟粉叶.Teufelberger：海上作业起重机用高强度纤维缆绳［J］.国际纺织导报，2022，50（10）：14.

[54] 石建高.渔业装备与工程用合成纤维绳索［M］.北京：海洋出版社，2016.

[55] 刘义，梁洲瑞，余雯雯，等.不同离岸距离的养殖海区对海带养殖性状及苗绳老化的影响［J］.渔业科学进展，2022，43（3）：156-164.

[56] 徐俊杰，石建高，王猛，等.渔用高性能绳索材料的研究进展［J］.河北渔业，2022（4）：38-44.

[57] 石建高.深远海养殖用网纲材料技术学［M］.北京：海洋出版社，2022.

[58] 石建高.渔用网片与防污技术［M］.上海：东华大学出版社，2011.

[59] 孙斌，余雯雯，石建高，等.渔用高性能网衣材料的研究进展［J］.渔业现代化，2020，47（6）：1-7.

[60] STERLING D，BALASH C.Engineering and catching performance of five netting materials in commercial prawn-trawl systems［J］.Fisheries Research，2017，193：223-231.

[61] 石建高.深远海网箱养殖技术［M］.北京：海洋出版社，2019.

[62] 石建高.深远海养殖用纤维材料技术学［M］.北京：海洋出版社，2021.

[63] 石建高.深远海生态围栏养殖技术［M］.北京：海洋出版社，2019.

[64] 石建高.深远海养殖用渔网材料技术学［M］.北京：海洋出版社，2022.

[65] SHI J G.Intelligent equipment technology for offshore cage culture［M］.Beijing：Ocean Press，2018：1-159.

[66] 石建高，余雯雯，赵奎，等.海水网箱网衣防污技术的研究进展［J］.水产学报，2021，45（3）：472-485.

[67] 陈正涛，于雪艳，王申纲，等.水性渔网防污涂料的制备与性能研究［J］.涂料工业，2013，43（3）：37-40.

[68] 彭勃，汪元南，廖树妹，等.海上溢油应急处置技术研究进展［J］.广东化工，2019，46（7）：161-162，184.

[69] 罗磊.溢油应急吸附材料的制备及性能研究［D］.天津：天津理工大学，2019.

[70] 张晖，母清林，韩锡锡，等.溢油在海洋生态系统中的风化、生态学效应及环境风险评价［J］.海洋科学，2023，47（1）：99-107.

[71] 樊宝安.海上溢油风险分析及处置技术研究［J］.石化技术，2023，30（12）：94-95，70.

[72] LV E M，XIA W Y，TANG M X，et al. Preparation of an efficient oil-spill adsorbent based on wheat straw［J］.Bioresources，2017，12（1）：296-315.

[73] LISICHKIN G V，KULAKOVA II.Elimination of emergency oil spills：State of the art and problems［J］.Russian Journal of Applied Chemistry，2022，95（9）：1263-1289.

[74] 杨双华，邵高耸，卢林刚.常见吸油材料的研究进展及展望［J］.应用化工，2019，48（4）：926-931，937.

[75] 封严，李娜.高性能吸油材料研究进展［J］.纺织导报，2016（S1）：63-67.

[76] 张乐.用于海上溢油回收的多孔吸附材料研究进展［J］.广东化工，2024，51（7）：91-94.

[77] ZHANG T, LI Z D, LÜ Y F, et al. Recent progress and future prospects of oil-absorbing materials［J］. Chinese Journal of Chemical Engineering, 2019, 27（6）: 1282-1295.

[78] 杨浩，陈琪，阎杰，等.纤维素基吸油材料的研究进展［J］.仲恺农业工程学院学报，2019，32（1）：53-58.

[79] 柴文波.纤维基复合吸油材料的制备及其吸油机理研究［D］.上海：上海大学，2016.

[80] 陆平，王晓丽，彭士涛，等.高吸油材料的研究进展［J］.现代化工，2019，39（4）：22-26.

[81] 岳新霞，宁晚娥，蒋芳，等.木棉纤维改性及吸油性能研究［J］.上海纺织科技，2017，45（12）：57-61.

[82] 陈春晖，许多，李治江，等.疏水亲油复合棉织物的制备及其性能［J］.现代纺织技术，2022，30（4）：115-123.

[83] USHA Z R, BABIKER D M D, YANG J S, et al. Robust super-wetting biaxial polypropylene membrane with multi-scale roughness structures for highly efficient oil/water emulsion separation［J］. Journal of Environmental Chemical Engineering, 2023, 11（3）: 109670.

[84] 周柄男，丁秋炜，张宇，等.改性海绵亲油疏水材料在含油污水处理中的应用研究［J］.工业用水与废水，2024，55（2）：7-12，18.

[85] 张梦露.天然纤维吸油材料在废油处理中的应用与优化［J］.化纤与纺织技术，2024，53（6）：38-40.

[86] GUPTA R K, DUNDERDALE G J, ENGLAND M W, et al. Oil/water separation techniques: A review of recent progresses and future directions［J］. Journal of Materials Chemistry A, 2017, 5（31）: 16025-16058.

[87] 王文华，邱金泉，寇希元，等.吸油材料在海洋溢油处理中的应用研究进展［J］.化工新型材料，2013，41（7）：151-154.

[88] 李磊，苏静娜，鞠敬鸽，等.改性熔喷吸油材料研究进展［J］.高分子材料科学与工程，2023，39（7）：168-175.

[89] 吴卫逢，李好义，张爱军，等.熔体静电纺丝制备吸油材料［J］.化工新型材料，2015，43（1）：46-48.

[90] 孔凡功，倪庆润，李阳，等.纤维素及纤维素纤维气凝胶的制备及其在油水分离中的应用研究进展［J］.天津科技大学学报，2024，39（2）：1-7，64.

[91] 王顺梅，陈一帆，马瑞欣，等.天然纤维材料吸油剂的研究进展［J］.化工技术与开发，2023，52（8）：38-41.

[92] HOANG A T, NIZETIC S, DUONG X Q, et al.Advanced super-hydrophobic polymer-based porous absorbents for the treatment of oil-polluted water［J］. Chemosphere, 2021: 277.

专家观点

专家观点 1

中国工程院院士、武汉纺织大学校长 徐卫林

空天和深海是国家"深度"布局的重要战略需求，也是先进纺织品的重要应用服务领域。空天深海环境特有的强辐照、大温差、高压强、高腐蚀等特点及高速、高摩擦等极端工况给载人航天、探月探火、卫星导航、临空系统、深海探测等国家战略任务中的纺织新材料及其构件带来了巨大挑战。

在空天领域，飞艇、绳缆、太空帆等采用的纺织材料需要具有质量轻、强度高、耐热久、抗辐射性强等性能特点，柔性太空舱的纺织材料需具备轻质、高强和优秀的热控制能力，以满足结构支撑的需要并确保舱内环境适宜生命维持系统的正常运行；月球基地建设要求玄武岩纤维及其纺织构件能够适应极端温差、抵御微流星体撞击，并承受月球表面极端强烈的太空辐射。

在深海领域，深海系泊缆绳需要具备优异的耐腐蚀、耐高压特性、质轻高强、耐疲劳等特点，海洋管道要求其外部纺织材料需具有强抗压、防生物附着、抗微生物腐蚀和自修复能力，以确保在深海极端环境中仍能保持管道的功能和结构完整，鱼雷防护网需满足高强度、高耐磨、抗风浪、抗腐蚀、抗老化等要求，以实现大深度布置时的高稳定性。

因此，新型高强耐温无机纤维、轻质高强无机/有机复合纤维、大尺寸三维异型纺织技术、防辐射改性、表面抗污后处理、极端环境长耐服役性等方面的突破将对我国在空天和深海领域的发展做出重要贡献。

专家观点 2

江南大学针织技术教育部工程研究中心主任、教授 蒋高明

随着航空航天技术的迅猛进步，纤维材料在该领域的应用需求持续攀升，特别是高性能、高可靠性及环境友好型材料的需求日益增长。其中，轴向经编技术凭借其多向纱线铺设与高强度抗变形能力，已成为航空航天纺织品的优选。

（1）轻量化与结构增强

多轴向经编材料凭借其轻量化和高强度特性，在航空航天领域备受推崇。通过优化纤维布局，这些材料能够在不增加重量的前提下提升结构强度，广泛应用于飞机机身、机翼及火箭外壳等关键部件，成为重要的选择材料。

（2）定制化纤维方向

相较于传统织物，多轴向经编技术能够定制化地设置纤维方向（如0°、90°、±45°），从而依据航天器的具体受力需求设计出性能更优的复合材料。这一特性对于飞行器结构的优化至关重要，能够显著增强其抗冲击与抗疲劳性能。

（3）高韧性与多材料杂化

轴向经编技术强化的纺织品不仅具有高韧性与耐疲劳性，还能通过融合碳纤维、芳纶等多种高性能材料杂化，进一步提升其性能。这类复合材料在宇航员服装、隔热层及热防护系统等关键领域展现出卓越的应用价值。

（4）智能纺织品创新

多轴向经编材料还具备集成传感器的潜力，通过嵌入功能性纤维，能够实时监测环境数据，显著提升航天员安全及设备可靠性。这一创新应用展现了轴向经编技术在航空航天领域的巨大潜力。

多轴向经编技术在航空航天纺织品中因轻量化、高强度、定制化纤维铺设、耐疲劳、多材料杂化及智能监控潜力而广受欢迎，广泛应用于关键部件与系统中，展现出广阔前景与创新价值。

专家观点3

东华大学产业用纺织品教育部工程研究中心主任、教授、博导 陈南梁

新材料是战略性新兴产业的重要领域，先进纺织结构复合材料是新材料的重要组成部分。航空航天与军事国防建设领域对先进纺织结构复合材料具有迫切需要。各类新型纺织结构复合材料是人造卫星主结构、天线、太阳能电池帆板、运载火箭等比较理想的关键材料。纺织科学与工程学科要想立于不败之地，也需要紧跟国际科技发展的脚步，在原有优势科研方向的基础上，重新拓宽和凝练学科发展方向，并形成学科研究方向之间相互支撑的内在逻辑关系。航空航天用纺织品是纺织技术发展的一个重要领域。

目前航空航天用纺织品发展的主要科学技术问题如下。

（1）高性能纤维可编织性及织物结构研究

高性能纤维可编织性能参数的研究及表征；相关测试装置及仪器的研发设计制造；高性能纤维物理、化学前处理研究，改善其编织性能；各类纺织预成型体加工装备的二次设计与优化；高性能纤维纺织产品的性能表征及优化；强化高性能纤维织品的应用基础研究。

（2）多维复杂结构纺织复合材料加工体系基础研究

突破多向纤维纱线在斜向或纵向互相交织、纤维方向和分布、形成整体结构的编织基础理论；优化三维异型机织技术织造的整体性和力学合理性的关键技术，提高三维异型整体机织技术的灵活性及复杂形状织物的创造性，实现三维异型整体机织的自动化；开展多轴经编织物预定向线圈模型基础研究，研究纤维束排列布局的设计、工艺过程的动态模拟。

（3）纺织结构复合材料预成形体缝合技术

优化现有的预成型铺敷及缝合技术与设备，提高纺织复合材料预型件整体性能；开展纺织复合材料成型加工新工艺研究，突破用于大型整体复杂结构件制造工艺及专用设备的研究。

（4）纺织结构复合材料的设计技术

建立多尺度结构模型，在纤维、纱线、单胞和宏观上揭示纺织结构复合材料的动静态力学特性，形成具有参数可调整型的设计程序，真正实现工业化设计，形成具有自主知识产权的软件。

（5）低成本纺织结构复合材料成形技术

突破高质量纺织结构复合材料的低成本加工关键技术，建立整套的工艺监控体系，仿真不同纺织结构预制件的树脂流动规律，优化不同结构件的模具结构，形成高效的固化体系。

（6）应用技术基础研究

针对材料的不同应用领域，开展复杂纺织结构预成型件等纺织结构复合材料产业化应用基础研究，实现航空航天、国防军事和民用的广泛应用，成为我国纺织产业面向国家重大需求转型升级的典范。

专家观点4

鲁普耐特集团董事长、中产协绳（缆）网分会会长 沈 明

随着现代海洋经济在国民经济中地位和贡献的不断巩固，海洋用绳网也逐步走向轻量化、高端化、智能化，尤其是传统的金属绳网正逐步被合成纤维绳网替代。

合成纤维绳网在海洋中的应用领域非常广泛，包括船舶系泊缆、海洋工程平台系泊缆、海洋浮标潜标系泊缆、海洋科考探测缆、海上作业用拖缆及吊装缆、海洋渔业用绳网和海上设施安全防护用绳网等，主要材质有聚酯纤维、聚丙烯纤维、聚酰胺纤维、超高分子量聚乙烯纤维等。其主要优势是强度质量比高、耐腐蚀，尤其是随着超高分子量聚乙烯、芳纶等高性能纤维的发展，进一步提高了合成纤维绳网性能，极大地推动了合成纤维绳网在海洋中的应用。

随着海洋资源的开发、利用和保护不断走向深远海，绳网的高端化、智能化和多功能化成为趋势。越来越多绳网产品需要运用多材料混纺技术、多结构复合成型技术和多功能一体化技术；绳网产品与光信号、电磁信号传输的复合结构成为热点，绳网的智能化监测技术研究方兴未艾；绳网的性能要求由原来的单一维度要求发展为对绳网断裂强力、耐载荷疲劳性能、刚度、蠕变、泊松比等多维度的要求；网类产品结构越来越丰富，绳缆规格趋向于超长、超大方向发展。这对关键材料的质量、特种绳网装备的精度与自动化水平、编织工艺与仿真设计方法的创新及检测技术的升级都提出了更高的要求，未来先进功能绳网将是产业用纺织品和科技海洋的核心研究方向，高效可替代的新科技产品将有助于实现绿色科技海洋的可持续开发。

专家观点 5

青岛海丽雅集团技术中心
副主任、青岛华凯海洋
科技有限公司总经理
张丽东

随着海洋强国战略的深入推进，我国海洋经济正迎来前所未有的发展机遇，推动了海洋传统产业转型升级，也促进了高性能纤维材料技术、绳缆加工技术及海洋综合开发利用技术等的发展进步。海洋领域纤维绳缆的发展呈现出材料与技术不断进步、应用领域不断拓展、高性能纤维应用广泛、新型绳缆产品研发与应用加速、绿色低碳、智能化与自动化水平提高以及国际化布局等趋势。

（1）高性能纤维应用广泛

近年来，超高分子聚乙烯纤维和芳纶等高性能纤维市场迅猛发展，为绳缆的高强化、轻量化、功能化开发提供了丰富的纤维材料来源。

（2）新型绳缆研发与应用加速

随着技术进步和需求增加，行业企业正在积极研发设计市场需求的新型绳缆产品，万米海洋科考绳缆、航空航天绳缆、海上大型平台系泊绳缆、消防救援绳缆、高空作业绳缆、户外运动绳缆以及光电复合缆等高科技新型绳缆产品将逐渐代替传统绳缆和钢缆。绳缆企业需根据不同应用场景，有针对性地加大研发力度，提供专门设计的定制化产品，以满足不同客户的特定需求。

（3）绿色低碳发展

随着全球环保意识的提高，绿色环保必将成为绳缆行业不可忽视的趋势。企业应积极与科研院所联合研发可再生和可生物降解的纤维材料，减少生产过程中的碳排放和海洋塑料污染。此外，推动绳缆产品全生命周期管理，将回收和再利用纳入产业链，也将成为重要发展方向。

（4）智能化与自动化水平提高

物联网、大数据和智能材料等技术的发展推动纤维绳缆的智能化和自动化水平不断提高，如绳缆智能预警监测系统、自动化生产设备等的应用将越来越广泛。这不仅能提高绳缆作业安全性，提升产品品质和性能，提高绳缆产品功能化，还能优化维护管理，延长绳缆及相关产品的使用寿命。

（5）缆绳行业标准化与规范化

随着绳缆行业的发展和市场的扩大，纤维绳缆的标准化和规范化将越来越重要。根据国内行业发展情况，制定更加完善的企业、行业和国家标准及规范，更好地指导行业产业发展，并且积极参加国际标准的制定，提升行业国际话语权。

（6）国际化布局

海洋经济是全球性的，纤维绳缆行业的国际化竞争必将越来越激烈。绳缆企业需要不断技术创新，提升产品质量和服务水平，加强国际市场布局，拓展海外业务，以应对全球市场的挑战和机遇。同时，加强与绳缆上下游产业链国际知名企业和行业研究机构的国际交流与合作，提升自身技术水平和品牌影响力，增加国际市场竞争力。

专家观点6

中国产业用纺织品行业协会绳（缆）网分会副秘书长 刘东明

绳（缆）网作为使用历史最为悠久的纺织产品之一，在人类文明的发展历程中扮演着不可或缺的角色。它们的应用范围广泛，涵盖了从日常生活到高端科技领域的众多方面，如养殖捕捞、应急救援、现代农业、海洋工程、航空航天等。

中国是全球最大的纤维绳索及绳缆制品生产国之一，拥有超过2万家相关企业，尽管大多数为小微企业。据中国产业用纺织品行业协会统计，2019—2023年间，我国绳（缆）网类纺织品的纤维加工总量年均增长率达到了1.96%，显示出了稳定的增长势头。除了满足国内市场需求外，这些产品还远销至韩国、日本、澳大利亚、俄罗斯、东欧、非洲、中东等数十个国家和地区，总价值超过100亿元人民币。

随着科学技术的进步，特别是纤维原料开发与加工工艺的革新，绳（缆）网经历了由天然纤维向传统合成纤维再向高性能合成纤维转变的过程，这一过程中不仅材料性能得到了显著提升，而且产品种类更加丰富多样，促进了整个行业的技术创新与发展。如今，无论是航天军工还是民用领域，都能见到各类高质量绳缆产品的身影，它们对于保障国家安全、促进经济社会健康发展发挥着重要作用。

为了推动产业用纺织品行业实现高质量发展，2022年工业和信息化部联合国家发展和改革委员会发布了《关于产业用纺织品行业高质量发展的指导意见》，明确指出要将海洋工程和渔业用高性能绳（缆）网作为未来发展重点之一。同时，国家层面也通过一系列政策举措鼓励和支持绳（缆）网领域的创新发展，例如国家应急产业发展规划等，旨在培育一批具有国际竞争力的企业集群，加速科技成果转化为现实生产力。

面对未来，绳（缆）网产业正迎来前所未有的发展机遇。一方面，随着国产替代化进程加快，本土品牌有望在全球市场上占据更大份额；另一方面，通过优化供应链管理、强化研发创新能力，行业内有望涌现出更多领军型企业。此外，轻量化设计、智能化制造、绿色环保理念的应用将成为行业转型升级的关键方向。特别是在新兴领域如浮动式风电项目中的系泊系统解决方案、低蠕变特性的纤维绳索开发等方面的技术突破，预示着绳（缆）网行业即将开启新的篇章。

总之，随着技术不断进步和社会需求日益多样化，绳、缆、网将继续以其独特优势服务于社会各个角落，同时也为中国乃至世界经济发展贡献自己的一份力量。

第四章　数字化赋能纺织产业发展

当前，纺织行业正处于一个快速发展和深刻变革的时期。一方面，全球纺织品市场受到地缘政治、通货膨胀和供应链中断等因素的影响，出现了需求减弱的现象。受经济下滑的影响，消费者在服装和其他纺织品上的支出减少，导致订单量下降；能源和劳动力成本的增加对纺织制造商构成压力；战争导致原材料价格波动，影响供应链稳定性。另一方面，纺织行业的供应链透明度和社会责任受到越来越多的关注，环保材料的使用和循环经济模式正在增加，以减少对生态环境的影响。

为了应对这些挑战并抓住新的市场机遇，纺织行业正在积极拥抱数字化转型。数字化转型涉及数字基础设施、装备自动化、数据分析和人工智能等先进技术应用，这些技术不仅提高了生产效率，还优化了供应链管理、提升了产品质量，并满足了消费者对优质产品的需求。纺织企业将通过数据赋能，引进先进生产体系，推动数字化智能工厂建设，实现生产过程的自动化和智能化，降低成本，提高质量，提升生产灵活性和响应速度，实现大规模柔性化生产。数字化建设也将赋能消费品牌在线上新零售、供应链管理、消费者洞察等方面，推进数字技术在设计、生产、营销的深入应用，提升企业科学经营能力，实现高质量增长。此外数字化还促进了新纤维材料技术的应用，推动了产品创新和市场扩展，满足消费者对个性化、功能化、环保化产品的需求。

党的二十届三中全会提出要"发展以高技术、高效能、高质量为特征的生产力"，要"健全促进数字经济和实体经济深度融合制度"，未来，中国纺织工业将围绕"科技、时尚、绿色"产业新定位，积极探索发展新质生产力的策略与路径，通过持续的数字技术创新和可持续发展实践，不断增强创新能力和市场竞争力，推动高端化、智能化、绿色化发展，实现长期稳定增长，并在竞争激烈的全球市场中保持领先地位。

一、纺织行业数字技术发展现状及趋势

（一）数字技术发展趋势

1. 数字基建

数字技术正处于快速发展的阶段，各个领域的新技术不断涌现和融合，推动数字基础设施的升级和演进。通信网络基础设施向更高速率、更低延迟和更智能化发展，计算力平台在云计算、边缘计算和新型计算技术的驱动下不断增强。大数据平台注重数据的价值挖掘和安全管理，智能应用平台降低了人工智能的应用门槛。物联网连接规模持续扩大，应用场景日益丰富。区块链技术逐步成熟，在多领域实现落地应用。新型计算技术的探索为未来计算带来了无限可能。整体来看，数字基建的发展趋势体现为高速化、智能化、融合化和安全化。这些趋势将为产业数字化转型和社会经济的发展提供有力支撑，推动

人类迈向万物互联、智能互通的数字新时代。

（1）通信网络基础设施

通信网络基础设施正朝着高速率、低延迟和广覆盖的方向不断发展。5G 网络的全面部署为移动互联网、物联网等领域提供了坚实的基础，推动了各行业的数字化转型。与此同时，6G 技术的研究也在积极推进，预计将在太赫兹通信、全息通信等领域取得突破，为未来的通信需求提供更先进的解决方案。卫星互联网的发展，如低轨卫星星座的建设，为全球提供广覆盖、高带宽的互联网接入服务，弥补了地面网络的不足。

（2）算力平台

算力平台的建设正在满足对海量数据处理和复杂计算的需求。云计算已成为企业数字化转型的关键支撑，云原生技术的发展提高了应用的敏捷性与可扩展性。边缘计算的兴起，将计算能力下沉到靠近数据源的地方，满足了对实时性和低延迟的应用需求。人工智能的发展对算力提出了更高要求，图形处理器（GPU）、张量处理器（TPU）等专用芯片和高性能计算集群被广泛应用。与此同时，量子计算的研究不断推进，有望在密码破解、优化计算等领域发挥重要作用。绿色算力和能效优化也成为关注的焦点，提高能源利用效率，发展绿色数据中心，符合可持续发展的要求。

（3）大数据平台

大数据平台在数据存储、处理和分析方面持续优化。新型数据库、数据湖和数据中台的建设，提升了对海量、多样化数据的管理能力。借助人工智能和机器学习技术，实现了对大数据的深度分析，从中挖掘出有价值的信息，辅助决策和业务创新。数据安全与隐私保护的重要性日益凸显，数据加密、隐私计算等技术的应用，保障了数据使用的合规性和安全性。跨行业、跨领域的数据共享与开放平台的发展，促进了数据资源的流通与融合，最大化地发挥数据的价值。

（4）智能应用平台

智能应用平台的普及降低了人工智能技术的应用门槛，推动了 AI 在医疗、金融、教育、制造等各行业的深入应用。算法模型的创新与优化，如深度学习、强化学习等，可不断提升 AI 系统的性能和适用范围。自动机器学习（AutoML）和零代码平台的兴起，使非专业人员也能构建和应用 AI 模型，加速了 AI 技术的普及。多模态智能的发展，融合语音、图像、文本等多种数据类型，增强了机器的感知和理解能力。同时，AI 伦理和规范的建立，保障了人工智能技术的可持续健康发展。

（5）物联网

物联网技术的广泛应用，促进了各行业的智能化转型。通过智能传感器和自动化设备，企业可以实现生产过程的实时监控和优化，提高生产效率和产品质量。例如，物联网技术的应用促进了纺织行业的智能制造发展，企业能够降低生产成本，提升市场竞争力。物联网通信技术的多样化，如窄带物联网（NB-IoT）、远距离无线电（LoRa）和 5G 等，满足了不同场景对带宽、功耗和覆盖范围的需求。物联网平台的生态构建，促进了设备互联和数据共享。与此同时，物联网安全防护的加强，确保了系统的可靠性和数据的安全性。

（6）区块链

区块链技术正从概念验证走向实际应用，在供应链金融、商品溯源、数字身份等领域取得了显著成效。智能合约的成熟与应用深化，推动了业务流程的自动化和效率提升。区块链性能的提升，通过分片、侧链等技术，满足了大规模商业应用的需求。跨链与互操作性技术的发展，实现了不同区块链网络之间的互联互通，打破了信息孤岛。各国对于区块链的监管合规和标准制定逐步明确，促进了区块链技术的健康有序发展。

(7) 其他

人们对新型计算技术的探索为未来计算带来了无限可能。量子计算的研究取得了重要进展，量子比特数的增加和量子纠错技术的改进，推动了量子计算在密码学破解、复杂系统模拟等领域的应用前景。神经形态计算借鉴人脑神经网络结构，提供了低功耗、高效率的计算方式，适用于人工智能和机器学习等场景。光子计算利用光子进行数据处理，突破了电子器件的速度和功耗瓶颈。在生物计算领域，利用DNA等生物分子进行信息处理，为解决特定计算问题提供了新途径。计算架构的创新与融合，如异构计算、存算一体化等，提升了计算系统的性能和效率，满足了多样化的计算需求。

2. 数字技术

数字技术正在深刻地改变纺织行业的生产方式、经营模式和竞争格局。生成式人工智能提升了设计创新能力，自主智能体和工业机器人推动了生产智能化，3D打印和VR/AR创造了新的产品和服务体验。数字孪生、无人系统等技术的应用，优化了生产和物流流程。数字金融和可持续技术，帮助纺织企业应对市场变化和环境挑战。未来，纺织行业应积极拥抱数字技术，深入推进数字化转型和智能化升级，不断提升核心竞争力和可持续发展能力。

(1) 生成式人工智能

生成式人工智能（GAI）利用深度学习和神经网络，能够生成与人类创作相似的内容，如文本、图像、设计和样式。在纺织行业，GAI可以用于服装设计、花纹图案生成和款式创意等方面。设计师可以借助GAI快速生成多样化的设计方案，提高设计效率和创新性。比如，利用GAI可生成独特的面料图案和纹理，满足消费者的个性化需求。此外，GAI还可以分析市场趋势和消费者偏好，帮助企业制定更贴合市场需求的产品策略，提升竞争力。

(2) 自主智能体

自主智能体（Agents）是具备环境感知、自主决策和行为执行能力的智能系统。在纺织制造领域，智能体可以用于生产线的智能调度、设备维护和质量检测等环节。例如，智能巡检机器人可以自主检测生产设备的运行状态，及时发现并预警潜在故障，减少生产停机时间。供应链管理中，智能体可以优化库存和物流调度，提高供应链的响应速度和效率，降低库存成本。同时，客服智能体可以24小时在线解答客户咨询，提升客户服务水平。

(3) 工业机器人

工业机器人在纺织行业的应用正从传统的简单重复作业向智能化、自主化升级。新一代纺织机器人具备了机器视觉和力控等感知能力，能够完成布料裁剪、缝纫、包装等复杂操作。协作机器人（Cobot）可以与工人安全协同工作，适应小批量、多品种的生产需求，提高生产灵活性和效率。通过工业机器人的应用，纺织企业可以实现24小时不间断生产，降低人工成本，提升产品一致性和质量。

(4) 3D打印

3D打印技术在纺织行业的应用主要体现在服装打样、个性化定制和功能性结构件的制造。设计师可以通过3D打印，将数字化设计直接转化为实体模型，实现快速打样，加快产品上市进程。消费者也可以参与个性化设计中，定制独一无二的服装或配饰。例如，利用3D打印技术量身定制的鞋类或配饰，能满足特定人群的需求。未来，随着可打印纺织材料的发展，3D打印有望直接制造服装，创新纺织品的生产方式。

（5）虚拟现实和增强现实

虚拟现实（VR）和增强现实（AR）技术为纺织行业带来了新的体验和商业模式。虚拟试衣间使消费者可以在虚拟环境中试穿服装，提升购物体验，降低退货率。设计师利用VR/AR进行虚拟样衣展示和设计评审，提高设计沟通效率，缩短产品开发周期。在生产培训方面，AR技术还可以用于工人技能培训，提供实时指导和错误反馈，缩短培训周期，提升操作技能。未来，VR/AR将进一步融合电子商务和社交媒体，拓展纺织行业的数字化营销渠道。

（6）数字孪生

数字孪生（Digital Twin）技术在纺织制造中的应用，能够对生产设备和工艺流程进行数字化映射，实现实时监控、预测维护和优化控制。通过数字孪生，企业可以模拟生产过程，分析产能瓶颈，优化工艺参数，提高生产效率和产品质量。例如，某纺织企业通过数字孪生技术，实现了对设备的实时监控和远程调试，故障率降低了30%。而在供应链方面，数字孪生可以帮助企业实现从原材料到成品的全生命周期管理，提升供应链的可视化和协同性。

（7）生物技术与信息技术融合

在纺织行业，生物技术与信息技术的融合催生了新型纤维材料的开发和生产工艺的创新。例如，利用生物工程技术生产可降解的生物基纤维，如聚乳酸纤维，符合可持续发展的要求。信息技术的辅助，使得对生物基纤维的生产过程进行精准控制，实现高效、稳定的生产。通过对生物基纤维性能的数据分析，优化纤维的功能特性，进而开发出各种功能性新型纺织品。

（8）人机交互与脑机接口

人机交互（HCI）技术的进步，提升了纺织行业的设计和制造体验。设计师可以通过语音、手势等自然方式与设计软件互动，提高设计效率。触觉反馈技术的应用，使得设计师可以感受到虚拟面料的质感，增强设计的直观性。脑机接口（BCI）技术的应用前景则体现在辅助设计领域，未来有可能实现基于设计师思维的直接设计输入模式，开创全新的设计模式，提高创新效率。

（9）量子通信与量子密码

量子通信与量子密码技术为纺织行业的数据安全提供了新的保障。随着纺织行业的数字化转型，生产数据、设计方案和商业信息的安全性至关重要。量子加密技术可以确保数据传输的绝对安全，保护企业的知识产权和商业秘密，防止商业机密被窃取或篡改，提升企业的安全防护水平。

（10）无人系统与自主技术

无人系统在纺织行业的仓储物流环节有着广泛的应用。无人搬运车（AGV）、无人叉车等设备，可以实现原材料和成品的自动搬运，优化仓储管理，减少人工干预。自主技术的进步，使无人系统具备了环境感知和自主导航能力，提高了物流环节的效率和安全性。

（11）数字金融与科技创新

数字金融技术为纺织企业的融资和资金管理提供了新途径。供应链金融平台利用大数据和区块链技术，为中小纺织企业提供便捷的融资服务，解决其融资难的问题。智能合约的应用，可以实现贸易结算的自动化，提高资金周转效率。数字货币的兴起，可能改变跨境贸易的支付方式，降低交易成本，提高国际贸易的效率。

（12）可持续技术与绿色数字化

可持续发展和绿色生产是纺织行业的重要趋势。数字技术的应用，帮助纺织企业优化资源利用，降低能耗和排放。通过物联网和大数据分析，企业可以实时监测并调节生产过程中的能源消耗和污染物排放。绿色供应链管理，实现了从原材料采购到产品回收的全生命周期环保控制，提升了企业的社会责任形象。例如，利用区块链技术跟踪纺织品的生产和流通过程，确保可持续和道德采购，满足消费者对环保产品的需求。

3. 应用场景

数字化技术正在全方位重塑纺织行业的价值链，从趋势预测到生产制造和市场营销，每个环节都呈现出新的发展趋势。通过深入应用大数据、人工智能、物联网和虚拟现实等前沿技术，纺织企业能够提升运营效率，满足个性化需求，增强市场竞争力。同时，需要高度重视技术应用中的数据安全、隐私保护和伦理道德问题，确保数字化转型的合规性和可持续发展。未来，纺织行业将继续融合创新，不断探索数字化的新模式和新机遇，实现高质量发展。

（1）趋势预测

趋势预测依托人工智能和机器学习算法，对市场需求、时尚潮流和消费者行为进行深度分析和预测。通过挖掘历史数据和实时信息，企业能够提前了解市场变化，制定相应的产品和营销策略，增强市场竞争力。趋势预测在新品开发、库存管理和供应链优化等方面展现出巨大潜力。未来，趋势预测将进一步提升预测的准确性和实时性，但同时也需关注算法的透明度和公平性，防止数据偏差引发的错误决策，确保预测结果的可靠性。

（2）产品设计

产品设计领域正逐步引入数字化工具和技术，如计算机辅助设计（CAD）、三维建模和VR等。设计师可以利用这些工具进行服装款式、面料纹理和色彩搭配的创意设计，快速生成高质量的设计方案。未来，人工智能特别是生成式人工智能的应用，将进一步提升设计效率、增加创意多样性。设计师可以与AI协作，生成独特的图案和款式，满足消费者的个性化需求。同时，需要关注版权和创意归属等问题，确保技术的合规应用。

（3）个性化定制

个性化定制借助数字化技术，实现了从消费者需求到产品交付的全流程定制服务。通过在线定制平台，消费者可以自行选择款式、面料、颜色和尺寸，定制独一无二的产品。企业利用数字化生产系统和柔性制造技术，能够高效地完成小批量、多品种的生产。未来，个性化定制将进一步融合虚拟试衣和3D人体扫描技术，提升消费者的参与感和满意度。同时，需要平衡定制化与规模化生产的成本，确保商业模式的可持续性。

（4）生产制造

生产制造正向数字化和智能化方向转型。通过引入物联网设备、工业机器人和自动化生产线，纺织企业实现了生产过程的实时监控和自动化控制。人工智能技术目前可用于优化生产流程、预测设备维护和提高产品质量等方面。未来，智能制造将进一步帮助企业提升生产效率和灵活性，以及快速响应市场需求的能力。同时，企业需要关注技术更新和员工技能提升，保证智能生产系统的稳定运行和安全性。

（5）供应链管理

供应链管理利用数字化平台，实现了对原材料采购、库存管理、物流配送等环节的全流程可视化和优化。通过大数据分析和人工智能算法，企业可以优化供应链布局，降低成本，提高效率。区块链技术的应用，增强了供应链的透明度和可追溯性，防止假冒伪劣产品的流通。未来，供应链管理需要重视数据共享中的安全和隐私保护，以及供应链各环节的协同发展，实现更加智能化和协同化。

（6）市场营销

市场营销领域的数字化转型，为纺织企业带来了新的机遇和挑战。借助人工智能技术，企业可以自动生成高质量的营销内容，如个性化的广告文案、产品描述和社交媒体帖子等；虚拟现实和增强现实技术的应用，为消费者提供了沉浸式购物体验。未来，数字化营销将进一步提高互动性和个性化水平，但需关注消费者数据的安全性和营销内容的合规性，确保良好的客户关系和品牌形象。

（7）智能纺织品

智能纺织品结合了电子技术和材料科学，赋予传统纺织品以智能功能，如感知、响应和通信等。典型应用案例包括能够监测生理参数的智能服装、具备加热或散热功能的智能面料，以及用于人机交互的触控织物。未来，智能纺织品将在医疗健康、运动健身和时尚科技等领域展现出更广阔的应用前景。但需关注产品的安全性、耐用性和用户体验，解决好生产成本和技术集成等挑战，推动智能纺织品的商业化和产业化。

（二）纺织行业数字化升级面临的挑战

随着第四次工业革命的推进，纺织行业的数字化转型已成为不可避免的趋势，数字化技术的引入为纺织行业带来了巨大的机遇，同时也伴随着一系列挑战。在全球范围内，纺织行业的数字化进程仍处于初级阶段。根据Factry的报告，2023年纺织制造业的数字化采用率仅为28%。这表明，尽管数字化的优势显而易见，但许多公司仍未充分利用这些技术。例如，德国经济研究所的研究显示，2022年仅有31%的德国公司能够有效使用数据。这种现象可能会阻碍企业满足日益严格的可持续发展和合规要求。

1. 系统性战略规划缺失

在数字化升级的浪潮中，纺织行业的许多企业缺乏全面的系统性战略规划，对数字化转型的方向和目标认识不足。由于缺乏明确的路线图和实施计划，数字化项目往往呈现出零散、短期的特点，难以形成整体效益。一些企业只是在某些环节引入了数字技术，但未能与整体业务深度融合，导致数字化升级效果不佳。未来，纺织企业需要制定长远的数字化战略规划，将数字化转型融入企业发展的核心理念，明确目标和步骤，确保数字化升级的有序推进和可持续发展。

2. 数据治理能力不足

数据治理能力不足是纺织行业数字化升级面临的主要挑战之一。由于缺乏统一的数据标准和规范，企业内部和供应链之间的数据往往处于分散、孤立的状态，难以被有效收集、管理和利用。这导致企业在数据分析和决策支持方面受到限制，无法充分挖掘数据的价值。未来，提升数据治理能力，加强数据标准化建设，建立高质量的数据管理体系，保护数据安全和隐私，以确保数字化工具的有效应用和商业价值的实现，将是纺织企业数字化转型的关键任务。

3. 人力资源配置短缺

纺织行业在数字化转型过程中，面临着人力资源配置短缺的挑战。缺乏具备数字化技能的专业人才，员工的数字化素养有待提高，限制了数字技术的引入和应用。传统纺织企业对数字化人才的吸引力不足，招聘和留住高素质人才面临困难。同时，现有员工的培训机制不完善，不能满足数字化升级对新技能的需求。未来，企业需要加大对人力资源的投入，培养和引进数字化专业人才，完善培训体系，提高全员的数字化素养，以支持数字化升级的顺利实施。

4. 供应链管理复杂度高

纺织行业的供应链管理复杂度高，涉及原材料采购、生产制造、物流配送等多个环节。由于上下游企业数字化水平参差不齐，信息共享和协同效率低下，供应链的整体数字化推进面临困难。缺乏实时、高效的信息交流机制，导致供应链反应速度慢，无法快速适应市场变化。同时，供应链的复杂性也增加了风险管理的难度。未来，需要加强供应链各环节的数字化改造，提升信息共享和协同能力，应用先进的技术手段来优化供应链管理，以实现其高效、灵活和可视化运作。

5. 长期价值观念有待加强

在数字化升级的过程中，纺织企业的长期价值观念有待加强。部分企业过于关注数字化投资的短期回报，对数字化转型的长期战略意义认识不足。这种短视的观念导致企业在数字化投入上缺乏耐心，遇到困难或短期效果不明显时，容易放弃或削减数字化项目的投入，影响了数字化升级的深入推进。未来，企业需要树立长期发展的理念，充分认识数字化升级对提升竞争力和实现可持续发展的重要性，坚定信心，坚持投入，通过持续的努力来获取数字化转型带来的长期价值。

（三）纺织企业数字赋能策略

数字化升级是技术与业务的深度融合，因此企业必须意识到数字化升级不是简单地应用一套信息化系统或是实施一个信息化项目，而是企业从信息化模式向数字化模式持续迭代和转变的长期过程，需要从企业发展战略出发，自上而下地持续推动变革。因此企业必须清楚地了解自身数字化发展现状，制定符合企业发展战略的数字化升级目标，正确选择数字化升级策略和路径。

1. 数字化能力评估

企业需要进行数字化能力评估，深入了解自身的数字化基础、技术应用水平、战略定位和商业模式等。通过从数字化基础设施、技术应用、战略目标、业务模式和数字化绩效等多个维度进行综合评估，企业可以准确把握数字化发展的现状，找出转型的关键环节和存在的短板。

2. 数字化战略规划

制定数字化战略规划至关重要。数字化转型关注的是数据驱动的业务模式和运营模式的创新，其最终目标是实现模式的创新与变革。企业必须从战略层面明确转型的驱动因素和业务价值诉求，对各项因素进行评估并确定优先级。根据企业发展战略，结合数字化现状，找到实现业务价值的关键数字化技术能力，制定数字化转型的战略规划，明确中长期和近期的转型目标。

3. 数字化升级策略选择

在数字化升级过程中，企业应根据自身实际情况和战略目标，选择最适合的升级策略。对于数字化基础较好、资源充足的企业，可以选择全面数字化转型，从整体业务流程入手，重塑业务模式，实现全方位升级。对于资源有限或数字化基础薄弱的企业，可以选择局部数字化改进，从关键业务环节入手，逐步推进，降低风险和成本。合作共赢策略也是一种有效的选择，通过与科技公司或数字化服务商合作，引入先进的解决方案和技术，加速企业数字化进程。

4. 数字化基础夯实

夯实数字化基础是实现数字化升级的前提。企业应完善信息基础设施建设，确保数据传输和存储的稳定性和安全性；建立健全的数据治理与管理体系，确保数据的准确性、一致性和完整性；制定统一的数字化标准与规范，规范系统的开发、实施和维护过程；加强安全保障体系建设，防范潜在的安全风险，保障网络安全和数据隐私。

5. 数字化人才培养

数字化转型的成功离不开专业人才的支持。企业需要构建一支具备数字化思维和技能的人才队伍。

人才培养策略包括内部培训提升，针对现有员工开展数字化技能培训；引进专业人才，吸引具备数字化技术和管理经验的人才；校企合作培养，与高校和科研机构合作，定向培养符合企业需求的数字化人才；建立激励机制，通过薪酬、晋升等手段，激发员工的学习热情和创新能力，留住核心人才。

6. 建立数字化创新生态

构建数字化创新生态，促进数字化升级和可持续发展。通过参与或主导数字创新联盟，与产业链上下游企业、科技公司、高校和科研机构等形成协同创新网络，共享技术、人才和市场资源，联合攻关关键技术，共同制定行业标准，提升整体竞争力。与高校、专业机构、科研院所等合作建立联合实验室，聚焦前沿数字化技术的研究和应用，培养高素质数字化人才，推动技术成果转化。打造开放的创新机制，激励员工和外部伙伴参与数字化创新，培育新的业务增长点。通过构建数字化创新生态，企业能够整合内外部资源，加速数字化转型，实现从传统模式向数字化、智能化的跨越式发展。

（撰稿人：中国纺织信息中心　李　鑫）

二、设计研发数字化

（一）设计研发数字化发展现状概述

纺织产业中，设计的价值凸显于多个维度，其深远意义不仅在于直接为产品增添附加值，更在于通过匠心独运的创意与精湛细腻的工艺，引领产业向价值链高端攀升，实现从纺织"制造"到"创造"的飞跃。设计的核心宗旨是秉持可持续发展理念，以市场需求为导向，以创新驱动为核心，深度融合前沿预测机构的流行趋势研究成果，通过系统性的创新策略、模式革新和技术突破，实现纺织服装产品全生命周期的精细化管理，既满足了消费者的多元化需求，又促进了生态与经济的和谐共生。

在数字技术与工业设计的深度融合下，智慧设计应运而生，它集技术创新、时尚创意、文化认知与生态发展于一体，成为推动纺织服装行业高质量发展的新型生产力。大数据分析与辅助决策系统通过收集并分析消费者行为、市场趋势、供应链动态、生产效率以及原材料价格等多维度信息，为企业提供前所未有的洞察能力，能够辅助定位市场需求，预测流行趋势，优化库存管理，甚至提前规避潜在风险，从而制定出更加科学、高效的决策方案。生成式设计，作为数字化设计领域的前沿技术，进一步拓展了纺织服装设计的创新边界，该技术利用算法和机器学习模型，能够自动或半自动地生成设计概念、图案、款式乃至完整的设计企划方案。设计师只需设定基础参数或风格导向，生成式设计系统便能基于这些输入，结合历史数据、流行趋势以及美学原则，快速迭代出多种设计方案供选择，不仅极大地提高了设计效率，还激发了前所未有的创意灵感，使得设计作品更加多样化、个性化，满足了消费者对独特性和定制化的追求。通过三维建模、VR、AR等先进技术，数字化设计展现出更加具象的效果，设计师可以在虚拟环境中模拟出服装的穿着效果、面料质感乃至动态表现，实现设计的可视化和交互性，沉浸式的设计体验不仅让设计过程更加直观、高效，还促进了设计师与消费者之间的沟通与反馈，使得设计更加贴近市场需求。同时，数字化设计便于设计方案的快速修改和迭代，加速了产品从概念到市场的转化过程。

设计研发数字化的蓬勃发展不仅构建了高效、精确的产品个性化定制平台，还实现了从数据收集、清洗、整合、分析到趋势预测与策略制定的全面智能化流程，企业能够融合强大的数据处理能力、敏锐的市场洞察及深厚的行业知识，构建产品标准库与设计知识库，精准捕捉市场动态，预见未来趋势，从而灵活调整产品设计与市场策略，显著增强企业的竞争力和市场适应力，引领产业向多元化、智能化、高效化及个性化并进的先进生产模式转型，这种创新，不仅仅是美学与工艺的革新，更是设计流程的全面升级，也是跨领域、融合式的深度变革。

（二）设计研发数字化创新实践

1. 数据分析与决策辅助

大数据是一种规模庞大且类型繁多，难以用传统数据库软件和工具在有限时间内获取、管理和处理的数据集合，在频度、广度及复杂度上较以往数据有着本质的不同，具有"3V"特性：Volume（大量）、Velocity（高速）和Variety（多样）。在全球信息化浪潮的推动下，大数据已与自然资源、人力资源等共同成为国家的核心战略资源，不仅重构了国家竞争力的版图，更成为国家主权在新时代背景下的重要体现。传统的数据分析方法以及基于人工经验的决策已难以满足大数据时代的决策需求，在数字技术层面，大数据分析依赖于先进的计算架构（如分布式计算、云计算）、存储技术（如NoSQL数据库、Hadoop等）以及数据分析工具（如数据挖掘算法、机器学习模型）来实现。通过技术生态的构建，极大地提升了大数据的采集效率、存储容量、处理速度与分析深度，使得海量数据能够迅速转化为有价值的洞察与预测，为决策过程提供了前所未有的信息丰富度与精准度。更重要的是，大数据分析不仅作为辅助决策的坚实数据基石，更深刻地推动了决策模式的转型升级，使之更加科学化、智能化与精细化，在智能决策的浪潮中，大数据成为引领未来决策趋势的关键力量，决策科学的新纪元已经到来。

在纺织新产品开发过程中，企业常面临市场需求多变、技术更新迅速及供应链协同复杂等挑战。通过深入分析内部与外部数据，企业能够精准把握市场动态、优化资源配置并加速产品创新。内部数据如客户需求、订单情况及企业技术优势、供应链特点等，可借助ERP（企业资源规划）、CRM（客户关系管理）等信息系统进行集成管理，实现数据的高效流转与深度挖掘，为产品开发提供坚实的内部支撑。而外部数据如产业经济、宏观环境（PEST分析）、纤维材料创新和流行趋势等，则通过市场研究、行业报告及专业数据平台获取，帮助企业洞察外部机遇与风险（图2-44）。数据分析及决策辅助带来的价值在于指导企业精准定位产品市场、优化产品设计、提升生产效率并有效管理供应链，从而解决产品开发中的关键问题，提升市场竞争力与盈利能力。

目前纺织企业在构建产品开发数据分析系统时，涉及外部数据的主要难点包括：外部数据获取困难，因数据源多样且分散，且可能需要付费或复杂的授权流程；外部数据格式和标准不统一，导致数据整合和融合复杂；数据质量和可信度难以保证，更新不及时，影响分析结果的准确性和时效性；需要遵守法律法规，面临数据安全和合规性风险；将外部数据与内部数据有效融合存在技术挑战，数据匹配和关联困难；处理海量外部数据需要高性能计算能力和专业技术，增加了成本投入；缺乏具备数据分析和行业知识的专业人才，难以对外部数据进行深入解读和应用，从而缺乏对产品开发有价值的洞察力。

为帮助纺织企业解决以上一系列问题，中国纺织信息中心开发了数据分析与辅助决策平台，提供品牌线上服装、秀场、全球纺织专利数据服务以及数据分析工具服务，为纺织面料企业新产品研发提供数据分析支持。

该平台集成了多个专业的数据分析模型，为企业提供了全面、多视角、多维度的数据分析框架，涵盖产品特性、材料应用、价格区间、销售趋势、品牌表现和竞争态势等多个维度，有效辅助企业的市场调研工作（图2-45）。以品牌调研为例，企业可以从品牌矩阵、品类分布、价格区间、色彩特征、纤维应用等方面进行针对性分析。通过深入分析这些角度，企业能够精准把握市场动态，优化产品设计，提升产品竞争力，最终实现商业成功。

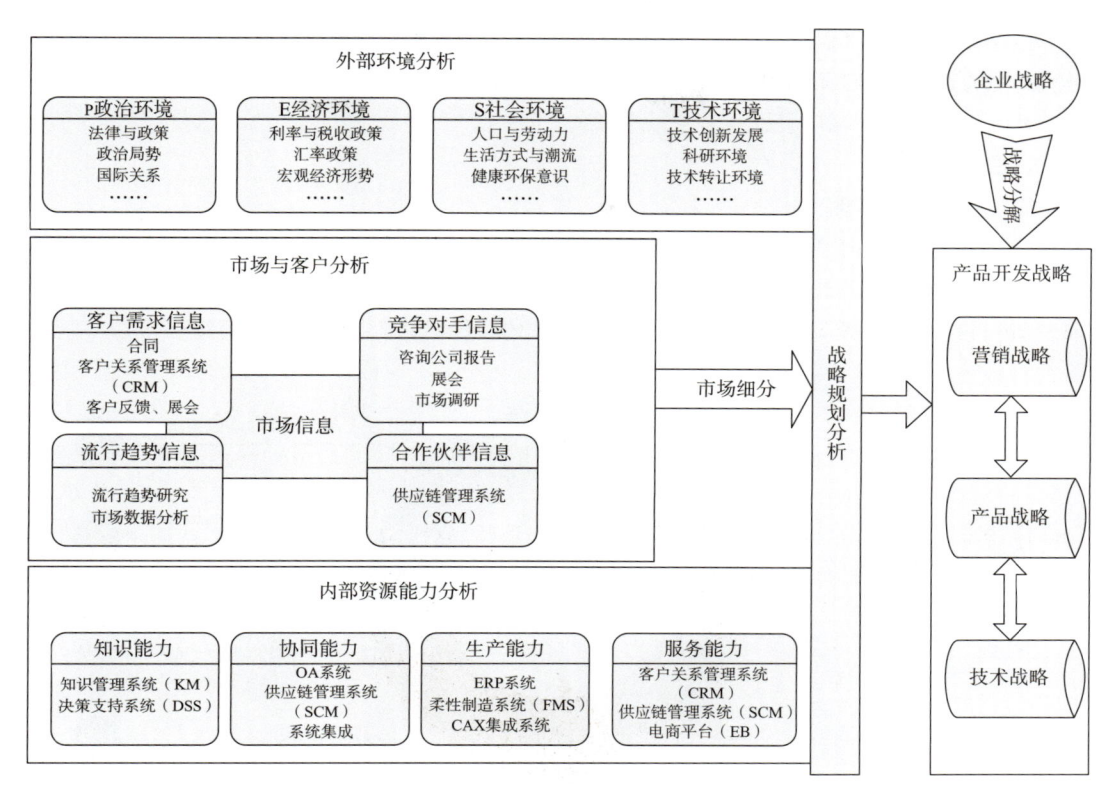

图2-44 产品开发战略管理

图2-45 数据分析与辅助决策平台数据示例

数据分析与辅助决策平台以丰富的专业数据分析、广泛的实际应用场景、高效便捷的操作体验为纺织企业提供数据驱动的决策支持，提升产品创新力与市场竞争力，不仅是企业产品开发的重要工具，更是推动企业数字化转型和高质量发展的重要引擎。

2. 生成式设计

（1）生成式人工智能

人工智能生成内容（Artificial Intelligence Generated Content，AIGC），根据中国信息通信研究院定义，指通过人工智能算法生成的各种类型的内容，如文字、图像、音频、视频等（图2-46）。AIGC基于生成式人工智能技术，可以模仿人类的创造力和思维过程，生成具有创意和独特性的内容。

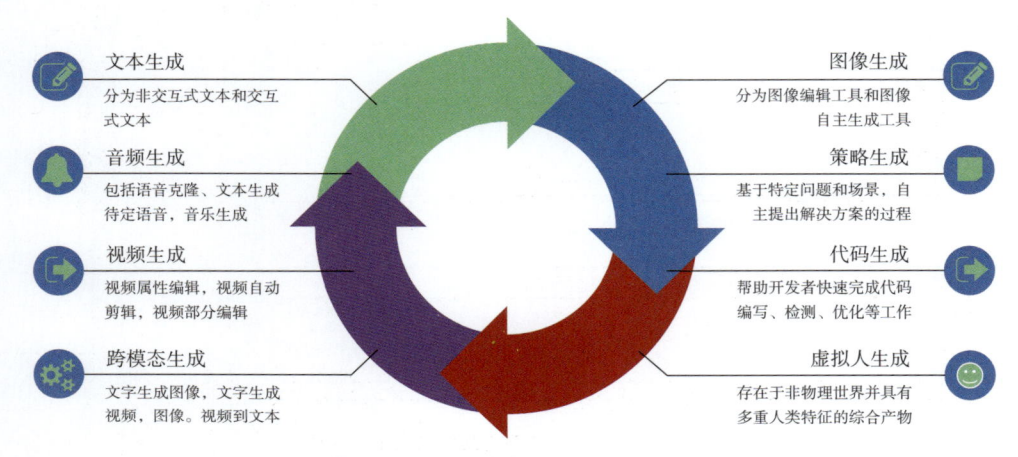

文本生成 分为非交互式文本和交互式文本

音频生成 包括语音克隆、文本生成待定语音、音乐生成

视频生成 视频属性编辑、视频自动剪辑、视频部分编辑

跨模态生成 文字生成图像、文字生成视频、图像。视频到文本

图像生成 分为图像编辑工具和图像自主生成工具

策略生成 基于特定问题和场景，自主提出解决方案的过程

代码生成 帮助开发者快速完成代码编写、检测、优化等工作

虚拟人生成 存在于非物理世界并具有多重人类特征的综合产物

图2-46　人工智能算法生成的内容类型

人工智能技术经历了诊断式、预测式与生成式三个重大阶段的发展（图2-47）。前两者主要通过学习数据中的条件概率分布，根据已有数据进行分析、判断、预测，用于推荐系统和风控系统的辅助决策。2022年底，人们步入了"生成式人工智能"时代，与前者最大的不同在于，生成式人工智能不再局限于简单分析已有数据中的联合概率分布，而是基于历史进行模仿式、缝合式演绎与再创作，生成原有数据中不存在的样本。

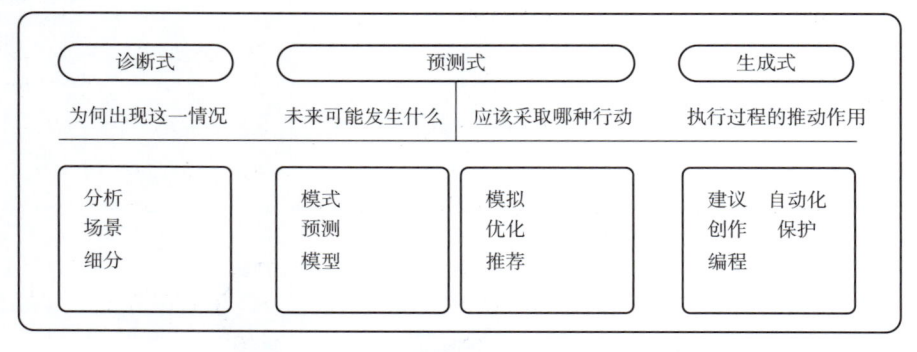

诊断式	预测式		生成式
为何出现这一情况	未来可能发生什么	应该采取哪种行动	执行过程的推动作用
分析 场景 细分	模式 预测 模型	模拟 优化 推荐	建议　自动化 创作　保护 编程

图2-47　人工智能技术三个重大发展阶段

目前，Midjourney、Stable Diffusion、Dall-E等基础大模型以及基于这些大模型开发的创意设计类应用，如微软的Microsoft Designer、Fabrie AI等已经广泛应用于纺织产品的创意设计中。

TRENDLAND旗下品牌Maison Meta于2023年4月在纽约举办了首届人工智能时装周（AI Fashion Week），鼓励设计师使用新的工具和方法来突破时尚界的可能性和创新性。时装周吸引了来自世界各地的超400名设计师，所有参赛作品（包括服装、模特、走秀现场氛围以及后台场景）都需要使用AIGC软件进行创造。由观众投票和专家评审决定的最终获胜作品（图2-48）不仅存在于虚拟世界中，还由电子商务平台Revolve实际生产并销售。

图2-48 人工智能时装周获奖作品

（2）纺织行业AIGC研发应用

基于纺织行业产业规模强大、数据资源丰富、应用场景广阔等特点，AIGC在纺织行业的应用已成为国内外科技巨头和创新公司关注的焦点，这些企业和机构围绕纺织产品的设计与研发创新进行了积极探索，并产生了一系列优秀的AIGC纺织产品设计创意平台，如中国纺织信息中心的DPI SPACE、知衣科技的Fashion Diffusion以及美国的CALA等，帮助设计师摆脱烦琐的设计步骤，提高设计效率，并有效启迪灵感。

①AIGC服装设计应用。AIGC可以通过输入提示词帮助设计师快速生成服装款式图、效果图以及模特图。CALA是基于OpenAI的DALL-E2 API服务开发的一款应用，旨在为大型知名零售商、中型时装公司和独立设计师提供一站式服装设计服务。平台通过选择相应的服装类型，并输入材料和装饰特征两个维度的文本提示词，即可生成服装的仿真照片和平面草图两种模式的设计图，并输出多种结果以供选择。尽管生成图到实际生产仍有较大的差距，但显著降低了新设计师的进入门槛，为资深设计师提供了海量的创意灵感（图2-49）。

AIGC除了可以自动生成服装款式，还可以帮助服装企业实现设计局部改款、固定模特生成服装（图2-50）以及固定服装更换模特等功能。

②AIGC纺织品图案设计应用。纺织品图案设计是指通过设计在纺织品上呈现出的具有独创性、美观性，且符合生产工艺和市场流行的图形、色彩与肌理，并通过染、织、印、绣等工艺实现于纺织品上的图案形态。纺织品图案设计与其功能、风格、材质、工艺、文化、审美、时尚等因素都具有较强的相

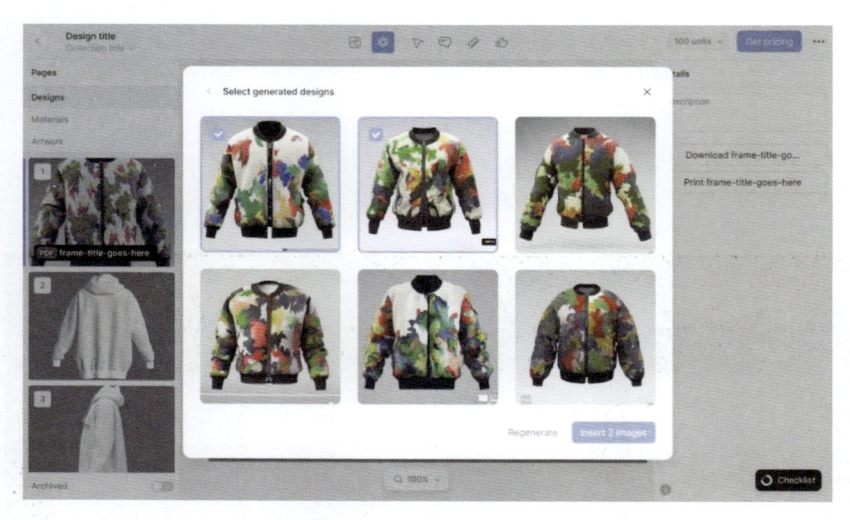

图2-49　CALA一站式服装设计服务平台

图2-50　固定模特生成不同风格的服装设计

关性。因其在内容、形态、版式、配色等方面的专有特征，当前市场上通用的大模型无法实现符合需求的设计，必须通过专业模型的训练、算法的微调等方式来增加生成内容的可控性，从而实现符合纺织产品图案特征的创意设计。DPI SPACE人工智能图案创意平台是由中国纺织信息中心、国家纺织产品开发中心研发的专注于纺织品图案设计的人工智能平台，该项技术荣获"纺织之光"2023年度中国纺织工业联合会科技进步一等奖。DPI SPACE平台基于其自主研发的"人工智能纺织品图案设计生成技术"以及"纺织品图案专有大模型"，可以满足更专业的纺织品图案设计要求。以佩斯利图案为例，通过相同的提示词，在Stable Diffusion、Midjourney和DPI SPACE上生成的图案效果对比如图2-51所示。

在纺织品图案的智能生成方面，平台包括文本生图、图像生图、风格适配、线稿生图、图案放大、画面延展、转矢量图等多种功能（图2-52）。

| | Stable Diffusion | Midjourney | DPI SPACE |

图2-51　不同AIGC模型佩斯利图案的生成效果

智能工具	图案风格适配	线稿生成图案	图案清晰度放大	位图转换矢量图	图案扩展效果
应用前					
应用后					

图2-52　纺织品图案智能生成

除了纺织品图案的智能生成，平台还包括企业模型、智能工具、智能色彩、虚拟展示、设计管理、数据分析等系列功能（图2-53~图2-56），旨在为纺织行业设计师提供以纺织品图案流行趋势与数据分析为核心的专业AIGC纺织品图案SaaS平台。

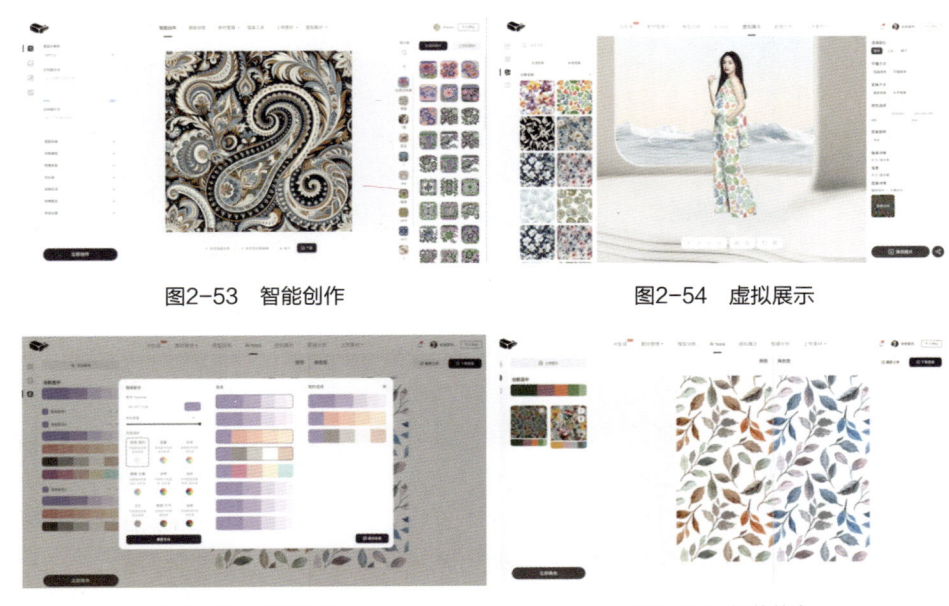

图2-53　智能创作　　　　　　　　　图2-54　虚拟展示

图2-55　智能配色　　　　　　　　　图2-56　智能换色

（3）AIGC产品开发管理应用

AIGC颠覆了纺织行业传统的经济增长方式与生产力发展路径，面对新一轮的机遇与挑战，企业需要敢为人先，提前战略布局。2024年，有些企业开始规模化应用AIGC，但大部分企业在AIGC的建设上面临诸多困惑与不可预见性。首先，目前AIGC尚未形成行业的标准与范例，巨大的信息鸿沟横亘在技术服务商与纺织企业之间。许多企业在试图引入外部技术支持时，常常发现自己陷入了技术参数与繁杂概念的汪洋大海之中；其次，市面上存在着价格差异巨大的不同解决方案，导致企业很难从市面上泛滥的技术、系统和方案间做出抉择，试错成本高昂；最后，AIGC的引入意味着生产关系的变革甚至企业组织架构的重塑，企业需要谨慎地权衡投入产出比，并在原有业务运营模式存续与颠覆拓新之间找到平衡。面对以上诸多问题，结合当前行业优秀的标杆案例，企业可从以下六个方向入手，全面激发AIGC在工作中的潜能。

①解构工作内容，重新梳理设计研发流程。经营能力的竞争壁垒依托对企业内外部业务逻辑的挖掘，只有基于自身业务场景的深度思考才难以被竞争对手和外部对手模仿与超越。企业需要解构产品开发工作内容与流程，分析现有研发设计模式、价值链上下各环节链接方式、员工绩效考核指标等各方面因素，找出哪些内容可以应用AIGC赋能增强、哪些工作可以全面实现自动化、哪些部分还是需要依赖人工完成，然后结合AIGC技术对工作流程进行重新设计。

以鲁丰织染有限公司（以下简称鲁丰）为例，鲁丰成立于2004年，主要经营纺织印染产品生产和销售，是全球知名品牌博柏利（Burberry）、卡尔文·克莱恩（Calvin Klein）、雨果博斯（HUGO BOSS）、阿玛尼（Armani）、古驰（Gucci）等面料供应商。鲁丰对面料图案设计的需求量非常大，但在设计数量与质量方面与世界发达国家仍然存在差距。随着公司业务的不断发展，鲁丰在印花面料的设计生产过程中遇到了以下几个问题：①设计能力不足，难以满足客户日益增长的创新需求；②市场需求调研人力多，耗时长，反馈不及时；③客户交流沟通不直观，无法准确理解客户需求，并对客户意见做出及时修改反馈。基于以上痛点，鲁丰于2020年与中国纺织信息中心合作，通过对其传统工作流程的梳理（图2-57），包括信息收集、图案设计、客户选品与再设计、试样生产，开发了数据采集系统、数据分析系统、AIGC智能图案设计系统与客户交互系统，从而实现全流程的自动化。通过引入AIGC，鲁丰的设计打样费用减少了60%；花型选中率由原来的50%提升至70%；图案设计工时减少65%；自主设计接单量占比由36%提升至52%。

②优化数据战略，加强企业设计数据库建设。以数据为核心。AIGC要求企业具备更完善的基础数据，因此企业需要优化数据战略，基于自身业务场景与AIGC能力建设的需求进行数据资源管理系统的部署。对于纺织企业的设计研发而言，设计数据的积累已经拉开了AIGC时代的竞争序幕，来自制造业的规模优势被打破，在AIGC的赋能下，数据资产让企业在成本、速度和规模"不可能之三角"之间达到新的平衡，实现对规模的超越。绍兴振永纺织品有限公司是一家以原创图案设计服务能力为核心竞争力的纺织品贸易公司，经过15年的沉淀，除了深厚的纺织行业知识和创意设计经验之外，还有10万多条女装面料图案的优质数据。在充分发挥其数据优势的基础上，通过企业AIGC设计平台的建设与企业模型的训练，可以在5小时内为客户提供20张以上不同风格的高质量设计图稿（图2-58）。设计师0.5天即可完成传统设计方式7天的工作量，实现了其设计服务能力的最大化，为公司开拓了更为广阔的市场。

③布局企业模型，建立企业竞争壁垒。2024年是人工智能大模型应用落地的关键一年。我国以大模型为代表的人工智能发展呈现出技术创新快、应用渗透强、国际竞争激烈等特点，正加速与制造业深

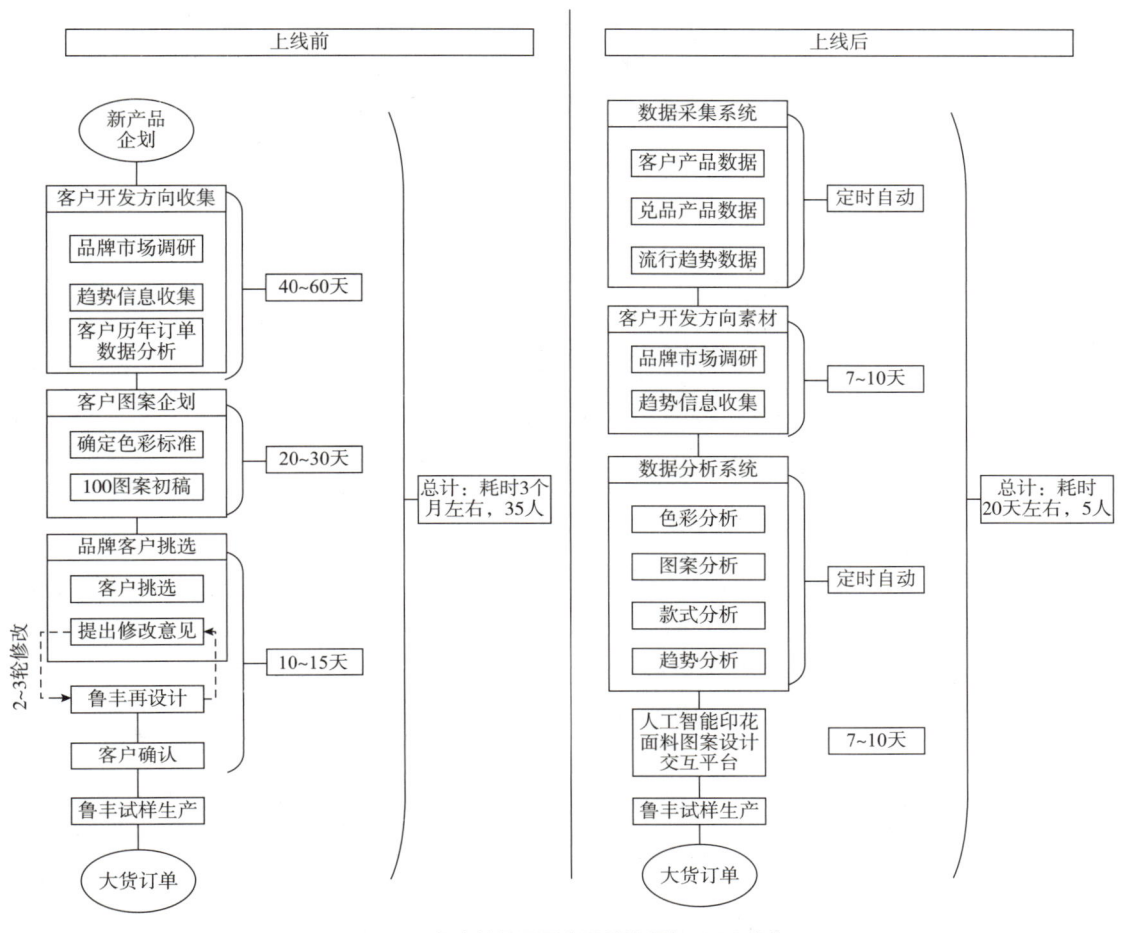

图2-57 鲁丰纺织品图案设计流程与AIGC优化

图2-58 振永AIGC图案生成设计平台效果图

度融合，深刻改变制造业生产模式和经济形态，展现出强大的赋能效应。

据科技部新一代人工智能发展研究中心于2023年5月发布的《中国人工智能大模型地图研究报告》显示，目前，中国10亿参数规模以上的大模型已发布79个，中国研发大模型数量排名全球第二，仅次于美国（图2-59、图2-60）。

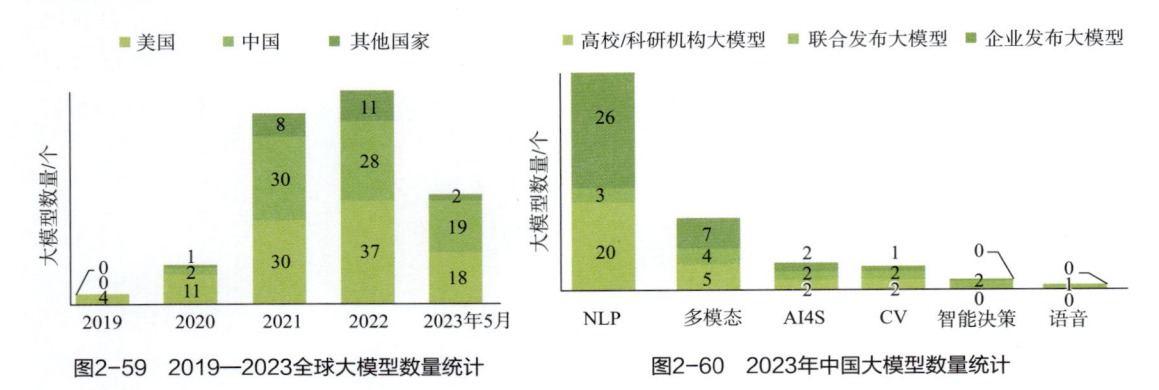

图2-59　2019—2023全球大模型数量统计

图2-60　2023年中国大模型数量统计

追根溯源，AIGC依赖于底层机器学习模型产生内容，因此，企业AIGC能力之间的竞争在于模型层面的竞争。目前，企业应用自身数据进行训练的模型在图像、视频等模态中较为普遍。基于纺织行业在内容生成上的特殊性，模型训练能力更是企业AIGC建设的核心。以某丝巾品牌为例，通过企业风格模型的训练，企业可以快速实现大量优质丝巾图案设计（图2-61）。

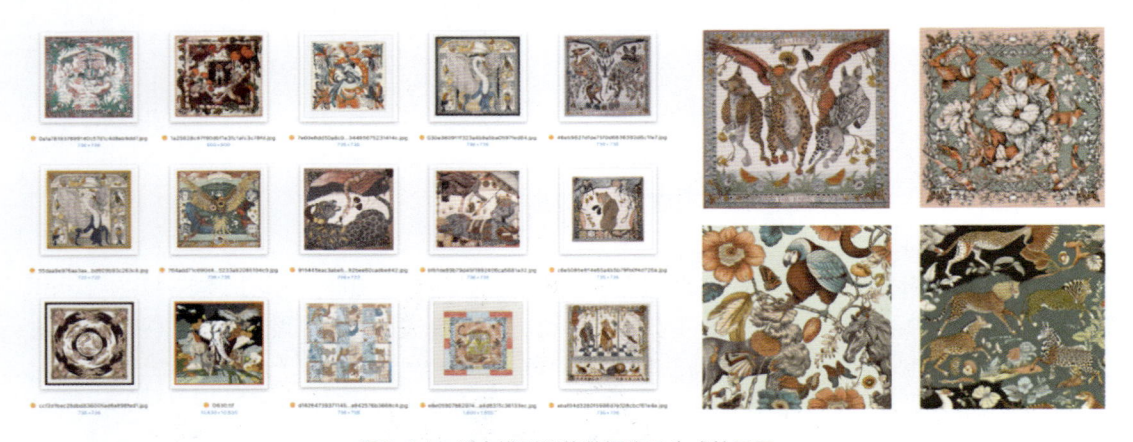

图2-61　丝巾模型训练数据集及生成效果图

④拉通全局场景，关注衍生技术集成。在进行企业数字技术与应用规划时，除了当下流行的AIGC大模型之外，企业也需基于自身业务需求，考虑各种人工智能的衍生技术及相关技术，如数据分析能力、消费者定制等，利用数字技术系统构建所有业务和职能部门紧密衔接的闭环，进行跨业务单元、跨职能的总体转型，形成1+1>2的转型合力。

客户需求分析驱动设计。用户偏好和需求逐步在线化，可以使上下游之间的鸿沟逐渐消弭，企业在供需关系里变得更为主动。采集用户在线需求和偏好，建立数据分析与创意设计之间的联通，从而更高效地辅助设计研发。服装品牌希音（SHEIN）创造了一套数字驱动的运营和业务体系，将互联网数据和自身销售数据相结合进行分析，将时尚趋势判断提供给设计团队，团队可以在3天内完成从产品设计到在线销售的整个流程。鲁丰D2B创意设计交互平台中的数据分析技术模块，根据品牌客户的偏好、需求和历史数据构建客户画像。通过分析用户的喜好、风格偏好、市场定位等信息，系统了解每个客户的独特需求，以便生成符合特定客户需求的纺织品图案设计。

赋能消费者定制。中国纺织信息中心在2024年8月的intertextile展会上，展出了一套基于AIGC能力的T恤定制系统，客户借助其内置的图案生成能力和人工智能辅助设计能力，能够自动生成专属于自己的个性化定制T恤。充满趣味的互动方式不仅迎合当前娱乐化消费的趋势，增强了客户体验，满足了消费者个性化定制需求，而且通过D2C模式，可以有效地将用户沉淀到私域流量池中，为品牌运营工作提供了强有力的用户基础（图2-62）。

图2-62 DPI SPACE T恤图案定制

3. 数字化3D设计

随着信息技术与智能制造技术的飞速发展，计算机辅助设计（CAD）等先进技术广泛应用于纺织服装产业，通过智能化、仿真模拟、功能完善的数字化设计软件，不仅提升了设计效率与质量，还促进了设计与生产的深度融合，优化了资源配置，减少了开发过程中的资源浪费，为企业的决策创新与市场拓展提供了坚实的数据支撑与智能指引。

浙江凌迪数字科技有限公司（Style3D），是一家以"AI + 3D"技术为核心的高新技术企业，为纺织服装全产业链企业提供全链路数字化解决方案，从设计到成衣再到场景演绎和展销，通过3D形式在线上呈现，无需进行实物样衣及辅料制作，以数字样衣实现数据线上流转，提高设计效率，降低研发成本，为行业企业赢得设计创意先发优势。数字服装演绎的时尚走秀，推动企业以个性化数字营销方式走近新时代消费者，助力企业巩固可持续发展之路，焕发新生机。

布局全产业链，公司构建了变革性的纺织服装产业链3D数字化服务平台，从最制约纺织服装行业效率的研发设计环节切入，为行业企业提供从AI创意、3D设计、推款审款、在线改版，到AI赋能营销、视效展示到智能生产、销售、服务的全产业链数字化服务平台（图2-63），打通从数字化研发设计到智能化生产制造的技术壁垒，成为国际领先的纺织服装全产业链数字化服务平台提供商。

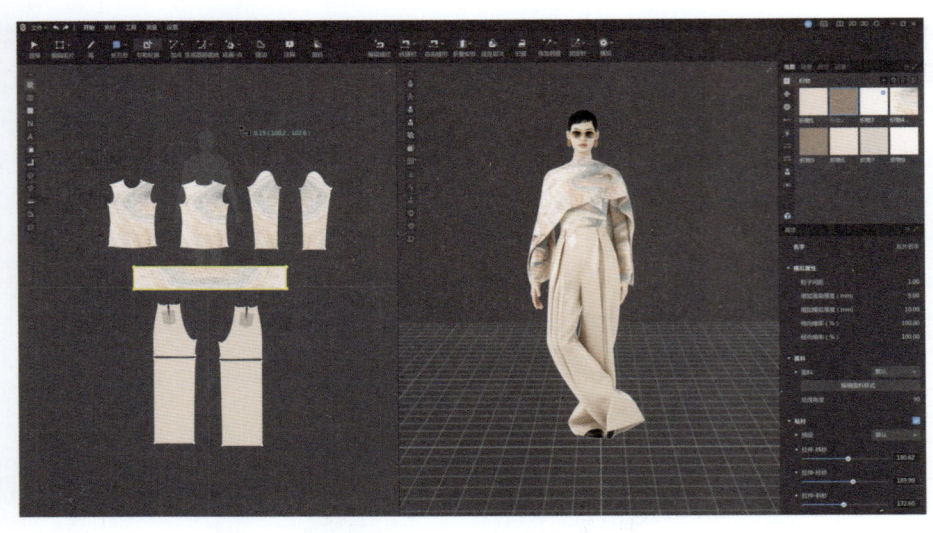

图2-63 数字样衣设计

布络维科技（Browzwear）是一家3D服装设计开发及营销解决方案提供商的企业，基于准确、真实的3D技术和开放平台系统，设计师借助布络维科技的3D设计产品，可以轻松创作出更丰富多样的款式；版师、服装设计技术人员等可以对服装进行真运动拟合，在模特身上精准呈现试衣状态；制造商可以在Browzwear工艺包中一次性获取从设计、研发到生产的全生命周期制造规格。Bonprix与Browzwear展开合作，从T恤和运动衫等低复杂度产品开始3D产品设计及虚拟试衣，创建无缝衔接的端到端数字化工作流程。Bonprix利用Vizoo扫描仪和Browzwear面料分析仪等工具捕获面料的纹理和物理参数，从而能精准还原面料属性进行3D服装设计效果的呈现（图2-64）。基于Browzwear的3D技术和开放平台系统，设计师可以轻松创作出更丰富多样的款式，版师和技术人员可以对服装进行仿真运动拟合以呈现模特精准试衣状态，制造商可以在工艺包中获取从设计、研发到生产的技术参数，一系列的技术应用帮助产品开发人员提升设计创造力，显著减少了服装款式的开发时间和成本，并能够迅速响应客户需求和行业趋势。

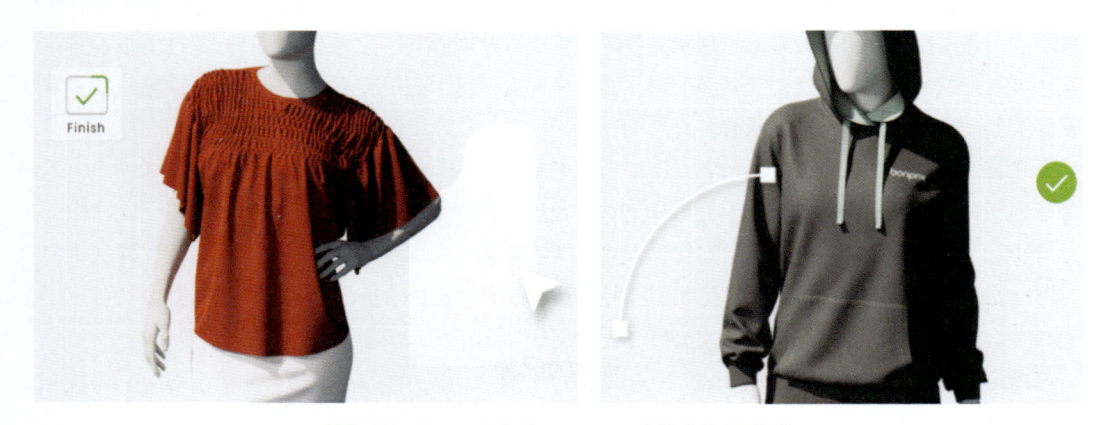

图2-64 Bonprix与Browzwear合作实施3D技术

柯镂虚拟时尚（CLO）自成立之初一直深耕于服装、游戏等产业，凭借扎实的自主研发实力为海内外客户提供成熟的端到端数字化解决方案。CLO技术方案能够实现面料纹理处理、渲染、虚拟模特试穿等直观的设计及成衣试身效果，利于评估各种面料的款式和质量，特别是对拼接工艺有特殊定位匹印面料的款式，甚至是瑕疵品，都能及时地调整纸样，很大程度地提高了调整板型的效率（图2-65）。该技术赋能服装企业中山南顺制衣有限公司，一款普通的POLO衫，如果做实样，中间流通的过程需要2~3个工作日，用3D设计和虚拟试衣只需1~2小时即可完成，降低生产时间和材料成本的效果显而易见，南顺制衣逐步实现无实物设计生产。

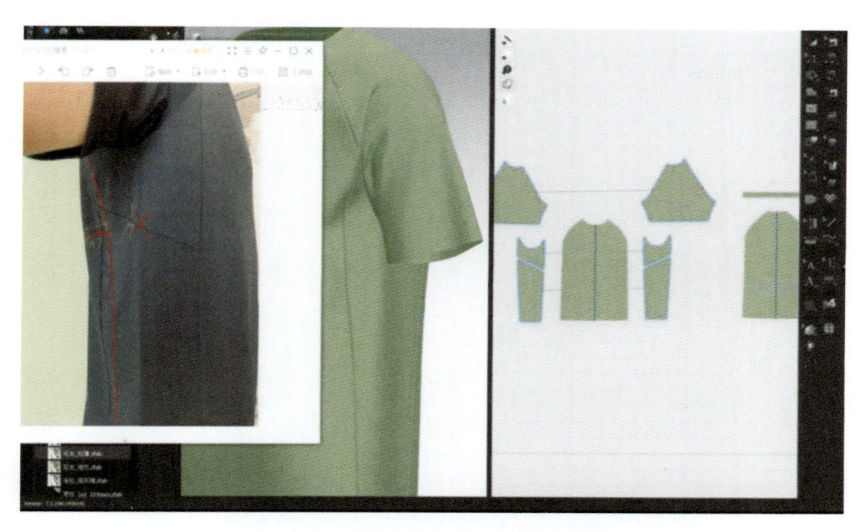

图2-65　柯镂虚拟时尚3D设计和虚拟试衣技术

上海青甲智能科技有限公司是一家致力于推动传统产业智慧化升级的创新企业，在众多纺织品面料数字化设计工具和软件中，青甲科技的NAO虚拟织布机拥有其独树一帜的定位和与众不同的科技壁垒。NAO虚拟织布机是一个以现有织造设备为基石的即时可视化面料结构开发工具，其核心技术是利用针织结构仿真算法＋大规模并行计算工程化＋高复杂度场景的实时渲染等，生成针织面料的线圈结构级仿真效果，并在软件中加入了纱线力学模型库，以力学引擎模拟面料的悬垂和张力表现，能够高效准确地展现新面料的视觉效果，并配合技术工艺验证实现快速量产，具有极高的面料设计与工艺研发效率和准确性。NAO虚拟织布机目前适配于纬编针织、提花针织和梭织等织造设备，通过探索数字化面料设计的最新前沿科技，不断丰富产品数据库和提升优化各项功能，NAO虚拟织布机的广泛应用将开启织物结构主义的新纪元（图2-66）。

（三）设计研发数字化趋势展望

随着纺织行业价值链各环节逐步实现在线化，纺织企业内部从产品到服务的商业模式、产品和用户之间的关系都处于激烈变革中，纺织产品开发需要以人工智能为核心的新一代数字技术能力，重构产品设计与研发创新模式，重建价值链上下游的协同方式，实现研发系统与客户系统、生产系统的全流程数据驱动创新。

1. 重塑企业创新竞争力

全球生产力在地理上的分布使产品设计、研发创新等环节与生产制造环节出现剥离，以美国为例，企业越来越担忧随着制造环节的流失，设计和创新环节也越来越远离美国本土。对于纺织企业来说，必须通过产品设计与研发创新来获取更高的溢价，即生产制造环节转移或外包给更具成本优势的区域。

图2-66　青甲NAO虚拟织布机

生成式人工智能所带来的强大创意能力，将赋予纺织企业在新一轮竞争中的领先优势。新的生产要素，即数据价值被提到核心资源的位置，在这场生产力、生产关系的变革中，数据真正意义上变成纺织产品设计研发过程中的生产资料，与传统生产资料相比，数据不仅不会损耗其价值，反而能够通过多维度的交叉分析与融合应用，产生新的价值聚合效应，并在此过程中借助AIGC技术衍生出新的数据和设计作品，从而形成了一个正向的产品设计价值倍增循环。

2. 重组数字时代的创新巨头

人工智能技术时代，企业面临重新洗牌。纺织服装产业作为劳动密集型行业，人工智能技术将极大程度释放劳动生产力。2024年3月，埃森哲经过对19265项任务进行分析后得出结论，人工智能生成技术可以对超过半数的任务进行优化，并充分释放作业人员的创造力，助力打造有新意、有见地的解决方案。17%的企业高管预测生成式人工智能将令其企业市场份额提升至少10%，企业若能负责任地大规模应用生成式人工智能，到2038年或将释放逾10.3万亿美元的额外经济价值。因此，除了降本增效、优化运营外，企业更应关注人工智能技术应用带来的创造力增长，为企业释放更大的经济效益，从而提高自身的市场份额，成为数字时代创新巨头。

3. 重构新型生产关系，培养未来工作者

人才是第一竞争力。蕴藏着巨大潜能的人工智能技术将带来自农业和工业革命以来最重大的经济发展和工作模式及组织变革，纺织行业原有的工作岗位、人才结构、职业技能都发生着飞速的变化，催生出更具创造性、更有意义的工作，如提示词工程师、人工智能训练师等。企业中最具价值的员工将是那些擅长驾驭AIGC这一新的生产工具，并为其制定行动准则的人。纺织企业需要围绕新的工作流程构建契合业务发展需求的新岗位，从而实现生产关系的变革。但是纺织行业跨学科人工智能人才极为紧缺，纺织行业的特殊性，仅仅依赖技术并不能实现生成式人工智能驱动的价值增长，企业需同步聚焦数据、技术与跨学科人才，制订人才培养计划，将纺织工业复杂的知识积累、文化沉淀与大量的行业知识、技术、工艺等与AIGC的技术能力深度结合，才能提升企业新质生产力。

4. 关注安全治理，实现可持续发展

AIGC其所能带来的裨益虽有目共睹，却也引发了一些伦理和社会问题，如数据隐私、知识产权保护和偏见等。发展和安全是一对辩证关系，"不发展是最大的不安全"。一直以来，我国在人工智能安全治理方面积极作为，并通过制定政策法规来规范人工智能技术的发展和应用。企业在进行部署的时候需要高度重视人工智能的发展与安全治理、强调技术应用的合法合规性以及保护用户数据和隐私的重要性，防范潜在的各种风险，避免付出高昂的监管成本。

新时局中，纺织行业面向未来的图景异彩纷呈。一方面，经济增速趋缓、地缘博弈加剧、供应链区域化等因素使传统纺织行业在成本、规模、利润上的比较优势降低。另一方面，在设计研发数字化领域，纺织行业的发展现状与趋势无疑展现出了多元化、智能化、高效化及个性化的鲜明特点，以生成式人工智能为代表的技术创新一日千里，纺织行业产业规模强大、数据资源丰富、应用场景广阔等优势不断彰显。这些特点相互交织，共同驱动着纺织产业向更加先进的生产模式转型，为纺织企业在竞争中提供了更广阔的竞赛场地。

（撰稿人：中国纺织信息中心　曹潇文　许展瑜）

三、生产制造数字化

（一）生产制造数字化发展现状概述

纺织产业是我国国民经济与社会发展的支柱产业，是解决民生与美化生活的基础产业，是国际合作和融合发展的优势产业。伴随着互联网、大数据、云计算、人工智能、虚拟现实与增强现实、工业物联网、工业机器人等数字技术的加速创新与融入，我国纺织产业制造技术已从自动化、数字化向智能化方向发展。智能制造是纺织行业数字化转型的主攻方向之一，涉及化纤、纺纱、织造、针织、印染、服装加工和非织造等领域，涵盖加工、运送、装配、检验等环节，数字技术加速创新融入，旨在提高纺织行业制造质量、效率、效益和柔性化生产水平。

1. 生产制造数字化系统

伴随着数字技术快速发展与加速融合，工业软件、工业互联网在纺织行业得到深入化、系统化、平台化发展。我国工业软件行业发展迅速，部分核心软件技术取得突破，但关键核心技术缺失，高端市场仍以国外企业为主，与制造业地位相比，仍有很大发展空间。在纺织行业中，ERP软件普及率稳步提升，IoT、MES、WMS等应用覆盖率快速提升，针对实际应用场景的相关工业软件如表2-24所示。

表2-24　纺织服装生产制造的工业软件信息表

简写	中文	英文
APC	高级过程控制	Advanced Process Control

续表

简写	中文	英文
APS	高级计划与排程	Advanced Planning & Scheduling
DCS	分布式控制系统	Distributed Control System
EMS	能源管理系统	Engine Management System
EPA	工厂自动化用以太网	Ethernet for Plant Automation
ERP	企业资源计划	Enterprise Resource Planning
FCS	现场总线控制系统	Fieldbus Control System
FMS	柔性制造系统	Flexible Manufacturing System
IoT	物联网	Internet of Things
MES	制造执行系统	Manufacturing Execution System
MIS	管理信息系统	Management Information System
PCS	生产控制系统	Production Control System
PDM	产品数据管理	Product Data Management
PIM	产品信息管理	Products Information Management
RCS	机器人控制系统	Robot Control System
WMS	仓储管理系统	Warehouse Management System

围绕纺织行业的工业互联网建设逐步发展，初步构建了面向龙头企业内外部供应链生态体系、产业集群（园区）等区域服务以及细分行业领域的工业互联网平台体系，催生了个性化定制、协同生产、共享制造、跨产业园区协同生产、设备远程运维管理等新模式。数据价值得到发挥，一批平台企业推出基于工业互联网的企业大脑、行业大脑解决方案，为企业生产经营提供精益制造、智能决策等服务。

2. 产业领域数字化现状

纺织行业各细分领域基于大数据、云计算、人工智能等数字技术，以纺织装备数字化和信息互联互通为基础，逐步实现装备、软件、信息技术的协同创新与应用，生产制造环节的精细化、柔性化、智能化水平得到提升。

（1）化纤领域

智能检测及操作、机器人等技术逐步应用，龙头企业开发出MES、ERP互通集成平台，构建信息共享及优化管理体系，建立原料输入、聚合反应、熔体输送、纺丝全流程数字化仿真系统，实现生产工艺可视化与优化，以及MES、ERP等系统应用广泛。例如，桐昆集团逐步实施企业数字化转型，开发功能性聚酯纤维数字孪生与交互运行技术，开展智能车间体系构建及关键节点智能融合技术升级，研发专业化定制体系构建与系统优化技术，开发大数据平台构建与协同制造技术等，智能工厂建成后成效显著，实现降低运营成本、缩短研发周期、降低不良品率、提高劳动生产效率、降低能耗、新增效益。

（2）棉纺领域

搭建信息集成平台，自动化、连续化、智能化生产的装备系统，智能纺纱工艺在线设计与仿真分析系统，以及全流程智能纺纱生产管理系统的应用，推动了全流程数字化、智能化纺纱生产线的建设，提升了纺纱生产的透明化水平和管理质效。例如，魏桥纺织股份有限公司持续推动智能纺织工厂建设，采用国际先进生产设备和大数据平台建设全流程智能化工厂。完成全流程纤维流传输无人化，结合智能设备接通物流断点，实现智能化精准衔接和全流程无人操作，减少残次品；实现全流程各节点装备实时在线采集与调控，建立质量可追溯系统，由离线抽检转变为在线检测，保证纤维制成率与生产效率；建立数据流在线处理与智能化管控系统，具备多项功能和数据集成分析，实现数据处理与挖掘，可远程管理和可视化监控，对工艺需求点进行人工干预，预警失效专件或设备，实现车间运行数字化管控。

（3）织造领域

ERP、MES、APS等信息系统的应用，推动织造生产与管理的数字化。准备装备和织机装备采用先进的控制系统和监测系统，实现数据采集、监测、调整和诊断；生产环节实现数据采集与分析、工艺集成与执行、设备监控与管理、生产计划调度与优化、产品质量在线监测等智能运营管理。如上海不工软件有限公司自主开发的ORAPS智能计划与生产管理系统，从面料结构参数管理规范化入手，以有限产能为核心，在考虑机器、物料供应、生产工艺、人员的制约的同时，通过算法对订单进行快速高效计划排程，不仅实现了面料生产与管理数据的规范化、透明化与信息化，生产与产能的最优规划，交期与计划的整体协同，而且通过对大量信息和数据进行统计分析实现了精益化和智能化管理。

（4）针织领域

新型针织设备正快速朝着高效化、品种差异化、管理网络化和产品智能化等方向发展，以满足市场的新需求。经编机在高效率、高产能、智能化方面表现突出，例如卡尔迈耶的HKS 3-M ON特里科经编机转速可达2900r/min；圆纬机的新技术主要体现在高机号、高机速和自动化水平的不断提升，中高机号细针距的应用更加普遍；电脑横机与产品设计紧密结合，各种全成形编织技术日益受到重视。绿色可持续、高速增效、智能化数字化和技术创新已成为针织设备发展的主要方向。设备生产商通过降低能耗实现节能减排，增强设备对天然纤维或再生纤维的适用性，从原料端减少碳排放。先进的针织设备配备了数字化、网络化、智能化的解决方案，提高了生产效率和产品质量，例如厦门兴全龙机械有限公司的"舜成2.0"智能化数字圆纬机，实现了机台参数、生产过程、视觉检验和物料输送的智能化管控。在智能化装备方面，针织坯布疵点智能监控系统、恒张力调整技术、织物性能在线监测技术，以及自动铺布、自动裁剪、自动吊挂等智能成衣生产技术不断普及和应用，提高了装备集成化程度，扩大了高效自动化、系统化、集成化生产流水线的覆盖范围；在智能化生产方面，借助互联网CAD系统和MES系统，优化针织产品生产工艺和流程，实现生产车间多机台设备的远程监控和生产管理，提升协同生产制造水平，进一步融合企业ERP管理系统，实现对企业原料采购、产品生产、财务和销售的全面管理，完善供应链和终端用户管理，发挥信息化的综合效益。

（5）印染领域

以数字化装备（如数码喷墨印花技术、自动化染色设备、在线质量监控系统）为基础，以数字化印染工厂为载体，集成物联网、RFID技术，实现生产流程的智能化管理；以印染工业互联网平台为核心，利用工业大数据分析和人工智能算法优化生产；通过采用印染生产工艺在线采集、智能化测配色及工艺自动管理、染化料中央配送、半成品快速检测、产成品智能化输送、生产流程管理等系统，印染连续生产车间和间歇式染色车间实现了现场数据采集与分析、生产管理之间的协同与集成以及车间各设备与企业信息系统数据的无缝连接；以生产绿色环保纺织产品为目标，采用环保染料、节能减排技术以及先进的废水处理系统，具有"批量定制、柔性定制、快速反应、绿色环保"等特征。例如浙江新中纺实业有限公司与杭州天富德泰信息技术有限公司合作的新一代染整智造系统，通过各种物联网技术和5G技术打通ERP、化学品自动配送系统、测色仪、滴液机以及车间主要生产设备之间的关联，实现各项生产数据的自动采集，并对所采集的数据进行数据清洗，通过大数据分析、AI智能算法和边缘计算等技术，将有效数据反作用于生产决策和工艺推荐。

（6）服装加工领域

数字化水平不断提高，生产管理过程信息化程度不断提升，ERP、MES等软件系统应用使管理更准确、高效。数字化关键技术实现新突破，三维人体测量等技术精准性大幅提升，RFID技术的应用降低了物流仓储成本。服装智能化定制等新模式不断涌现，促进工艺制造流程优化和生产质效提升。例如，杭州润娴服饰有限公司在完成商品、渠道及核心业务单据数据治理的情况下，以数据中台为基础，对原有商品管理系统进行了升级改造，深度集成已有的分销系统、BI系统、生产管理系统、WMS系统，新增云仓系统、商品管理数据接口统一平台、RFID试衣采集系统、门店流量监测系统，并将核心代理商的系统集成到新的商品管理平台中，打造了伊芙丽商品全链路数字化管理平台，在满足消费者需求的同时，实现了公司的商品运营效率最大化。

（7）非织造领域

普遍采用ERP系统对企业业务流程进行有效管理，通过DCS系统采集和显示工艺数据并进行趋势分析，MES系统用于能耗监控和成本核算；WMS系统通过物联感知技术实现产品追溯，提高工作效率；SRM系统建立企业与供应商的业务关系。例如，宏大研究院有限公司面向非织造卷材生产企业的实际需求，推动设备数字化，建设智能示范装备，设计常用品种"一键式开机"、预测性维护、智能化能耗管理系统等功能，并打通生产线与企业管理系统的数据接口，为用户企业提供了可定制的智能化解决方案，助力纺熔非织造卷材生产的数字化、智能化转型升级。

（二）生产制造数字化创新实践

1. 5G技术提供纺织产业发展新路径

5G技术作为新一代移动通信技术，正在改变纺织服装行业发展路径。2024年是5G-A技术创新发展的关键一年，在容量、速率、时延、定位等方面实现了大幅提升，能够更好地支持人联、物联、感知等场景。中国累计建成的5G基站总数快速增长，5G专网技术得到发展，5G技术在纺织行业的应用取得显著成果，提升了产业数字化水平，加速了纺织行业向智能化、绿色化迈进。

传统纺织服装车间由于现场网络与上层管理网络脱节，导致生产数据无法实时上传，数据传输时效性差，进而造成生产数据不准确，此类问题在品牌服装企业及龙头纺织企业的多厂区共享研发与生产数据的架构中尤为突出。而5G技术在纺织服装行业的应用，解决了车间数据传输时效性差等问题，降低了生产故障率，提高了响应速度。具体而言，5G技术在纺织行业的应用体现在以下六个方面：

（1）低延时、高带宽的优势

借助5G的低延时和高带宽性能，加上5G MEC（移动边缘计算）的跨域协同保障技术，通过智能化调度数据库节点，为分布在多个节点上的数据提供安全保障，实现服务器节点间的数据同步，有效降低了生产过程中的故障率，并提高了响应速度。

（2）支持大规模设备连接，形成高度协同的工作环境

5G技术支持大规模设备的无缝连接，可支持纺织车间内的所有机器和传感器的互联互通，形成高度协同的工作环境，不仅可以优化生产流程，还能利用数据分析预测设备的维护需求，减少非计划停机时间，提高生产效率。

中国联通基于纺织行业需求和5G技术进行了一系列的探索创新，从"传统通信"到"数字化转型赋能"，涌现出一系列融合行业特性的5G数字化解决方案及其应用案例。中国联通云联网是将云计算

与网络技术深度融合的一种新型网络架构和服务模式，它利用软件定义网络（SDN）、网络功能虚拟化（NFV）等先进技术，实现对多云环境下的网络资源进行统一管理和灵活调度。云联网通过在全国范围内构建高效、灵活的网络连接，解决了多云互联和数据互联互通的问题，它可以将不同地域、不同类型的云服务（如公有云、私有云和混合云）以及边缘计算节点连接起来，使数据在各个云平台和边缘设备之间安全、高速地传输。在工业互联网领域，云联网能够支持企业的多厂区协同制造，实现云边协同，通过与物联网（IoT）平台的结合，企业可以对分布在不同地点的设备进行集中管理和数据分析，提高生产效率和响应速度。云联网的主要特点包括：高灵活性——利用SDN技术，网络资源可以按需分配和调整，满足不同业务场景的需求；高可靠性——通过网络冗余和智能路由等技术，保证数据传输的可靠性和稳定性；高安全性——采用多种加密和安全防护手段，确保数据在传输过程中的安全；统一管理——通过集中化的平台，对网络和云资源进行统一的监控和管理，简化运维（图2-67）。

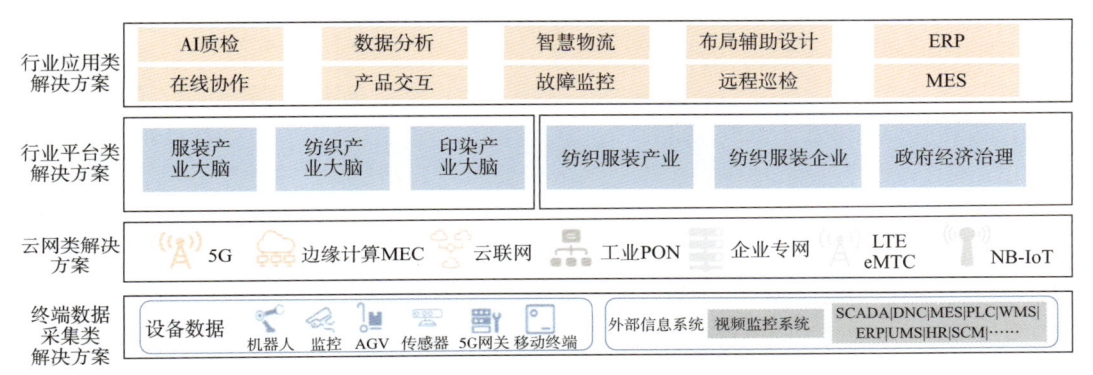

图2-67　中国联通：5G技术纺织行业解决方案总体框架

中国联通云联网方案，以联通集团产业互联网为承载网络，使用SDN技术为混合云场景提供全国组网接入方案，解决多云互联问题，实现数据互联互通，配合IoT平台使多厂区间协同制造成为可能，实现云边协同改造。

（3）智能验布系统

通过融合AI＋5G＋MEC技术，打造云边协同的AI智能验布系统，实现对纬缩、破洞、断经、脏污、稀密路等多种疵点的实时检测，提高面料品控的时效性、有效性和准确性，同时AI检测系统能够实时存储和分析质检数据，提高企业生产追溯和设备把控能力。

（4）服装制造数字孪生

应用5G＋数字孪生技术实现服装制造数字孪生，通过5G网关和5G数采模块对服装缝纫机、AGV、巡检机器人等设备进行实时数据信息采集，在地理信息、物理信息、运行逻辑上虚拟还原工厂，实现对生产现场的监测、分析及报警管理，直观、可视化地远程掌握工厂生产全局信息，实现智能调度和柔性调度，提高运营效率。

（5）纺织服装工业互联网

平台集成主流通用技术能力（如物联网、数据中台、抵代码平台等），采用微服务架构，打造自主可控的能力底座，提供设备接入、数据存储与管理、数据处理与分析、数据展示、低代码开发等能力，将不同设备、产线、工厂、供应链进行全要素连接，实现数据共享集成分析，结合5G将传统工业控制硬件云化为5G MEC边缘云软件系统，打造云化工控核心组件，实现以技术创新驱动服务创新。针对需要进行数字化转型的大型企业，围绕企业在研发设计、生产制造、仓储物流、售后运维以及上下游产业链生态圈数字化、网络化、智能化发展需求，可建设企业级工业互联网平台。针对政府、协会、行业龙头企业投资建设的行业级平台，可围绕整个垂直行业上下游提供具有强行业属性的工业数字化需求，例如工艺及能耗管理、流程控制优化、行业知识管理等应用。针对省市县级、产业园区、产业小镇等区域级别的工业互联网平台，围绕产业链、供应链、诊断咨询、需求对接、撮合交易、平台化设计、智能化制造、网络化协同等需求，定制研发设计、品质管控、安全生产、物流仓储、标识管理等特定环节或特定场景，通过轻量化的方式提供跨行业、跨地域的应用。

（6）纺织服装产业大脑

结合服装行业知识与大数据分析、5G + AI、IoT物联网等技术，依托工业操作系统，构建多元化工业数据湖，提供专业算法建模、大数据分析和人工智能应用、场景化应用和智慧决策等功能，围绕共性技术、新智造和产业生态三大领域，打造多种应用，实现纺织服装产业全链赋能，以集成化、数字化、智能化手段解决生产控制、管理和经营问题。

[撰稿人：联通（浙江）产业互联网有限公司　宋光敏　张思繁]

2. 物联网技术促进纺织产业数智赋能

纺织行业正在经历数字化和智能化的转型，这一过程涉及从传统生产方式向现代化、自动化和数据驱动的运营模式的转变。物联网技术在纺织行业的应用正逐渐成为推动行业数字化和智能化转型的重要力量。纺织产业链的特点决定了物联网技术在其中的广泛应用。纺织产业链包括从原材料采购、纺纱、织布、染整、成衣制作到销售的多个环节，每个环节都有其独特的工艺和要求。物联网技术通过链接传感器和智能系统，实时监控和连接各个生产环节，使数据和信息可以无缝流动，确保各个环节之间的高效协同与精确控制，帮助追踪原材料和产品在供应链中的位置，确保整个流程的可视性和可追溯性。

上游原料供给端，包括农业、畜牧业和石油化工等环节，其物联网技术应用和数字化水平较高，主要表现在人机协作、智能化生产方面。以棉花种植为代表的农业环节，利用物联网技术，使得农业生产进入了一个轻松、智能的时代。依托在棉田上大面积使用大气和土壤传感器、无人机、农业机器人等先进物联网装置或感知设备，经过大数据分析技术，棉花的成熟时间、产量、交易价格都能提前进行预测；以合成纤维原料处理为代表的石油化工环节，采用物联网技术建立智慧工厂，实现生产过程的可视化、柔性化和自动化。利用传感器、RFID技术等实时监测生产数据，并通过工业互联网进行信息传输和分析，提高生产效率、降低成本，实现产品质量的可追溯性。

中游为生产制造端，包括纺织、织造、染整、成衣、家纺、产业用纺织品等环节。其物联网技术应用呈现明显的两极分化：在纺纱、织造环节物联网技术应用普遍，其设备自动化水平高且通过物联网突破单机自动化限制，实现了以MES为核心的联网智能排产、生产监控和质量在线检测等功能；在成衣制造等环节受限于服装柔软性和多样性，服装生产的自动化水平相对落后，多数企业能通过单工序设备自动化实现少人化，极少数企业能将单个产品的多个连续工序组成自动缝制单元实现工序间无人化。

下游为贸易流通端环节，包括线下门店、专业市场和线上直播、电商方面，利用传感器、区块链技术等实现供应链的透明化、可追溯性和实时监控，降低供应链成本，提高效率；采用物联网技术实现仓库自动化和智能化，提高仓储效率和准确性。通过仓储管理系统、RFID技术等实现物品的自动识别、追踪和定位，自动进行分拣、装卸和存储。

物联网技术在行业内企业的应用规模情况，可通过行业数字化转型的情况间接了解（表2-25）。截至2022年12月，中国纺织行业信息化和工业化融合总体发展水平评估指数达到57.1，生产设备数字化率达到55.6%，智能制造就绪率为14.6%。中国纺织服装行业数字化转型起步比较晚，少数头部企业处于L3、L4阶段。多数中部企业处于L2、L3阶段，大部分中小微企业处于L1、L2。

表2-25　企业数字化转型参考阶段

等级	描述
L1：初始级	企业单一业务范围内开展数字技术应用
L2：单元级	企业部门业务范围内开展新一代信息技术应用
L3：流程级	以企业整体业务为数据驱动
L4：网络级	实现以数据为驱动的业务模式创新
L5：生态级	推动企业与上下游生态数字化协同

具体来看物联网技术在生产业务流程中的应用，现阶段物联网技术在纺织产业中的各环节均有典型应用，但只有极少数头部企业做到了全场景的应用，绝大多数企业处于局部场景应用阶段，未能有效形成全价值链效益。物联网在生产制造过程中的典型应用包括以下六个方面。

（1）生产制造

采用物联网技术建立智慧工厂，实现生产过程的可视化、柔性化和自动化。利用传感器+边缘计算技术等实时监测生产数据，并通过工业互联网进行信息传输和分析，提高生产效率、降低成本，实现产品质量的可追溯性。

（2）质量检测

采用物联网+机器视觉技术，开发纱线检测、疵点检测和工序合规检测，实现了纱线→面料→成品的质量在线检测，有效减少了不合格品流通到消费市场。

（3）仓储物流

采用物联网技术实现仓库自动化和智能化，提高仓储效率和准确性。通过仓储管理系统、RFID技术等实现物品的自动识别、追踪和定位，可自动进行分拣、装卸和存储。

（4）营销销售

采用物联网和人体数据为消费者提供智能销售体验。消费者通过虚拟现实、增强现实等技术，实现虚拟试衣、产品功能沉浸式体验，同时也通过物联网技术支持智能支付、免排队等功能，全面提升消费者的购物体验。

（5）售后服务

利用物联网+标识解析技术实现产品质量的可追溯性，消费者可以通过产品上的标签或二维码，快速查询纺织品的生产厂家、质量等级、生产日期、批号等信息，提高产品质量的透明度和可信度；通过传感器+远程诊断技术，可以实时监测产品状态，并通过移动端或其他方式提示故障原因和解决方案，方便及时进行维护、维修或更换。

（6）供应链

利用传感器、区块链等技术，搭建智慧供应链平台，将供应商、生产商、经销商、消费者等利益相关方连接起来，实现供应链各环节的协同与优化，使得供应链变得透明化、可追溯，降低整体成本，提高协同效率。

物联网技术与纺织溯源体系建设，将助力行业生态重构与产业转型，提升全球竞争力。将物联网技术应用于纺织品从上游的原料供给、中游生产制造到下游的流通和销售环节，实现对纺织品全生命周期的追踪管理，形成原料溯源、质量溯源、碳足迹管理体系，有助于企业树立良好的品牌形象和信誉，推动纺织服饰产业向智能化、数字化、网络化方向转型，重塑产业生态。同时通过产业的全球化发展，打破地域限制，实现跨国合作，提升全球竞争力。

［撰稿人：联通（浙江）产业互联网有限公司　和杉杉　廖赖民］

3. 智能排程提升纺织企业运营效率

数字经济正以逆向方式渗透和改造纺织服装市场，从与消费者最近的广告营销端开始，逐步进入零售、分销环节，最终影响生产制造环节。在数字技术和电商平台的推动下，供应链从纱线到成衣的生产和流转速度加快，对上下游企业的协同效率提出更高要求，面对定制化和快速反应的需求增长，企业需通过数字化提升供应链和生产效率，以适应多变的市场需求环境，高级计划与排程系统（APS）因此成为关键解决方案。

（1）APS技术及应用价值

高级计划与排程系统（Advanced Planning & Scheduling System，APS）通过自动化和智能化系统，全面考虑生产资源和限制，优化生产计划。它不仅提高了生产效率，控制了成本，提升了产品质量和客户满意度，还增强了企业的市场竞争力。APS的核心在于强大的计划与排程算法，能够解决资源分配、任务排序、瓶颈识别等问题，同时综合考虑设备能力、物料可用性、订单优先级、交货期限等多种约束条件，进行多维度目标优化。APS的应用价值主要体现在以下三个方面。

①快速响应市场需求，实现产供销协同。为了高效地响应并满足终端市场的需求，企业内部需要实现生产、供应和销售的协同，包括处理实时订单数据和需求预测数据。APS通过其强大的计划与排程能力，帮助企业评估有效产能，迅速响应市场需求。利用APS的快速交期试算和模拟功能，企业能够高效制定生产计划，向客户展示准确的订单交期和生产安排，甚至可以推送关键生产节点，不仅提升了服务能力，也为赢得客户信任和获取更优质的订单增加了砝码。

②提升管理透明度，平衡优化成本与效率。从订单接收到生产完成，各环节涉及多个部门和人员，在业务推进的过程中，新的订单、需求以及各环节的变化和意外不断产生，如何保持各环节的信息透明和良好协作是一项巨大的挑战。传统的管理方式以人为主，依赖Excel表格，信息传递通过微信、电话或邮件等方式，往往无法及时、准确地传递，导致管理上的信息不对称和决策延误。APS通过数字化手段，建立企业各项活动的协同和连接，构建了简单、关联的规范化评价体系与标准。APS计划运算包含规则、约束和优化目标，能够直观地展示不同方案的优劣，支持企业管理者和相关人员在统一的标准下进行讨论和决策，使得管理人员能够获得充分的数据支持，客观准确地作出判断，平衡并优化成本和效率。此外，APS模拟的生产计划不仅可以满足销售订单的需求，还能拉动供应端的物料需求，将销售、生产、采购三个主要业务环节联动协同，实现各部门业务的实现和交付同步前行。结合现场的MES或其他系统，实现计划与执行统一管理，实时了解计划的完成情况和对业务的影响，确保重要业务得到满足。

③实现供应链上下游的高效协同。在纺织服装行业，竞争已从单一工厂的竞争扩展到供应链的竞争。面对计划外的突发事件，需要迅速沿供应链传递信息，使各环节根据最新情况进行调整。APS通过其自动化和智能化系统，帮助供应链中的每个环节高效运作，上下游企业能够实时获取订单或采购的进度，以此调整和优化生产节奏，构建了一条连接市场终端客户、生产企业内部各部门，以及上下游各方的实时协同供应链，实现了从原材料采购、生产制造到物流配送的供应链整体优化，减少了库存积压，

提高了供应链的灵活性和响应速度，最终提升供应链的整体效益。

（2）APS系统实施衡量指标

如图2-68所示为制造业信息系统的架构，设备通过SCADA进行数据采集和实时控制，SCADA将数据传输到实时数据库以便存储和更新。MES从数据库获取数据来管理生产计划，并与APS共享信息，进行高级排程优化。APS根据ERP提供的需求进行资源分析，并反馈排程结果给ERP。同时，MES向ERP提供生产执行状态和反馈信息，ERP则根据需求和资源情况向MES下达生产计划。由此可见，APS的成功实施依赖于完善的ERP和MES系统。目前我国ERP应用普及率达到68%，MES应用普及率仅为28%，这在一定程度上制约了APS在行业内的发展。

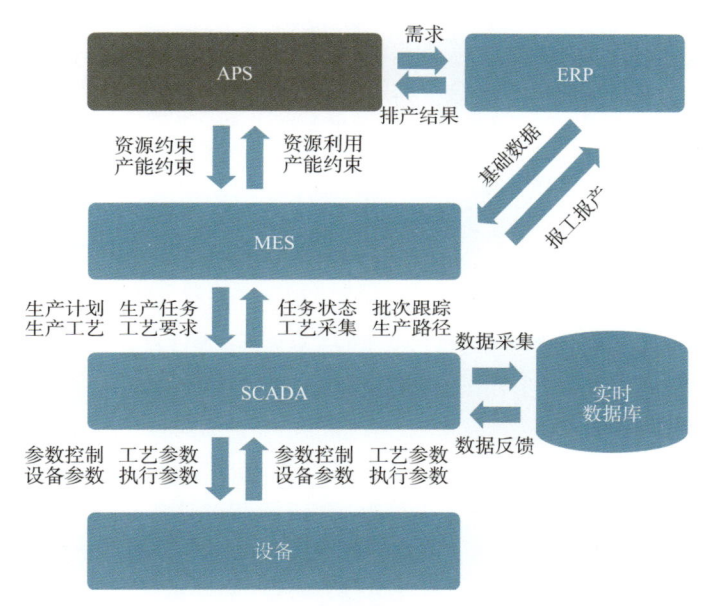

图2-68　制造业信息系统的架构

为了充分发挥APS的价值，一个优秀的APS系统需要具备以下六个特点。

①算法的高适应性。APS系统必须具备强大的计划与排程算法，能够建模各种实际业务场景。针对纺织服装行业中各个环节不同的生产特点和业务目标，系统需要处理复杂的约束条件。例如，在织造环节，必须考虑织机的门幅、经轴数量以及经纬线的切换；在印染环节，需要考虑染缸的大小和颜色深浅的产品切换规则；在服装生产中，还要处理物料齐套和原材料替代等问题。通过灵活的配置和少量的二次开发，APS产品应能够适应不同行业或企业的特定需求，形成定制化的计划与排产软件。

②高效优化的计划。APS系统的核心优势在于能够快速优化并自动生成生产计划。系统应考虑多维度的优化目标，不仅提高生产效率，还要降低成本、缩短交货时间和控制库存水平。为了适应市场变化，系统需要具备快速计算能力，在出现新需求或变化时，能够在分钟级甚至秒级内计算出结果，确保企业可以迅速重新优化生产计划，以应对变化，降低成本和损耗。

③协同关键业务环节。在自动生成计划的基础上，APS系统应能够计算销售订单的饱和程度。基于订单、计划、库存和订单进度，系统可以自动运算并建议供应和采购需求。通过这种方式，APS系统能够确保不同业务流程之间的紧密衔接，提升整体运营效率，实现关键业务环节的协同运作。

④管理支持和便捷地操作。APS系统需要高度的可配置性，允许用户根据自身的生产流程、规则和策略定制系统参数，包括生产规则、优先级设定和约束条件定义等。系统应提供简单直观的操作界面和逻辑，充分考虑用户的操作习惯和思维方式。通过直观的图形化界面，用户可以快速理解复杂的生产计划和排程情况。丰富的报表和分析工具有助于管理层做出更加科学的决策。同时，便捷的操作方式可以减少培训需求，提高用户满意度。

⑤方便地部署和运维。APS系统需要适应企业在系统部署和运维方面的实际需求。支持灵活的IT架构和多种部署方式（包括传统的服务器部署以及基于云的部署）非常重要。随着技术的发展，云部署和SaaS模式越来越受欢迎，它们可以降低企业的初期投资成本，实现远程访问和跨地域的协作。通过提供多种部署选项，APS系统可以更好地满足不同企业的特殊需求。

⑥开放的数据交换能力。为了实现与ERP、MES、CRM等其他企业系统的紧密集成，APS系统需要具备开放、标准的API接口和数据交换能力。通过实时同步和共享数据，系统可以确保计划的准确性和可行性。开放的数据能力使得APS系统能够与其他系统进行无缝的数据交互，增强企业内部的集成和协同，提升整体运营效益。

（3）APS在纺织企业的应用案例

广东溢达纺织有限公司是集针织、染色、后整理为一体的大型纺织企业，拥有世界先进水平的针织圆机、针织横机、常温染色机、高温染色机、数码印花机、全自动定型机、抓毛机、磨毛机、丝光机、烧毛机等，主要生产工序包括针织、匹染、后整理和成品检验。企业自主开发了ERP、MES、WMS等生产管理系统，具备丰富的系统使用经验和完整、准确的生产数据。

受市场小单快反趋势的影响，工厂订单的品种越来越多样化；同时，客户的需求（如面料成分、手感）也越来越个性化，导致生产工艺路线也越来越复杂。多样化的品种加上复杂化的工艺路径，使得生产的可能组合成倍增加，企业沿用原来的排产模式会遇到面料到达某个工序的时间难以预测、不同工序之间的在制品库存难以平衡、很难实现多目标的优化、插入急单需要所有订单重新排程等问题。为实现多制约条件下充分利用资源，同时保证交付准时和质量稳定，企业决定开发APS系统。结合实际需求及对生产的理解，在整条计划链中应用了工序loading平衡、供需平衡、拉动式生产、JIT、SMED等精益生产理念，系统内核采用了区间搜索和链式搜索，规则引擎和启发式算法搜索引擎，以便于计划人员对约束条件进行维护及提升系统运行效率（图2-69）。

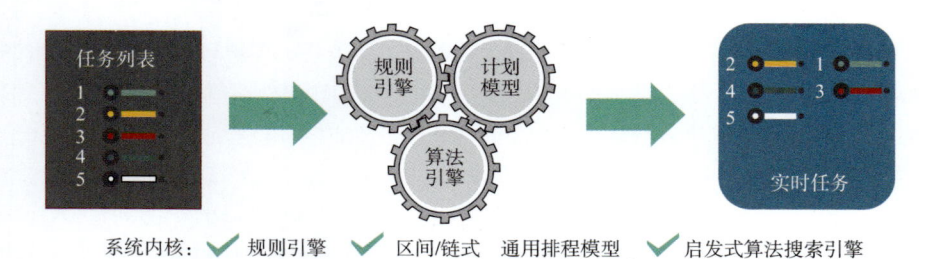

图2-69　APS工作原理

通过模拟排程功能，企业可以快速、准确地向客户反馈交期；通过自动排程功能，大幅减少了计划和调度人员的工作量；通过接收插单、订单变更功能，可以及时响应客户的紧急需求，提升服务水平和客户满意度。根据工厂的数据统计显示，对比APS系统使用前后，坯布库存下降了34%，在制品量（WIP）下降了41%，生产周期缩短了24%（图2-70）。

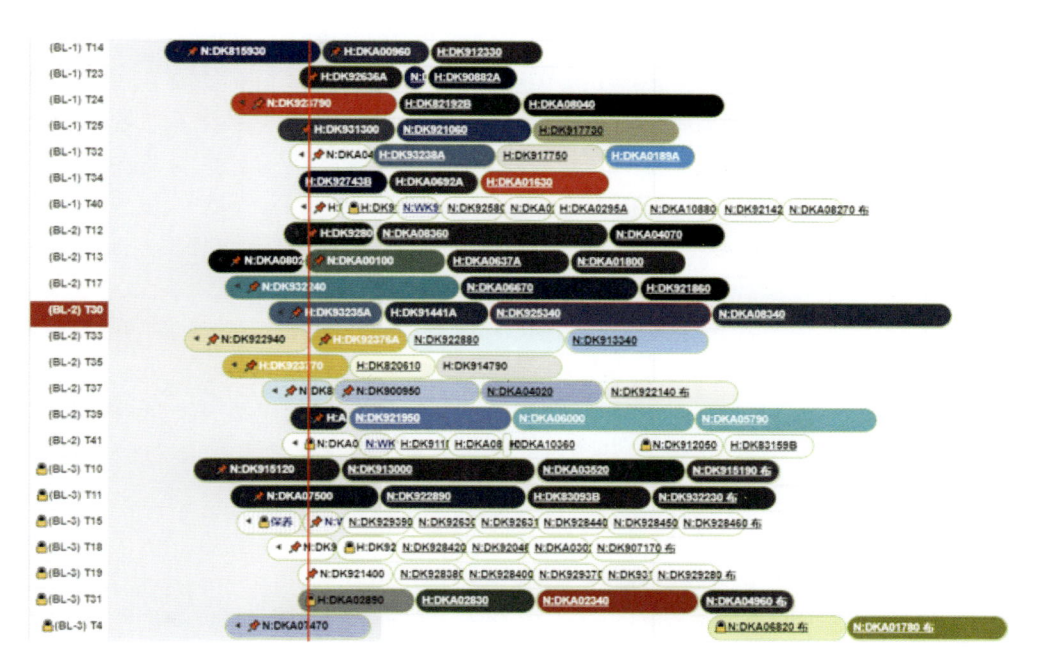

图2-70　某企业APS运行结果

APS通过提供精准的排产计划、优化资源配置、提升生产线的灵活性和生产交付的可预测性，为纺织企业带来了效率提升、交期缩短、质量稳定等收益，使企业在面对市场不确定性时能够从容应对。随着纺织行业数字化体系的日趋成熟，以及企业需求与APS功能的高度契合，APS在纺织行业的应用前景更加广阔。一方面，在国家大力扶持传统企业进行产业升级和数字化转型政策的推动下，企业的生产信息系统将越来越完善，为实施APS打下坚实的数字化基础。另一方面，随着数字技术的融合应用，机器学习、人工智能、运筹优化以及复杂问题的大规模计算技术将进一步融入APS系统中，APS算法将从传统的基于规则的启发式方法转向更加智能化的算法，不仅能够高效解决多工序的排产优化问题，还将推动APS系统迈向更完整的供应链一体化规划，帮助企业实现资源端到端的智能决策优化。

（撰稿人：广东匡敦科技有限公司　吕江云　杨　刚；上海不工软件有限公司　周　峰）

4. 数字孪生优化企业生产和决策流程

随着纺织服装行业数字化转型的不断推进，数字孪生技术正在成为优化服装设计与制造流程的关键驱动力。通过结合空间计算、AI和IoT等前沿技术，无缝融合虚拟与现实，数字孪生技术可实现从设计概念到成衣生产的全程数字化管理，为纺织行业带来前所未有的效率提升和新的市场竞争力。

通过数字孪生开发模拟仿真应用，企业可以在虚拟环境中测试和优化生产流程，降低实际生产中的试错成本。例如，FactVerse是北京商询科技有限公司（以下简称"商询"）推出的一款零代码的工业元宇宙平台，可以帮助企业不具备编程知识的员工轻松构建各种数字孪生体，导入建筑信息模型（Building Information Modeling，BIM）和产线布局数据，快速创建与真实生产线1∶1复刻的数字孪生工厂。在此基础上，生产车间人员可以随时调整产线布局，并通过实时业务数据和IoT数据实现生产全过程的可视化监控与管理，使企业能够实时掌握生产线状态，并根据数据分析结果进行动态调整。此外，数字孪生平台可结合APS生产排程系统等，进一步优化工厂生产计划，提升整体生产效率。数据驱动的生产优化不仅提升了生产效率，而且减少了资源浪费，推动了企业的可持续发展（图2-71）。

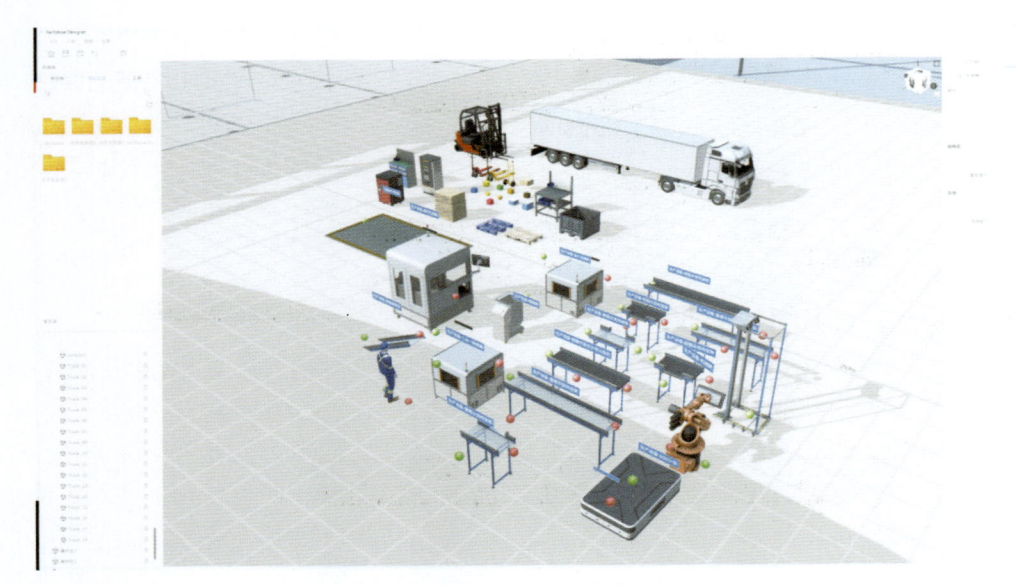

图2-71　基于FactVerse运营流程仿真、培训指导和售后支持

随着AI技术的发展，数字孪生在智能生产和管理中的应用前景更加广阔。通过将AI算法与数字孪生模型相结合，企业可以实现生产过程的智能化管理，提高生产效率和产品质量。AI技术能够通过分析历史数据预测生产中的潜在问题，帮助企业提前采取措施，降低生产风险。此外，结合企业现有数据内容，利用AIGC工具（如FactVerse AI）快速构建涵盖生产工艺、设计标准等的企业知识图谱，智能化的生产管理方式为纺织企业在市场竞争中保持领先地位提供了强大的技术支持。

结合扩展现实（XR）技术，通过模拟真实的生产环境，企业能够为员工提供更加直观、沉浸式的培训体验，让他们在虚拟环境中学习复杂的设备操作流程、生产环节和设备维护。对于纺织行业中的复杂工艺和设备操作，数字孪生技术可以1：1复刻模拟真实的设备、产线和生产环境，帮助员工在虚拟世界中反复练习，减少实际操作中的失误，避免材料浪费。这种基于XR的数字化培训模式，不仅节约了培训所需的真实设备成本，还提升了培训效果，大幅缩短了培训时间，为企业节省了大量成本。

随着技术的不断进步，数字孪生将与IoT、AI等技术深度融合，在整个纺织和服装产业链中发挥更大的作用，实现从原材料供应到成品交付的全程数字化管理与优化。全面的数字化赋能将帮助纺织和服装企业更好地应对市场变化，提升产品创新能力，并在全球市场竞争中占据优势。

（撰稿：北京商询科技有限公司）

（三）生产制造数字化趋势展望

当前，我国纺织行业的数字化转型已取得一定成果，但仍面临传统思维桎梏、人才短缺、研发投入不足、基础能力薄弱、跨领域协同不力等挑战。这些问题制约了纺织服装生产制造数字化的快速发展。展望未来，纺织服装生产制造数字化的发展将呈现以下趋势，企业应积极把握机遇，推动转型升级，实现高质量发展。

1. 技术融合驱动智能升级，实现高效生产

面对激烈的市场竞争和技术变革，纺织企业需要通过新一代信息技术的融合应用，提升生产效率和产品质量。企业应投资升级如智能纺纱机、织布机、智能印染设备等自动化、智能化的纺织设备，实现连续生产、自动调节工艺参数，减少人工干预，提高产品质量的稳定性。构建工业互联网平台，实现设备、生产线、供应商、客户等全流程的互联互通。通过实时采集和分析生产数据，优化生产流程，实现精准排产、智能调度和远程运维，提升生产的灵活性和响应速度。深入应用大数据分析和人工智能技术，对生产过程中的数据进行分析，优化工艺参数，实现质量预测预警和设备预测性维护，进一步提升产品质量和生产效率。在此过程中，企业还应重视网络安全建设，防范数据泄露和网络攻击风险，保障生产运营的安全稳定。为加速智能化改造，企业可加强与专业机构和行业平台的合作，获取最新的技术支持和行业动态。

2. 实施柔性生产，以满足个性化需求

在消费者需求日益多样化和个性化的趋势下，纺织企业需要构建灵活的生产体系，快速响应市场变化。企业应深入了解消费者需求，通过大数据分析、市场调研等手段，提供定制化设计和产品，提升市场竞争力。建立柔性生产体系，构建可重构的生产线、模块化设备和灵活的生产流程，支持小批量、多品种的生产模式，快速响应个性化定制订单。加强供应链协同，与供应商、物流合作伙伴建立紧密合作，确保个性化产品的及时交付。积极探索3D打印、VR、AR等新技术的应用，为个性化定制提供更多可能性，提升消费者的参与感和体验感。企业可以借助行业平台机构的资源和支持，优化柔性生产体系，提升市场响应能力。

3. 强化产业链协同，提升国际竞争力

在全球化竞争环境下，纺织企业需要通过产业链协同，提升整体竞争力。加强与上下游企业的合作，实现资源整合和优化配置，优化原材料供应、设备利用和人力资源配置，降低生产成本，提高运营效率。联合产业链各环节的优势资源，共同开展新材料、新工艺、新产品的研发，推动整个产业链的技术升级和创新发展。积极拓展国际市场，整合资源，提升品牌影响力和市场份额。利用数字技术，实现全球供应链协同，优化全球资源配置，提高国际市场的响应速度和服务能力。同时，积极参与行业组织和标准化活动，推动行业标准和规范的制定与实施，提升行业的国际话语权和影响力。借助行业平台机构，促进产业链各环节的信息交流和资源共享，助力企业"走出去"战略的实施。

面对新一轮科技革命和产业变革的机遇，纺织企业应积极拥抱数字技术，提升自主创新能力，加快向技术密集型、创新驱动型转变。企业应制定清晰的数字化转型战略，明确目标和路径，合理配置资源，稳步推进转型升级。强化管理模式的变革，建立敏捷机制，提高对市场变化的快速反应能力。加大人才培养和引进力度，提升员工的数字化技能和素养，适应行业未来发展需求。积极参与行业生态建设，加入产业联盟和创新平台，共享资源，与合作伙伴共同构建良性的产业生态。加强与专业机构和行业平台的合作，获取技术支持、市场信息和培训资源，借助外力增强自身竞争力。通过技术融合、柔性生产、产业链协同，实现从制造向智造、从速度向质量、从产品向品牌的转变，推动纺织行业提升新质生产力，实现高质量发展。

（撰稿人：中国纺织信息中心　王　晨）

四、供应链管理数字化

（一）供应链管理数字化发展现状概述

1. 纺织服装供应链现状

在当今全球化的商业舞台上，纺织行业作为传统而又极具时尚活力的产业，正处在一个关键的变革节点。后疫情时代，全球企业持续重视供应链弹性，通过多元化供应商、库存优化和风险管理策略减少潜在中断；优化客户体验，通过个性化产品、快速交付和售后服务满足客户需求；注重可持续发展，通过绿色物流、循环经济和可持续采购减少环境影响；加强供应链协同，通过共享数据和资源提高整体效率和创新能力。我国纺织服装行业积极进行供应链创新，体现为引入智能制造、自动化和物联网技术，提高生产效率和透明度；结合本地化和全球化，加强本地供应链同时拓展全球供应链网络，构建更高效和有韧性的供应链；供应链金融发展迅速，通过区块链等技术提高服务效率和安全性；越来越重视绿色供应链，通过节能减排、循环利用和环保材料减少环境影响。

电商品牌供应链作为供应链数字化管理的先行渠道，营销端数字化程度高，也在深入建设内部供应链体系、积极推动与供应商的数字化协同。中国绝大部分电商企业已经实现订单、仓储、物流、退换货的高度在线处理，销售体量在1亿元以上的企业，大部分开始关注产品生产、采购供应链，国内3亿元以上的电商大部分均已采用专业的PLM、SCM或SRM系统，提高了供应链的响应速度。近两年，直播电商的兴起给纺织供应链带来了新的挑战，由于直播销售的不确定性，对供应链的快速响应能力提出了更高要求。电商企业需要建立更加灵活的供应链体系来应对这种变化。同时，直播为电商企业提供了直接面向消费者的销售渠道及商品反馈机制，促进了产品的创新和升级。通过直播平台收集消费者的反馈和需求，及时调整产品设计和生产计划，实现了以销定产的供应链快反模式。

2. 纺织服装供应链数字化

近年来，数字化技术在纺织行业中的应用日益广泛，在供应链管理环节，以客户为中心的供应链数字化转型尤为突出，企业利用先进的数字技术，如人工智能、大数据分析、物联网等，重新设计和优化其供应链流程，以提高响应速度、灵活性和透明度，强调以客户需求为导向，通过整合内外部资源，打破传统的职能孤岛，实现供应链的端到端可视化，从而提升客户体验感，建立客户忠诚度，最终推动业务增长和市场竞争力的提升。

在纺织服装企业数字化转型中，供应链领域可能存在信息孤岛，供应商、物流、库存管理之间的数据不互通，导致响应速度慢，库存不准确。供应链管理采用综合性管理策略，旨在通过优化从原材料采购、产品制造到最终产品交付给客户的整个流程，来提高企业的运作效率和客户满意度，包括需求预测、供应商管理、采购、生产计划、库存控制、物流管理、订单处理、配送和客户服务等多个环节。供应链管理的关键流程通常涉及跨部门的协作，如销售、财务、运营和IT等，以确保信息流、物流和资金流的顺畅。现代供应链管理方法还包括采用先进的信息技术，如ERP系统、WMS系统以及大数据分析和人工智能算法等来提高预测准确性和响应市场变化的能力。

（1）供应链需求计划管理

需求计划是供应链管理中的关键环节，它涉及对产品或服务未来需求的预测和规划。需求计划的准确性直接影响库存管理、生产计划、物料采购以及客户满意度等多个方面。在许多企业中，需求计划流程面临的挑战包括：数据不准确，依赖过时或不完整的数据进行预测；不同部门间缺乏有效沟通，导致需求计划与实际市场脱节；预测方法落后，使用简单的预测方法，未能充分利用先进的数据分析和预测工具；响应市场变化慢，需求计划更新频率低，难以快速响应市场变化；过分依赖历史销售数据，未能有效考虑市场趋势和季节性因素。

改进措施包含：整合内外部数据（包括销售数据、市场趋势、经济指标等）以提高预测的准确性；采用先进的预测软件和大数据分析工具，提高预测的科学性和准确性；加强销售、市场、生产和供应链等部门之间的沟通和协作；提高更新频率，缩短需求计划的更新周期，更快地反映市场变化；引入统计和机器学习模型，使用统计模型和机器学习算法来提高预测的精确度。

（2）供应链S&OP管理

销售与运营规划（Sales and Operations Planning，S&OP），是企业中一个关键的跨部门流程，旨在确保销售目标与生产和供应链能力相匹配。S&OP通常涉及对需求预测、库存水平、生产计划和资源分配的评估和调整。在许多组织中，S&OP流程面临的挑战包括：缺乏跨部门协作，销售、生产、供应链和财务部门之间有效地沟通和协作；过时的预测方法，依赖历史数据和直觉，而不是使用先进的预测技术和算法；计划不够灵活，难以适应市场变化和紧急需求；数据不一致，使用的数据不准确或不一致，导致决策质量下降；缺乏实时监控，缺乏对关键绩效指标（KPIs）的实时监控和分析。

改进措施如下：增强跨部门沟通，建立定期的S&OP会议，确保所有相关部门都能参与决策过程；采用先进的预测工具，使用统计和机器学习技术来提高预测的准确性；制订灵活的、能够快速调整的计划，以应对市场和供应链的波动；整合和标准化数据，确保所有部门使用相同的数据源；建立实时监控系统，跟踪关键指标并及时调整计划。

（3）供应链供应计划管理

供应计划是供应链管理中的重要环节，它涉及物料采购、库存控制、生产计划和物流安排等多个方面。有效的供应计划能够确保企业在满足客户需求的同时，优化库存水平，减少成本，并提高整体运营效率。在许多企业中，供应计划流程可能面临的挑战包括：预测不准确，依赖过时或不完整的数据进行需求预测，导致库存过多或缺货；响应速度慢，供应链缺乏灵活性，难以快速响应市场变化和紧急需求；供应商管理不足，与供应商的沟通和协调不够，导致供应中断或成本增加；库存控制不当，库存水平过高或过低，增加了持有成本或缺货风险；技术应用有限，缺乏先进的供应链管理工具和技术，导致效率低下。

改进措施包括：提高预测准确性，采用先进的预测工具和技术，如机器学习和大数据分析，以提高需求预测的准确性；加强供应商关系管理，建立更紧密的供应商关系，实施供应商绩效评估和风险管理；优化库存控制，采用先进的库存管理方法，如ABC分析和经济订货量（EOQ）模型，以优化库存水平；提高供应链灵活性，通过建立灵活的供应链网络和多元化供应商基础，提高对市场变化的响应能力；技术升级，投资于供应链管理软件和自动化技术，以提高数据处理和决策效率。

（4）供应链流程设计

供应链的未来流程设计是一个持续进化的过程，它涉及对现有流程的评估、改进以及创新，以适应市场变化和技术进步，如图2-72所示为供应链流程设计概述。

①一级流程设计。

A.需求管理。建立一个以客户为中心的需求预测系统，利用大数据分析和人工智能技术来提高需求预测的准确性。

B.供应管理。与供应商建立更紧密的合作关系，实现实时的供应信息共享和协同计划。

C.生产计划。采用灵活的生产计划系统，能够快速响应需求变化，减短生产周期。

D.物流管理。优化物流网络，减少运输成本，提高配送效率。

E.库存管理。实施动态库存管理策略，减少库存积压，提高库存周转率。

F.信息流管理。建立统一的信息平台，实现供应链各环节的信息实时共享和透明化。

②二级流程设计。

A.需求计划。细化需求预测流程，包括市场分析、销售数据整合、预测模型建立和预测结果的

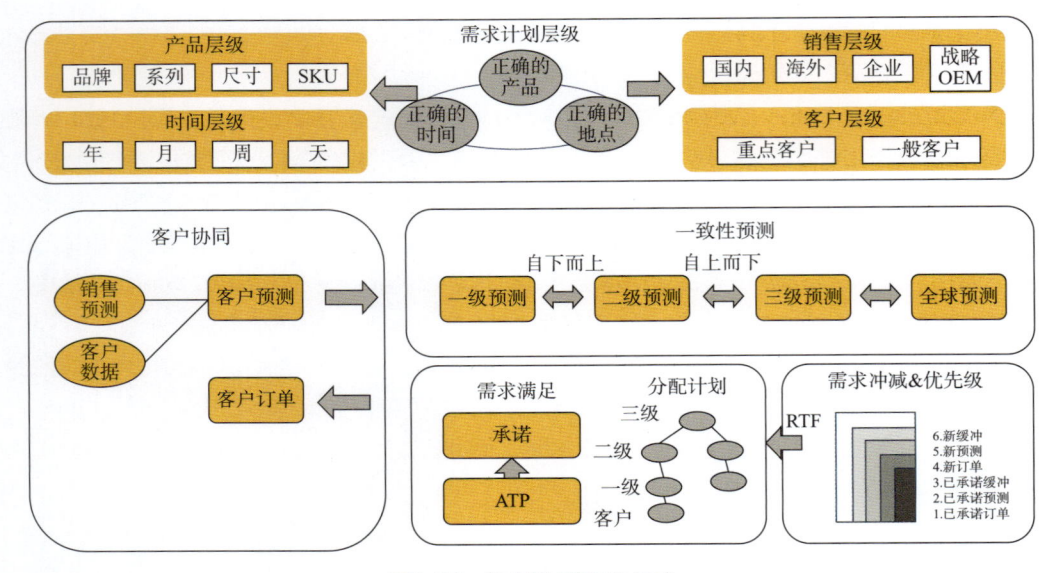

图2-72 供应链流程设计概述

评估。

　　B.采购计划。优化采购流程，包括供应商选择、采购策略制定、采购订单管理。

　　C.生产调度。制订详细的生产调度计划，包括产能规划、生产排程、生产进度跟踪。

　　D.物料管理。加强物料管理，包括物料需求计划（MRP）、物料采购、物料存储和物料使用监控。

　　E.成品物流。规划成品的物流流程，包括运输方式选择、路线优化、配送计划制订。

　　F.库存控制。实施库存控制策略，包括安全库存设置、库存水平监控、库存调整。

　　③三级流程设计。

　　A.需求预测。利用历史销售数据、市场趋势分析和季节性因素来预测未来需求。

　　B.供应商评估。对供应商进行定期评估，包括质量、交货时间、成本和服务水平。

　　C.生产排程。根据生产能力和订单优先级来安排生产任务，确保按时交付。

　　D.物料采购。根据物料需求计划和供应商信息来制订采购订单，确保物料供应的及时性。

　　E.运输管理。管理运输过程中的各个环节，包括运输方式选择、路线规划、货物跟踪。

　　F.库存优化。通过定期的库存审查和库存水平调整来优化库存结构，减少库存过剩或缺货的风险。

（二）供应链管理数字化创新实践

1.供应链深度管控与三方协同

　　江南布衣（JNBY）作为时尚行业先锋，始终坚持"原创设计、质量第一"的核心理念，不断推动品牌与供应链的协同发展。伴随业务的快速发展，江南布衣经多方选型于2023年同宁波新物云科技有限公司（以下简称"新物云"）达成战略合作，以新物云"大麦供应链"系统作为江南布衣供应链三方协同平台，围绕品牌商、成衣加工厂和面料商联手打造数据统一、业务协同的高效供应链协同平台，成功构建了纺织服装行业领先的供应链三方协同系统。借助"大麦供应链"系统，江南布衣成功摒弃了传统的、基于Excel文件的烦琐信息传递方式，这一变革不仅极大地减轻了人力负担，还使数据以高度可视化的形式展现，实现了供应链上下游信息的即时共享与精细化管理。从原材料开发、原材料采购生产进度跟踪、原材料质量管控、物料发运跟踪、大货生产加工到成衣入库交付完毕，每一个环节都应用"大麦供应链"系统紧密串联起来，确保信息的透明与流通。

"大麦供应链"系统支持三方协同作业（图2-73），从采购规划的共同制定到生产流程的实时监控，再到对市场需求的快速响应，各环节紧密配合，形成了高效运转的供应链网络。同时，系统还融入了销售端的质量反馈机制，通过不断收集并分析这些数据，持续优化供应链采购策略，推动产销协同的数字化转型，实现以数据为驱动的供应链优化。这一系列变革显著提升了江南布衣供应链的业务响应速度，确保了质量管控的每个细节都能得到有效执行。围绕江南布衣的核心生产采购业务，供应链各参与方紧密合作，不仅提升了企业自身的运营效率，也促进了整个社会分工协作体系的优化升级，提高了整体效率与竞争力。

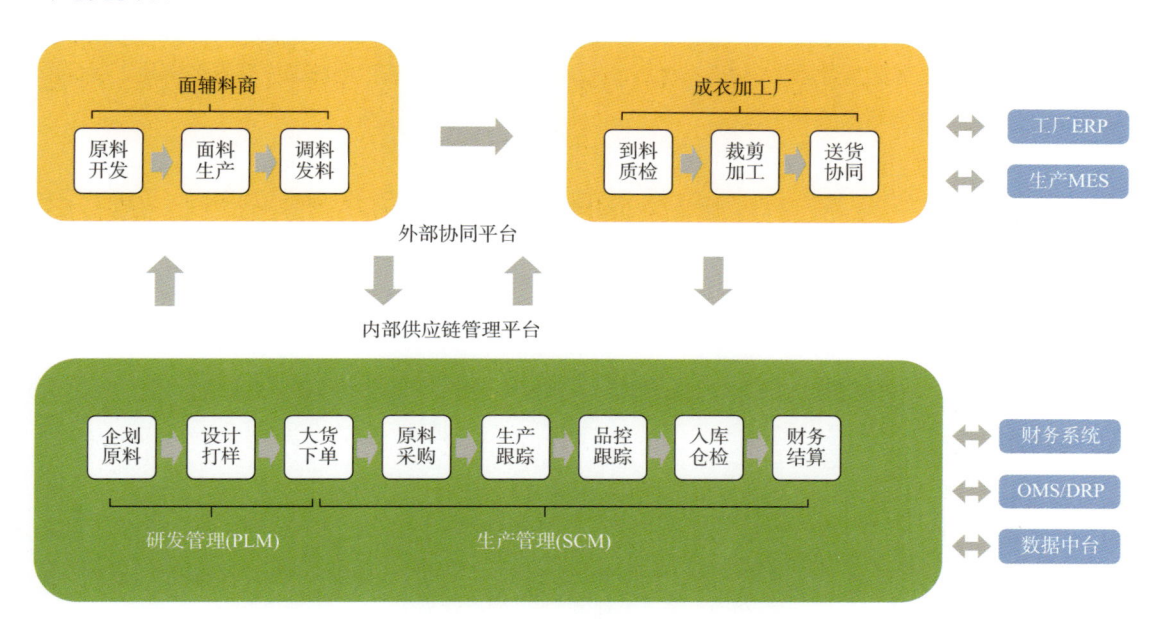

图2-73 大麦供应链系统支持三方协同

江南布衣通过新物云"大麦供应链"实现了对供应链的深度管控，从原材料研发、采购到成衣加工、供应商协同、成衣品控的全面优化，深度管控供应链，确保了原材料质量，保障其及时供应与高效利用，获得成本优势；物料采购规划与管控方面，提高了与供应商的协同效率，提升了信息及时性与库存管理准确性，降低了成本和风险；大货生产的精细化管理方面，系统深入生产各环节，实时监控与调度物料，提升了生产效率和产品质量；市场需求驱动的产销协同方面，打通了供应链与销售端，能快速定位和消除不利因素，促进以销定产，降低库存风险，加速产品流转周期，增强了市场竞争力。

2. 多品牌、多渠道、全供应链的管理革新

慕尚控股集团（以下简称慕尚集团）作为港股上市的多元化服饰企业，其业务版图横跨男装、女装、童装及内衣等多个品类，旗下拥有众多知名品牌。面对线上渠道占比超过40%的市场格局，以及内部多品牌运营的复杂性，慕尚集团对流程效率、商品快反及财务内控的要求远超传统线下品牌，供应链的统一管理成为一项极具挑战性的任务。慕尚集团2019年与新物云达成战略合作，成功上线新物云供应链系统。

在引入新物云系统之前，慕尚集团旗下的品牌GXG在询价、议价及内控审计等环节常陷入"鱼与熊掌不可兼得"的困境。然而，随着新物云系统的深入应用，这些问题得到了根本性解决。系统不仅高效助力询价报价流程，实现了数字痕迹的完整保留，还充分满足了财务对账及上市公司严格的审计要求，确保了业务流程的透明化与合规性。

新物云供应链系统以其全面覆盖商品企划、设计研发、生产至财务结算的全流程优势，为GXG量身打造了个性化定制的供应链管理解决方案。该系统深刻洞察GXG多品牌、多渠道运营的复杂性，通过精准匹配各品牌的差异化需求，实现了供应链管理的高度协同与灵活应对，有效提升了企业的多品牌运营效率、盈利能力和市场竞争力。同时，新物云开放的数据架构为GXG新零售大中台业务提供了坚实支撑，持续推动GXG供应链管理向更高水平的信息化与智能化迈进。

（1）多品牌全流程供应链管理

新物云为GXG提供了覆盖商品企划、设计研发、生产直至财务结算的全流程供应链管理解决方案。针对GXG多品牌运营的复杂需求，通过个性化的定制服务，确保了每个品牌在不同业务模式、不同管理流程中的差异化需求均能得到满足。

（2）智能询比价

通过智能询比价功能，在采购环节实现精准的成本控制。提升了询价的效率和准确性，确保了采购决策中能够获取到最优惠的价格，从而有效降低了采购成本，提升了整体盈利能力。

（3）优化成本控制

通过实时监控和追踪各个环节的成本信息，提供详尽的成本分析报告和优化建议。加强了财务与内控管理，确保成本控制的准确性和有效性，进一步提升了市场竞争力。

3. 打造高效供应链生态系统

蕉内作为时尚新锐内衣品牌，多次斩获天猫内衣类目冠军，持续蝉联行业领先地位。随着业务的快速发展，蕉内从单一品类迅速扩展至全品类布局，团队规模不断扩大。以新物云供应链系统为核心，蕉内成功实施了一体化、数字化的供应链管理方案，该方案覆盖了品类规划、打样研发、成本核算、内部审核、订单管理、大货BOM与工艺单制定、MRP、面辅料采购管理、库存管理、生产计划与执行、品质控制及财务结算等多个关键环节，构建了一个高效、透明、协同的供应链生态系统。

蕉内的数字化转型项目，不仅解决了内衣品类的特殊原材料管理、符合国际标准的面料管理体系等痛点问题，还通过优化MRP运算、提升采购效率和实施全面品质与成本管理，显著增强了供应链的灵活性和竞争力。

（1）单品类的协同强化

在蕉内的研发与生产体系中，通过新物云供应链软件的深度应用，单品类的协同得到进一步强化，促进了设计、采购、生产及销售团队之间的紧密合作。跨部门的协同作业，确保了单品类的独特设计理念能够贯穿整个生产流程，从源头上保障了产品的一致性和市场竞争力。同时，单品类的协同还促进了快速反馈机制的建立，使得市场反馈能够迅速转化为产品改进的方向，进一步缩短了产品迭代周期。

（2）特殊原材料的严格管控

针对特殊原材料如无感标等，蕉内建立了严格的管控体系。从供应商的筛选、原材料的入库检验，到生产过程中的使用监控，每一个环节都遵循了高标准的操作流程。通过新物云供应链软件，特殊原材料的信息被详细记录并实时追踪，确保了其在生产过程中的准确性和可追溯性。此外，蕉内还定期对供应商进行评审，确保所采购的特殊原材料始终符合国际标准和公司品质要求，从而为消费者提供更加安全、舒适的产品体验。

（3）符合国际标准的面料管理体系

蕉内积极引入并实施了符合国际标准的面料管理体系，涵盖了面料的采购、检验、入库、供应商管控等各个环节，确保了面料的品质、环保性和可持续性，为引入更多高品质、创新性的面料提供了有力保障。

（4）MRP优化与采购效率提升

通过先进的MRP系统，蕉内能够更精确地预测和规划物料需求，减少库存积压，提高资金周转率。同时，结合询价议价机制，有效控制采购成本，实现采购效率与效益的双重提升。

（5）全面品质管理

新物云供应链系统集成了QC工作汇报与成衣质检模块，实现了从原材料入库到成品出库的全程品质监控。通过严格的质检标准和数据记录，确保每件产品都符合蕉内的高品质标准，提高了品牌信誉和消费者满意度。

（三）供应链管理数字化趋势展望

1. 以客户为中心构建智能供应链网络

未来，以客户为中心，客户需求、偏好和体验将置于供应链管理核心位置。随着数字化的发展，全球企业将继续加速采用云计算、大数据、人工智能等技术，提高供应链的透明度、灵活性和响应速度；更加注重供应链的弹性和抗风险能力，通过多元化供应商、库存优化和风险管理策略来减少潜在的供应链中断；通过供应链创新提升客户体验，如提供个性化产品、快速交付和增强售后服务；企业与供应商、分销商和其他合作伙伴间的协同将进一步加强，通过共享数据和资源来提高整体供应链的效率和创新能力。

2. 智能算法推动柔性生产和人机协同

随着人工智能技术发展，智能算法成为企业采购、生产、派单排产的核心驱动力。通过对多维度信息深度分析，实现订单精准自动分配和生产计划动态优化，遗传算法、线性规划等技术强化了生产流程智能化水平，预计至2025年约有70%的纺织企业采纳智能算法，可提升生产效率约30%。同时，柔性生产模式与智能算法相辅相成，企业借助柔性生产能灵活应对市场变化，实现小批量、多品种快速转换生产，满足个性化需求，其依托数字化软件，在原材料缺料等情况下能迅速响应调整生产计划，确保生产流程的连续性和高效产出。

3. 实现数智化驱动和透明化管理

品牌的核心是商品运营，未来大商品流的产销协同有两大核心发展趋势。一是数据驱动与智能决策全面深化，云计算、大数据等技术广泛应用，可深度挖掘融合供应链各环节数据，形成精准需求预测等能力，帮助企业快速响应市场变化、降低成本提高效率，客户画像与个性化推荐技术可推动精准营销和个性化服务，提升客户满意度与忠诚度。二是供应链敏捷化、透明化及生态化构建成为关键，面对产销协同的复杂性和不确定性，供应链需具备高度敏捷性和灵活性，通过引入快速响应管理机制和智慧供应链、智能物流配送系统，可缩短交付周期、提高响应效率，透明化管理将成常态，通过数字化平台实现实时监控与信息共享，降低风险、提升效率，供应链数字化还将加快构建开放生态系统，促进多方参与者紧密合作与协同创新，共同推动供应链可持续发展。

4. 加速企业内部融合，实现协同创新

未来，纺织企业内部的设计、生产、销售、采购等部门将通过数字化平台实现更加紧密的协同工

作。随着数字技术的发展，云计算、大数据等数字技术将在内部协同中发挥重要作用。云计算帮助企业快速实现数字化的落地普及，以及与移动端的操作及数据打通，通过对企业内部数据的分析，企业可以实现智能决策和流程优化，与供应商之间合作关系更加紧密，实现供应链的可视化和可追溯性。通过物联网、移动计算，企业可以实时跟踪原材料的位置、库存和质量信息，确保供应链的安全和稳定。企业通过自主构建供应商协同平台，可实现原材料采购、发料、生产加工、物流配送等环节的全程数字化与可视化追溯，提高了产品质量和供应链效益。区域性纺织产业互联网平台将得到深化发展，有助于纺织企业、供应商、客户、物流企业等各方资源整合在一起，实现产业链的协同发展。

5. 从"单点突破"向"集成创新"迈进

根据Gartner的研究，供应链数字化已经从关注单一技术转向集成技术。企业开始将多种先进技术结合，提升供应链的整体效率和竞争力。供应链数字化三大技术主题如下。

（1）优化（Optimize）

通过技术集成，实现供应链运营的全面优化。企业利用大数据分析、人工智能、物联网等技术，对供应链各环节进行实时监控和数据分析，提高供应链的可视化和透明度，降低运营成本，提升效率。

（2）扩展（Scale）

扩大技术应用范围，提升供应链的规模效应和效率。企业将数字化技术从核心业务拓展至整个供应链网络，包括供应商、合作伙伴和客户，实现数据的无缝共享和协同作业，增强供应链的韧性和适应能力。

（3）开拓（Pioneer）

探索创新技术，引领供应链数字化的前沿发展。企业积极尝试区块链、机器人流程自动化（RPA）、AR等新兴技术，创新业务模式和服务形态，提高供应链的创新能力和竞争优势。

（撰稿人：中国纺织信息中心　王　晨；宁波新物云科技有限公司　王浩宇）

五、市场营销数字化

（一）市场营销数字化发展现状概述

在数字技术和数字经济快速发展的大背景下，企业的营销行为呈现出以消费者为中心构建的线上线下全渠道营销形式，以数字技术为支撑赋能的营销决策，以实现营销精准化和效果可量化为目标的数字化、智能化发展趋势。随着数字经济发展不断催生消费新变化，时尚消费升级加速商业模式创新。

1. 人工智能与大数据深度结合

人工智能、大数据的深度结合，在时尚品牌营销领域深度应用，主要体现在以下三个方面。

（1）围绕消费者行为深度分析

通过对大量消费者数据的深度分析，包括购买行为、浏览历史、社交互动等多维度数据，精准勾勒出消费者的喜好、风格偏好、尺码信息、消费习惯等详细画像，为个性化营销提供坚实基础。

（2）精准的目标消费者画像

利用大数据和 AI 分析发现，特定年龄段的女性消费者在特定季节对简约风格的连衣裙有较高购买倾向，据此进行精准产品推荐。依据精准画像，为消费者提供高度个性化的商品推荐、搭配建议以及专属的购物体验。例如，智能推荐系统会根据消费者的身材数据和风格偏好，推荐适合的服装款式和尺码，甚至提供个性化的定制服务选项，满足消费者独特的需求，提高购物转化率和客户满意度。

（3）基于数据分析制定营销策略

通过分析海量数据（包括社交媒体话题、时尚博主内容、搜索热度等），提前预测时尚流行趋势，帮助企业更准确地把握市场动态，提前规划产品设计、生产和营销策略，抢占市场先机。通过对社交媒体上时尚话题的实时监测和分析，发现某种特定颜色或元素在未来可能流行的时间，企业便能提前在产品中融入相关设计。

2. 人工智能辅助营销内容生成

基于数字技术的持续发展，一方面，人工智能技术可以为用户提供智能创作辅助，例如智能写作助手可以帮助用户快速生成文章的大纲、段落内容，智能绘画工具可以根据用户的描述自动生成图像，这些技术可以帮助用户克服创作过程中的瓶颈，提高创作效率和质量。另一方面，技术催生了大量简单易用且功能强大的创作工具，如视频编辑软件（剪映、Premiere Pro等）、图像编辑软件（Photoshop、Canva等）、音频编辑软件（Audacity等），这些工具为用户提供了丰富的特效、滤镜、剪辑等功能，降低了创作的技术门槛，制作出精彩的短视频内容。

3. 营销自动化与智能化决策

伴随着技术的发展，时尚品牌营销逐步实现"千人千面"营销自动化投放，品牌在更多的社交媒体平台上进行营销布局，除了传统的微信、微博，还会拓展到抖音、小红书、B站等新兴媒体平台，并且针对不同平台的用户特点和功能优势，制定差异化的营销策略。利用平台的精准投放工具，根据用户的兴趣标签、地域、年龄等进行更精准的广告投放和内容推送，提高营销效果。借助营销自动化工具，实现营销活动的策划、执行、监测和优化全流程自动化。根据设定的规则自动发送个性化的营销邮件、短信，在特定时间节点自动推送优惠信息和新品发布通知等，提高营销效率，降低人工成本，同时确保营销活动的及时性和准确性。通过对营销数据的实时分析和机器学习算法，为营销决策提供智能化支持。根据数据分析结果自动调整广告投放策略、优化产品定价、确定促销活动的最佳时机和力度等，帮助企业做出更科学、更有效的营销决策，提升营销效果和投资回报率。

（二）市场营销数字化创新实践

1. CRM 提升企业运营效率和客户体验

在纺织行业，客户关系管理（CRM）系统已成为企业与客户互动的核心。系统以客户为核心，企业和客户之间在品牌推广、销售产品或提供服务等场景下所产生的各种关系的处理过程，其最终目标就是吸引新客户关注并转化为企业付费用户、提高老客户留存率并帮助转介绍新用户，以此来增加企业的市场份额及利润，增强企业竞争力。

当前，CRM系统主要应用在三个方面。

客户数据管理：集中存储客户信息，包括购买历史、偏好和反馈。销售自动化：自动化销售流程，包括线索跟踪、机会管理到订单处理。市场营销自动化：通过自动化工具进行市场活动管理，如电子邮件营销、社交媒体互动客户服务与支持，提供客户咨询、投诉处理和售后服务的高效平台。

西安华美海润软件工程有限公司（以下简称华美海润）作为微软Dynamics 365的全球顶尖合作伙伴，拥有丰富的CRM实施经验，成功实施了多个纺织行业的CRM项目，帮助企业实现了客户数据的集中管理、销售与运营的信息互通、销售流程自动化和市场营销活动的精准投放。

CRM助力品牌提升全球业务效率。例如，巴塔哥尼亚是世界顶级的户外奢侈品牌，专注于全球功能和生活方式服饰的设计和销售，作为一家全球性的企业，巴塔哥尼亚需要一个能够整合全球各公司信息系统的CRM平台，以降低IT成本并提高运营效率。华美海润为巴塔哥尼亚实施了Microsoft Dynamics 365 Finance & Operations（F&O），这一解决方案帮助巴塔哥尼亚在全球70多个门店实现了完整的财务和供应链管理，包含利用Dynamics365的高级分析工具，提供深入的客户洞察，帮助企业制定更精准的市场策略；通过Dynamics365，实现客户细分和个性化营销，提高客户满意度和忠诚度；整合线上线下渠道，提供一致的客户体验；确保符合最新的数据保护法规，保护客户数据安全。通过一系列创新改进，企业实现了市场、销售、客户服务和供应链管理等关键领域实施成果，如实现简化全球运营、提升订单完成效率、降低企业库存、实现可视化商务决策，最终助力企业营收增长。这些成果不仅应对了即时的业务挑战，更为Patagonia的长期增长和市场适应性提供了支撑。

CRM提升业务效率和客户体验。为了确保了销售和运营之间的信息流是连贯和一致的，CRM具备的集成能力帮助品牌将客户数据与ERP系统无缝对接。例如，Vera Bradley是一家总部国际知名行李和手提包制造商，拥有170多家零售店铺，并在电子商务领域取得了显著的发展。其在公司全渠道业务模式的演进过程中，面临本地系统分散的挑战。Vera Bradley希望寻求一种云解决方案，以实现数据的集中管理，跨越供应链、财务和销售、市场等多个功能领域，从而提高企业的灵活性和响应速度。Vera Bradley选择了Microsoft Dynamics 365作为其核心的企业资源规划（ERP）和客户关系管理（CRM）的中心平台。Vera Bradley通过实施CRM系统不仅优化了其客户关系管理系统，还增强了与客户的互动和沟通效率，帮助销售团队能够更有效地管理客户信息，跟踪销售机会，并制定个性化的营销策略。CRM的集成能力帮助品牌将客户数据与ERP系统无缝对接，不仅提高了业务流程的自动化水平，还减少了数据冗余和错误，为公司提供了一个更加统一和高效的客户视图。通过这种方式，Vera Bradley能够更好地理解客户需求，预测市场趋势，并据此制定战略决策，以保持其在竞争激烈的市场中的领先地位。

（撰稿人：西安华美海润软件工程有限公司　丁　瑶）

2. 数字营销实现从客户洞察到个性化营销

时尚行业用户、流量、策略等正在发生快速变化，数字化营销需求增长。一方面，年轻人群的消费态度发生变化，首先是消费意愿下滑，更青睐低消费、低社交、低欲望的生活方式；其次是营销态度变化，营销转化下降，更关注"犒赏文化"，愿意为情绪价值付费；另一方面，互联网已经处于相对成熟阶段，整体流量较为稳定，但App数量仍在持续增加，用户触媒碎片化现象明显，媒体触达用户难度、品牌方建立品牌印象难度继续加大。用户消费能力下降，用户触达难度增加，都在影响着品牌营销的转化。

数字化营销为品牌精准挖掘客户需求，创造优质体验，并为品牌提供精准客户洞察，提升营销转化率。人工智能正在推动个性化营销的创新，其处理大型数据集、识别模式和进行预测的能力可以实现更精确的大规模个性化。由于消费者期望个性化互动体验，人工智能将成为营销成功不可或缺的技术，在服装企业的主要应用包含以下四个方面。

（1）个性化数据收集

个性化营销的第一步是跨渠道收集客户数据以建立丰富的档案。包括人口统计数据、网络浏览历史记录等行为数据以及位置和时间等上下文数据。人工智能工具收集不同的数据并将其整合到统一的客户档案中，具有自然语言处理功能的聊天机器人让客户参与双向对话以收集动态偏好洞察，语音分析从客户支持电话中提取语气和情绪，计算机视觉分析视频内容中的面部表情，借助全渠道数据，人工智能可以全面描绘每个客户。

（2）个性化产品推荐

人工智能可以根据个人喜好和需求提供产品推荐。协作过滤分析客户的模式，根据特定用户的购买历史，建议可能感兴趣的新商品。例如，如果客户A和客户B过去进行过相同的购买，则算法会向客户B推荐客户A购买过的新产品。

（3）客户全生命周期管理

深入理解每个消费者对品牌的长期价值，这使企业能够实施大规模的个性化营销策略。利用倾向模型，企业可以根据客户的历史消费数据预测他们未来的消费行为，并通过算法将客户分为高价值和低价值群体。对于被识别为高价值的客户，企业会投入更多的资源来提供卓越的体验，以确保这些VIP客户的忠诚度和增长。相反，对于低价值客户，企业会减少投入，以优化营销项目的成本效益。这种方法有助于企业更有效地分配资源，专注于那些最有可能带来长期价值的客户。

（4）人工智能衡量营销效果

人工智能在营销领域扮演着重要角色，特别是在衡量个性化营销效果方面。通过运用先进的归因建模算法，人工智能能够追踪并分析客户在不同渠道上的完整旅程，从而精确评估每个接触点对客户决策的影响，帮助营销人员识别出哪些策略对资源优化最为关键从而使得营销资源的分配更加高效和有针对性。

时尚品牌为了提升营销效率，深入挖掘消费者需求，开始使用基于"大数据+人工智能"的营销自动化平台或系统，进行精细化的营销管理。面对海量的数据资源和个性化的消费需求，企业利用营销自动化平台或系统工具，完成消费趋势洞察、产品数据分析、营销智能投放、客户互动管理和营销效果分析操作，通过数据打通企业沟通脉络，实现市场与销售的跨部门链接，以及智能化、自动化管理。同时，在企业内部应用市场营销数据分析结果为产品研发、设计和管理提供数据支撑。

品牌在数字营销的过程中，通过对消费者行为数据分析进行精准定位，如通过收集和分析客户在网站上的浏览数据、购买历史等信息，深度了解目标客户群体的偏好、风格需求、消费能力等。比如，分析客户经常浏览的时尚品类、款式以及价格区间，从而为其精准推送相关产品信息，提高营销的针对性。

依据客户数据为不同客户定制个性化的营销内容。例如，为偏好休闲风的客户推送新款休闲装，为经常购买高端产品的客户推送限量版或设计师合作款产品信息。英国奢侈品牌博柏利（Burberry）将传统的实体店与元（Meta）、推特（Twitter）、照片墙（Instagram）和油管（YouTube）等数字渠道结合起来，全方位收集客户数据。利用这些数据，Burberry能够根据客户的个性化偏好，给客户提供360°的个性化或定制方案，提供更加个性化的服务。在Burberry店铺，没有收银台，每个员工人手一台iPad，只要客户访问商店，所有信息都可以实时发送到商店员工的iPad上，员工可以根据客户需求提供个性化的服务。利用大数据，给客户提供个性化的优质服务，提升客户体验，是时尚品牌实现数字化增长的关键推动力。

（撰稿人：中国纺织信息中心　王　晨）

3. 数字人助力时尚品牌线上渠道建设

随着人工智能技术落地应用进一步提速，AI数字人凭借高度智能化的服务能力、丰富多样的应用场景以及出色的用户体验，正在以全新的方式深度融入各行各业。在市场营销领域，数字人已经在品牌代言、咨询顾问、短视频、直播电商等方面有着亮眼的表现，其应用不仅是对消费者行为变化的直接回应，还成为展现市场适应性和品牌策略的显著指标。凭借技术优势，数字人不仅能够提供丰富的内容和服务，而且能够有效提高用户体验，增强品牌影响力，提升市场曝光度，进而沉淀为品牌的可持续生产力。

依托小冰大模型、神经网络渲染及超级自然语音等领先技术，小冰公司已构建类型丰富的AI数字人完整产品体系，"高—中—低"搭配完善，将数字人的整体自然度提升到与真人难以分辨的程度，已实现800毫秒级别的端到端超低延时人机实时交互，同时通过完备的SaaS化平台工具，用户可自主管理数字资产，配置数字人工作。小冰数字人解决方案已在纺织行业应用落地，并在数字化赋能市场营销场景中取得丰富的创新实践。

（1）数字人助力品牌年轻化

随着Z世代成为主要的消费者群体，年轻消费者的偏好和习惯正影响着企业的市场选择。在数字世界中成长的Z世代，对AI、数字人、元宇宙等全新技术与概念较为热衷，对市场品牌的认知和期望与过去有很大差异。数字人通过高度互动性和可定制化等特性，满足数字原生代消费者群体的需求，并为市场竞争中的品牌差异化提供了新的视角，帮助品牌向年轻化转型。例如，由小冰公司与StageOne天梯一号共同打造的数字人pink，曾为多个品牌创作不同风格的音乐，先后应用于中国国际消博会时装周、中国国际时装周和北京时装周等顶级时尚秀场，获得时尚行业高度认可。在2023年"潮起东方·新势力风尚周"中，pink还为活动设计了主KV、开幕式视频画面、秀场背景图等，是AI辅助视频制作在商业化时尚盛会中的首次应用。

（2）个性化审美与数字人陪伴

随着年轻消费者群体的成长，个性化的审美需求被充分激发、充分释放，时尚消费的长尾效应开始发挥前所未有的威力，消费者更青睐个性化、能够承载专属感情寄托的商品。数字人能够与消费者进行有温度的沟通交流，产生及时自然的反馈，提供全天候、全方位的个性化陪伴，提升消费者的参与度和沉浸式体验，提高品牌忠诚度。例如，小冰公司与万事利丝绸共同打造的AI时尚设计师"西湖一号"，通过与消费者的实时交流，运用人工智能技术洞察消费者的内心，引导消费者表达出对美的感受，继而进行一对一的定制化商品设计及制作生产。作为一位美学与设计的赋能者，"西湖一号"让每位普通消费者都能深度参与时尚创意设计中，让每个个性化需求都能得到满足。

（3）基于数字人的短视频营销矩阵

对各行各业而言，短视频平台都已成为市场营销必争的关键所在。《中国网络视听发展研究报告（2023）》显示，我国短视频用户规模已超10亿，短视频用户人均单日使用时长超2.5小时。通过小冰数字人解决方案，企业可以更加低门槛、低成本、高效率地打造短视频营销矩阵。方案提供超高还原度的数字人定制能力以及完整的视频内容生产能力，大幅提高视频创作效率，实现快速、规模化的视频生产制作，满足日常高频发布的需求，实现引流获客。值得一提的是，方案可以有力支撑企业的全员IP打造，通过制作高质量样例视频并一键下发、员工一键替换为自己的数字分身并快速输出自己出镜的短视频，实现传播推广几何级裂变，以应对快速变化的市场和消费者需求。例如，时尚博主永芬已在视频平台建立起3+4（3形象+4账号）的短视频矩阵，其数字分身生成的视频已有多条播放量超100万，每天都能为线下门店带来6~8位顾客，而永芬本人也可以更专注于企业管理、市场拓展等工作，实现"分身有术"。

（4）电商直播领域的数字人应用

数字人在电商直播领域的应用同样进展显著。消费者对数字人直播的接受度不断提高，《2023数字人直播应用发展报告》显示，2023年受观众喜爱的虚拟主播中已有超过50%的观众对直播带货类数字人表示喜爱。在提高直播效率、吸引流量、降低品牌和平台经营风险等方面，数字人都展现出了巨大的潜力，数字人的应用推动了直播内容的多样化，为消费者提供了新的视听体验。小冰数字人直播解决方案为企业提供丰富的数字人主播资源，助力低成本实现7×24小时直播，已实现动作配置全自动化，可一边讲解、一边展示商品细节，让消费者更直观地了解商品信息，大幅提升直播时长和曝光量，提供无处不在、高效精准的服务，延长驻留时间，进而带动销量。例如，小冰为运动品产业互联网平台企业天马集团打造的数字人"日不落"直播间，日销售额近7万元，充分展示了数字人在直播领域的实践成效。

（撰稿人：北京红棉小冰科技有限公司　门　征）

（三）市场营销数字化趋势展望

1. 生成式AI技术应用更为广泛

技术驱动营销创新，以生成式人工智能为代表的生成式营销已成常态，帮助企业实现营销环节的降本增效。AI创造正在从以图文（主要是海报、平面广告创意或文案撰写）为主，发展为多模态，表现为视频广告、短视频制作快速发展，以及音频方面的尝试，数字人应用的普及。AI应用正在从解决单点问题，发展为营销流程的闭环运营。如从仅用AI进行广告内容生产，发展为内容洞察、内容生产、内容审核、内容投放或分发的流程闭环。越来越多的企业把AI应用提升到企业战略层面，不仅仅是业务层面的应用，而是赋能组织，包括赋能员工、改造流程和组织结构，参与战略制定等。

2. 满足消费者需求的个性化营销

大数据等技术在纺织行业营销中的应用逐渐深入，为企业提供了更精准的市场洞察和个性化的营销方案。数据资产的重要性日益凸显，企业越来越重视数据的收集、整合和分析，通过数据驱动的营销策略来提高营销效果和客户满意度。数字化技术帮助企业实现全渠道数据的整合和管理，提高营销效率和客户体验。定制化服务需求增加，纺织企业的业务模式和市场需求各不相同，因此对数字化营销解决方案的定制化需求较高；全渠道营销成为趋势，消费者的购物渠道日益多元化，纺织企业需要通过线上线下融合的全渠道营销模式来触达客户。为应对上述变化，纺织企业持续提升市场反应能力和运营效率，通过对营销数据、客户数据以及营销渠道的管理，构建多方参与的数据协同，深度挖掘技术、数据在市场营销环节价值，成为企业实现市场营销数字化转型发展的关键。

3. 深化全域融合提升消费者体验

数字技术发展打破线上线下的界限，实现商品、库存、会员等数据的互通，线上与线下融合，为消费者提供无缝的购物体验。在产品展示与体验方面，线上利用3D建模、VR和AR等技术提供逼真虚拟展示，开展线上时尚秀和直播活动；线下打造特色实体店铺，设置互动展示区和体验区，举办时尚活动和体验活动。在销售渠道融合方面，实现线上线下同步销售，商品库存实时同步且提供一体化购物体验，同时整合线上线下营销资源开展全渠道推广，利用大数据和人工智能分析消费者行为实现精准营销。在客户服务融合方面，建立统一服务体系确保线上线下一致的服务标准，提供互通的会员服务，还利用大数据和人工智能为消费者提供个性化服务，开展线下个性化服务活动如私人定制和形象顾问等。总之，线上线下融合为时尚行业营销带来新机遇和挑战，通过多方面创新可为消费者提供便捷、个性化购物体验，提升品牌形象和竞争力。

（撰稿人：中国纺织信息中心　王　晨）

六、纺织企业出海动因、挑战及数字化策略

在全球化背景下，纺织行业正经历前所未有的变革。随着全球纺织产业链布局的加速重构，纺织企业纷纷踏出国门，寻求新的增长机会。下述内容旨在探讨纺织企业出海的动因、面临的挑战及数字化策略，并对未来的发展趋势进行展望。

（一）纺织企业出海的动因与对策建议

1. 市场需求

全球纺织品市场的需求持续增长。《全球纺织市场报告2023》数据显示，2022年全球纺织品市场规模达到了1.2万亿美元，预计到2028年将增长至1.6万亿美元，复合年均增长率约为4.5%。这一趋势表明，全球化市场为纺织企业提供了巨大的发展潜力。

在此背景下，建议企业应从以下三个方面进行调整：①市场调研。企业应进行深入的市场调研，了解不同地区的市场需求和消费趋势。可以通过市场调研公司或通过参加国际纺织展览会来完成。②产品多样化。根据不同市场的需求，开发适应性强的产品线。例如，针对欧美市场开发环保纺织品，而针对新兴市场推出价格更具竞争力的产品。③品牌战略。在国际市场上建立强大的品牌形象。通过数字营销、社交媒体和国际广告提升品牌知名度。

2. 成本考量

成本是纺织企业出海的重要驱动力。《纺织行业成本结构分析报告》数据显示，中国的劳动力成本在过去十年上涨了约50%。为了维持竞争力，许多纺织企业选择将生产转移至劳动力成本较低的国家（如东南亚国家和南亚国家），这不仅有助于降低生产成本，还能提高企业的利润空间。

针对这一挑战，建议企业：①优化生产布局。企业可以选择劳动力成本较低的国家设立生产基地，同时确保这些国家的生产设施能够满足质量和交货期要求。②技术投资。投资自动化和智能化生产设备，以减少对人工的依赖并提升生产效率，从而降低整体成本。③供应链管理。优化供应链管理，确保原材料的采购和生产环节都能以最低成本运行，并保持灵活的供应链以应对市场变化。

3. 资源获取

全球化使得资源的获取变得更加灵活和丰富，通过出海，纺织企业能够更好地整合全球资源。纺织企业不仅可以根据需求选择优质且成本最低的原材料来源优化供应链，而且通过开展国际化创新合作，提高技术竞争力。

针对这一挑战，建议企业：①建立稳定的供应链。与多个供应商建立稳定的合作关系，以减少供应风险。可以考虑长期合同和战略合作伙伴关系来确保原材料供应的稳定性和价格的竞争力。②多样化资源来源。不要依赖单一的原材料来源，分散风险，使用供应链管理系统来跟踪原材料的采购和运输情况，以提高资源管理的透明度和效率。③合作创新。与国际科技公司和研发机构合作，共同开发新技术、新设计和解决方案，以提升生产效率和产品创新能力。

（二）纺织企业出海的挑战与对策建议

1. 法规与政策

政策环境的变化对纺织企业的国际化产生重大影响。例如，贸易政策的调整和关税的变化会直接影响企业的成本和市场竞争力。企业需要密切关注政策动态，及时调整战略以应对政策变化。不同国

家的法律法规差异对纺织企业出海构成了严峻的挑战。例如，欧盟对纺织品的环保标准非常严格，要求所有进口纺织品必须符合《关于化学品注册、评估、许可和限制的法规》（Registration, Evaluation, Authorisation and Restriction of Chemicals，EU REACH Regulation，2023）。企业必须在进入新市场前，了解并遵守当地的法规，否则可能面临高额的罚款和市场准入障碍。

针对这一挑战，建议企业：

①政策跟踪与合规管理。建立专门的政策跟踪和合规管理团队，密切关注目标市场的贸易政策和法律法规变化，及时调整企业战略，制定灵活的市场进入和退出策略，以便快速适应政策变化带来的影响，并确保企业的生产和产品符合所有要求。

②咨询与培训。聘请专业的法务咨询公司，帮助企业解读复杂的法规和标准，避免企业因业务运营不合规而遭受处罚。定期对公司员工进行法规和政策培训，增强全员合规意识和应对能力。

③加强政府联系。与目标市场的政府机构保持良好的沟通，争取政策支持和优惠条件。

2. 文化差异

文化差异对市场进入策略的影响不容忽视。不同国家的消费者对纺织品的喜好和需求存在差异。例如，欧美市场对环保和可持续性的关注较高，而一些新兴市场则更注重价格竞争。企业需要进行深入的市场调研，以调整产品设计和营销策略。

针对这一挑战，建议企业：

①市场调研。进行全面的市场调研，了解目标市场的文化背景、消费习惯和偏好，可以通过与当地市场研究公司合作来实现。

②本地化产品设计。根据目标市场的文化和偏好调整产品设计。例如，针对东南亚市场推出色彩鲜艳的产品，而针对欧美市场则推出使用环保材料的产品。

③本地化营销策略。根据当地文化和习惯制定适当的营销策略。雇用当地的营销专家或合作伙伴，确保广告和促销活动符合当地文化。

3. 供应链管理

跨国供应链的复杂性也是企业出海的一大挑战。纺织企业需要管理从原材料采购到生产加工再到销售的整个供应链，其中包括多个国家和地区的供应商和分销商。供应链的延迟和中断可能导致生产和交付的不稳定。企业需要建立高效的供应链管理体系，并制订应急预案，以应对可能的风险。

针对这一挑战，建议企业：

①供应链优化。通过现代供应链管理技术（如物联网和大数据分析）优化供应链的各个环节，提高供应链的透明度和效率。

②风险管理。建立供应链风险管理体系，识别潜在的风险点，并制订应急预案。例如，建立备用供应商和多样化的运输路线。

③合作与沟通。与供应链上的各个合作伙伴保持良好的沟通，确保信息流畅，并及时解决供应链中出现的问题。

4. 可持续发展

可持续发展和环保要求对纺织企业的出海策略产生了深远的影响。越来越多的消费者和市场对环保纺织品提出了更高的要求。例如，使用再生材料和减少碳排放将成为行业的新标准。企业需要在生产过程中采纳可持续发展实践，以满足市场需求并提升品牌形象。

针对这一挑战，建议企业：

①采用环保材料。使用可再生和环保材料，减少对环境的影响。例如，采用有机棉、回收聚酯纤维等环保材料。

②提高生产效率。优化生产流程，减少资源浪费和能耗。投资节能设备和绿色生产技术，以降低碳足迹。

③企业社会责任。积极参与社会责任活动，提升企业的环保形象。通过透明的可持续发展报告和认证，展示企业在环保方面的努力和成就。

（三）纺织企业出海数字化趋势与展望发展策略与成功案例

1. 明确市场定位

成功的市场定位是纺织企业出海的关键。例如，耐克（Nike）通过精确的市场定位和品牌塑造，成功进入了多个国际市场。耐克不仅在产品设计上考虑到不同市场的文化偏好，还通过全球范围的广告和赞助活动提升品牌知名度。其主要策略包括：精准市场定位，根据市场调研数据确定目标市场的需求和定位，制定明确的市场进入策略，突出品牌的独特卖点；多渠道营销，利用多种营销渠道（如数字营销、社交媒体、传统广告等）提升品牌的市场曝光度，通过赞助活动和合作推广提高品牌认知度；持续优化，根据市场反馈不断优化市场定位和品牌策略，确保品牌形象与市场需求的变化保持一致。

2. 加强本地化策略

本地化策略能够帮助企业更好地适应目标市场。例如，飒拉（Zara）通过本地化的产品设计和快速的供应链反应，在全球市场中取得了成功。Zara在每个市场设立设计团队，根据当地的时尚趋势调整产品设计，并实现了快速的市场响应。其主要策略包括：建立本地团队，在目标市场设立本地化的设计和营销团队，以便更好地理解市场需求并快速响应；快速供应链体系，建立灵活的供应链体系，能够快速调整生产和配送，以满足市场的即时需求；本地化生产，考虑在主要市场建立生产基地或合作生产，以降低物流成本并提升市场响应速度。

3. 构建合作伙伴关系

建立强有力的本地合作伙伴关系是进入新市场的重要策略。主要策略包括：选择合适的合作伙伴，与当地的供应商、零售商和分销商建立战略合作关系，选择信誉好、资源丰富的合作伙伴；建立信任关系，与合作伙伴建立长期稳定的信任关系，确保双方的利益和目标一致；共同发展，与合作伙伴共同开发市场策略和产品方案，充分利用本地合作伙伴的市场知识和资源。

在市场需求的增长、成本考量和资源获取等因素的推动下，中国纺织企业纷纷出海，在出海过程中也面临政策法规、文化差异、供应链管理和可持续发展等挑战。通过实施有效的市场定位、本地化策略和合作伙伴关系，企业能够成功进入国际市场。展望未来，技术创新、可持续发展和政策环境变化将继续影响纺织企业的国际化进程，企业应关注这些趋势，制定相应的战略，以保持竞争优势并实现长期增长。

［撰稿人：Grand Twins International（Cambodia）Plc.
永续发展办公室数位转型执行顾问　上官飞凤］

（四）纺织企业出海数字化策略

纺织企业出海的数字技术支持策略主要包括决策优化、市场分析、产品开发、智能制造、供应链管理和市场营销等。

1. 决策优化

追求成本优势是纺织企业出海的重要驱动力。纺织企业可利用大数据分析和地理信息系统（GIS），综合考虑全球各地的劳动力成本、物流成本、税收政策和市场需求等因素，精准选址海外生产基地。通过数字孪生技术，对新建生产设施进行虚拟规划和模拟，确保生产基地能够满足质量和交货期要求。

企业总部与出海新建企业之间需建立数字化协同平台，实现总部与海外分支机构的实时沟通和数据共享，提升决策效率和响应速度。例如，通过大数据分析和预测，洞察市场趋势和消费者需求，进行精准的需求预测和库存优化，降低库存成本和缺货风险。利用人工智能进行需求预测，结合历史销售数据、市场趋势和季节性因素，构建精准的预测模型，优化采购与生产计划。运用供应链管理系统，企业能够实时监控供应商的交付能力、品质和履约情况，通过大数据分析技术评估供应商的绩效，帮助企业选择最佳的合作伙伴。电子合同和区块链技术的应用确保了长期合同和战略合作关系的透明度和安全性，保障原材料供应的稳定性和价格竞争力。与供应商和物流伙伴建立数字化协同系统，实现数据共享和系统对接，增强供应链的柔性和响应能力。

2. 市场分析

利用大数据和人工智能技术，纺织企业能够快速、准确地了解全球各地区的市场需求和消费趋势。借助Google Analytics、Statista等数据分析平台以及社交媒体监测工具，收集并分析消费者行为和偏好；SurveyMonkey、Qualtrics等在线调研工具，为企业提供了获取一手市场信息的便捷方式。不同国家的消费者对纺织品的喜好和需求存在差异，纺织企业可以利用Hadoop、Spark等大数据分析平台，收集并分析目标市场的消费者行为数据、购买习惯和社交媒体互动，深入了解当地的文化背景和消费偏好，采用机器学习算法（如聚类分析、情感分析），从海量数据中挖掘消费者需求和市场趋势，预测市场变化。通过实时监测Twitter、Meta、Instagram等平台上的话题和消费者反馈，了解当地潮流和热点。此外，可以借助SurveyMonkey、Google Forms等在线调查工具，设计多语言问卷，直接获取目标消费者的意见和建议，实时掌握市场动态，制定更加精准和有效的市场策略。

3. 产品开发

运用云计算、物联网和人工智能技术，实现远程产品设计和生产的高效化与定制化。企业可以使用Lectra Modaris、Gerber AccuMark等纺织服装计算机辅助设计（CAD）软件进行产品设计，快速制作符合当地审美的设计方案。利用凌迪Style3D、CLO3D、Browzwear VStitcher等建模与渲染工具，创建纺织品的三维模型和效果图，通过Optitex 3D Virtual Prototyping等软件开发虚拟现实（VR）/增强现实（AR）应用，进行产品的虚拟试样和展示，设计师和客户可以在虚拟环境中体验产品，进行预览和评审，获取真实的反馈，减少实体打样的时间和成本，提高远程沟通的效率和准确性。采用Centric PLM等云端协作工具，实现全球团队的实时协作，共同完成设计工作。同时，建立在线定制平台，允许客户自主选择面料、款式和颜色，满足不同市场的个性化需求。

材料是纺织产品创新的基础，纺织企业可以通过数字化平台寻找多样化的资源。例如，利用全球原材料数据库和市场情报系统，发掘新的纤维材料供应商和替代材料，满足市场对差异化、多功能和可持续发展的需求。通过数字化研发平台，企业可以与材料供应商共同开发新型纤维，促进产品创新，助力企业快速响应市场变化。区块链技术保障了原材料追溯数据的不可篡改性，提高了资源管理的透明度和可信度。

4. 智能制造

企业应投资建设智能工厂，采用物联网（IoT）和"工业4.0"技术，连接生产设备，实现设备间的自动通信与协作，降低对人力的依赖。部署先进的制造执行系统（MES），实现生产过程的数据采集和实时监控，优化生产流程，提升产品质量和生产效率。运用人工智能和机器学习技术，对生产数据进行分析，预测维护需求，优化生产计划和流程，实现降本增效。通过数字孪生技术，建立生产过程的虚拟模型，进行模拟和优化，减少试错成本，提高生产弹性。

5. 供应链管理

纺织企业需要建立高效、安全的供应链管理体系，实现原材料采购、生产、库存、物流和销售全流程的实时监控和管理，提高供应链的透明度和效率。应用IoT和大数据分析技术，在供应链的关键节点，实现对库存水平、设备状态和运输位置的实时监控，对供应链运行状况进行深度分析，发现效率提升点。引入先进的供应链管理系统（SCM），整合供应商、制造、仓储、物流和分销环节，实现全流程透明化和自动化，减少人工干预。通过云计算，企业与供应链各方实时共享信息，灵活调整资源，协同工作，提高响应速度，降低成本。

全球地缘政治及战争提高了出海企业的供应链风险，为有效管理供应链风险，应建立风险监控平台，实时监测供货、物流状态和市场波动，及时预警。应用区块链技术增强透明度和可追溯性，记录供应链交易和物流信息，防止欺诈。通过智能合约，确保合作伙伴按约履行责任，减少人为错误和延误。

为加强与供应链伙伴的合作与沟通，企业应与供应商和物流伙伴建立数字化协同系统，实现数据共享，协调各项供应链活动，跟踪任务进度，确保按时完成，增强响应能力。推进信息系统集成，与供应商和客户建立电子数据交换（EDI）系统，实现订单、发票、付款等信息的自动化交换。建立供应链门户网站，提供实时的库存、订单状态和物流跟踪等数据，供应链伙伴可以自行查询相关信息、提交请求、反馈问题，提高服务效率。利用大数据分析了解供应链伙伴的行为和需求，提供个性化的沟通和服务，并建立在线反馈和评价系统，持续改进供应链管理。

6. 市场营销

纺织企业可以运用社交媒体、搜索引擎优化（SEO）和内容营销等数字化营销手段，提升品牌知名度和影响力，吸引目标消费者。在全球主流社交媒体平台，如Meta、Instagram、Twitter、TikTok上建立品牌账号，持续发布优质内容，与消费者保持互动，使用Hootsuite、Buffer等社交媒体管理工具，规划和发布多平台、多语言的社交媒体内容，增强品牌的本地化形象。利用内容营销和搜索引擎优化（SEO）策略，优化企业网站和内容，使其符合当地搜索引擎的算法，提高自然流量，提高品牌网站在搜索引擎的排名，增加有机流量。利用Google Ads、Meta Ads等数字营销平台，开展针对性的数字广告投放，根据当地消费者的搜索和浏览习惯，提升广告效果。利用WordPress、多语言插件（如WPML）、React Native等，构建支持多语言的官网和移动应用，提升用户体验。使用Google Analytics、Adobe Analytics等数据分析工具，收集用户行为数据，分析营销活动的效果，实时调整策略，实现精准营销，触达目标客户群体。

7. 法规与政策

纺织企业必须准确掌握不同国家的法律法规和文化差异，借助人工智能技术能够实现智能预警、智能咨询与培训。

建立数字化合规管理系统，利用人工智能和大数据技术实时监测和更新目标市场的法律法规。通过智能算法，自动筛选与企业相关的法规变化，提供及时的预警和建议，确保企业的生产和产品始终符合最新要求。

构建在线法律咨询平台，与全球专业的法律和合规咨询公司建立合作。通过数字化手段，企业可以随时获取专业的法规解读和合规建议，降低因政策误读导致的风险。借助视频会议、在线协作等技术，实现与顾问的高效沟通和协作。开发在线培训系统，对公司员工进行法规和政策的定期培训。利用多媒体课件、互动式学习和在线测试，提高培训的效果和员工参与度。

（五）纺织企业出海数字化趋势与展望

随着全球经济的深度融合和贸易格局的不断演变，纺织企业出海已成为行业发展的重要战略方向。纺织企业在全球市场中将面临几个趋势，如下文所示。

1. 区域经济合作深化，为出海创造有利条件

自由贸易协定助力市场开拓。各类自由贸易协定的签署，如《区域全面经济伙伴关系协定》（RCEP），为纺织企业降低了关税壁垒，简化了贸易流程。这些协定的生效，意味着亚洲地区形成了全球最大的自由贸易区，使得纺织企业在亚太等新兴市场的业务拓展更加便利。

"一带一路"倡议推动国际合作。中国提出的"一带一路"倡议，为纺织企业走向共建国家提供了新的机遇。通过加强与共建国家的经济合作，企业可以更有效地配置全球资源，实现互利共赢。

2. 多元化市场布局，降低经营风险

开拓新兴市场，寻找增长点。在全球贸易不确定性增加的背景下，纺织企业需要减少对单一市场的依赖。积极开拓非洲、拉美、东南亚等新兴市场，不仅可以寻找新的增长点，还能分散市场风险，增强企业的抗风险能力。

响应全球需求，定制化服务。不同地区的消费者有着不同的需求和偏好。纺织企业可以根据各市场特点，提供定制化的产品和服务，提升市场竞争力。

3. 供应链弹性增强，提升抗风险能力

优化全球产业布局。受国际形势影响，全球供应链面临挑战。纺织企业需要构建更具弹性的供应链体系。在海外设立生产基地，靠近目标市场，能够缩短交付周期，提高供应链的效率和灵活性。

建立多元化供应渠道。通过多元化的供应商和原材料来源，企业可以降低供应链中断的风险。加强与全球供应商的合作，建立稳定的供应网络。

4. 数字化转型加速，提升国际竞争力

深化数字化建设，提升运营效率。数字技术的进步正在重塑纺织行业。云计算、大数据、物联网和人工智能等技术的应用，使企业能够更精准地把握市场需求，提高生产效率。纺织企业应加大数字化投资力度，构建数字化服务体系，提升供应链管理和客户关系管理的效率。

拓展跨境电商，开拓新兴市场。跨境电商已成为外贸发展的重要推动力。纺织企业可以利用电子商务平台、社交媒体和直播等新模式，直接面向海外消费者，提升品牌影响力，开拓新的市场空间。通过建立独立站、利用数字营销工具，企业可以实现全球范围内的精准营销。

5. 可持续发展成为关键，推动绿色转型

环保意识提升，绿色生产成为趋势。全球消费者和合作伙伴对环保和可持续发展的要求日益提高。纺织企业需要在原材料选择、生产工艺和废弃物处理等方面推动绿色转型，例如采用有机棉、再生纤维素纤维等环保材料，减少水资源和能源消耗。

获得国际认证，提升品牌形象。通过获得全球认可的环保认证，如OEKO-TEX® Standard 100、GOTS等，企业可以向全球市场展示其在可持续发展方面的努力，提升品牌形象和产品竞争力。

6. 品牌国际化提升，增强附加值

强化品牌建设，提升产品附加值。随着全球消费者对品牌和品质的要求提升，纺织企业需要注重品牌建设。通过设计创新和技术创新，打造具有国际影响力的自主品牌，实现从"制造"到"创造"的转变。

文化融合，打造独特品牌。将中国特色的文化元素融入产品设计，创造独特的品牌故事和形象，能更好地吸引全球消费者。通过全球化的品牌营销策略，增强品牌的知名度和美誉度。

（撰稿人：中国纺织信息中心　李　鑫）

专家观点

专家观点 1

上海元彩科技有限公司
Coloro总部 首席战略官
Detlev Pross

我们的行业正面临前所未有的挑战，不仅有可持续性、合规性和循环经济的要求，还受到全球地缘政治紧张局势和不断变化的市场和渠道的冲击。

纺织服装产品的价值链是以消费者作为开始和结束的，这条价值链也涵盖了一个从设计到产品开发，再到供应链、物流、分销、消费者、循环再利用等不同环节的、极其复杂的产品生命周期，其中的每个环节都要面对不同的挑战和需求。

要构建一个同时满足提升产品上市效率和速度的纺织循环经济，需要将以上产品生命周期的所有要素整合到一个工作流程中，解决方案必然是数字技术、数字工具和数字平台的研发与应用。只有数字化才能将纺织服装产业各个环节的要素和应用程序连接到一个完整的数字生态系统和价值链中。

色彩是纺织服装产品的核心设计要素，它不仅决定着产品的成败，也决定着生产过程中的排放、水污染、合规性和可循环性等问题。作为色彩专家，Coloro®参与纺织服装产品价值链的各个环节中。我们看到，在世界各地的人工智能和区块链解决方案、新型可再生和可降解纤维和织物方案、降污减排和生产过程中助剂的选择方案等领域，对色彩的管理和由此而产生的巨大价值方面，都出现了令人惊叹和鼓舞的进展。

然而，更大的价值实现需要这些优秀的解决方案被推广，进一步扩大其在全球范围内的应用，这就需要用户在产品决策阶段就能获得可靠且透明的数据。从颜色的角度看，这意味着从产品生命周期的一开始，也就是产品企划和设计阶段，品牌和设计师就能够获知他们想要使用的每种颜色的所有数据情况，比如，这种颜色在哪些纤维上能实现？可以满足怎样的色牢度需求？最终的成品在不同光源下颜色会如何变化（色恒性和同色异谱指数）？这种颜色在生产和消费过程中对工艺、化学品应用合规性、能源和水消耗、碳排放、回收再利用等方面意味着什么？

在纺织服装产品的全生命周期管理过程中创建和使用这样的数据和技术，不仅可以帮助我们构建更好、更可持续的产品，还可以减少整个价值链中各个环节的浪费、降低时间和金钱成本。协作并共同构建完整、可靠和透明的数据是数字化解决方案最基本和最重要的要求，在这方面，Coloro®已经从颜色数据构建、管理和色彩数据平台建设的角度进行了长期的探索和实践，并积累了丰富的数据和数据管理经验。

创建新的工作流程和数据平台，向消费者提供可靠且透明的数据并对这些数据进行跟踪和反馈，进而建立更高价值的行业数字化解决方案。这代表着整个纺织服装行业的核心挑战、责任和目标。

专家观点 2

浙江凌迪数字科技有限公司CEO 刘 郴

在工业4.0的背景下，数字化和智能化是纺织行业未来发展的关键趋势之一，它们带来了设计生产效率的显著提升、定制化能力的增强以及对资源利用的优化。

人工智能（AI）与3D仿真模拟技术在纺织行业的应用范围越来越广，尤其是在个性化设计和数据驱动制造决策中。AI与3D技术结合可快速大量生成服装模型，经过仿真模拟可直观地展示织物效果，显著提升研发设计效率，降低设计成本。AI算法也可用于预测生产中的缺陷、优化生产计划以及实现质量控制。此外，AI还可以帮助纺织企业根据市场需求调整生产策略，优化库存管理。通过大数据分析消费者的购买偏好、趋势预测，企业能够更好地制订产品开发计划，实现按需生产，降低库存积压和浪费。

现代消费者对于个性化产品的需求不断增长，纺织行业正在通过数字化和智能制造技术实现更灵活的生产模式。传统的大批量生产模式逐渐被小批量、定制化生产所取代，企业可以根据市场的实时需求进行快速调整，实现"按需生产"。柔性制造系统通过智能设备和自动化生产线的集成，能够快速切换不同的生产任务。比如，定制T恤、鞋类、家具布料等都可以通过数字化生产线迅速响应客户的个性化需求，从设计到生产再到交付，大幅缩短了周期。

随着技术的不断进步，数字化和智能化将继续深化纺织行业的转型。未来，纺织品的生产将不再局限于大型工业集群，而是可以通过分布式、数字化、智能化的生产网络来实现快速响应市场需求的能力。通过AI、3D、自动化等技术，企业将具备更高的柔性和精细化管理能力，最终实现更高效、更环保、更具竞争力的纺织生产模式。

专家观点 3

在当今的纺织服装行业中，3D数字技术正以革命性的方式提升整个产业链的效率和精准度，成为实现可持续、无浪费时尚未来的关键。它通过数字资产替代实物样衣，使得"响应式设计"（消费者在产品生产前预购设计）成为新常态。

3D数字技术的一大优势在于其精准的模拟能力。通过收集并分析面料的物理属性数据，如拉伸性、弯曲度、厚度、克重等，通过CLO和Marvelous Designer这两款3D服装制作软件，能直观地查看面料在虚拟环境中的外观表现，甚至能模拟穿着者在不同体型、动作下的服

柯镂虚拟时尚（CLO Virtual Fashion）创始人
Jaden Oh

装效果，为设计师提供接近实物的效果，使设计师更精准地把握设计细节，减少打样次数，降低成本，提高效率。它们已经成为路易威登（Louis Vuitton）、博柏利（Burberry）、巴黎世家（Balenciaga）等国际知名品牌，以及《黑豹》《阿凡达》《银河护卫队》等好莱坞影视大片创作工作流程中不可或缺的工具。

此外，随着AI技术的发展，我们也在积极引领AI在3D服装制作方面的实用功能。在CLO软件中引入AI纹理生成器、AI虚拟模特工坊等功能之前，我们已经通过基于机器学习的自动放码、自动缝纫、自动安排和造型线设计工具，帮助用户更快捷、高效地工作。

总之，3D数字技术的核心在于连接，其真正的潜力在于将这种影响扩展到企划、设计、生产、营销和零售等各个环节，实现全面的3D数字生态系统。3D服装中嵌入的丰富元数据，如材料、版片和缝纫细节，可以加速流程的整合，将面辅料供应商、品牌和零售商连接成一个高效的系统，这将彻底改变所有利益相关者合作和开展业务的方式。

3D数字技术还将弥合现实世界和虚拟世界之间的差距，使现实世界的流行服装可以迅速被虚拟世界的角色所穿着，或者将虚拟设计转化为现实世界的时尚产品。两个世界的融合，将会出现无数激动人心的机会和巨大的价值。同时，我们还将看到纺织服装行业和其他行业的融合所带来的无限可能性，你可以在游戏、广告、电影中使用你创造的数字资产，3D应用场景不断拓展。我们坚信，3D数字技术将为纺织服装行业带来更多创新活力和商业价值。

专家观点4

布络维科技联合创始人、首席商务官
林燕丽

在传统服装开发过程中，有大量的实物样衣被丢弃，实物打样造成了整个服装周期中1/3的浪费。制造一件简单的T恤就要用掉2700L的水，并产生4kg的二氧化碳排放量。想象一下，如果我们把世界上所有服装企业加起来，这意味着什么？当前，有很多慈善机构致力于环保，但身处服装行业的我们其实可以做出更大的贡献。

这个问题如何解决？数字化给了我们希望。过去10多年，我们一直在谈数字化通过简化企划、设计、制造和销售流程，能带来显著的经济效益。首先，它能减少打样成本，助力可持续发展。其次，数字化能够降低库存和退货率，并加速产品上市，从而最终增加企业的收入和利润。目前，服装开发正迅速向数字化转型，服装企业对技术的投资将持续增加。

但行业里大多数人还没有开启数字化。因为数字化需要做出改变、学习新技能，需要我们不断地教育从业人员去探索，需要我们认真地投资，才能解决我们心中的问题。

数字化转型的基础建立在一个能提供从企划、打版、面料数字化、3D设计、试身、展示、制造到销售的全方位服务平台。用户可以通过先进的数字服装创作工具，将板型和实物面料转化为逼真的3D数字服装，并实现精确试身效果展示。

如果人们不能相信3D数字服装，还是需要实物打样后才能做出决策，那么数字化就没有意义。所以，必须通过数字孪生技术来支撑这一平台，它能为服装提供精确的数字化表达。数字孪生包括拉伸和张力参数、人体模型测量、面料物理特性、板型细节和缝合方法，以及在静态和动态下的准确悬垂效果。

此外，基于价值驱动的项目实施、项目管理、工作流程最佳实践以及专业的支持和创意团队，以及能让行业的数字化系统互联互通的生态，也是帮助服装企业实现数字化转型的关键。

听起来很复杂，其实并不是。因为大量国际顶级品牌已与我们合作数十年，在我们建立的生态系统中也有很多科技伙伴在合作共创解决这一难题。数字化的服装行业不是可能，而是已经成为现实。在我们不断前行的道路上，我们能感受到气候变化和可持续发展正在我们身边发生。

时尚篇

FASHION

第一章　纺织行业发展文化生产力的时代价值
第二章　提升未来纺织行业文化生产力的创新路径
第三章　提升未来纺织行业文化生产力的发展建议

执行主编　王晴颖
副 主 编　何粒群

特邀专家（按姓名首字母排序）

何映昆　Hiroshi Komoda　贾一亮　刘 容　刘晓青　Lyne Cohen-Solal
Ornella Bignami　孙冬宁　薛 华　张大川　张 玮

研究及编撰人员（按姓名首字母排序）

何粒群　惠露露　刘正源　王晴颖　郑国峰

在当今这个日新月异的时代，人们对于精神归属感的追求愈发强烈，而时尚产业以其独特的魅力，成为这一需求的重要寄托。全球纺织行业正以蓬勃之势，在消费观念的深刻反思与重构中，借由品牌这个商品与文化的双重载体，通过精妙的设计语言和深刻的品牌故事，搭建起一座座连接消费者情感的桥梁。它们不仅提供物质上的满足，更在精神层面上引发共鸣，让人们在着装文化中找寻到自我认同与群体归属。

随着全球化的趋势演进和生活方式的多元发展，纺织行业的创作版图正不断拓展，内容产品日益丰富，创意灵感相互交织，不断拓宽时尚的多维空间，从创意设计的无限可能，到引领潮流的风格趋势，再到文化叙事的深刻挖掘，乃至人文关怀的细腻展现，均展现出前所未有的活力与深度，汇聚成一幅幅五彩斑斓的社会画卷。

展望未来，我们有理由相信，到2025年，文化生产力将成为推动全球纺织服装产业持续发展的核心动力之一。在此背景下，我们创新性地提出了"五力模型"，旨在全面而深入地推动全球纺织行业文化生产力的提升与飞跃。这五大力量——基于风格识别的设计力、面向传统文化的链接力、整合跨界文化的融合力、面向消费文化的叙事力、塑造企业文化的价值力，不仅是对当前纺织行业文化生产力提升的深刻洞察，更是对未来发展趋势的前瞻布局。我们希望通过这五大力量的相互支撑与协同作用，激发纺织行业前所未有的创新活力，推动文化资源的高效整合与优化配置，最终实现全球纺织行业文化生产力质的飞跃。

第一章　纺织行业发展文化生产力的时代价值

在全球纺织行业的崭新图景中，文化生产力作为新时代背景下对传统生产力模式的深刻超越与重塑，正引领行业向更高层次迈进。这一转变不仅是对中国在新时代特定世情国情下的积极响应，也是全球经济结构由物质资源单一驱动向物质与精神资源双向并驱的重大转型[1]。在这一转型过程中，人的智力、创造性思维及活动成为财富创造与积累的核心驱动力，催生了全新的经济发展范式与价值创造逻辑，文化生产力由此应运而生。

全球纺织行业文化生产力的基本内涵，深刻体现在纺织行业将深厚的文化底蕴与前沿设计理念紧密融合的实践之中。这不仅仅局限于对传统文化的简单复刻或国潮元素的堆砌，而是跨越了国别界限，广泛汲取全球文化的精髓，同时深入探索微观细节之美，实现了广博与精微的和谐统一。

具体而言，文化生产力在全球纺织行业发展过程中发挥的作用，主要体现在以下三个方面：

一是表现文化自信的内在力量。

文化生产力不仅蕴含于古老技艺的薪火相传与现代创新的交相辉映之中，也是工匠之魂的虔诚坚守与时代浪潮下创意表达的精妙融合；更渗透至品牌与产品的每一个细微之处，从设计理念的独特阐发到市场策略的精准触达，无不流露出对行业深度、企业精神与品牌个性的强烈自信与自豪。这不仅是对自我价值的不懈追求与坚定捍卫，更是对文化传承与时代创新的深刻致敬。

二是引领生态变革的普适力量。

文化生产力不仅深刻影响着全球纺织行业的产品设计与生产流程，更驱动着整个文化生态的变革与提升。它促使纺织企业从单纯的产品制造者转变为文化价值的创造者与传播者，将传统工艺与现代设计、地域特色与全球视野巧妙融合，赋予纺织品以深厚的文化内涵和独特的艺术表现力。这一过程推动了纺织行业的产业升级和价值链重构，使得高质量、高附加值的文化创意产品成为市场的新宠。消费者在选择纺织品时，不再仅仅关注其物理属性和功能性，更加重视其背后的文化故事、设计理念以及所能传递的情感价值。这种变化促使纺织企业加大在文化创意、技术研发、品牌建设等方面的投入，并形成良性循环，进一步提升行业的整体竞争力和可持续发展能力。

三是提升价值空间的决定性力量。

在全球纺织行业，文化生产力的核心在于将文化元素深度嵌入产品设计、生产流程、市场营销及品牌塑造的全链条之中，是对行业文化的挖掘、生产、转化、创新、融合等发展到一定水平后的全新质态。这一过程不仅提升了产品的附加值，更重要的是赋予了产品以独特的文化内涵、精神价值及情感共鸣，使之成为连接品牌与消费者之间的桥梁。这种能力的提升，不仅增强了品牌的市场竞争力与影响力，更为整个行业的转型升级与高质量发展提供了强大的动力源泉。

因此，在全球经济一体化与文化多元化并进的今天，纺织行业作为传统与现代交织的重要产业领域，其文化生产力的提升不仅关乎产业自身的转型升级，更深刻影响着全球消费趋势、文化传承及人类文明的演进，不仅是推动行业脱颖而出的关键驱动力，更是体现知行合一思想力与绵长生命力的重要标志。它以独特的魅力与深远的影响，通过表征文化自信的内在力量、引领生态变革的普适力量，以及提升价值空间的决定性力量，这三股力量的交织，引领着全球纺织行业迈向一个更加生猛有力、繁荣多元、永续发展的未来。

综上所述，现阶段提升文化生产力对于发展全球纺织行业新质生产力的时代价值，主要体现在以下四个方面。

一、提升品牌竞争优势的价值指引

在全球化浪潮的席卷之下，当代消费观正经历着深刻的变化。消费者的价值认知与需求层次日益多元化与深层次化，他们不再仅仅满足于产品的基础功能性，而是更加追求情感上的共鸣、文化上的认同以及生活方式上的契合。这一转变促使品牌必须超越传统界限，向能够触动人心、共鸣价值观的深度沟通迈进。以中国市场为例，我们看到，品牌的竞争力，正在从一般的质量竞争向文化竞争提升，从单个产品、单体企业竞争向场景、平台、生态能级提升，这对品牌经营理念、凝聚文化共识、提升文化势能的能力都提出了很高的需求[2]。

一方面，文化生产力的提升有助于塑造品牌的独特性和深化消费者的情感认同。文化生产力作为塑造品牌灵魂的核心力量，其深度挖掘与精心培育，直接关系到品牌在全球市场中的辨识度、吸引力和影响力。企业通过细致入微地探索品牌背后的文化根基、价值理念和情感纽带，构建出既独特又富有内涵的品牌形象。这一过程不仅强化了品牌的记忆点与识别度，更在消费者心中种下了深深的情感认同与品牌忠诚的种子。

另一方面，文化生产力的提升，也是纺织企业实现全球化扩张和本地化运营的关键。在全球化的背景下，纺织企业面临着复杂多变的市场环境和消费者需求。为了在全球市场上建立起独特的品牌形象和强大的服务竞争力，企业必须深入了解各地的文化背景、消费者的偏好及技术发展趋势，并采取相应的策略来适应这些变化。通过提升文化生产力，企业能够更敏锐地把握社交媒体营销的机遇，利用跨境电商平台拓展国际市场，与国际品牌建立合作关系，以及设立实体店面等多种方式来全面布局市场。这些措施不仅有助于企业实现深层次的本地化运营，还确保了企业持续稳定地发展，从而在全球化竞争中占据有利地位。

二、驱动行业内涵跃升的关键力量

在当今社会，文化与经济深度融合，相互赋能。文化不仅是经济发展的强劲助推器，其丰富多样的产品形态更使文化创意产业成为全球经济的支柱产业之一。文化生产力作为行业创新的灵魂，正引领行业价值链的全面升级，贯穿于全产业链与产品生命周期，构建出文化时尚的新格局与新生态。

一方面，从企业视角来看，提升文化生产力有助于产品附加值的内涵提升。随着消费者对产品背后故事和文化价值的需求日益增长，品牌必须超越单纯的功能性和实用性，转而强调情感共鸣与文化认同。通过挖掘和整合传统文化、地方特色和现代设计理念，企业可以创造出更具文化内涵的产品。这样的产品不仅能满足消费者的功能需求，更能触动他们的情感，形成独特的品牌记忆点。文化生产力的提升，使得产品不仅仅是物质的载体，更是情感与价值观的表达，从而显著提高产品的附加值。

另一方面，从行业视角来看，提升文化生产力有助于全产业链的整体内涵提升。在纺织服装行业中，从原材料采购、设计研发、生产制造到市场营销，每个环节都可以通过文化赋能来实现价值增值。例如，利用非遗技艺进行创新设计，不仅能够增强产品的文化特色，还能促进传统技艺的保护与传承。同时，通过数字化营销手段传播品牌故事，可以加深消费者的文化认同感，从而提高品牌忠诚度。此外，文化生产力的提升还有助于推动产业链上下游的协同创新，使得整个产业链条更具竞争力。可见，从源头到终端，全产业链都能受益于文化生产力的提升，共同推动行业迈向高端化、智能化、融合化。

三、创造美好消费生活的现实支撑

近年来，"新美学""新风格""新生活方式"强势崛起，无不彰显着青春化、社交化、场景化的深刻变革。这一变化不仅反映了消费者对个性化和多样化需求的增长，也为纺织服装行业带来了新的机遇与挑战。

一方面，伴随着流行趋势与生活方式的快速更迭，提升文化生产力成为满足消费者多元化需求的关键。消费者不再仅仅满足于产品的基础功能，而是更加注重产品所承载的文化价值和情感体验。纺织服装品牌通过挖掘和整合传统文化、地方特色以及现代设计理念，创造出具有深厚文化内涵的产品。这些产品不仅满足了消费者的功能需求，还能在情感层面引起共鸣，从而提升消费体验。如足球风（Blokecore）、芭蕾风（Balletcore）、户外风（Gorpcore）、城市风（Urbancore）等席卷而来的穿搭风格，以及露营骑行、徒步登山、演唱会、音乐节等流行渐起的文化事件，品牌通过文化生产力的提升，成功捕捉到市场细分领域的机会，满足了特定消费群体的情感与文化需求。

另一方面，伴随着纺织产业加速向文创产业、内容产业转型，提升文化生产力成为推动产业升级和创新的重要动力。全球纺织企业借助大数据、人工智能、ChatGPT等前沿技术，实现精准营销与个性化服务，为消费者带来线上线下无缝衔接的购物体验，同时巧妙融入艺术策展、科幻体验等多重元素，通过社交媒体与短视频平台深化品牌互动，构建出富有吸引力的消费空间。文化的深度融入，不仅延长了产品的生命周期，提升了产品的品牌效应，更形成了丰富的新价值生态。

四、推动时尚美学进阶的重要实践

随着全球化进程的加速，纺织服装产业正经历着深刻的转型与升级，其核心驱动力已远远超越了材质与款式的简单创新，深刻聚焦于品牌的美学构建与当代表达。这一转变不仅体现在产品的设计与生产上，更体现在文化生产力的全面提升上。

一方面，文化生产力推动了东西方时尚文明的互动与互鉴。在全球化的背景下，东西方文化的交流与融合日益频繁。品牌通过提升文化生产力，不仅能够吸收和借鉴不同文化的精华，还能促进不同文化之间的相互理解和尊重。通过跨文化、跨地域、跨时空的品牌运作，品牌不仅能够设计出具有全球视野的产品，还能依托彼此文化要素的渗透与转换，促进东西方时尚文明的共同发展。以2024年巴黎奥运会为例，这一全球性文化盛事正成为展现纺织服装产业文化生产力的绝佳舞台——运动美学与时尚潮流的深度融合，不仅展现了时尚品牌的运动基因，引领了各大运动风格的流行，更促进了全球时尚文明的深度交融。

另一方面，文化生产力推动了全球时尚美学的共同价值提升。当今世界，地域景观、审美氛围、多元文化，无一不与全球时尚产生的多巴胺交融，在时尚元素于全球化进程中的结构性重建中，共同作用于全人类共同价值与世界人民的美好生活，同时创造着全新的内容和叙事方式。例如，通过展览、音乐节、快闪店等多元形式的跨界手段，纺织服装企业正逐步从单一的产品提供者转变为生活方式的引领者，不仅满足了消费者的实际需求，还通过文化内涵的传递，增强了消费者的认同感与归属感。这种共同价值的提升，不仅促进了品牌的全球化发展，更推动了全球时尚美学的整体进步。

参考文献

[1] 白羽弘，徐清泉. 新质文化生产力：人类文明新形态的推进力量 [EB/OL].（2024-05-15）[2024-12-06］. https://www.jfdaily.com/staticsg/res/html/web/newsDetail.html?id=738457&v=1.4&sid=67.

[2] 中外企业文化. 品牌文化的力量和价值 [EB/OL].（2024-07-11）[2024-12-06］. https://baijia hao.baidu.com/s?id=1804215015673410320.

第二章　提升未来纺织行业文化生产力的创新路径

在全球纺织服装行业的浩瀚蓝图中，提升文化生产力不仅是对行业传统的致敬与传承，更是面向未来、拥抱变革的必然路径。设计大师原研哉先生的洞见"所有文化都有自己的位置"，不仅是对文化多样性的深刻洞察，更为行业绘制了一幅向内自省、创新引领、多元共生的发展图景。

站在一个新的起点上，我们清晰地看到，全球纺织行业正通过文化生产力的激发与提升，不断向更高层次、更广领域、更好水平加速演进。一方面，多元文化的当代演绎，为年轻一代注入了新的生活风尚与审美潮流。全球纺织服装品牌的文化标签，在正在进化的商业环境中被不断深化，通过深入挖掘本土文化的富矿，从历史的深邃、民俗的绚烂到图腾的神圣，以现代设计语言重新编织，创造出既承载文化根脉又符合现代社会语境的产品和空间，展现了其文化资产在当代语境下的无限活力与创造力。另一方面，亚洲、非洲等地新兴创意群体的不断崛起，推动其在产品创新、美学探索、模式革新、文化叙事及生活方式挖掘等方面不断突破，为市场带来了丰富多彩的视觉盛宴与深度体验，正悄然重构全球时尚的底层逻辑与产业特色，引领着全球时尚潮流的新风向。

展望2025年，文化生产力将成为行业发展的重要关键词。如何提升未来全球纺织行业的文化生产力，不断刷新时尚的新风格、新面貌、新创造？这将会是一个至关重要的、关乎行业生存与发展的命题。

正如开篇所讲，在本报告中，我们提出了提升全球纺织行业文化生产力的"五力模型"，旨在全方位、多维度地推动行业的创新与发展。这五大力量将共同作用于行业的系统运营，促进文化生产力的飞跃。

一、提升纺织行业基于风格识别的设计力

《2024年iF设计趋势报告》指出：设计在塑造未来方面起着重要作用，特别是在意识经济、人类数字化、共同社会、思维转变革命、全球本地化、生态转型等六大变革领域中，设计师的角色和原创设计力的价值愈发凸显。原创设计力成为推动品牌和产品创新、提升市场竞争力的关键因素。

一方面，基于风格识别，具有原创属性的设计力，在全球品牌竞争的格局中变得越来越重要，成为品牌培育辨识度、制造差异化的主要标志；另一方面，基于风格识别的设计力，不仅要求视觉元素需创意化组合，更成为承载品牌内核、输出品牌精神的外在表达。它通过融合与创新全球各地的文化元素，帮助设计师在全球化的市场中找到平衡点，使其作品既能满足不同地区消费者的需求，又能保持属于自己的差异化、独特性、原生性定位，在激烈的竞争中建立起忠实的消费者群体。

可见，现阶段提升全球纺织行业基于风格识别的设计力，意味着需增强纺织产品在设计上的独特性

与辨识度，通过技术创新支撑风格识别的创意实现，推动设计向更个性化、差异化方向发展，充分凸显设计自身的原创能力，充分运用智能融合的设计工具，以及充分体现设计的前瞻性、引领性趋势，提升品牌自身在整个行业中的产品竞争力，建立自身独特风格定位的价值标签。

（一）原创性：设计力的核心驱动

原创性是指设计师在创作过程中展现出的独特性和创新精神，它是风格识别的核心驱动力，通过对现有风格的识别和再创造，形成独特的设计风格。原创性不仅体现在设计作品的外观和形式上，更包含了设计师对文化、历史、社会现象的独特解读和表达。原创设计能够赋予品牌独特的身份，使其在同质化严重的市场中脱颖而出。

原创性主要体现在形式内容的表达和材料工艺的创新方面，设计师可以通过独特的风格、色彩搭配和图案设计，创造出与众不同的视觉效果，还可以选择新型或不常见的材料，并结合先进的制造技术，创造出独特的质感和功能。例如，安踏与国际设计师和中国奥委会合作，为中国体育代表团推出了全球首款碳中和运动制服，并在巴黎奥运会上亮相。制服采用环保回收材料、先进的工艺制成，并融入了传统的"龙"文化元素，完美融合了功能性与文化象征。

原创性更深层次的表现是设计理念的创新表达。设计师通过独特的视角和思维方式，将社会、文化、历史等元素融入设计之中。例如，2024年，太平鸟推出PEACEBIRD×JACQUES WEI设计师合作系列，该系列结合了简约优雅的设计与深层次的文化思考，表达了当代女性的力量与独立精神，不仅展示了设计的美感，更通过时尚传递了社会价值观和文化内涵。

在市场竞争日益激烈的今天，原创性已成为品牌脱颖而出的关键因素。消费者不再满足于千篇一律的产品，他们渴望通过独特的设计来表达自我个性。那些具有原创性设计的品牌，往往能够吸引忠实的消费者群体，并在市场中形成独特的竞争优势。

（二）高智性：设计力的智能提升

高智性是现代设计发展的重要趋势之一，从表层应用的产品设计创新和精准营销，到深层布局的企业供应链优化、趋势预测分析，乃至推动行业可持续发展转型，人工智能（AI）技术正在重塑时尚行业的全价值链。通过人工智能、大数据和智能制造技术的应用，使设计过程变得更加智能化和高效。高智性不仅涉及设计工具和技术的应用，还包括设计流程的数字化管理、数据驱动的设计决策，以及通过数字平台进行的用户交互和反馈。高智性设计打破了传统设计的时间和空间限制，使设计师能够更快、更准确地响应市场需求。高智性设计的一个重要特点是数据驱动的设计决策。通过收集和分析消费者行为数据、市场趋势数据以及用户反馈，设计师能够更准确地了解市场需求，并基于这些数据进行设计优化。例如，优衣库通过大数据分析，识别出消费者对简约风格的偏好，从而推出了一系列具有独特风格和功能性的产品。数据驱动的设计决策使设计过程更加科学化和精准化。

高智性设计还体现在与用户的交互和体验上。正如有学者指出："技术的创新，不仅改变了文化生产与经营方式，也加快了创意设计的转型升级和跨界融合，形成了'一项内容多种创意，一种创意多元开发，一元开发多样产出，一样产出多类业态，一类业态多项效益'的发展态势，拓展了创意设计文化的内容形式、生产方式、传播渠道、消费方式，丰富了受众的体验感和消费选择[1]。"在时尚产业领域，通过数字平台，设计师能够与用户进行实时互动，收集用户的反馈和建议，从而在设计过程中不断进行优化，有效地拓展了设计本身的内容形式、生产方式、传播渠道与消费方式。例如，耐克打造的高智性平台Nike By You，让用户能够参与产品的设计中，根据个人偏好进行定制。这种用户参与的设计模式，不仅提高了用户的满意度，还增强了品牌的互动性和黏性。

高智性设计极大地提升了品牌的市场竞争力和效率。通过数字化手段，品牌能够更加快速地响应市场变化，推出符合消费者需求的产品。同时，数字化设计还使得品牌能够通过数据分析和用户交互，不断优化产品高智性设计，提升用户体验。在市场竞争日益激烈的今天，高智性设计已成为品牌提升市场份额和保持竞争优势的重要手段。

（三）前瞻性：设计力的引领视野

前瞻性是指设计师在创作过程中展现出的对未来趋势的洞察力和引领能力。前瞻性设计不仅是对当前市场需求的回应，更是对未来变化的预见和引导。通过前瞻性设计，品牌能够在快速变化的市场环境中保持竞争优势，并引领行业的发展方向。

前瞻性设计往往通过对新兴技术的应用，创造出具有革命性意义的产品。3D打印技术的应用，使得设计师能够突破传统制造工艺的限制，创造出更复杂、更个性化的产品。例如，李宁在2024年推出的"无限系列"（Infinity Collection），该系列结合了3D打印技术与智能纺织材料，展示了其在运动装备设计上的创新突破。

前瞻性设计还体现在对新型材料和工艺的探索中。随着环保意识的增强，设计师们开始关注可持续性材料的使用，以及如何在设计中融入更多环保元素。例如，2024年，安踏推出了"永续进化系列"，这一系列强调环保与创新，选用了可回收塑料瓶和废弃纤维制成的环保材料，并使用无染色环保技术，不仅减少了制造过程中的污染，还增强了材料的耐用性和舒适性。

前瞻性设计使品牌能够在竞争中占据主动，通过引领趋势来塑造市场和消费行为。这种设计往往能够赢得早期的市场份额，并通过持续的创新保持品牌的领先地位。前瞻性设计的成功不仅体现为短期的商业利润，更为品牌长期的发展奠定了坚实的基础。

案例1：克里斯朵夫·瑞希（Christopher Raxxy）传统非遗与现代设计的原创融合

克里斯朵夫·瑞希的设计融合了中国传统文化与现代时装工艺，以实验性、探索性、包容性的设计理念为核心，通过对常规面料的改造和非常规面料的运用，以及独特的廓型解构设计，创造出前所未有的羽绒服视觉体验。

2024年9月，克里斯朵夫·瑞希受邀加入国际时尚特讯（WWD CHINA）五周年系列主题活动的首个篇章《HERITAGE NEXT 大美映·像》中国非遗创新展，主理人沈威廉的展览作品将数字与时尚相结合，灵感来自约瑟夫·傅里叶的傅里叶级数和老舍的散文《小病》。这款羽绒礼服融合了傅里叶级数中的几何形状，以及散文中的鲜艳色彩和节奏，结合了理性与感性。作品还融入了江南竹编和刺绣工艺，创造出具有动态视觉效果的纹理面料（图3-1）。在传统工艺与现代设计相结合的基础上，克里斯朵夫·瑞希通过多学科视角创新时尚，将数字的基本美与当代巴黎时尚的浪漫精神融合在一起。

品牌的特色在于其独特的3D改造工艺，这种工艺从中国传统文化中汲取灵感，如江南竹编工艺，并将其与现代设计相结合，创造出具有雕塑感的羽绒服。克里斯朵夫·瑞希的设计理念是将中国传统文化用现代、年轻、科技的方式进行叙事，这一点在其品牌的标语（Slogan）"神秘的东方力量"中得到了体现。

图3-1　克里斯朵夫·瑞希中国非遗创新展作品展示

案例2：耐克（Nike）AI技术加持创意设计

作为全球领先的运动品牌，耐克一直致力于通过科技创新提升产品设计和生产的效率与质量。近年来，耐克利用人工智能（AI）技术，大幅度提高了设计和生产的智能化水平。在智能化浪潮的推动下，耐克意识到，传统的设计与生产方式难以快速响应不断变化的市场需求和个性化消费趋势。

耐克通过AI技术，分析庞大的市场数据和用户反馈，进行个性化的设计和销售。例如，耐克利用AI系统自动分析消费者的穿着习惯、运动需求和时尚偏好，从而生成个性化的设计方案，开发出个性化定制的鞋款。耐克还采用智能生产技术，实现了高度自动化的生产流程，不仅提高了生产效率，还能根据市场需求实时调整生产计划。在2024年的巴黎奥运主题展示会上推出了由AI协助设计的运动鞋系列。这一始于年初的项目，邀请了13位运动员与品牌的创新团队合作，运用生成式AI工具设计理想状态的运动鞋。在这一过程中，团队为每位运动员生成数百张图像，并通过手绘、沉浸式3D草图、计算式设计以及3D打印技术，将图像转化为颇具想象力的鞋款（图3-2）。

图3-2　2024年耐克推出"奥运主题"系列由AI生成的A.I.R鞋款

耐克通过智能化设计，显著提高了生产效率，并满足了不同市场的多样化需求。个性化设计不仅增强了消费者的购买意愿，还提升了品牌的市场份额和利润率。此外，耐克的智能化策略使其在市场竞争中保持了技术领先地位，进一步巩固了其在全球运动品牌中的霸主地位。

案例3：丝丽雅（GRACE）面向未来的协同设计

近年来，丝丽雅深度融合绿色原料、绿色工艺、绿色能源，持续推进可持续材料创新，打造了雅赛尔®、雅赛棉™、宜赛尔®和宜可雅®等系列产品，并推动着纤维的多场景、多领域应用。

2024年9月，丝丽雅系列产品品牌发布会在绍兴柯桥中国纺织信息中心浙江分中心举行。发布会以"雅衣·雅韵·雅赛尔，竹缘·竹心·筑未'莱'"为主题，通过市场趋势分析、创新技术展示和产品开发方向的探讨，全方位展现了丝丽雅系列产品的卓越性能和广泛应用。这一盛会不仅是丝丽雅品牌魅力的集中展现，更是其绿色理念的深刻传递。

在"森呼吸"成衣发布环节，丝丽雅将"东方、自在、自然、舒适、自由"五大产品理念融入成衣设计之中，结合中国传统美学色系与现代服装风格的融合，展现出了丝丽雅系列纤维在多元领域的可塑性与创造力（图3-3）。

图3-3 "森呼吸"丝丽雅®2025产品系列

丝丽雅同时与中国纺织信息中心共同邀请留法时装设计师胡红炎，携手13家技术创新联盟企业，将雅赛尔®、雅赛棉™、宜赛尔®创新面料进行了时尚成衣转化。这些作品以竹文化、茶文化、石文化等宜宾独特的城市文化为灵感来源，将自然与人文之美融入时尚终端。此外，在丝丽雅系列产品展示区，丝丽雅携手魏桥纺织股份有限公司等9家技术创新联盟企业，共同呈现了以雅赛尔®、雅赛棉™、宜赛尔®纤维为核心原料的全产业链创新成果。这些产品适配了从日常休闲到高端商务的"百搭"服饰需求，充分展示了丝丽雅系列纤维在实际应用中的卓越性能与广泛适用性。

可见，丝丽雅面向未来的协同设计，不仅是对绿色原料、绿色工艺和绿色能源的深度融合，更是对"绿色呵护人类美好生活"理念的生动诠释。

二、提升纺织行业面向传统文化的链接力

随着消费者价值观的转变，纺织服装产品的文化内涵已成为影响消费者购买决策的重要因素。据《高净值人群价值观及生活方式研究报告2022》表示，我国主力消费群体不再单一地执着于奢侈品

牌消费体验，而是通过"在诸多消费类别中感受富有文化内涵的手工艺或定制化服务"享受消费的乐趣。同时，非遗的当代价值正被重新认识和发掘，非遗商品成交额的快速增长便是这一趋势的生动体现。

面向传统文化的链接力，在纺织行业中展现出一种深层次、多维度的力量，它超越了单纯的设计灵感或品牌差异化的范畴，触及对行业历史脉络与文化根基的深刻理解和尊重。这一力量不仅是纺织行业历史传承的坚实纽带，更是推动其持续创新与繁荣的不竭动力。通过深入挖掘传统文化的精髓，纺织行业可以将其转化为独特的设计元素和品牌故事，创造出既具民族特色又符合时代审美的产品。这一过程不仅增强了产品的文化附加值，也加深了消费者对品牌的情感认同与文化共鸣。

可见，在现阶段，面向传统文化的链接力正在成为全球纺织服装产业创新发展的重要驱动力，它通过将传统文化与现代设计理念相结合，蕴含、转换、内化丰富的民族精神、审美价值和哲学思想，借助文化基因的全链融合、匠心传承的创新织造，以及古今交融的价值互构，凸显了系统性、技艺性与转换性，为全球纺织行业的内涵式发展，提供了源源不断的创新动力。

（一）系统性：文化基因的全链融合

传统文化的系统性，犹如一棵参天大树的根系，深植于完整的文化生态和历史脉络之中。纺织行业在链接传统文化时，不断深入挖掘这一系统性，不仅关注传统文化的表象元素，如图案、色彩等，更加注重理解其背后的文化逻辑和历史演变。这种系统性的链接方式，有助于纺织行业在品牌载体上构建具有深厚文化底蕴和独特魅力的品牌形象，让品牌根深叶茂，充满生机。

一方面，随着消费者对文化认同感的日益增强，系统性链接传统文化将成为全球纺织服装行业的重要发展趋势。其亮点在于，通过系统性地挖掘和链接，纺织行业能够创造出具有历史深度和文化连贯性的纺织产品，这些产品不仅具有独特的文化韵味，还能够满足消费者还原特定生活场景与生活方式，对高品质生活的深层次追求。

另一方面，系统性链接传统文化的难点在于如何准确理解和传达传统文化的深层含义，避免片面化和碎片化。为了化解这一难点，全球纺织服装行业不断深入研究传统文化的历史脉络和文化逻辑，确保在设计中准确体现其整体性和连贯性。同时，更加注重跨学科的交流与合作，引入人类学、民俗学、历史学、艺术学等多元学科的知识和方法，构建综合化、特色化和活态化的非遗学科人才培养生态体系，为传统文化的系统性链接提供更为坚实的学术支撑。

（二）技艺性：匠心传承的创新织造

技艺性是传统文化链接力的重要体现，也是全球纺织服装行业传承和发展传统文化的重要基石。以中国为例，纺织非遗作为中华民族历史文化的生动记录，承载着丰富的历史信息和民族记忆，在非遗大类中占有重要地位。在2018年文化和旅游部、工业和信息化部发布《第一批国家传统工艺振兴目录的通知》[文旅非遗发（2018）12号]共383项国家传统工艺入选，其中纺织服装类项目有104项，是传统工艺在当代社会应用数量最多的行业。截至2024年12月，中国共有44个非遗项目被列入联合国教科文组织人类非物质文化遗产名录、名册，居世界第一。其中中国蚕桑丝织技艺、南京云锦织造技艺、黎族传统纺染织绣技艺3项纺织非遗项目位列其中。可以看到，在当前国货消费品牌蓬勃兴起、市场竞争日趋激烈的背景下，国货品牌正在进一步地触动、唤醒中国传统视觉文化与自然美学这个蛰伏的文化基因，积极汲取纺织文化中古老的技艺精髓，实现匠心传承的创新织造——挖掘传统中国色彩和自然美学基因的独特魅力，将其与消费品相结合，以更有温度、更有文化底蕴、更专业的方式来传承中国美学。

一方面，全球纺织企业在链接传统文化时，更加注重对这些传统技艺的保护和传承，在品牌载体上重点展现独特的工艺魅力和文化价值，因地制宜，走特色化、个性化设计之路，用设计来赋能品牌新价值。例如，芬迪（Fendi）自2020年起，启动了"Hand in Hand"手工艺伙伴合作项目，计划与来自不同文化背景下的传统手工艺专家，通过唤醒对传统技艺的保护，进入时尚品牌消费生活的现实语境。

另一方面，通过技艺性的链接方式，纺织行业通过现代科技手段提升传统技艺的生产效率和产品质量，同时保持其独特的手工韵味和文化内涵，充分利用数字技术对纺织非遗进行创新和转化，探寻"非遗数字化＋产业化"的发展路径，建设权威性的非遗文化数字平台和相关数字化基础设施，培育纺织非遗文化内容的全流程数字化生产模式。

（三）转换性：东西交融的价值互构

习近平总书记指出："中华文化之所以如此精彩纷呈、博大精深，就在于它兼收并蓄的包容特性。展开历史长卷，从赵武灵王胡服骑射，到北魏孝文帝汉化改革；从'洛阳家家学胡乐'到'万里羌人尽汉歌'；从边疆民族习用'上衣下裳''雅歌儒服'，到中原盛行'上衣下裤'、胡衣胡帽，以及今天随处可见的舞狮、胡琴、旗袍等，都展现了各民族文化的互鉴融通。各族文化交相辉映，中华文化历久弥新，这是今天我们强大文化自信的根源。"

从中国纺织行业发展的语境来看，传统文化的转换性，建立在各族文化交相辉映、中华文化历久弥新的基础之上，通过激活传统文化在现代社会中的适应性和创新能力，成为中国纺织行业在链接传统文化时必须具备的能力；从全球纺织行业发展的语境来看，产业在链接传统文化时，也表现出更加重视与地方文化的融合，积极拥抱地方传统手工艺与民俗传统，通过古老文化的现代转换，将传统文化元素与现代设计理念、市场需求相结合，创造出既具有传统韵味，又符合现代审美的纺织产品。

一方面，随着市场的不断变化和消费者需求的多元化，转换性链接传统文化，让更多年轻消费群体真正了解、认同、购买以传统非遗为元素和亮点的时尚产品，正在成为中国市场重要的发展趋势。例如，淘宝天猫平台通过联动阿里公益乡村特派员、开展淘宝手艺人计划、举办淘宝造物节等，以"非遗＋电商"模式，实现了非遗传承人与年轻消费群体的良性互动，促进了非遗与现代消费市场的深度融合与有效链接。《非物质文化遗产电商消费报告（2023）》显示，2023年，非遗商品成交额首次突破千亿元大关，达1073.2亿元，同比增长37.7%，是同期社会消费品零售总额增速的5倍多，非遗电商消费总体呈现快速增长态势。

另一方面，奢侈品是否更具有属地文化的"价值感"，也越发成为中国消费者看重的因素。例如，爱马仕首席执行官阿克塞尔·杜马斯（Axel Dumas）就曾表示，中国消费者正寻求高品质产品，而这种高品质的产品不仅体现在产品本身，还有其背后的文化内涵；江诗丹顿风格及传承总监克里斯蒂安·塞尔莫尼（Christian Selmoni）曾表示，亚洲一直是全球文化中最重要的灵感发源地，而中国则是灵感来源中最为重要的一部分；瑞士奢侈皮具品牌巴利（Bally）从中国传统文化中汲取糖画、皮影戏、灯笼三大元素，发布了三则由品牌代言人王源演绎的龙年限定系列大片。可见，"东西交融"的价值互构，借助中国传统非遗，讲好全球时尚品牌的"中国故事"，正在成为全球纺织行业转换性链接传统文化的亮点。

案例1：罗意威（Loewe）发布致敬东方玉雕工艺的"玉系列"

2024年是甲辰龙年，罗意威选择"玉"作为2024年春节新品的主题，并发布限定玉石吊饰和

"玉系列"新品（图3-4）。

图3-4 2024年新春，罗意威推出"玉系列"，致敬玉雕工艺

取"玉"之意，通过1支"以爱琢玉"短片，展示了罗意威邀请的三位玉雕大师以各自独特的视角和技艺，分享了对"玉"的深刻感悟，并携手创作出三款限量版玉石吊饰，为龙年增添了浓厚的文化韵味和独特祝福。

在市场推广方面，Loewe同样展现了高超的策略。三款高价值吊饰的限定发售（官方信息显示，三款吊饰的价格均在12万元以上，不仅提升了产品的稀缺性和收藏价值，还通过在上海、北京、成都等文化重镇设立CASA Loewe（罗意威之家）作为销售渠道，精准定位了对传统文化有深厚情感与认同的消费群体。同时，结合"CASA Conversations"活动，品牌邀请了玉雕大师与各界嘉宾共聚一堂，深入探讨玉雕艺术所蕴含的信、礼、爱等文化价值，进一步加深了公众对传统文化的理解和兴趣。

此外，Loewe还充分利用了数字媒体平台抖音短视频国际版（TikTok），发布微纪录片展示玉雕工艺的全过程，让全球观众都能近距离感受到这项古老技艺的精湛与美妙。这种跨媒介的传播方式，不仅拓宽了传统文化的传播渠道，也增强了品牌在全球范围内的文化影响力。

尤为值得一提的是，Loewe将玉元素巧妙融入产品设计之中，推出的"Flamenco Mini"手拿包系列，其色彩灵感源自故宫博物院所藏的玉雕作品，碧玉青、缟玉红、春玉绿、糖玉黄、深卡其和翡翠紫，每一款都蕴含着深厚的文化底蕴和艺术美感。

可以看到，Loewe的"玉系列"通过深度挖掘传统文化的内涵与价值，结合现代设计理念和传播手段，成功打造了一系列既具文化底蕴又符合现代审美的高品质产品，为全球消费者带来了独特的文化体验和审美享受。

案例2：雅莹打造首届雅莹时尚文化节

2024年3月，雅莹集团成功举办首届雅莹时尚文化节，以"兴"为主题的EP YAYING雅莹高级定制时尚秀与中华服饰文化创意研学楼启幕交相辉映，深刻展现了雅莹集团携手热忱于中国美、女性美的创意、艺术、文化等各界力量，从中国文化、民族文化、自然文化中汲取精髓与灵感，共创中国好品牌的恒心（图3-5）。

图3-5 以"兴"为主题的EP YAYING雅莹高级定制时尚秀

主题"兴"寄托了雅莹在万物勃兴的甲辰龙年，汇聚众人心力潜心创美，将国风美学、中国设计引领至更广阔天地的美好期待，并邀请著名艺术家王新元诠释大秀主题"兴"的含义，即"甲骨形体像四手抬起器物。金、篆、隶、楷，从舁'四手共举之意'，从同'齐咸以协同动作'，表示共同举起。"象征雅莹与各界力量同心协力，推动中华时尚文化的繁荣兴盛。

秀场上，红蓝丝绸交织，牡丹绽放，雅莹三大系列精品惊艳亮相，不仅传承了民族文化的精髓与手工艺之美，更巧妙融入现代设计元素，实现了"雅莹国风"的当代演绎。民族系列重塑黔南图腾刺绣、国风系列探索桑蚕丝新潜力、匠心系列深耕非遗技艺，每一个系列都彰显了对传统文化的尊重与创新。

同时，中华服饰文化创意研学楼的启幕，标志着雅莹在文化传承与时尚创新上迈出了重要一步。从"根基"到"果实"的功能布局，不仅展示了雅莹的文化底蕴与设计成果，更成为创意设计与人才培养的孵化器。其中，一楼和二楼为"根基"，展示了雅莹最具代表性的共创成果——"大雅文章"中国丝绸服饰文化展和"多彩华裳"中华民族服饰文化展。

雅莹以江南为起点，辐射全国乃至全球，将中华文化的深厚底蕴与现代时尚理念完美结合，打造出一系列兼具中国韵味与当代审美的时尚精品。这不仅是对传统文化的致敬与传承，更是雅莹面向全球展现中国传统文化魅力的有力证明。

案例3：华伦天奴（Valentino）举办"上城家宴"

在2024年春节前夕，华伦天奴发布了3支短片，围绕中国红与民间艺术文化之间的关联，探访了3个不同的地方：杭州孤山南麓西泠桥畔、浙江台州仙居古镇、福建泉州，从当地的民间艺术着手——西泠红泥、针刺无骨花灯、泉州红团，呈现中国古老的文化和技术传承，并以"红"为题带来祝愿。此举不仅契合了春节的喜庆，也巧妙融入了Valentino品牌自身的红色基因，实现了传统与现代的和谐对话。

随后，Valentino携手《上城士》于春分时节重返泉州，举办"上城家宴"，将"Valentino红"融入梧林古村落的每一个角落（图3-6）。家宴上，南音、高甲戏、火鼎公婆、五祖拳等泉州表演轮番上演，不仅再现了泉州的古韵今风，更通过"宋元'泉'席"的盛宴，让宾客在味蕾间穿越千年，体验泉州的海丝文化与生活美学。装饰与摆盘方式参考泉籍漆画艺术家陈立德的作品《市井十洲人》，山海交融的风味盛于水密隔舱福船、永春漆篮和安溪竹编中，细节之处尽显泉州人民的智慧与匠心。

图3-6　华伦天奴携手《上城士》再赴泉州举办"上城家宴"

此次活动，Valentino不仅邀请了多位文艺界与时尚界的代表人物参与，更通过她们身着2024春夏系列的演绎，将女性力量与自然之美、传统工艺相结合，展现了品牌对女性身体解放的深刻思考及对美的无限追求。家宴不仅是味蕾的盛宴，更是一场视觉与心灵的双重洗礼，让嘉宾在享受美食的同时，深刻感受到传统文化的魅力与力量。

三、提升纺织行业整合跨界文化的融合力

随着全球化进程的加速和消费者需求的多元化，跨界文化融合正成为纺织服装行业的重要趋势。仟传网络科技（上海）有限公司（Target Social）《品牌联名指南》的最新数据为我们揭示了这一趋势的强劲势头：尽管2023年的品牌联名营销次数略有减少，但高达11.13亿次的互动量却实现了27%的显著增长，这无疑是跨界合作深度与广度双重提升的有力证明。

跨界合作已超越传统意义上的产品设计叠加，它深入品牌文化的精髓，触及营销策略的每一个层面，引领了一场全方位的品牌革新。这种深层次的融合，如同为纺织服装品牌注入了鲜活的创意血液，不仅拓宽了市场边界，更在消费者心中搭建起理解与共鸣的桥梁。跨界之举促使品牌跨越固有界限，与各类文化元素碰撞融合，孕育出多元、开放的文化生态，极大地提升了品牌的吸引力和市场穿透力。

《益普索2024人口世代报告》揭示了"Z世代"这一重要消费群体的独特需求与心态。作为即将步入而立之年的年轻一代，"Z世代"在面临焦虑与压力的同时，对线上社交与多元文化展现出了前所未有的热情。特别是在新型冠状病毒感染的影响下，线上社交成为他们拓展社交圈、寻求群体认可的重要途径。这一趋势为纺织服装品牌提供了宝贵的启示：要想赢得Z世代的青睐，就必须在品牌建设和营销策略中融入更多元的文化元素，以及更具感染力的价值主张。

综上所述，提升全球纺织行业整合跨界文化的融合力，关键在于品牌应具备高度的创造性、细腻的情绪性与出色的沉浸性，这意味着品牌能够敏锐地捕捉不同文化背景下的流行趋势和消费者需求，通过跨界合作将这些元素巧妙地融入产品设计、品牌文化和营销策略之中，在创造和互动中构建起与消费者之间更加紧密、深层次的联系，推动其审美世界进一步数字化、艺术化、多元化，最终实现品牌价值的全面进化。

（一）创造性：打造更具文化适应性的联名产品

全球时尚品牌的跨界合作正逐渐成为一种常态化的营销策略，但随着合作形式的多样化与市场的日益饱和，如何避免同质化并激发消费者的兴趣，如何实现有效的文化创造和结合，成为一个新的挑战。品牌们正在积极探索更加创新的方式，在深刻洞察并响应消费者的情绪需求与情感共鸣的基础上，通过深层次的文化融合和情感连接来提升联名产品的吸引力与品牌精神的认同感。

为了实现这一目标，品牌应优先从用户角度出发，打磨产品力，确保联名产品不仅满足功能需求，更能触动消费者的心灵。因此，构建具有全球文化适应性的联名产品创新理念至关重要，这意味着品牌需跨越地域界限，寻找不同文化间的共通语言，使联名产品成为连接全球消费者的桥梁。

成功的联名合作往往始于对合作双方品牌文化和价值观的深刻理解。品牌需通过研究合作伙伴的历史背景、设计理念以及目标市场的文化偏好，来确定联名产品的方向。以Nike与Jacquemus的合作为例，双方以巴黎这座浪漫之都及一众耐克签约运动员为核心灵感，共同推出全新联名产品系列及举办相关活动，有效融合了运动激情与时尚美学。尤为值得一提的是，此次夏季联名系列采用红、白、蓝、银的配色，致敬了Jacquemus的法国起源。

与此同时，品牌还不断在情感层面上与消费者构建深刻的联结，通过故事叙述来赋予产品更深的意义。

在全球化的浪潮下，品牌界正以前所未有的热情拥抱跨文化融合，这一趋势深刻影响着联名产品的设计理念与市场策略。如今，品牌在设计联名产品时，不仅要精准捕捉本地市场的独特偏好，更要具备全球视野，确保产品能够跨越地域界限，赢得全球消费者的青睐。例如，在合作了220+顶级IP之后，希音（Shein）开始转向与奢侈品牌合作。2024年8月，希音宣布与奢侈时尚品牌Monse合作联名，将希音的时尚美学与Monse的标志性设计理念融合在一起，为希音的消费者提供了时装秀级别的高性价比设计产品。这一联名系列的问世，不仅为希音的消费者带来了前所未有的购物体验，更表达了品牌在全球时尚版图中不断拓宽边界、追求卓越的不懈努力。

可见，未来的联名合作将更加注重文化适应性和情感价值的传递。品牌需要不断创新，利用各种技术和创意手段，创造出既具有国际视野又能引起情感共鸣的产品。这样的联名合作不仅能为品牌带来短期的销售增长，更能长期地提升品牌形象和消费者忠诚度，最终推动整个时尚产业向着更加多元化和包容性的方向发展。

（二）情绪性：打造嵌入日常生活的精神自留地

随着发疯文学、废话文学、旷野文学等情绪概念的蓬勃兴起，以及"浓人"与"淡人"这类新颖社交人设的微妙探讨，情感领域正经历着一场前所未有的精细化与深度化的变革。这一现象深刻揭示了社会情感的多元化、复杂化的时代特征，为品牌与年轻消费群体之间构建起一座通往彼此精神世界的桥梁。

在此背景下，情绪营销逐渐成为品牌触及年轻消费者内心、构建深度精神认同的重要策略。正如欧睿咨询在《2024全球消费者趋势》中所预测的，多巴胺经济将蔚然成风，它揭示了人们对快乐、满足等积极情绪体验的追求正成为消费行为的重要驱动力。而知萌机构在《2024中国消费者趋势报告》中提出的"精神悦己"消费趋势，更是进一步印证了这一点，表明消费者越来越重视产品所带来的情绪价值与心灵慰藉。

为顺应这一趋势，各品牌纷纷加大对情绪价值的挖掘与投入，致力于在产品中精细化地融入艺术、美学等多元表达方式。它们不仅关注产品的功能性，更注重通过情感链接来触动消费者的内心，创造出独特的品牌故事与情感体验。

不止于时装本身，品牌更积极与艺术、文化、生活方式等领域进行跨界联名，拓展产品与文化、情感的边界，为城市中的每一个独特个体提供精神栖息地，包容并蓄着不同的志趣与风情。这种跨界融合，不仅丰富了产品的文化内涵，也为品牌注入了新的活力与创意。

精准捕捉社会情绪，特别是年轻一代的情感脉搏，已成为品牌制胜的关键。品牌巧妙运用承载情感共鸣的广告叙事，以及时尚语境下的视觉盛宴，巧妙叠加情绪价值，塑造出更加立体、生动的品牌形象，赋予了品牌以人的温度与灵魂。这种对集体情感的深刻理解和细腻表达，让品牌逐步融入年轻人的生活肌理，成为他们不可或缺的情感伴侣。

在跨界合作的实践中，品牌尤为注重通过富有情感色彩的产品设计、充满故事感的视觉形象，以及具有氛围感的消费场景，来丰富消费者的情感体验。从直接而热烈的情绪释放，到无拘无束的感官盛宴，再到温柔治愈的内心世界抚慰，品牌不断探索并实践着多元化的情感沟通策略，精准对接年轻人群多样化的情感需求，实现心灵层面的深度对话与共鸣。

以节点营销为例，作为品牌与消费者互动的重要窗口，其成功关键在于创新的故事创想与持续的叙事能力。品牌不断围绕特定节日或热点事件，通过系列感、延续性的长线发声，放大节点效应，为品牌搭建一条有仪式感的显性内容线。同时，品牌还尝试在每年相同的命题下讲出新的故事，以新鲜的故事创想吸引消费者的关注与共鸣。

例如惊蛰节气，蕉下（Beneunder）发布"轻量化户外"的全新品牌定位和代表作"轻量化全地形户外鞋"惊蛰鞋，并邀请歌手谭维维演唱音乐短片《惊蛰令》。镜头切换间，串联了如打铁花、盐湖等不同特色的文化场景，与兼具潮流与民族质感的国风唱腔相呼应，焕发出响彻云霄的魄力和情绪感染力，呈现了一种踏遍繁华山河的豪放。

在全球纺织服装产业中，情绪性已成为品牌与年轻消费者建立深度连接的关键。通过深入理解年轻消费者的社交语境与文化土壤、构建情绪营销桥梁、拓宽品牌文化边界、洞察集体情绪以及创新节点营销等方式，品牌可以成功打造嵌入日常生活的精神自留地，赢得年轻消费者的青睐与忠诚。这不仅是对品牌创意与叙事能力的考验，更是对品牌能否在快速变化的市场中保持竞争力的关键所在。

（三）沉浸性：打造具有文化共通感的消费体验

在智能传播的新时代，技术更迭推动着文化展示、传播与消费持续升级，使消费者能够更深入地了解和体验文化的魅力。随着技术成为体验经济的强大驱动力，文化消费逐渐迈向了一个以"极致体验"为核心的新阶段。有学者观察到，在"文化共通感"的作用下，不同的参与者对体验式文化有着不同理解，多舞台的叙事、多故事线的结构唤起了观众的好奇心，"引诱"他们从一个场景走入另一个场景[2]。

将这种观察放置到纺织服装行业来看，跨界合作不仅仅是两个或多个品牌名称的简单并置，而是逐步成为连接品牌与消费者、深化文化体验的重要桥梁。通过精心策划的联名项目，品牌能够共同挖掘并展现它们之间共有的价值观、历史底蕴以及创意灵感，从而创造出一种超越传统产品范畴的、具有深刻文化认同感的消费体验。

在这样的合作中，品牌不再仅仅是商品的提供者，而是成为文化传播的使者。它们利用各自在消费者心中的独特地位，共同编织一个引人入胜的故事，将消费者带入一个充满想象与共鸣的文化世界。多场景的叙事手法和多故事线的结构，在联名合作中得到了淋漓尽致的展现，不仅满足了消费者对新鲜感和探索欲的追求，更在无形中加深了他们对品牌及背后文化的理解和认同。

基于对双方品牌文化精髓的深刻洞察与精准提炼，品牌致力于发掘那些能够触动人心、激发共鸣的文化精髓与故事脉络，涵盖历史传承的深邃、艺术灵感的璀璨以及社会议题的共鸣。通过将这些文化元素巧妙编织进联名设计中，品牌不仅彰显了其独一无二的魅力，更激发了消费者对品牌深层文化的认同与向往之情。

在此基础上，品牌围绕联名主题精心策划了一系列充满创意与感染力的内容呈现，包括但不限于微电影、纪录片、艺术展览以及互动装置等，利用多媒体平台与多元化渠道，编织出一个既完整又引人入胜的品牌叙事篇章。这种沉浸式的体验方式，让消费者在享受视觉与感官盛宴的同时，深刻体会并共鸣于品牌所承载的情感深度与价值理念。

例如，2024年4月，华伦天奴（Valentino）再度携手 Punchdrunk 与 SMG Live 上海文广演艺集团，共同呈现浸入式戏剧的巅峰之作《不眠之夜》上海版的全新篇章。此次合作，以 Valentino 2024春夏系列为灵感源泉，创新剧本，并由舞者身着该系列服饰倾情演绎，实现了时尚与戏剧、服饰与肢体语言的跨界融合，于上生新所首次公演。

再如，2024年9月，露露乐蒙（lululemon）推出"对话好状态"栏目，邀请不同嘉宾，从不同领域展开对话，希望启发更多人找到身体、心理与社交维度的幸福感。这一系列举措，不仅展现了品牌对消费者全方位关怀的承诺，也进一步加深了品牌与消费者之间的情感联结。

联名合作并非一蹴而就，而是一个持续性的品牌对话过程。品牌会在联名合作期间及之后，通过社交媒体、官方渠道等多种方式，与消费者保持紧密沟通，分享联名背后的故事、设计理念及消费者反馈等。这种持续性的品牌对话，不仅加深了消费者对品牌的认知与理解，也促进了品牌与消费者之间的情感连接。

面对行业的竞争白热化、消费者需求多样化、产品迭代加速化，纺织服装品牌的营销本质就是向用户创造超预期的穿搭体验，在连接每个可能引发热点的服饰趋势中，与消费者建立强黏性的场景连接，收获市场的认同。由此看到，全球纺织服装品牌经由跨界合作和沉浸性的内容表达，通过打造具有文化共通感的消费体验，不仅提升了消费者的购物满意度和忠诚度，也为品牌带来了更多的商业价值和市场机会。

案例1：阿迪达斯联合中国本土设计力量持续创造"爆款"

自2023年起，阿迪达斯深刻洞察并积极响应中国年轻消费群体日益增长的多元化需求，开启了一系列与中国设计师品牌的深度合作之旅。这一系列动作不仅彰显了阿迪达斯对中国市场的深刻承诺，也标志着其品牌策略向更加本土化、年轻化的方向迈进。2024年，阿迪达斯携手清华美院团队推出"阿迪达斯＆百年巨匠艺术巨匠联名系列"，该系列巧妙融合齐白石、张大千、李可染等中国艺术巨匠的经典元素，以龙年新春为契机，展现了中国传统文化的独特韵味与现代时尚的完美融合。

此外，阿迪达斯还携手中国设计师品牌Samuel Gui Yang，推出了蕴含中式美学与潮流运动风尚的"新中式"系列，进一步探索了中国传统文化的现代表达方式。通过与新锐插画艺术家阮菲菲的合作，阿迪达斯更是将国家非遗文化苗绣的精髓与科幻艺术巧妙结合，创造出既传统又前卫的服装艺术品，引领了国潮新风尚（图3-7）。

图3-7　adidas Originals×插画艺术家阮菲菲龙年限定联名系列

尤为值得一提的是，阿迪达斯Originals与中国时装设计师胡颖琪Caroline Hu联手打造的adidas Originals × Reverie by Caroline Hú联名系列，更是将浪漫与美感推向了新的高度。该系列以adidas Originals经典鞋款Samba为基础，创新性地运用蕾丝材料与缩褶工艺，为鞋款披上了一层梦幻般的"外衣"，让人耳目一新。

案例2：路易威登（Louis Vuitton）携手孙一钿打造2024年早秋女装系列

2024年4月，路易威登与青年艺术家孙一钿的跨界合作正式揭开序幕。在开幕预告中，孙一钿笔下那些充满童趣与幻想的充气玩偶被赋予了超现实的尺寸，它们仿佛从画中跃出，化作五彩斑斓的气球，悠然飘浮于东方明珠、外滩、金茂大厦等城市地标之间，将上海装点成一座梦幻般的动物乐园（图3-8）。这一幕幕奇景迅速在网络上引发轰动，孙一钿这位才华横溢的年轻艺术家也因此成为万众瞩目的焦点。

在秀场中，女装创意总监尼古拉·盖斯奇埃尔（Nicolas Ghesquière）以其独到的审美视角，将孙一钿的奇趣动物世界巧妙融入路易威登的经典设计中。粉红兔子、黄色鸭子、斑点狗、猎豹、斑马、

图3-8 路易威登寰游之旅的首站，携手艺术家孙一钿创造的动物形象"空降"上海

企鹅与天鹅等生动形象跃然于成衣与手袋之上，硬朗的剪裁与灵动的卡通元素相互碰撞，创造出既复古又前卫的时尚新语言。同时，他大胆运用撞色设计，完美捕捉了孙一钿作品中那份绚烂多彩与生机勃勃，向中国年轻一代的鲜明个性与无限活力致以崇高敬意。

路易威登此次选择与孙一钿合作，不仅制造了巨大的话题效应，更展现了不同品牌文化之间的和谐共生与相互激发。它成功吸引了全球年轻消费者的目光，证明了时尚与艺术跨界融合的无限可能。市场的热烈反响更是对这一合作价值的最好证明，秀后第二天，联名系列便宣告售罄，再次印证了其非凡的吸引力与影响力。

案例3：波司登（Bosideng）融汇多元文化助力品牌破圈

近年来，波司登以前瞻性的品牌与产品升级战略为引擎，深耕防晒衣市场，致力于为消费者带来前所未有的产品体验与服务享受。自2020年起，波司登正式踏入防晒衣领域，凭借其卓越的科技创新能力，迅速从"防晒新入局者"蜕变为"防晒领域专家"，成功构建了集"品质高地"与"创新巅峰"于一体的服饰产业生态体系。

2022年，波司登携手广州检验检测认证集团有限公司，共同制定了高标准的防晒衣品质规范，将防晒衣的耐用性与功能性提升至"可水洗、长效防晒"的新高度，引领行业向可持续发展路径迈进。步入2024年，波司登再度携手《时尚芭莎》，发布《防晒新时尚手册》，不仅树立了防晒科技与时尚融合的新标杆，更标志着防晒服饰正式迈入2.0时代。同时，在TX淮海举办的夏季防晒衣新品发布活动上，波司登精心打造沉浸式体验互动展区，让消费者在互动中感受防晒衣的无限魅力（图3-9）。

此外，波司登还巧妙地将防晒衣融入北京草莓音乐节这一热门文化盛事，并在北京世园公园飞行营地设立夏日音乐节主题快闪店。借助音乐节与演唱会的庞大流量，波司登设置了一系列趣味互动装置与特色周边产品，为现场观众带来了一场别开生面的感官盛宴。这种创新的营销方式不仅极大地提升了波司登防晒衣的品牌曝光度，还通过事件营销与圈层化传播策略，成功实现了品牌的破圈发展。

波司登以时尚、音乐等多元文化领域为切入点，将防晒衣深度融入各类生活场景，强化了品牌与消费者之间的情感链接。通过精准定位与巧妙布局，波司登成功打破了防晒衣的传统穿着界限，推动其在

图3-9 波司登×时尚芭莎于TX淮海举办夏季防晒衣新品发布系列活动

小圈层中快速突破，进而向更广泛的社会群体扩散。

四、提升纺织行业面向消费文化的叙事力

随着消费市场的深度细分，"先品类再品牌"的传统逻辑正逐步被颠覆。品牌纷纷聚焦于深度剖析消费者心理，依据兴趣偏好与情感连接重新定位，力求在特定语境下精准触动并占据消费者心智。在此转型中，内容营销的力量凸显，成为差异化竞争的核心驱动力。

面对消费力持续增长的市场，全球纺织服装企业需敏锐捕捉并适应这一变化，以稳健步伐深耕细分市场。这要求企业持续创新产品与内容，同时深研消费者文化需求与心理特征，通过富含情感与品牌价值观的故事叙述，构建与消费者的深度情感纽带。文化力作为沟通的"叙事力"，在此尤为关键，它关乎品牌如何围绕生命体验、审美追求及生活需求，讲述时尚背后的故事，引领潮流风向。

与此同时，从产品、内容至场景，品牌通过一个个窗口，如直播、短视频、元宇宙等，借助技术创新与新媒体的崛起，持续探讨情感价值的挖掘与传递，不仅革新了时尚表达，还拓展了历史与未来的对话维度，见证了纺织服装业在叙事与技术创新上的双重飞跃。

综上所述，提升全球纺织行业面向消费文化的叙事力，关键在于深度洞察消费者，品牌需以创新内容构建情感共鸣，融合品牌文化价值观，利用技术创新与新媒体拓宽叙事疆域，将品牌故事融入日常，深化物与人的情感联系，建立坚实的品牌忠诚度与文化认同，最终以人文性、在地性、连贯性与交互性，实现品牌与消费者心灵的深度契合，引领消费与审美的全新风尚。

（一）人文性：关心比商业更辽阔的世界

随着消费者意识的觉醒与升级，品牌们正逐步意识到，仅仅依靠产品本身已难以满足日益多元化的市场需求。在这个背景下，纺织服装产业早已超越了简单的物质生产范畴，成为连接文化、情感与价值

观的重要桥梁。从人文性的角度出发，关心比商业更辽阔的世界，能够让品牌的能量抵达更多人，不仅将重塑品牌与消费者之间的关系，更引领了一场关于爱与责任、文化与传承的深刻对话。

全球纺织服装品牌开始通过具体、有温度的叙事方式，将品牌理念与消费者精神紧密相连。这些故事不仅仅是关于面料的选择、工艺的精湛，更是关于品牌如何关注社会议题、尊重自然生态、促进文化多样性的深刻表达。它们以细腻的情感共鸣，让消费者在享受物质之美的同时，也能感受到品牌背后的温度与情怀。

从播客、演唱会到沉浸式互动展览，品牌们正通过多样化的体验活动，向消费者传递更多维度的品牌价值。这些活动不仅提供了视觉与感官的享受，更让消费者在参与过程中深刻感受到品牌所倡导的生活方式与价值观。大型展览如同立体的品牌编年史，将设计、审美与理念直观地呈现于公众面前，促进了品牌与消费者之间的深度对话与情感交流。

与此同时，在消费文化日益细分的今天，消费者的注意力逐渐从宏大叙事转向更具象的个体故事。品牌们开始探索爱、女性等议题的具象表达，通过讲述真实、动人的个人故事，触动消费者的心弦。这种微观叙事不仅让品牌形象更加立体饱满，也体现了品牌对人性深刻的理解与尊重。在全球动荡的市场环境下，这种对个体情感的关注与呵护，无疑为品牌赢得了更多的忠诚与信赖。在这个高度上，品牌不再仅仅是商品的提供者，更是文化的传播者、情感的共鸣者与责任的担当者。它们以独特的叙事方式，讲述着关于美、关于爱、关于梦想与希望的故事，为这个世界增添了一抹温暖而亮丽的色彩。

2025年，行业叙事将发生进一步的内容升维。作为对市场潮流最敏感的群体和社会文化的塑造者，在这轮趋势变化中谁能通过零售、文化、社群、艺术和自然，将品牌的物质和精神表达都得到进一步的具象与丰满，传递出品牌更多维度的价值所在，就有可能充当这轮趋势变化的推动者甚至是引领者。

（二）在地性：打开在地沟通的想象空间

淄博烧烤余温犹存，哈尔滨冰雪又掀起了新一轮的关注热潮，与此同时，山西古建又成为新的热门打卡地，各地的文化旅游项目频繁成为焦点。这背后，折射出的是人们不再满足于传统的观光旅游方式，而是越来越倾向于探索和体验那些充满生机与真实感的城市文化与生活方式。

对于品牌而言，这股反向文旅的浪潮无疑为"在地营销"这一热门议题注入了新的活力与创意源泉。品牌们纷纷寻找新的叙事角度，有的深挖城市的文化底蕴与独特风情，有的将目光投向城市边缘乃至更广阔的地域，在不断变换的内容视角中，拓宽了在地沟通的边界与想象空间。

我们看到的是，"当下"与"附近"成为生活的新焦点，吃茶、上香、撸串、看戏等新生活方式迅速走红，引领了一股城市营销的生活化叙事潮流。品牌们开始以更加细腻入微的视角，捕捉并放大那些日常中易被忽视的城市元素，以更加贴近当地人的姿态融入城市肌理，从而构建起品牌与城市之间深刻而有效的情感纽带。

于是，"在地性"这一概念已经跨越了传统地域标识的局限，它如今深刻体现为品牌深入对当地文化精髓的深刻洞察与融合，致力于挖掘并展现那些跨越界限、触动人心、引发广泛共鸣的故事与情感纽带。

以始祖鸟（ARC'TERYX）为例，其在成都太古里的全新旗舰店Viva la Youyi，便是对此理念的生动诠释（图3-10）。该店匠心独运，以"岩洞探秘"为创意核心，巧妙地将品牌自身的探险精神与蜀地深厚的文化底蕴相结合。通过模拟考古挖掘的现场氛围，探索品牌与蜀地文化之间的独特联系，并融入山区自然景观的灵感元素，营造出一个既充满神秘感又激发探索欲望的空间。尤为引人注目的是，店铺临街的两面巨型橱窗，它们化身为三星堆考古现场的微缩景观，成为连接过去与未来的桥梁。褐色的石墙内，嵌有巨大的青铜面具与礼器，这些古老文明的象征与ARC'TERYX标志性的始祖鸟化石logo（以青铜质感呈现）交相辉映，不仅彰显了品牌对成都这座城市深厚文化底蕴的尊重与深刻理解，更通过与三星堆这一世界级文化IP的创意联动，将品牌故事与形象深深植根于成都人的文化记忆之中，以一种更加亲切、贴近心灵的方式，实现了品牌与地域文化的融合与共鸣。

图3-10　ARC'TERYX成都太古里店

随着"在地性"理念的深入，纺织服装品牌的叙事视角也在不断拓宽。从繁华都市到宁静乡村，每一个地方都蕴藏着丰富的故事与灵感。品牌们开始意识到，乡村不仅是一片未被充分发掘的宝藏之地，更是连接过去与未来、传统与现代的重要桥梁。例如，2024年妇女节期间，阿迪达斯走进河北玉狗梁村，通过讲述村民在田野里练瑜伽的故事，让品牌"You Got This（喜欢不为什么）"的全新主张与本土文化相联结，不仅为品牌带来了"野蛮生长"的运动样本，更通过讲述乡村人的真实生活与梦想，传递了积极向上的生活态度与价值观，实现了品牌与消费者之间更深层次的情感连接。

"在地性"的深层次实践，还体现在品牌与地方之间的共生共荣关系上。纺织服装品牌不再仅仅是产品的提供者，更是地方文化的传播者与守护者。通过与当地社区、手工艺人、艺术家的紧密合作，品牌不仅能够获得独特的设计灵感与工艺支持，还能够促进地方经济的发展与文化的传承。之禾（ICICLE）在法国的深耕细作，便是品牌与地方共建的典范。通过举办中法当代艺术系列展览，之禾不仅促进了中法文化的交流与互鉴，还进一步强化了其"联合全球人才，使用全球资源，为人类社会提供理想的生活方式"的品牌理念。这种跨地域、跨文化的在地共建模式，为纺织服装品牌提供了全新的发展思路与增长点。

不止于产品呈现，融合消费现实性和文化丰富性的在地化战略，正成为消费者心中的理想图景。这不仅关乎城市肌理的深度挖掘，也触及下沉市场的广阔天地，其间隐藏着因信息不对称而尚未解锁的众多商业潜力。破解本地商业消费的奥秘，不仅在于精准捕捉市场需求，更在于如何以创新思维拓展品牌边界，实现增量的可持续增长，这既是品牌面临的挑战，也是持续探索与实践的宝贵机遇。

（三）连贯性：以长内容强化消费者对品牌的价值感知

在当今竞争激烈的纺织服装市场中，消费者选择品牌时，已不再局限于产品本身的质量与功能，而是更加注重品牌所承载的文化价值与生活态度。品牌的文化辨识度，如同一道独特的风景线，穿透市场的喧嚣，触及消费者内心最柔软的部分，成为品牌脱颖而出的关键。俄罗斯导演谢尔盖·爱森斯坦认为，文字叙事（如印第安人的象形记事、古希腊人的"犁书"记事）也同山水卷轴一般，遵循某种"不间断性"的连续原则——连贯地延展成一条"珍珠项链"式的流动内线，构成一个由中心开始不断按螺旋方式回转的循环[3]。

正如爱森斯坦所言，文字叙事遵循着"不间断性"的连续原则，品牌叙事亦如是。在纺织服装领域，如果说产品能力决定品牌基本线，那么内容能力直接决定了品牌的上限。通过持续、连贯的内容输出，品牌能够将分散的信息点串联成一条璀璨的"珍珠项链"，每个节点都是品牌故事的精彩片段，共同构筑起品牌独有的文化图景。品牌纪录片、展览、杂志、深度访谈以及社交媒体上的每一次发声，都是这条项链上不可或缺的珍珠，它们以各自独特的方式展现品牌的理念、价值观与背后的故事，形成深刻的品牌印记。这些内容不仅加深了消费者对品牌的认知，更在情感层面与消费者产生共鸣，逐步将品牌塑造为消费者心中的文化符号，进而提升品牌的溢价空间。

随着媒介环境的分化和消费需求的个性化，品牌拥有了更多自由发挥的空间。从线下快闪活动到线上小游戏，从门店选址到包装设计，甚至是创始人的日常分享，每一种内容形式都在以不同的方式影响着消费者的体验感。特别是近年来，可持续理念、东方美学、户外生活方式等文化元素深受推崇，品牌以此为切入点，深入大众生活，实现品牌文化的广泛传播。

在消费者对品牌价值期待日益提升的今天，品牌不仅需要讲述"商业向善"的故事，更需要通过有意义的持续落地动作，让品牌的力量与影响力触及更远，让差异化的品牌文化外显，进一步诠释自我、区隔他者。除了在故事洞察和服务立意上下功夫，品牌还应探索更多创新的沟通方式，如播客、短剧、脱口秀等，以更加贴近消费者、更具创意的内容表达，能持续性地和消费者的生活发生共振，深化消费者对品牌价值的感知。

（四）交互性：以新媒介沟通带动更深入的品牌联结

随着新一代消费者的崛起，品牌营销面临着前所未有的挑战与机遇。这一代消费者不仅追求广告内容的真实性与深度，更渴望获得个性化的沟通体验，寻求在高压生活中的情感共鸣与释放。这一转变深刻影响着品牌营销的策略与路径，推动品牌不断探索与创新，以新媒介为载体，构建更深层次的品牌联结。

一方面，在当今这个日新月异的数字时代，品牌传播的方式正经历着一场前所未有的革命性变革，这一变革的广度和深度前所未有。从传统的、相对单一的图文传播模式，大步跨越至一个融合动态直播、高清视频、虚拟现实（VR）、增强现实（AR）等多元化、高互动性的多媒体时代。这一转型标志着品牌沟通策略的根本性重塑，从线性的、单向的信息传递，进化为全要素、多维度、动态交互的沉浸式体验。

这一转变不仅极大地拓宽了品牌表达的语言边界，使品牌故事以更加丰富、生动、直观的形式展现，更显著地提升了信息的传播效率与触达效果。通过多媒体平台的灵活运用，品牌信息能够跨越时空限制，以近乎实时的速度触达全球范围内的目标受众，有效缩短品牌与消费者之间的距离。根据IDC的预测，数字营销或将成为推动企业利润增长的主要因素之一，到 2030 年，GenAI 将创造 1500 亿至

2750 亿美元的营业利润增幅。

尤为重要的是，这种转变赋予了品牌前所未有的能力，使其能够更直接、更深入地触及消费者的内心世界，促进双方之间建立起更深层次的情感连接与互动沟通。品牌不再仅仅是产品或服务的提供者，而是成为消费者生活方式、价值观及兴趣爱好的共鸣者与引领者。以凯乐石（KAILAS）为例，该品牌敏锐地捕捉到了户外文化在都市人群中的兴起趋势，携手小红书平台精心策划了首届"不如去登山"话题互动。这一活动不仅展现了登山文化在不同场景下的多元魅力，更通过用户生成内容（UGC）的形式，激发了广泛的社会参与和热烈讨论；再如迪桑特（DESCENTE），该品牌凭借其深厚的专业铁人三项运动基因，精准定位骑行、跑步等专业赛道，并与天猫小黑盒强强联手，推出了"AWAKEN 破风者"系列商品。这一举措让消费者在体验产品性能的同时，也能感受到品牌所传递的勇于挑战、不断突破的精神内核，进一步加深了品牌与消费者之间的情感纽带。

另一方面，在科技飞速发展的今天，"万物皆可媒介"的理念日益深入人心。纺织服装品牌不再局限于传统媒介的束缚，而是将目光投向了更加生活化、个性化的媒介载体。例如，国际潮流生活方式品牌 CASETiFY 邀请 16 位艺术家在床单上创作，在不影响周边居民的情况下，将其"晾晒"在品牌门店位于街区的露台上，为社区的公共空间增添了艺术感，不仅打破了艺术与生活的界限，更以新颖的方式触达消费者，激发了他们对日常事务的新鲜感和好奇心。

同时，也有不少品牌另辟蹊径，在细微之处下功夫。幼岚品牌在水洗标上印上反常规的"注意事项"，鼓励妈妈们做回自己；Ubras 品牌在内衣小粉标上写下"乳腺自检步骤"，传递健康知识。这些细微之处的巧思，超越了产品本身的功能范畴，以情感的共鸣和实用的价值，构筑起品牌与消费者之间深厚的情感纽带。

由此可见，品牌正不断探索并精进其叙事艺术的创意与精准度，无论是通过震撼心灵的多感官体验，还是运用以小见大的微妙叙事，或是将关怀融入日常的每一个细节，都在力求把每一次与消费者的交流与互动，都转变成为情感交流的契机。品牌的目标，体现在每一次交流与交互中，都能以更加谦逊的姿态，与消费者构建起一座座桥梁，让情感的纽带更加坚韧，连接更加深远。这不仅是对市场趋势的敏锐洞察，更是对品牌与消费者之间那份珍贵关系的深刻珍视与呵护。

案例 1：内外（NEIWAI）发布女性创作者计划

2024 年妇女节，内外将视角聚焦到女性创作者，发布内外女性创作者计划"身临她境 In Her Place"，旨在成为一股温暖的力量，深度陪伴并促进女性的全面成长与自我表达（图 3-11）。该计划将不仅是一个平台，更是女性创意与灵感的璀璨舞台，它赋权于每一位不甘囿于传统框架、勇于探索未知的女性创作者。

内外携手艺术家马灵丽，以《折射的合唱》为灵感源泉，巧妙融合真丝与绢的细腻质感，将身着品牌真丝家居系列的女性身体影像进行艺术再创作，并以晾晒的形式进行展览，形成一道独特的风景线。同时，通过线下艺术装置、精心设计的主题橱窗、感人至深的纪录短片及细腻的文字记录，全方位呈现马灵丽的创作之旅，而每一位驻足观赏的女性，亦成为这场艺术盛宴不可或缺的一部分，共同编织了一幅关于女性力量与美的壮丽画卷。

案例 2：路易威登打造"北京范儿"限时空间

继去年于上海苏州河畔打造的"侬好，上海"限时空间之后，2024 年 7 月 10 日，路易威登"北京范儿"限时空间于 798CUBE（图 3-12）、鼓楼、亮马河、国贸四大街区同时启幕。此次展览不仅汇聚了《路易威登城市指南》北京与巴黎特辑等精选书籍与礼品，更全方位地展示了品牌的运动、旅行及生

图3-11 内外发布女性创作者计划"身临她境 In Her Place"

图3-12 位于798CUBE的路易威登"北京范儿"限时空间

活艺术系列,以艺术、历史、运动与商业四大维度,细腻串联起北京独有的生活风貌与文化韵味。

在路易威登"北京范儿"限时空间开幕活动现场,众多明星艺人受邀打卡限时空间,现场互动视频于抖音平台投放,不仅为活动增添了无限魅力,更通过抖音平台的现场互动视频,极大地拓宽了活动的线上影响力,同时加深了品牌自身与北京多元文化氛围的紧密联系。

路易威登深谙内容共创的力量,通过多元化策略,将品牌与时尚潮流、文化底蕴、运动精神及现代生活方式紧密相连,在抖音平台上构建了一个关于"北京范儿"的全方位叙事体系。品牌携手明星与各界达人(如洪晃等),共同探索并解读品牌背后的故事与《城市指南——北京》的深刻内涵,这种跨界合作不仅拓宽了品牌的受众基础,更让路易威登的品牌精神与当代青年的生活方式产生强烈的共鸣。多样化的流量入口,使得品牌信息能够跨越不同圈层与群体,实现广泛而深入的传播与渗透。

路易威登"北京范儿"四大功能区的巧妙布局,如同一座微缩的城市生活博物馆,展现了北京丰富多元的文化生态与生活面貌。路易威登以此为舞台,积极参与并促进着北京的文化生活的传播,其影响力辐射至各个社会群体,成为连接品牌与消费者情感的桥梁。

案例3：中国李宁（Li ning）推出㓹（chuàng）造新计划

2024年7月，中国李宁宣布推出"㓹"（chuàng）设计师平台并开启"㓹"造新计划，这一举措标志着李宁品牌在全球华人青年创意力量集结的新篇章中迈出了重要一步。该计划以向世界展示东方美学为核心愿景，旨在深度挖掘并扶持新兴设计师，加速"创意"到"创造"的转化和应用。

作为"㓹"设计师平台的初次亮相，丁洁、上秀蕙及Keh Forme等三组才华横溢的设计师团队，携其独特设计理念，共同呈现了"㓹"的首波合作系列作品（图3-13）。并在晨风时尚创意产业园的支持下，这一系列作品于上海先锋创意买手店XC273盛大发布，并举办了别开生面的线下体验交流活动，为观众带来了一场视觉与感官的双重盛宴。

图3-13　中国李宁"㓹"设计师平台全方位体验空间

此次"㓹"造新计划的推出，是对中国李宁过去六年成功经验的深刻总结与升华。自2018年中国李宁系列产品惊艳亮相纽约时装周以来，品牌便以"悟道"系列为起点，逐步在巴黎时装周、数字艺术领域及国际知名艺术殿堂（如蓬皮杜艺术中心）留下深刻印记。每一次亮相，不仅是品牌对运动内涵深刻理解与创新表达的展现，更是对中国文化自信与国际化的双重推动。

这一系列成就，不仅构建了李宁品牌叙事体系的连贯性与完整性，更赋予了李宁品牌以及旗下的中国李宁继续大力倡导创造力的独特资本和底气，也为其在全球市场中树立了鲜明的品牌形象。

案例4：利郎打造"符码演映：数字织造的路径"数字艺术展

2023年9月，海丝艺术季——"符码演映：数字织造的路径"数字艺术展在福建省泉州市晋江市利郎艺术中心开幕（图3-14）。这是由利郎携手法国、加拿大、瑞士等地的六名国际先锋艺术家，共同打造的一场超现实想象力的数字艺术视觉盛宴。

此次展览，利郎巧妙地融合了学术界的"编码、流通和解码"理论与时装产业的"生产、流通与消费"核心环节，通过数字化艺术语言，构建了一个超现实且充满想象力的互动空间。展览不仅是一次对数字艺术边界的拓展，更是对时装产业未来发展方向的深刻洞察与实践。

图3-14 "符码演映：数字织造的路径"展览现场

展览中，利郎携手国际先锋艺术家，运用绘画、声音、光影及尖端数字技术，创造出一系列震撼人心的作品，这些作品以线条、图案、部件、包装、成衣为媒介，引导观众穿越从暗至亮、自内而外的多维空间，体验时装从创意到成品的数字织造之旅。这一过程，不仅展现了数字艺术在"虚拟服装"领域的突破性尝试，更激发了观众对于时装产业创新设计的无限遐想。

尤为值得一提的是，展览期间的动态时装大秀，成为连接艺术、技术与时尚的桥梁。利郎与法国艺术家奥利维埃·拉齐的联名服装，在动感音乐与绚丽光影的映衬下，展现了数字艺术与时尚美学的完美融合，为观众带来了一场前所未有的视听享受。这种将艺术、技术与时尚紧密结合的展示方式，极大地增强了观众的参与感和沉浸感，实现了品牌与消费者之间更深层次的情感联结。

此外，展馆现场更有艺术FUN市趣味市集活动。通过DIY手作等互动形式，利郎成功地将技术、艺术与市民的日常生活紧密相连，让数字艺术不再是遥不可及的概念，而是触手可及的生活体验。这种亲近感与参与感，无疑加深了公众对品牌的好感度与认同感，为品牌构建了更加牢固的市场基础。

五、提升纺织行业塑造企业文化的价值力

企业作为经济社会的基层细胞，不仅是社会生产方式的细胞，也是社会活动方式的细胞。因此，企业文化既以经济状况为基础，又是该时代上层建筑的综合反映。同时，企业文化是一个历史范畴，是依存于一定生产方式的客观存在，是人类社会劳动的必然反映。由此可见，先进的企业文化必然与全球纺织工业产业布局、产业转移、结构调整、要素配置及商贸流通等紧密关联，是构筑世界纺织工业"现代化、一体化、全球化"产业体系不可或缺的重要因素。培育全球纺织行业先进企业文化，必将对于激发文化价值力，释放和发展新质生产力产生推动作用和积极影响。

当前，国际环境异常复杂，世界经济复苏乏力，地缘政治冲突加剧，保护主义、单边主义上升。值得强调的是，在数字经济背景下，生产、分配、交换、消费环节发生了质的变化，纺织产业新要素、新动能、新业态、新模式频频涌现，倒逼企业技术手段、市场营销、组织结构、管理方式特别是企业文化

面临新的发展机遇与挑战。新的历史条件和革新背景下，纺织企业塑造自己独特的企业文化对于推动纺织企业发展、提升现代化"文化软实力"与发展新质生产力具有丰富的实践内涵。

可以看到，提升全球纺织行业企业文化建设的价值力，既是纺织生产关系的重要组成部分，也是纺织新质生产力衍进跃迁的综合认知能力的价值呈现；是共同认可、共同传承的价值观、道德规范、行为规范和企业形象的物质文化和精神文化的价值总和；是促进推动全球纺织行业价值导向力、战略规划力、创新融合力、人本激励力、产品竞争力等要素，所构成的重要"文化软实力"。

同时，全球纺织行业塑造企业文化的价值力是纺织工业历经蒸汽时代、电气时代、信息时代、智能时代，关乎工业革命发展规律性和人类文明发展必然性的客观呈现，是广大纺织服装企业面对国家、社会、行业、个人等多维度交叉聚合，关乎文化传承起源、精神动力溯源、行为规范溯源、产品市场资源、核心竞争力开源的文化行动指南和实践表征之一。

（一）自适性：价值感召的凝聚力

企业文化的自适性体现在企业价值观对企业员工所具有的吸引力、引领力、感召力，并由此产生"凝聚人心"的作用。一方面，纺织工业是完整经历四次工业革命的产业之一。全球纺织工业400年发展历史特别是新中国当代纺织工业70多年初创壮大史，涵养营造了"敢为人先、快速反应、链接共赢、美化民生"为代表的文化基因，历经传承和发展，形成了独特的文化体系和精神价值观，强烈的文化认同感、产业归属感、民生获得感，焕发成了强大的"文化软实力"，推动了全球纺织工业民生部门的强势历史主导地位和时代创新地位。例如，中国有发达的丝绸文明，丝绸之路从一个侧面证明了中国拥有最先进的生产力，创出了世界名牌，在古代各国王公贵族都以穿中国丝绸服装为荣。

另一方面，全球纺织企业结合自身特点，通过企业文化诊断、建设、实施、深化、优化等步骤，塑造符合自身发展的企业文化体系，构建诸如"狼性文化""拼搏文化""军队管理文化""开放文化""创新文化"等。

（二）创新性：兼容发展的融合力

在经济全球化、文化多元化的背景下，纺织企业文化融合力兼容并蓄、跨界融合，秉持"一体多元、多维共存、赋能发展、优化提升"的发展规律，在并购、重组、经营过程中，直面文化摩擦冲突，彰显出强大的文化协同整合能力。一方面，企业文化是民族文化与多元文化深度结合。深入挖掘世界不同国家、不同区域、不同民族文化资源，整合观念、制度、科技、产品、市场、人才等多方面的生产要素构成，不断丰富企业文化内涵，培育建设了既具有民族文化、民族精神、民族责任心，又体现行业特色、地域特色、企业特色、产品特色的企业文化和品牌文化。另一方面，企业文化镌刻着本民族哲学思想和管理烙印。民族文化是企业管理思想之源。全球纺织行业立足文化禀赋与文明传承，根据产品属性和品牌定位，从民族哲学、人文习惯甚至亚文化表征经验中汲取管理营养，并不断地丰富放大，深深地打上了本民族文化的烙印。

例如，欧洲各国企业文化既有古希腊、古罗马传统中的理性主义和民主意识，还有中世纪封建制度的恪守诺言、富有荣誉感、保持骑士风度等秩序因素；美国企业文化则追求个人精神和重视实践。崇尚竞争，将低成本、差异化、创新等作为重要的战略管理思想；日本企业文化突出家族主义和进取精神，推崇实用理性与"忠""和"伦理规范以及危机意识等[4]。

（三）独特性：战略镜像的影响力

全球纺织生产力发展的历史性、必然性要求企业文化的进步。反之，只有先进企业文化才能适应先进生产力提升的要求。同时，企业文化对于提升企业战略管理能力具有密切关联性。优秀的企业文化必然成为企业战略实施落地的基石，为企业制定、实施、控制战略管理提供科学指引。全球纺织行业秉持"围绕中心、崇实尚新、精进不已、开拓共赢"的发展基调，不断倒逼企业文化建设传承迭代，开展企业文化探索实践与规律求索，以期丰富打造纺织行业企业文化建设共性品牌。

国际化的产业需要国际化的企业文化。全球广大纺织企业充分利用国际、国内两种资源，积极响应"一带一路"倡议和纺织行业对外投资方案。在"出海""走出去"中，客观正视语言环境、风俗习俗、政治法律、企业管理、舆论传播等差异。在考虑本国文化的优势的基础上，抱着平等、尊重、欣赏的态度，主动适应他国文化环境，通过多种渠道促进不同文化背景的员工相互了解、适应、包容，树立文化协同理念，通过吸收不同文化中的精华，促进文化融合，形成符合自身发展的企业文化和管理方式。数字经济已成为全球新一轮科技革命和产业变革的新引擎。物联网、大数据、云计算、人工智能等技术快速迭代升级，加快推动数字经济发展，促进了"人工智能+"与纺织工业深度融合，助推生产力和生产关系实现"双飞跃"，促使企业文化建设"透明、开放、协同、高效"的特征更加趋于显著。当前，数字产业化、产业数字化、数字治理化、数据价值化的发展，对全球纺织企业文化中的企业战略文化、管理文化、组织文化、行为文化内涵和形态，提出了新的延展空间和实施路径，是未来产业发展的一个重要课题之一。

（四）人本性：人本管理的激励力

以人为本是企业文化建设的本质。企业文化是企业全体员工的精神支柱。纺织工业作为劳动密集型产业，基于其"全程链接、人机交互、同频共振、全员齐心"的生产方式特质，决定了必然把人才作为最为宝贵的财富，发挥企业文化以人为本的能动性。

首先，构建和谐劳动关系，维护劳动者合法权益。在国际法领域，随着国际合作的深入和社会发展，涉及劳工权的国际公约的数量不断增加。全球纺织行业积极响应联合国（United Nations）《世界人权宪章》、国际劳工组织（International Labour Organi）《国际劳工组织公约》等公约要求，根据实际条件，努力保障广大劳动者的经济权益、政治权益、文化权益和社会权益，注重劳动者的安全和身心健康，努力推动实现体面劳动，推进落实联合国《2030年可持续发展议程》。

其次，搭建技能成才平台，提高劳动者综合素质。全球纺织行业国际综合的竞争归根到底是人才的竞争和劳动者素质的竞争。近年来，大力开展高水平技能竞赛，不断拓展竞赛内容范围，提高竞赛质量，特别是把生产型竞赛、技能竞赛和智能型竞赛进行结合，开展技术培训、岗位练兵、对标共建，搭建职工常态练兵平台，培养了知识型、技能型、创新型全球纺织劳动者大军。

最后，建立企业文化激励体系，增强企业竞争力。通过文化激励、物质激励、精神激励等企业文化建设工作绩效考核管理，建立企业文化激励体系，是全球现代纺织企业发展中不可缺少的一个重要环节。通过此举，公司的理念潜移默化融入了员工的行为中，提高了员工满意度和幸福指数，增强了企业竞争力和品牌影响力。

例如，全球知名高尔夫运动时尚品牌雅狮威多（Ashworth）倡导"诚信、自律、为他人考虑"的高尔夫运动核心企业文化理念。雅狮威多重视员工福利与职业发展，定期开展生日假期、生日礼物、医疗津贴、周年晚宴、结婚假期、员工旅行、教育资助及兴趣班等，将企业与员工紧密联系在一起，增加了员工归属感，夯实了品牌内涵，取得了良好实效。

（五）匡正性：规范持续的约束力

企业文化约束力需要融入发展理念、融入管理流程、融入制度规范、融入考核标准。企业文化的约束力通常是通过"硬性"的严格制度与"软性"的文化感染两条途径予以实现。一方面，打造"文化软约束力"。全球知名纺织企业均把企业文化作为战略规划的重要组成部分，列入对标世界一流、引领时代的行动指南。同时，通过长期形成的以道德标准、价值观、理想信念为代表的非强制性的、潜移默化的"软约束力"，匡正员工行为规范，融入企业发展大局。另一方面，建构"制度硬规范力"。全球纺织知名企业大多建立了企业文化建设管理办法，并围绕核心理念、组织框架、考核评价、宣传推广等进行"全员、全过程、全方位"的宣贯落地。值得强调的是，一部分纺织生产企业高度重视质量文化与安全文化，除设计相应的质量理念与安全理念之外，还健全了质量管理制度与安全管理制度，规范约束员工生产行为，确保生产全过程的质量安全。

例如，鲁泰纺织股份有限公司是目前全球高档色织面料生产商和国际一线品牌衬衫制造商，自1987年创建以来，一直高度重视企业文化特别是加强精益管理文化建设。2024年6月8日，正值鲁泰纺织创建37周年之际，新版企业文化理念发布。多年来，鲁泰纺织倡导"卓越绩效管理模式"，以精益管理为方向，向管理要效益，向产品质量要效益，向生产效率要效益。经过多年的实践摸索，鲁泰生产方式（LTPS）不断健全完善，实现了从传统管理到标准化、科学化管理，再到精益化管理的转变。公司被认定为国家级工业设计中心、国家级企业技术中心，公司获得全国质量奖、中国工业大奖、国家科学技术进步奖一等奖等荣誉。

案例1：大生集团——与时俱进传承"张謇企业家精神"

江苏大生集团有限公司的前身为大生纱厂，由清末状元、中国近代实业家张謇先生于1895年创办。集团现拥有全资、控股、参股公司20个，职工总数约7000人，资产总额约40亿元，形成纺织发展、进出口贸易和文化创意产业板块，公司规模横跨三省，成为主业鲜明、产业多元的大型企业集团，被誉为中国纺织工业的"常青藤"（图3-15）。

图3-15　中国纺织工业的"常青藤"——大生集团

重视企业文化建设是大生集团横跨三个世纪一直未间断生产的发展密码与不竭动力。在近130年的发展过程中，大生集团始终注重继承弘扬"张謇企业家精神"，秉持"求实、创新、敬业、奋进"和"大生生产的是质量和信誉"，通过企业内刊、"东方红"黑板报（1950年，朱德总司令题词，沿用至今）、官网、自媒体等多种渠道，使得企业文化"内化于心"，指引一代代大生儿女改革创新、奋勇前行。

近年来，大生集团践行服务大局、产业报国的价值理念，深耕主业不动摇，着重在纺织工业、文化创意产业板块发力，走智能制造之路，以高端、智能、绿色、服务为导向改造提升纺织产业。2015年，大生集团率先建成国内首个全流程、全国产设备数字化纺纱车间；2022年，建成投产"十四五"国内第一个智慧纺纱工厂；2024年，作为纺织领域"双碳"实践的先行者，启动中国首个碳中和工厂建设工作。从数字化纺纱车间到智慧纺纱工厂，万锭用工人数从15人减至8人，如今建设的碳中和工厂，万锭用工人数将进一步降低。多年来，在企业文化浸润下，大生集团将互联网、大数据、云计算、人工智能等新技术与工业生产深度融合，在提升装备数字化水平的同时，进一步探索由简单的工业产品转向"产品+服务"或"产品+服务+体验"的模式，取得了良好的经济效益和社会效益。大生集团被授予"全国先进基层党组织""全国纺织工业先进集体""全国智能制造试点示范项目"等荣誉称号。

案例2：爱马仕——匠心精神和文化传承的执着追求者

爱马仕（Hermès）创立于1837年，从法国一家专业马具工坊，逐步发展到皮具、服装、服饰、珠宝等品类，成为当今全球顶尖奢侈品牌。在近200年的发展史中，爱马仕对匠心精神和文化传承的执着追求，对卓越工艺的不懈追求和对产品品质的严苛要求，成为其永葆品牌价值的不二法门。

爱马仕至今已经传承到第六代，是一家集独立性、工匠精神、创造力、创新精神、责任感于一身的法国家族企业。爱马仕传承发扬"马鞍匠"精神，按照手工制作延续至今，由于整个制作过程均由人工完成，制作一个Kelly包平均需要25小时，一个Birkin包大概需要18小时，一个制造厂每月仅能生产15个爱马仕包。同时，爱马仕还把企业文化建设融入内部管理之中，通过启动创新实验室，开展工匠技艺培训等举措，也从侧面诠释了爱马仕的高价值。

"我们没有形象政策，我们有产品政策"。首席执行官让-路易·杜马斯（Jean-Louis Dumas）一语道出了爱马仕的文化理念和品牌理念。

为传承马文化，爱马仕自2010年起，连续承办"跳跃，爱马仕"马术障碍赛，每年邀请全球顶尖骑手，参与马术界年度盛会。活动中，还展示爱马仕商品，提供亲子主题活动专区，从而拓展了品牌文化内涵和外延，提升了品牌文化价值。

通过在全球重要城市设立爱马仕报刊亭展示其企业文化成果（图3-16）。2024年9月，爱马仕报刊亭出现在上海外滩博物院广场。报刊亭对公众开放，每位读者从文字、图片以及"爱马仕全球足迹"企业社会责任系列宣传片中，可以深入了解爱马仕的悠久历史及品牌精神，取得了良好效果。

企业文化价值力助推爱马仕永葆品牌价值力。在英国品牌评估机构品牌金融（Brand Finance）发布"2024全球高档和奢侈品牌价值50强"排行榜（Luxury & Premium 50 2024）中，爱马仕以品牌价值166.76亿美元，年增长率17.7%位列全球奢侈品榜单第四名。

案例3：恒力集团——永怀家国情怀，建世界一流企业

恒力集团始建于1994年，是以炼油、石化、聚酯新材料和纺织全产业链发展的国际型企业。集团现拥有全球产能最大的精对苯二甲酸（PTA）工厂之一、全球最大的功能性纤维生产基地和织造企业之一，拥有三家上市公司，员工达19万人，建有国家"企业技术中心"，企业竞争力和产品品牌价值均列国际行业前列。

图3-16 爱马仕报刊亭展示宣传"爱马仕全球足迹"

恒力集团董事长陈建华认为,"没有党的政策引领,恒力也不可能走上今天的发展道路。我们这代创业者始终抱有浓烈的家国情怀。"恒力集团高度重视企业文化建设,大力弘扬企业家精神,不断增强爱国情怀,积极践行社会责任,树立了"建世界一流企业,创国际知名品牌"的企业愿景。

恒力集团在全产业链发展中的每一次"力争上游"都面临"卡脖子"的行业瓶颈。做织布,买不到好的丝;做化纤,买不到PTA;做PTA,买不到对二甲苯(PX)。在恒力企业文化和强大发展信念的引导下,恒力打破了国际垄断,淘汰了落后产能,扭转了行业格局,在全球树立了标杆,践行了恒力的家国情怀(图3-17、图3-18)。

图3-17 恒力集团(大连长兴岛)产业园

图3-18　恒力集团职工参加庆祝中华人民共和国成立70周年合唱大赛

　　30年来，恒力集团始终与时代同步，与国家战略同行，坚守实业、扎根主业，沿着"从一滴油到一匹布"的产业链，在推进东北老工业基地振兴、长三角一体化、"一带一路"建设、长江经济带发展、新时代西部大开发等国家战略中真抓实干、担当作为。恒力集团不仅把三亩三分地的小纺织厂建成了九大生产基地，更创造了"恒力速度""恒力效率"，形成了"恒力模式"和"恒力方法论"，实现了"从一滴油到一匹布"全产业链发展。

　　同时，积极承担社会责任是恒力集团企业文化的重要组成部分。恒力集团致力于做好公益慈善事业，长期开展"安老、扶幼、助学、济困"的活动，努力构建和谐社会。在5·12汶川大地震、我国台湾水灾、西南旱灾和玉树地震等民族危难关头，恒力集团第一时间扶危济困。2020年1月，恒力集团向武汉市慈善总会一次性捐赠1亿元人民币，专门用于武汉疫区新型冠状病毒感染防治工作。在清华大学建校110周年之际，恒力集团捐资3亿元，建设清华大学经济管理学院"建华楼"，彰显了世界一流企业的社会责任与担当。

参考文献

［1］张振鹏．新质生产力：推动文化领域全方位革新［EB/OL］．（2024-04-21）［2024-12-06］．https://mp.weixin.qq.com/s/GXxUFMUVFHuYsmuPK0rs7g．

［2］张铮，刘晨旭．文化共通感：沉浸式文化消费体验中的超越式感受与创造性理解［J］．同济大学学报（社会科学版），2024，35（3）：30-39．

［3］周厚翼，何波宏．从"风景"到"气韵"——跨文化语境下电影叙事的一种发生［J］．北京电影学院学报，2024（1）：4-15．

［4］丁孝智．企业文化的多维审视［M］．北京：新华出版社，2016．

第三章 提升未来纺织行业文化生产力的发展建议

综上所述，围绕全球纺织行业的文化生产力提升，基于风格识别的设计力、面向传统文化的链接力、整合跨界文化的融合力、面向消费文化的叙事力、塑造企业文化的价值力，"五力模型"交织下的文化生产力系统，将在未来形成巨大合力，发挥巨大作用。

未来全球纺织行业的文化生产力提升，首先需要高屋建瓴，从构建体制机制、制定政策保障着手，加强国际合作交流，纳入国家战略层面；其次需要构建文化生产力与科技生产力、绿色生产力的三力融合共促体系，有效推进全球纺织行业高质量发展；最后应充分发挥行业公共服务平台的作用，搭建各类相关专业功能平台，丰富交流合作与创新传播形式，多措并举推动全球纺织行业文化生产力的系统化提升。

一、建立国际交流合作机制

建立国际纺织行业文化交流合作战略机制，开展国际对话交流与合作，形成各国纺织行业文化"共生共融、交流互鉴"的氛围。联动纺织工业具有比较优势和民族特色的国家和地区为主要发起参与地，通过举办世界纺织工业文化大会、世界布商大会、中国品牌日活动、中国国际时装周等，搭建全球纺织行业文化生产力交流互通与融合发展、消费端文化承载力和认同感提升、流行趋势研究发布与原创设计力增强的专业化平台。发挥国际纺联的带动作用，成立全球纺织行业文化促进联盟，充分发挥各国纺织行业协（商）会作用，推进行业组织相互走访交流、学习借鉴。

二、给予多维政策保障支持

（一）纳入国家战略体系

将纺织行业文化生产力的提升纳入各国国家战略体系，与国家文化建设、品牌建设、创新创意建设等现有政策措施相结合，构建纺织工业文化生产力创新生态体系，将文化生产力提升作为国民经济和行业发展的重要抓手。建立内部工作协调机制，加强纺织行业与文化、科技、商务、财政等跨部门协作。结合本国实际，用好国家产业支持政策，研究制定促进本国纺织行业文化生产力提升的政策措施。

（二）予以财税金融支持

用好各国现有财税金融政策，将纺织行业文化生产力提升纳入政策支持范围。积极发挥财政资金的杠杆作用，用好文化产业发展专项资金等各类财政资金，国家和地方预算内投资、专项建设基金等投资政策，采用政府与社会资本合作等模式，支持纺织行业文化内容创作、技术研发、平台建设、产业融合项目，带动社会资本投入。加大直接融资力度，鼓励金融机构开发适合纺织行业文化产业特点的金融产品和服务，加强企业融资支持与服务；鼓励符合条件的文化类企业通过各类资本市场融资，积极运用债券融资；支持设立相关产业创业投资引导基金和股权投资基金，实现财政政策、金融政策、产业政策的有机衔接[1]。

（三）强化人才队伍建设

加大人才培养力度，创新人才培养模式，开展人才实训和交流，培养兼具文化思维、专业技术和创新思维的复合型纺织行业文化领域专业人才队伍。建设高质量国际传播人才队伍，提升多维度、跨语言、跨文化传播能力，推动世界更好地了解认识本国、本国文化与纺织行业文化。探索建立以全球纺织行业文化为落脚点的国际化人才培养课程体系，策划东西方文化比较、国际语言体系创新等专题课程，提炼本国优秀传统文化、体现民族灵魂的教学内容和教学案例。引导支持国际合作培养模式，通过合作办学、项目合作、派遣访问学者等多种形式，进行更加有效的跨文化能力培养，实现国际化人才跨文化能力综合培养[2]。

（四）规范优化市场环境

优化纺织行业文化生产力发展提升的外部良好市场环境，结合有效的制度建设，倡导公平竞争的营商秩序。开展各类文化活动，营造重视创意创新和品牌建设的产业发展环境；加强创新保护，形成崇尚创新、呵护创新、拥抱创新、想创新、敢创新、善创新的良好氛围，激发全社会创新活力与潜力；倡导文化价值认同，强化知识产权保护和服务，搭建知识产权保护法律援助平台，大力倡导纺织服装产业链诚信，约束失信企业，建立金融信保体系；建立知识产权信用公示制度和纠纷预警机制，加大侵权假冒行为惩戒力度，严格规范证据标准，完善融合发展下的新业态、新领域保护制度。

三、推进三力融合共促体系

（一）强调文化生产力的桥梁作用

统一思想，充分认识发展提升行业文化生产力的重要战略意义，予以充分重视。注重发挥文化生产力这一桥梁作用，推进全球纺织工业的合作共赢。充分体现文化的魅力，超越政治和经济差异，聚焦于共同的连接点，有效增强全球纺织工业文化软实力和影响力。基于各国家和民族的纺织工业宝贵文化遗产和历史传统，梳理纺织行业文化资源，从纺织行业文化内涵、精神、产业等着手，构建国家纺织行业文化体系，以展示各国独特的纺织行业文化魅力、促进国际对话，深化国际纺织产业链、供应链协作。

（二）重视科技生产力的支撑作用

注重依托信息化、数字化、智能化新技术手段，发挥以数据、大模型、算力为核心的新生产要素对纺织行业文化生产力提升的作用，激活文化生产力新动能。促进新技术手段赋能创意设计能力的提升，加快生成式人工智能（AIGC）在创意设计中的应用，加速实现智能创意设计、流行趋势预测、智能穿搭推荐，辅助设计决策，提高设计效率和灵感，有效降低生产成本。促进新技术手段赋能传统文化传承创新，实施数字内容创新发展工程，鼓励对纺织非物质文化遗产、艺术品等文化资源进行数字化转化和开发，实现优秀传统文化资源的创造性转化和创新性发展，开发具有鲜明民族特色的数字文化产品；提高文化场馆的数字化智能化水平，创新交互体验应用，带动公共文化资源和数字技术融合发展。

（三）坚持绿色生产力的导向作用

绿色生产力是先进生产力的重要标志，是生产力跃升的重要动能，绿色发展指明了人类社会高质量发展的变革方向，是对行业高质量发展形势要求的科学研判。坚持将发展绿色生产力作为纺织行业文化生产力提升的重要航向与有益组成，加快推动绿色生产、绿色产品、绿色消费的发展，有效助推产业发展方式的绿色转型、产业结构的绿色重塑、碳达峰碳中和的绿色进程，以及消费模式和发展动力的绿色变革，推动人与自然和谐共生，为世界经济发展注入绿色动力，为全球可持续发展构建新引擎，有力推动共建清洁美丽世界。

四、搭建多元文化内容平台

（一）文化场所集成共建平台

集聚各国代表性的纺织博物馆、纺织文化纪念馆、文化产业园、创意设计园区、企业展览馆及纺织文化研究机构等相关文化场所，发挥协同力量，打造"建管用育"资源集成共建平台。集聚全球优势资源，研究挖掘先进建设经验与创新性做法，组织开展走访学习、经验交流、先进推广、资源对接、文化合作等活动，推动全球纺织产业文化迭代升级与行业高质效发展。

（二）优秀精神遴选推广平台

梳理纺织行业精神内涵与构成体系，形成全球纺织行业优秀文化精神谱系，作为引导纺织行业文化提升的重要参考。聚焦新时代全球纺织行业优秀文化，借助国际纺织行业发展论坛、时尚大会、贸易展会、时装周活动等平台，开展优秀案例征集与宣传推广、品牌故事大赛、优秀故事推广等活动，借助国际知名线上线下媒体平台，扩大全球化宣传推广，充分发挥优秀文化引领行业进步乃至社会发展的重要作用。

（三）传统文化创新应用平台

聚焦各国纺织行业的传统文化，梳理形成全球纺织行业优秀传统文化资源库，并进行归类整理，以及研究不同文化资源的特色与属性。针对不同类别的优秀传统文化，适配性组织开展行业文化展示展演、对接交流等活动，推动优秀传统文化的创造性发展与创新性应用，赋能品牌建设，培育一批具有国际特色、跨国属性与全球影响的国际品牌。

（四）区域文化融通共享平台

聚集全球重要文化区域的历史背景、属性与特点，比如中华文化区、欧美文化区、印度文化区、阿拉伯文化区、俄罗斯和东欧文化区[3]；关注不同文化形态的相互重叠、相互渗透、相互交织，关注全球文化的多样性，促进区域文化间更加适配、协调地交流合作，增强产业链国际协作价值与效能，打造全球纺织产业新高度。

（五）跨界文化拓展合作平台

加强跨界文化研究与交流，关注音乐、文学、建筑、电影、绘画、雕塑等不同领域的文化，梳理跨界文化资源，通过组织开展各类学习借鉴、交流合作活动，推进纺织行业跨界文化交流合作，在交流碰撞中衍生出新的文化价值，拓宽纺织行业文化的边界与视野。

五、创新丰富交流合作形式

（一）开展多种形式国际活动

1. 展览贸易活动

搭建国际化平台，举办进出口博览会、传统工艺展示、跨国行业文化论坛等活动，汇聚来自不同背景的艺术家、创新者、商界、学者和研究人员，促进思想碰撞、知识分享和专业技能提升，推动跨国界、跨文化学习与创新合作发展。

2. 文化节庆活动

在国际与国家重大节日庆典期间，组织行业交流与跨文化对话活动，设置文化工作坊、沉浸式体验活动，促进行业文化多元化交融汇聚，增强行业内与消费者、不同国家之间的理解与欣赏。

3. 文旅国际合作

围绕纺织工业基地、纺织博物馆、创意园区等，组织纺织工业文化旅游活动，帮助来自不同国家的政府部门、企业、行业机构，相互深入了解不同文化的特点和艺术表达方式，加强相互了解和联系，促进相互理解和尊重。

4. 教育学术交流

汇聚国际各方资源和专业知识，通过联合教育、学术合作项目、联合研究计划和学术伙伴关系等，共同探索突破技术新领域，解决全球性难题，推动跨文化学习和学术对话，促进知识和技术的跨国转移与集合应用。

（二）集合多种传播形式

通过多种传播形式，推动纺织行业文化生产力的国际化传播，如拍摄纪录片、专题片、短视频、影视剧，讲述文化故事等。聚焦时尚产业的新风貌与新精神，加强中外人文交流综合传播能力建设，推动中外广播影视、出版机构、新闻媒体开展联合制作、联合采访、合作出版，实施图书、影视、文艺演出等领域的专项交流项目和计划，促进中外时尚传媒的相互交流，丰富人文交流的文学艺术内容和载体。通过丰富媒体交流形式、打造具有国际影响力的全媒体和文化传播机构等举措，讲好纺织行业文化故事，传播纺织工业精神，增强民族文化自信。

（三）发挥数字赋能作用

1. 引导数字平台建设

充分借助利用云计算、数字孪生、区块链、人工智能、大数据、AR/VR/MR、3D扫描等技术，积极建设纺织行业文化数字化基础设施与服务平台，将丰富的行业文化资源进行数字化转化与整合。加快建设数字资源数据库，实现行业文化资源的共享和高效利用，增强文化数字内容展示与供给能力。通过数字化手段，推动行业优秀文化创造性转化、创新性发展，打造具有影响力的数字文化品牌；以数字化推动行业文化内容、形式、技术以及产业等创新，促进文化数据资源融通融合[4]。

2. 开展数字展示活动

组织举办以数字技术为手段，以光学、电子等新兴媒介为表现形式，依托NFT+实物、NFT+艺术等新技术，贴近群众生活和市场需求的纺织行业文化数字展示活动，以数字艺术手段传承纺织工业文化与民族美学[5]。推动数字艺术展示与公共空间、公共设施、公共艺术相结合，与智慧旅游、时尚都市、特色小镇相结合，打造非遗技艺虚拟展示平台等数字艺术展示品牌活动，发挥数字展示在拉动消费、提升区域形象、提高文化品位等方面的作用。鼓励纺织博物馆运用馆藏文化资源，开发数字艺术展示项目。

3. 搭建数字传播平台

搭建数字化传播平台，借助云演播、全景直播、元宇宙直播等新技术手段，依托新媒体平台，推动文化资源的数字化传播，使纺织工业文化遗产、艺术作品、纺织博物馆等文化产品和场所跨越时空与地理界限，触及全球观众，推进纺织行业文化的全球可及性。通过在线平台和流媒体服务器，与全球建立联系、开展合作并展示作品，提供全人类参与行业文化交流、感受文化魅力乃至创造文化的机会，在全球范围内传播推广民族文化特征和文化成就。发挥数字平台在纺织行业文化传播方面的重要作用，让来自不同国家的行业从业者和人们能够便捷轻松了解纺织行业文化，促进跨文化对话和欣赏。

参考文献

[1] 文化部.文化部关于推动数字文化产业创新发展的指导意见：文产发〔2017〕8号［A/OL］.（2017-04-11）[2024-12-06]. https://zwgk.mct.gov.cn/zfxxgkml/zcfg/gfxwj/202012/t20201204_906313.html.

[2] 文化和旅游部，教育部，科技部，工业和信息化部，国家民委，财政部，人力资源社会保障部，商务部，国家知识产权局，国家乡村振兴局.关于推动传统工艺高质量传承发展的通知：文旅非遗发〔2022〕72号［A/OL］.（2022-06-28）[2024-12-06]. https://zwgk.mct.gov.cn/zfxxgkml/zcfg/gfxwj/202206/t20220628_934244.html.

[3] 张维凯，崔华，李士英.世界文化格局重塑背景下武术对外传播路径探寻［C］//中国体育科学学会.第十二届全国体育科学大会论文摘要汇编——专题报告（武术与民族传统体育分会）.北京体育大学，2022：3.

[4] 史家亮，孙玉洲.新时代文化数字化的建设路径［EB/OL］.（2024-02-22）[2024-12-06]. https://www.sdxc.gov.cn/zbsh/llbt/202402/t20240222_13704800.html.

[5] 杜娜.数字化为建设文化强国蓄势赋能［N］.山西日报，2024-02-27（10）.

专家观点

专家观点1

上海纺织博物馆馆长
贾一亮

党的十八大以来，习近平总书记在国内外多个重要场合的一些特别着装，让我们看到一个更自信、更开放、更包容的中国。在海南三亚玫瑰谷他戴上黎家竹笠；在四川大凉山他披上彝族服饰"查尔瓦"；在荷兰阿姆斯特丹王宫，他身穿中式礼服，既有传统风格又具现代元素；2014年APEC会议的欢迎宴会上，他还特别提到了"新中装"。立领、对开襟、连肩袖、提花万字纹宋锦面料、饰海水江崖纹、漳缎……独具民族和时尚特色的中国式服装又一次让全世界眼前一亮。

新中装结合了现代着装和审美意识，体现传统美学和文化底蕴，与新材料、新工艺及新技术等现代科技相融合，适合于不同时间、地点、场合穿着的服装，不仅融合了格物致知、包罗万象、和而不同、同心同德和天人合一的中国式东方哲理，更蕴含了一系列文化元素，向世界传递了中华文化博大精深、源远流长的生命力。

近年来人们对于"新中装"的认可度越来越高，尤其是由"90后""00后"一代推起的"国潮"概念，更展示出中国新一代青年人身上的那股文化自信。随着经济的发展、生活水平的提高和信息技术的普及，人们的思维和生活方式产生了潜移默化的影响，越来越多的人对新中装的需求不再局限于基础的实用功能，更渴望获得精神上的满足，由此纺织服装业迎来新的发展机会。

面对中国传统文化日渐成为竞争红海的现状，新一代年轻的设计师品牌尤其应抓住这一契机，积极探索、不断推进产学研合作，共同对新中装的功能、风格进行改良和创新，使品牌和传统服装焕发出新的活力。

新中式创新具有三大要素：①品牌内容创新。符合年轻人的情感认同内容。②商业模式创新。数字化、全球化时代的商业合作模式。③产品运营体系创新。数字化管理体系。

目前，较多品牌从以下六个方面着手，探索新中装的商业运营之路：①柔性生产。小规模、个性化、定制式。②调整品牌受众定位。新传播、新表达（内容）。③优化品牌营销模式。新渠道、新体验。④技术改造。新材料、新结构（产品）。⑤加强组织机构建设，构建信息平台。⑥制定产品标准。

中国是世界上规模最大的纺织服装生产国、消费国和出口国，拥有最完整的产业链和最齐全的品类，具有迈进世界纺织强国阵营的扎实基础和明显优势。新中装的出现，是对产业、技术、工艺和市场的革命。随着媒体热潮的趋于冷静，新中装的推广会回归持续而缓慢的过程，未来仍需要不同领域的、几代人的共同努力。

专家观点2

日本时装周主办机构执行总监
Hiroshi Komoda

人工智能生成技术的应用是最近在纺织时尚行业中备受关注的趋势之一。随着技术的飞速发展，人工智能生成技术正在越来越广泛地影响各个领域。例如，在以往需要专业人员的工序（如纱线染色、印花和图案设计）中，现在可以利用人工智能来生成创意，从无限多样的想法中汲取创意，使创新创造成为可能。

目前，使用人工智能生成的主要好处包括：减少规划和生产时间，提高运营效率；允许任何人随时参与创作，不再有专业壁垒。不过，利用人工智能生成的一个必要条件是发挥人类的敏感性和灵活适应性，使我们能够掌握人工智能的使用。

此外，可持续性、多样性和原创性也是当前的全球趋势。在可持续发展方面，从原材料、面料到成衣的全生产流程对于确保对环境的影响降至最低至关重要。

随着数字化和全球化的推进，不受种族、性别，以及健全与否限制，人类可以自由享受的时尚越来越多。在这样的情况下，一种新的时尚价值观出现了，那就是不同国家和城市日常生活所孕育的具有独特文化印记的物品或事物，能在全球范围内引发越来越广泛的共鸣。

专家观点3

工业和信息化部工业文化发展中心主任
何映昆

一丝一缕，连接古今；一针一线，衣被天下。

纺织是一个古老而又充满活力的行业。它始于人类文明起源，历经漫长的历史沉淀，从最早的毛、皮、麻、棉、丝到现在的合成纤维，从古代的手工纺织到现代的机械生产、智能制造，纺织行业在文化传承和科技创新的融合中不断跃迁，早已成为国民经济的支柱产业。近年来，中国纺织行业持续推动自主创新、融入全球发展，形成了从纤维生产到终端产品制造的完整产业链，产品科技含量和品牌附加值显著提高，受到国内外用户青睐，中国纺织服装出口额对世界纺织品服装出口额增长的贡献率已连续多年超过50%。对优秀传统文化、当代先进文化的系统性挖掘和创造性转化，成为中国纺织行业崛起的新路径，将传统服饰与当下审美巧妙融合，焕发出新的时代价值。

大数据、人工智能、物联网等技术在纺织行业逐渐渗透应用，极大地提升了生产效率和灵活性，也对时尚话语权和文化表达方式产生深远影响。未来，要充分发挥文化赋能作用，适应当前纺织服装消费向多元化、个性化、品质化发展的趋势，推动更多传统文化元素融入产品开发设计和品牌营销环节，支持原创设计、自主创新，以差异化、特色化的价值符号和文化产品形成中国风格；加快发展以中国时尚美学为核心的AIGC，借鉴全球优秀文化成果，构筑丰富应用生态，推动设计、制造、营销、品牌建设等全面升级和变革；加快提升文化生产力，加快世界一流企业和区域（城市）产业名片建设，打造更多特色区域品牌，推动国内高端纺织集群向世界级纺织集群迈进，不断提升中国纺织的全球认知度、美誉度。

专家观点 4

法国国家匠心联盟主席
马克龙政府文化顾问
巴黎前副市长
（2001—2014年）
Lyne Cohen-Solal

时尚产业正经历一场深刻的变革，这场变革是由文化、技术和环境的巨大变化推动的。企业面临新的挑战，但如果抓住机遇，它们也能够创造性地发展。纺织和时尚行业主要趋势表现在以下三方面。

（1）循环时尚与可持续性成为责任

如今，可持续性不再是一个选择，而是一项责任。消费者越来越关注时尚对环境的影响。企业必须顺应这一趋势，采用负责任的发展模式，例如循环时尚，鼓励服装的回收、再利用和减少废弃物。环保材料的应用、更环保的生产工艺，以及基于租赁或二手服装转售的商业模式将成为常态。那些不能适应这一趋势的品牌将面临失去消费者支持的风险，而那些能够在企业社会责任领域履行承诺的品牌将赢得消费者的信任。

（2）文化融合与跨境时尚

随着全球化和数字化的发展，时尚产业越来越受到文化多样性的影响。我们将看到更多的文化符号、传统面料和工艺技术融入现代设计中。这种传统与现代的融合将创造出独特的系列产品，满足人们更深层次的文化需求，并推动时尚产业朝着更加包容的方向发展。

（3）技术与创新让时尚更个性化

技术将在重新定义时尚方面发挥核心作用。3D打印、人工智能等技术进步将让更多消费者能够轻松获得量身定制的产品。提供个性化服务的品牌——无论是按需生产的服装、智能服饰，还是互动性产品——都将吸引那些追求独特性的客户，购物将变成高度个性化的体验。

2025年将迎来更多时尚企业的转型，传统与现代、责任与创造力交织在一起。那些能够预见并整合这些变化的品牌将引领全球时尚的未来。这不仅仅是满足消费者的期望，而是通过提供尊重个人和地球的时尚产品，体现个人的价值观。

专家观点 5

近几十年来，随着改革开放，中国经济取得了举世瞩目的成就。具备国际视野的本土时尚品牌引领国内消费市场，成为全球时尚行业

原时尚集团副总裁
现任北京对外文化贸易
协会副会长
清华大学艺术与科学
研究院时尚产业中心主任

刘 容

的重要标志，而进一步与世界接轨、传播中国文化自信、与科技力量共生以及可持续绿色发展也成为时下关注的重要发展命题。

时尚行业的发展趋势，主要表现在以下三方面。

（1）文化的推动

文化是国家和民族精神的呈现，中国深厚的文化底蕴是无穷创意的源泉。快速发展的中国经济使得人民生活水平得以提高，优秀的传统文化、东方美学受到了时尚行业的追捧。例如，非物质文化遗产作为文化发展历程中凝结的精华，得到了越来越多企业和设计师的重视，非遗与潮牌、设计师以及国内外时尚行业的深度跨界合作层出不穷，不仅促进了非遗的保护与发展，也提升了企业或产品的文化属性。思考文化传承，激发设计灵感，发扬匠心精神，力求在传承中融入时代气息与文化价值，将成为时尚产业不竭的创新推动力。

（2）科技的力量

随着人工智能时代的来临，科技迅猛的发展是革命性的，将深刻改变社会乃至人类的进程，一大批应运而生的人工智能和数字化工具正在帮助时尚产业打破、重构产业链条，积蓄数字化势能。时尚产业的发展离不开科技创新与应用，通过科技、数据和数字化确立品牌优势与新的商业模式，实现业务的可持续增长。科技进步与消费需求结合，将驱动时尚行业的变革与未来走向。

（3）可持续发展

世界各国的发展模式都在由传统发展范式向新发展范式转变，走绿色可持续发展道路已成为必然选择。在全球化、科技革命以及社会转型叠加的大背景下，关注人与自然的和谐共生，建立商业道德规范，从产品研发设计、环保材料的采用，到供应链管理、消费者关系都需体现可持续发展的社会责任。与此同时，年轻消费群体也表现出更强烈的社会责任感，通过日常消费将环保融入自己的生活轨迹。生产全生命周期的可持续产品，建立可持续发展的生态体系，做到经济可持续、环境可持续和社会可持续，将会拥有更广阔的发展空间。

文化与科技的相互赋能，将会进一步塑造新的产品形态、新的品牌价值、新的商业模式以及新的产业文明，共同促进社会和经济的可持续发展。在文明的指引下，走向光明的新时代。

专家观点6

作为深耕行业的媒体人，也是中国服装产业发展的参与者与见证者，我深刻地感受到在当前全球化背景下，讲好中国故事的重要性日益凸显。这不仅仅是对外传播中国文化、提升国家软实力的需要，更是推动国内服装产业创新升级、增强品牌国际竞争力的关键。同时，随着当下媒介环境的快速变化，我们也需要不断适应新的传播方式和

中国服装协会副秘书长
中国服装协会会刊
《中国服饰》总编辑
刘晓青

受众需求，以更加高效、精准、生动的方式讲述服装产业发展的中国故事。

首先，向世界讲好中国故事是提升中国时尚话语权的关键。中国拥有悠久的服饰文化历史，从古代的丝绸之路到现代的各地时装周，中国服装一直以其独特的风格和深厚的文化底蕴吸引着世界的目光。然而，在国际时尚舞台上，中国的话语权和影响力还有待提升。因此，我们需要通过高质量的媒体传播，向世界展示中国服装的创意、工艺和美学价值，让更多人了解并认同中国时尚文化。这不仅可以增强中国品牌的国际竞争力，还能推动中国时尚产业的整体发展。

其次，媒介的变化为讲好中国故事提供了新的机遇和挑战。随着互联网的普及和社交媒体的发展，以及AI技术的兴起，信息传播的速度和范围都得到了前所未有的提升，这使我们可以更加便捷地触达全球受众，以更加生动、直观和精准的方式讲好中国故事。与此同时，我们也面临着信息过载、受众注意力分散等挑战。因此，我们需要不断创新传播方式，利用短视频、直播等新型传播方式，通过优质的内容创作和传播策略，以更加直观、生动的方式展示中国服装产业的发展水平和文化内涵；同时，也可以通过社交媒体平台与消费者进行互动，收集反馈并不断优化，创造出更具吸引力和传播力的内容。

最后，要成功地向世界讲好中国故事、提升时尚话语权，还需要注重以下几点：一是深入挖掘中国服饰文化的内涵和精髓，提炼出具有普遍价值和吸引力的故事元素；二是加强与国际时尚界的交流与合作，学习借鉴国际先进经验和技术，同时积极推广中国时尚文化；三是培养具有国际视野和创新能力的设计师和媒体人才，为中国时尚产业的发展提供有力的人才支撑；四是加强品牌建设和市场营销，提升中国品牌的知名度和美誉度，让更多人了解和认同中国时尚文化。通过这些努力，相信中国时尚将在世界舞台上绽放出更加璀璨的光芒。

专家观点 7

创意在互联网上传播流动，开辟了无限的视野，影响着时尚界的变化。时代和社会演变对全新的方法提出需求。观察并接受变化是发展的一部分，促使我们激活思维，放眼更远，以开阔的视野寻找全新的事物。

我们生活在一个高速发展的社会中，几乎很难停下来享受每一刻。我们需要探索不同的方法，在嘈杂的环境中寻觅宁静与心平气和。事实证明，觉知、清晰、轻盈的身体都对心理有益。

我们应珍视人类的创造力和手工，拥抱真正的联结和实际参与，在执行过程中提升人类的表达能力。

在一个常常被僵化规定束缚的世界中，认识到自由的重要性非常

意大利Elementi Moda
纺织&时尚咨询公司
创始人/艺术总监
前国际流行色委员会主席
Ornella Bignami

关键,尤其是当我们处于创造领域时。消费者开始拒绝转瞬即逝的社交媒体美学及其所创造的标准化表达;受到怀旧风格、复古风格、运动态度、创新材料和色彩的影响,消费者渴望个性化表达和穿衣自由。

让我们向"轻盈"敞开大门,迎接那些将帮助我们获得和谐健康状态的新思想。应对不确定未来的防御机制让我们偏向于讽刺性地解决焦虑问题,选择逃离和脱离现实环境,以克服日常面对各种紧急状况带来的不适感。通过超越梦想极限的创意,在不断变化的当代现实世界中重新找到自我。

拥抱治愈的智慧,通过产品、服务和体验呵护消费者的心理健康。通过运动、正念、营养、休息和连接,专注整体健康在身体、心灵和生活方面提供的专业知识和指导。

创造力也在发生变化。我们正经历着人类历史上技术与创造力和创新相结合的最具革命性的时刻之一。我们需要找出独特且个体的"智慧"创造力与通过技术产生的"创意"之间的联系,在现实与数字之间进行持续对话,加速并简化对话的过程。但值得注意的是,满足感再次回归于"触摸"的可能性,通过实际感触,通过我们双手的智慧来确认我们的创造力。

吉拉吉(grunge)在历史上留下了独一无二的文化印记,基于时尚的时间性和周期性,吉拉吉在当下正重新成为潮流。今天的吉拉吉融合了复古和二手元素,属于拼贴设计的一种;它彰显了更强烈叛逆的女性气质、更温柔关怀的男性气质,以及更流动包容的性别表达。

为了寻找新的视角,我们寻求一种流动的方法,将多种来源协调统一,引入新的愿景,提升现有的元素,使其适应当代语言,让我们充满好奇心和个人兴趣,与自然、文化、艺术深情相拥。

现在是时候去协调、筛选和增强创造力和手工操作了,优化创新、效率、可持续性和循环性,以适应日益灵活多变的受众需求,向知识、技能、新的乐趣和激情敞开大门,在自由但负责任的时间内实现可及的奢华。

专家观点 8

在这个日新月异的时代,非物质文化遗产(简称"非遗")以其独特的魅力,在纺织服装产业中掀起了一场助力文化生产力提升的创意革命。

非遗,是民族记忆的载体,是文化自信的源泉。在纺织服装的广阔舞台上,非遗技艺以其精湛的手工艺和深厚的文化底蕴,为产品注入了鲜活的生命力。将非遗元素与现代设计理念相融合,不仅能够创造出兼具传统韵味与时尚感的产品,更能在消费者心中激起强烈的文化共鸣。这种共鸣,正是推动纺织服装产业转型升级、提升文化生产力,唤

中国非物质文化遗产
研究学院学术院长
孙冬宁

醒消费层面的集体记忆,是涵养品牌层面文化内涵的关键所在。

近年来,"非遗+日用""非遗+文创"等新业态的兴起,为非遗在纺织服装产业中的应用提供了无限可能。我们不断在见证这些新业态,并加速激发非遗技艺的活力,推动其产业化、市场化进程。通过与非遗技艺的结合,纺织服装产品不仅拥有了独特的文化魅力,更在市场上赢得了广泛的认可和赞誉。

在设计与制作环节,应当始终秉持"创新与传统并重"的理念。非遗纺织服装产品的设计,应充分尊重传统技艺的精髓,同时融入现代审美元素,实现传统与现代的完美结合,实现价值的再造。

在展示与推广环节,非遗展览和展示设计,正在成为纺织非遗走向市场,赢得认可的一个重要方式。未来应通过非遗展览和展示设计,突出"一个核心"(以学术研究为核心)、"两个结合"(时间与空间结合)、"三个特点"(情景化、专题化、体验化),扎实开展非遗项目传承、展示传播、活态传习;通过"以研带展,以展促建",组建结构合理的非遗学院工作团队,真正让非遗人才依托学院力量,开展产学研协同,实现开枝散叶。

在销售与推广方面,应进一步利用互联网和新媒体平台的力量,拓宽非遗纺织服装产品的销售渠道和市场影响力,通过线上线下的互动与融合,将非遗推向更广阔的消费者群体,特别是年轻一代,使得非遗真正进入当代生活,成为当代时尚品牌的宝贵文化资源,且自身也能获得绵延的生命力。

专家观点9

中国传媒大学设计思维
学院副院长
薛　华

时装从来不仅仅为了遮身蔽体、保暖纳凉,同时要承担意义的传达功能。而在现代与未来,意义的建构与传播在很大程度上要借助于数字媒体。未来,可以重点关注以下三种媒体发展的趋势,以及它们如何影响消费文化,以洞察未来全球纺织服装产业的发展。

首先,媒体技术的发展正在让虚拟现实的体验变得越来越好,人们的工作场景、社交场景、生活场景必将越来越多地向虚拟世界迁移。但现实世界在可见的未来,应该还不会被人类抛弃,人类只是更多地在现实与虚拟之间无缝穿梭。当在虚拟世界有了更大的自由释放人类的想象力之后,人类也会愿意在现实世界去践行部分体验,让梦想照进现实。所以我们可以看到,曾经只在漫展上出现的、非常小众的Cosplay着装,正在通过打卡拍照、旅游景区、剧本杀等更多大众化的娱乐体验方式进入普通人的生活。国外有些时尚品牌已经较早尝试虚拟时尚的探索,很快这将不仅仅是属于少数人和少数品牌的先锋行为,未来将会有更多新的时尚品牌在虚拟世界诞生,并将其品牌影响力投射进现实世界,也期待现有的时尚品牌能在人们的虚拟生活中,创造更大的心智影响力。

其次，在社交媒体正成为主流媒体形态的今天，人们在使用媒体时更看重交互体验。这不仅是观看、聆听和追随，更在于让自己成为意义的表达者、输出者。随着社交媒体平台的不断成熟与多样化，越来越多的人开始意识到，他们不再仅仅是时装信息的被动接受者，而是可以通过发布穿搭照片、视频、直播等形式，分享自己的时尚理念、生活态度，甚至是对社会现象的独到见解。这种从"观看者"到"表达者"的转变，将极大地促进时装意义的多元化建构与广泛传播，为时尚品牌的创新发展提供新的动力。

最后，现代媒体让人们更容易与多样化的小群体建立连接并完成个性化的意义表达。曾经一部电影就让一条裙子风靡全国的情况将不太可能出现了，现代媒体技术让人群更加分裂，即使人们在使用同一个媒体平台，也依然分化在不同的兴趣共同体内。因此契合更多小众群体生活方式的多元化设计，以及在基础款上为消费者个人保留更多个性化的创造空间，甚至是提供个性化创造的道具和配件，将会是受欢迎的品牌行动。

未来，我们应重点关注新媒体手段与消费文化之间的相互作用，致力于探索如何更有效地利用这些新兴媒介力量，赋能行业充分捕捉消费心理的变化，引导品牌实施科学的决策。

专家观点 10

WWD中国联合创始人暨首席内容官
张大川（Johannes Neubacher）

全球纺织行业正在经历着一场重大变革。这种变革不仅体现在其生产和运营模式上，也体现在与消费者及利益相关者的沟通方式上。随着行业的发展，企业如何与其受众进行互动也必须随之演变。多维媒介的崛起——涵盖社交平台、互动内容、虚拟现实（VR）以及人工智能（AI）驱动的个性化服务——不仅是一种趋势，更是企业在瞬息万变的市场中保持相关性的重要途径。这些创新正在增强纺织行业的沟通力，使品牌能够以前所未有的动态、互动和个性化方式与消费者建立联系。

（1）数字革命升级：社交媒体与意见领袖营销

社交媒体已成为纺织行业沟通策略的核心。在抖音、微信、小红书、Instagram和TikTok等平台上，品牌能够通过富有视觉吸引力的方式直接向消费者展示其产品、价值观和品牌故事。这些平台的力量在于它们能够围绕品牌创建社区，通过持续且真实的内容培养忠诚度和参与度。

意见领袖营销已成为社交媒体战略的关键组成部分。通过与目标受众相契合的意见领袖合作，纺织品牌可以放大其信息，并吸引新的受众群体。这些意见领袖作为可信的声音，往往能为品牌沟通带来更具个人色彩和可亲近性的触感。然而，意见领袖营销的成功与否在很大程度上取决于合作的真实性。如今的消费者十分精明，能够迅速识别出不真实的背书。

（2）虚拟现实与增强现实：沉浸式消费者体验

虚拟现实（VR）和增强现实（AR）正在彻底改变纺织品牌展示产品的方式。这些技术为消费者提供了一种超越传统媒体的沉浸式体验。例如，AR允许消费者"试穿"衣物或可视化纺织品在家中的效果，而这一切都可以通过智能手机完成。这种互动方式不仅增强了消费者的参与感，还在很大程度上弥合了线上和线下购物体验之间的差距。

另外，VR为消费者提供了一个完全沉浸的环境，在其中他们可以探索虚拟展厅中的纺织产品，参加时装秀，甚至参观工厂，了解产品的生产过程。这项技术为透明度和品牌故事的传播提供了新的维度，使消费者能够更深入地了解他们购买的产品。

（3）人工智能驱动的个性化：量身定制的沟通

人工智能（AI）在纺织品牌与消费者沟通的方式中发挥着关键作用。AI驱动的算法可以分析消费者行为和偏好，以提供个性化的内容和产品推荐。通过这种个性化的服务，消费者体验得到了提升，使互动变得更加相关和及时。

例如，AI可以分析浏览和购买历史，以建议符合消费者风格偏好的纺织品或服装。它还可以优化营销沟通，确保正确的信息在正确的时间传达给正确的受众。在消费者期望品牌理解并满足其个人需求的当今时代，这种精确度在沟通中显得尤为重要。

（4）互动内容：吸引数字消费者

互动内容是纺织行业沟通工具中另一项强大的武器。从测验、投票到可购物视频和互动型电子杂志，这类内容邀请消费者参与互动，而不仅仅是被动地接收信息。互动内容不仅提高了参与度，还为品牌提供了关于消费者偏好和行为的宝贵数据。

特别是可购物内容，已成为一种趋势，因为它将购物体验无缝地与媒体消费结合在一起。消费者可以观看视频或浏览在线杂志，并立即购买内容中展示的商品。这种方式减少了购买过程中的摩擦，并提高了转化率。

（5）可持续发展沟通：通过透明度建立信任

可持续发展已成为纺织行业的一个关键问题，品牌如何传达其可持续发展努力，将显著影响消费者的信任感。多维媒介使品牌能够以透明且引人入胜的方式展示其可持续发展实践。例如，品牌可以通过社交媒体和视频内容记录其供应链流程，或分享产品背后工匠的故事。

通过利用多维媒介的力量，纺织行业可以提升其沟通策略，建立与消费者更紧密的关系，并在竞争日益激烈的市场中保持领先地位。

随着媒介的不断创新发展，成功的关键将是适应和创新，创造能与当今数字化消费者产生共鸣的有意义、互动且个性化的体验。

专家观点 11

WGSN中国首席战略官
张 玮

"祛魅"是近期的一个热门词，这个马克斯·韦伯在一百多年前提出的概念在一百多年后演化出了各种版本。从一个趋势研究者的角度来看，当下伴随着新消费文化的变迁，以及整个文化生产力在行业内的价值传递，祛魅潮流形成的大背景主要有两个：一是中国经济快速发展四十年奠定的稳定基础和由此带来的消费群体整体自信度和松弛感的提升；二是当今世界政治动荡、经济和消费低迷、生态和气候等问题的升级，导致不安全和不确定性增强。社会和企业将持续经历一个较长时间的多重危机时段，混乱成为常态的现实问题。祛魅，则是消费群体在这个混乱的常态中，重新梳理情感系统、思考和塑造新的价值序列和决策优先项的产物。当前时尚文化的群体性祛魅现象中，有几点值得引发时尚产业的关注。

（1）消费祛魅

来自危机之下谨慎、冷静的消费观念转变，表现为"非刚需不购买"的理性消费。然而，消费祛魅的背后核心，其实是价值序列从"炫耀型消费"向"精神愉悦型消费"的转变。消费祛魅趋势下，企业需重新审视新一代消费者的关注焦点，通过重点呈现产品的品质和效用来向消费者传递产品的价值感，同时为消费者提供值得他们追随的价值观和消费意义。

（2）品牌祛魅

来自消费者对价值和意义的深入思考，突出表现为"平替"观念的流行。虽然有经济下行压力的影响，但其根本原因还是在于消费理念的深层更迭。新一代消费者更关注商品的本质，更看重个人的真实体验，传统"大牌"的溢价光环不复从前，"品牌"不再是绝对优先的决策标准。企业需要顺应这种转变，重新聚焦年轻人的真实生活，用情绪价值回应消费者。

（3）文化祛魅

不能狭隘地理解为西方文化的退潮和东方文化的复兴，而要看到亚文化的扩大和主流文化消退的大趋势。近年来，弘扬中华优秀传统文化的国家政策催化了中国消费者对本土文化的热情，中国文化呈现出蓬勃的发展活力。然而，中国文化的复兴，一方面源于过去四十年经济发展带来的底气和当下政策的引导，另一方面，也是逆全球化大趋势带来的本土文化成长机遇，以及互联网代际分化带来的文化去中心化大趋势的体现。在这样的国际大趋势和国内小环境双重作用下，对中华优秀传统文化的赋新和赋活，将有机会在中国市场乃至全球市场赢得充分的发展机遇。

　　时尚是文化的一种变体，是披着潮流外衣的文化，时尚话语权从根本上说是经济话语权与文化话语权的叠加。在危机和不确定中，文化能够提供一个稳定的基点，让消费者产生亲切感并应对不适和焦虑。因此，在未来的发展中，企业应把建立文化相关性放到战略规划中，努力建树能够与受众产生共鸣的价值观，塑造品牌的文化光环，并将其影响力扩展到商业之外。在未来，"阿尔法一代"之后的消费者，很有可能会把道德伦理、生态理念和价值观，作为评定一个人或一家企业的社会资本和地位的新标志。

绿色篇

GREEN

第一章　绿色低碳纤维材料发展及趋势展望
第二章　绿色低碳纺织技术发展及趋势展望
第三章　绿色低碳制造模式发展及趋势展望

执行主编　胡柯华
副 主 编　宋秉政

特邀专家（按姓名首字母排序）

蔡再生　李边卓　邱孝群　王春红　王俊丽　夏建明　张秀芹

研究及编撰人员（按姓名首字母排序）

蔡再生　陈　爽　陈寅杰　杜培波　高　阳　关晓宇　胡柯华　胡雪睿
计雅婷　孔　衍　李程程　李晓彦　齐艺晗　邱文熹　宋秉政　孙丽蓉
田利君　王　洁　薛云帆　杨玉华　曾龙龙　张文亚

第一章　绿色低碳纤维材料发展及趋势展望

一、绿色低碳纤维材料的概念与范畴

绿色低碳纤维材料是指纤维材料在获取、加工、使用、废弃等全生命周期中，在满足纺织品基本功能需求的前提下，能够在减少碳排放、优化资源利用、降低环境污染等方面具有显著优势的材料，是纺织行业实现绿色低碳可持续发展的重要解决方案。

绿色低碳纤维材料主要包括天然纤维、再生纤维素纤维、生物基合成纤维、循环再利用纤维等，这些不同的纤维材料在其生产和使用过程中都展现出独特的环保优势和低碳特性。

天然纤维主要包括棉花、麻、羊毛和丝绸等，是来源于植物或动物等可再生的自然资源，即能够通过自然生长周期不断再生；同时，因其在自然环境中可被微生物分解，具有良好的生物可降解性。需要指出的是，植物纤维因其在生长过程中需通过光合作用吸收二氧化碳，有助于减少大气中的二氧化碳浓度，具有显著的低碳特性。与化学合成纤维相比，天然纤维在可再生、可降解、低碳排放等方面具有显著优势。例如，生产1t棉花纤维的碳排放量约为5.9t，而生产1t聚酯纤维的碳排放量高达9.52t[1]；在降解速度上，棉花和亚麻纤维在堆肥条件下数月内可完全降解，聚酯纤维则需数十年至数百年。

再生纤维素纤维是一种以天然纤维素（如棉、麻、竹、树、灌木等）为原料，经过再加工而形成的一种纤维材料。这种纤维的结构组成与棉相似，但具有更好的吸湿性、透气性，并且染色性也优于棉纤维，应用领域广泛。再生纤维素纤维主要包括黏胶纤维、莱赛尔纤维、莫代尔纤维等，由于制备纤维的原材料主要来自天然材料，具有良好的可再生性和生物可降解性，其生产过程中的能源和水资源消耗相较于天然纤维大幅减少。其中莱赛尔纤维的溶剂回收率高达99.5%，显著减少了有害化学物质的排放。与传统黏胶纤维相比，莱赛尔纤维的生产能耗降低约50%，用水量减少约50%[2]，使得莱赛尔纤维的碳足迹比传统聚酯纤维低约20%。

生物基合成纤维以可再生的生物资源为原料，降低碳排放并减少对化石燃料的依赖。聚乳酸（PLA）纤维、生物基聚酯纤维和生物基聚酰胺纤维等材料在生产中展现出原料可再生性、碳中和效应和可生物降解性。聚乳酸纤维以玉米、甘蔗等植物为原料。生产1tPLA纤维的碳排放量为1.8t，相较于聚酯纤维，PLA纤维可减少约44%的碳排放；生产PLA纤维所需的化石能源为传统PET纤维的50%；在工业堆肥条件下，PLA纤维可在几个月内降解，而传统石油基合成纤维则需数十年至数百年[3]。

循环再利用纤维通过回收废弃纺织品和塑料制品，减少对原生材料的需求，并降低能源消耗和碳排放。再生聚酯纤维（RPET）、再生棉纤维和再生尼龙纤维等材料体现了减少资源消耗、降低能源和碳排放的特点。生产再生聚酯纤维相比原生聚酯纤维可节约59%的能源消耗，并减少32%的碳排放；回收1tPET塑料瓶可生产约0.9t再生聚酯纤维，减少约1.5t碳排放；生产再生棉纤维可节约98%的用水量[4-5]。

二、天然纤维的发展现状与趋势

（一）天然纤维的发展现状与格局

近年来，天然纤维在全球纺织市场中的地位日益提升。随着消费者对环保和可持续产品的需求上升，天然纤维不仅在纺织领域得到广泛应用，还在建筑、航空等多个行业中发挥着重要作用。其多样性和可持续发展的特点，使其在全球低碳经济背景下展现出巨大的市场潜力。

棉纤维是全球使用最广泛的天然纤维之一。2019—2023年，受到气候变化、农业技术进步、政府政策及国际市场需求变化的多重影响，全球棉花生产和消费呈现波动增长的态势。数据显示，中国的棉花产量从2019年的2650万吨增长至2023年的2735万吨，而印度从2450万吨增至2620万吨[6]。这种增长得益于政府政策的支持和农业现代化技术的推进。在消费方面，亚洲仍然是全球棉纤维的最大消费市场，尤其是中国和印度。2019—2023年，中国的棉纤维消费量从830万吨增长至920万吨，而印度和巴基斯坦的消费量分别增长了14.0%和15.6%[7]。这些国家庞大的纺织工业推动了棉花需求的增加，预计未来几年，随着全球纺织市场的复苏，棉纤维需求将保持稳定增长。

麻纤维因其可持续性和多样化应用领域，近年来逐渐受到市场青睐。麻类纤维涵盖了诸如汉麻、苎麻、黄麻等常见的韧皮类纤维，以及许多其他宝贵的植物纤维资源（如红麻、罗布麻等韧皮类，以及莲、剑麻等茎叶类），其储量之丰富、开发潜力之巨大，堪称世界之最。这些丰富的麻纤维的加工、回收及其衍生产业被视为实现低碳储碳目标的关键路径，同时也是推动低碳经济增长的重要驱动力。技术进步显著提高了麻纤维的提取效率，以及减少浪费并提高纤维质量，使其在纺织、复合材料、生物降解塑料等领域的应用愈加广泛。2019—2023年，全球麻纤维市场经历了显著增长，主要原因是纺织、建筑和汽车等多个行业对可持续材料的需求增加。中国是全球最大的麻纤维生产国，贡献了全球麻纤维产量的大部分，而法国、荷兰等欧洲国家的麻纤维种植面积也在扩展。在生产增长方面，全球麻纤维的市场规模从2021年约56.6亿美元增长到2022年的79.1亿美元[8]。生产能力的增加归因于加工技术的改进、更加高效的种植方法以及美国和加拿大等国家对工业大麻的政策支持。2023年全球麻纤维市场的消费额达到了110.5亿美元，相较于2019年增长了约50%[9]。纺织业仍是最大的消费市场，尤其是欧洲和北美的服装品牌越来越多地使用麻纤维作为环保替代品。消费市场方面，尤其是在纺织业中，麻纤维的需求不断增加，因为消费者越来越偏好可持续和环保的产品。在北美和欧洲等地区，麻纤维还被逐渐应用于建筑和汽车行业，特别是用作复合材料。

丝纤维以其天然光泽、柔软性及奢华感被广泛应用于高端服装和家居装饰领域。2019—2023年，全球丝织品市场持续增长，预计2024—2030年将以年复合增长率8%的速度扩展[10]。丝纤维的增长主要归因于消费者对环保和可持续产品的偏好增加，以及时尚和高端家居产品中对天然材料的青睐。中国和印度是全球丝类纤维的两大生产国。2021年，印度的丝类纤维产量达到2.6587万吨。两国凭借悠久的丝绸文化和庞大的内需市场，占据了全球丝纤维生产的主导地位。尽管新型冠状病毒感染曾短暂影响全球丝织品市场，但随着经济复苏以及有机养蚕技术的推广，丝纤维市场有望继续扩大。

羊毛纤维凭借其天然保暖性和可生物降解性，在全球纺织品市场中占据重要地位。2019—2023年，全球羊毛市场在技术进步和需求复苏的推动下持续发展。澳大利亚、中国和新西兰是全球主要的羊毛生产国。2022年，全球羊毛产量达到197.73万吨，相较2021年增长了1.1%[11]。其中，澳大利亚作为全球最大的羊毛出口国，其2021年对中国的出口价值高达19亿美元[12]。尽管新型冠状病毒感染的影响导致羊毛需求下降，但随着全球经济复苏以及消费者对天然环保产品的需求上升，羊毛市场迅速回暖。羊毛的应用也逐渐从传统的服装领域扩展至航空、建筑等高科技产业，进一步拓展其市场前景。

（二）天然纤维发展面临的挑战

过去五年全球天然纤维市场呈现积极的发展态势。尽管各类天然纤维在生产和消费上的表现不一，但其全球需求均呈现增长趋势。尤其是亚太地区，凭借庞大的消费市场和纺织产业扩展，已成为天然纤维需求增长的重要引擎。然而，天然纤维产业也面临诸多挑战。

1. 天然纤维的生产过程中存在高水耗、高污染等问题限制了其进一步发展

以棉花为例，棉花是一种高耗水作物，生产种植过程对水资源的消耗巨大。据世界自然基金会（WWF）报告，生产1kg棉花需消耗大约1万L水。这种高水耗不仅对水资源供应产生巨大压力，还带来一系列的环境问题。例如，乌兹别克斯坦等国家，由于大规模的棉花种植和不合理的水资源管理，导致了阿拉尔海的严重干涸。而羊毛、丝绸、麻等天然纤维的生产，面临同样问题。此外，天然纤维生产过程中需要使用大量的化肥和农药，化肥的过度使用会直接带来土地退化等问题，农药长期使用会对水体、土壤和生态系统带来长远的负面影响。联合国环境规划署的数据显示，全球棉花种植每年产生的农业污染物可导致超过4000万吨的土壤和水体污染。这种污染进一步削弱了天然纤维的环境可持续性，并与绿色纤维材料的目标背道而驰。

2. 天然纤维的生产需要占用大量的土地资源

据估算，生产1t棉花大约需要使用0.44公顷的耕地，而全球棉花种植面积已经占到了大约2.5%的可耕地面积[13]。为了保持一定的产量，农民往往需要使用大量的水、化肥和农药，进一步增加了天然纤维生产的环境负担。相比之下，合成纤维和循环再利用纤维的生产对土地资源的依赖显著降低，因而更加符合低碳绿色纤维材料的发展要求。土地资源的过度使用不仅影响生态系统的平衡，还与温室气体排放密切相关。大量的农业用地会导致森林砍伐，削弱了碳汇能力，并间接增加了碳排放。据研究，每年全球棉花种植导致的温室气体排放约为2亿吨二氧化碳当量，这与全球纺织业的低碳目标相悖[14]。因此，天然纤维虽然具有可再生性，但其生产过程中对自然因素的高度依赖性和大量土地资源的消耗使其在绿色低碳发展方面面临严峻挑战。

3. 天然纤维在应用过程中还存在很多挑战

天然纤维是一种绿色低碳材料，但天然纤维的纺织制品还并不是一种绿色产品，这主要是因为这些制成品在生产加工过程中需消耗大量的水、能源和化学品，从而对环境带来很多负面影响。以印染加工为例，纺织品的染色加工流程长，生产流程大多是在高温环境中完成，且需要使用大量的染料、助剂等多种化学品，在完成染色后还需多次水洗。据研究，纺织品染色加工占整个纺织品生产过程中碳足迹的20%以上。染色过程还会产生大量废水，据估计，每吨纺织品的染色废水排放量可高达200t[14]。这些废水中可能含有未完全降解的染料、重金属和其他有害化学物质，对环境造成长期污染。以棉纤维为例，其后整理中的染色过程对水资源消耗极为庞大，全球每年用于染色的水资源占到了工业总耗水量的17%~20%[15]。此外，天然纤维在功能性整理中，为了赋予其防水、抗菌等额外性能，通常需要使用含氟化合物等不易降解的化学品，这进一步削弱了其绿色低碳的特性。功能整理后的天然纤维即使在使用后也难以完全降解，导致了废弃物处理中的挑战。因此，虽然天然纤维在原料上符合绿色低碳的要求，但如何实现天然纤维的绿色低碳应用是纺织行业当前和未来一段时期内亟待解决的重要难题。

（三）天然纤维的技术发展趋势

基因编辑技术正在通过培育天然彩色棉来减少染色过程中的环境污染。传统棉花染色不仅消耗大量水资源，还需要使用合成染料和助剂，这些化学品对环境造成严重污染。为了避免这些问题，研究人员已经成功利用基因编辑技术改良棉花，使其天然呈现出多种颜色，如棕色和绿色。以中国的研究为例，科学家通过CRISPR/Cas9技术对棉花基因进行编辑，得到了彩色棉的新品种。这一突破不仅减少了染色所需的水量和化学品，还同时提高了棉花生产的环境友好性。据估计，彩色棉的推广可以使全球染色过程中的废水排放减少约80%。这些天然彩色纤维已经开始在纺织品领域应用，如中国的一些纺织公司已经使用彩色棉制作无染色T恤，减少了纺织工业的水资源消耗和污染排放。

基因编辑技术除了在彩色棉方面的应用外，在应对天然纤维生产过程中受自然因素影响的挑战方面具有重要作用。通过CRISPR/Cas9等先进技术，研究人员能够对纤维作物的基因进行定向修改，从而提升其对干旱、病虫害等极端气候条件和病害的抗性。以澳大利亚联邦科学与工业研究组织（CSIRO）和昆士兰大学的合作研究为例，科学家通过基因编辑优化了棉花根系的水分吸收能力，使其在水资源减少20%的情况下，产量提升20%~30%。这种技术提高了棉花在干旱条件下的存活率，降低了对水资源的依赖性，从而提升了其在气候变化背景下的生产稳定性。例如，中国农业科学院的研究团队通过基因编辑技术对棉花中的GhMLO基因进行改良，显著增强了棉花对黄萎病的抵抗力。实验结果表明，经过基因编辑的棉花在高病害区域的产量下降幅度减少了40%。这些研究表明，基因编辑技术能够有效应对纤维作物在气候变化和病害等自然因素下的产量波动，为天然纤维的可持续生产奠定了技术基础。

纳米技术的引入显著提升了天然纤维的抗菌性能，同时减少了功能性整理过程中对化学品的依赖。纳米银和二氧化钛是最常用的纳米材料，可用于赋予天然纤维抗菌和抗污功能。具体实验数据显示，纳米银涂层可以使天然纤维的抗菌效果提高90%以上。此外，这些纳米涂层即使经过多次洗涤，仍然能够保持高效的抗菌性能。且壳聚糖纳米颗粒涂层的开发也为天然纤维提供了长期抗菌的解决方案。壳聚糖作为一种生物基抗菌剂，具有良好的生物可降解性，并且在多次洗涤后依然保持抗菌效果。这些技术的应用已在纺织行业中得到推广。例如，某些纺织厂通过应用纳米银涂层生产抗菌床单和毛巾，不仅提升了产品的功能性，还减少了传统抗菌化学品对环境的污染。

高效酶处理技术在纤维加工过程中展现出明显的资源节约优势。传统的纤维前处理工艺通常依赖于高温碱煮，导致能耗高、化学品使用量大。而酶处理技术通过使用纤维素酶等生物酶来替代传统的化学品，显著降低了能耗和资源消耗。以埃迪亚博拉（Aditya Birla Group）集团为例，该公司在其Birla Cellulose工厂中应用纤维素酶处理技术进行黏胶纤维的生产，减少了50%的化学品使用，并将每吨纤维的水耗降低了60%。此类技术在纺织行业中的应用不仅提升了环保性能，还显著改善了纤维的加工质量。此外，丹麦诺维信（Novozymes）公司开发的Bioprep® 3000L酶处理技术用于棉花的前处理工艺，其特点是在低温下高效去除棉花中的果胶，避免了传统高温碱煮的高能耗过程。通过这一技术，水资源消耗减少了约30%，能源消耗则减少了20%。这一技术已经在全球多家纺织厂推广应用，为天然纤维的加工过程提供了更为可持续的解决方案。

麻纤维和竹纤维在非织造材料中的应用不断拓展，特别是在环保和高性能领域。麻纤维的高强度和天然抗菌性使其成为汽车内饰和工业过滤材料的理想选择。例如，宝马集团在车门内饰板和仪表板中采用大麻纤维复合材料，使车辆重量降低了约30%，每辆车的碳排放量减少了25%；竹纤维则因其优异的柔软性和吸湿性，逐渐应用于个人护理用品、卫生产品及医疗领域。例如，日本花王公司推出的竹纤维湿巾产品市场份额增长了15%，并且获得了消费者的广泛认可；新兴应用方向包括用于可降解包装材料和农业地膜，竹纤维与其他生物基材料的结合正在改变传统塑料包装和农业材料的市场格局。例如，法国生物材料公司Lactips正在开发由竹纤维和聚乳酸（PLA）制成的可完全降解包装材料，试验表明，这种材料在6个月内可完全降解，减少了90%以上的塑料废弃物；在农业中，竹纤维制成的可生物降解地膜不仅减少了土壤污染，还提升了农作物的产量，使某些地区的农作物产量增加了10%~15%。非织造布领域正逐渐朝着更高效、可降解的方向发展。随着绿色工艺如水刺技术和生物基涂层技术的成熟，天然纤维在过滤材料、包装和农业中的应用前景更加广阔。麻纤维和竹纤维作为可持续材料，将在更多领域取得突破。

天然纤维复合材料近年来在低碳绿色创新方面实现了重要的技术突破，并得到了广泛的产业应用。天然纤维如亚麻、剑麻和竹纤维，因其低密度、高比强度、可再生性和生物可降解性，在复合材料中逐渐取代传统的合成纤维如玻璃纤维和碳纤维。这种转变不仅满足了环保需求，还提升了性能与成本的平衡。汽车行业是天然纤维复合材料的重要市场。例如，德国汽车零部件供应商佛吉亚（Faurecia）也在其汽车座椅的生产中采用了亚麻纤维复合材料，与传统玻璃纤维相比，亚麻纤维复合材料的比强度提高了25%，并且生产成本降低了20%；建筑和基础设施领域也正在积极采用天然纤维复合材料。例如，龙舌兰纤维与水泥的复合材料已被用于住房建设和基础设施项目，这种复合材料不仅在潮湿和腐蚀性环境中表现出色，还具有高达250 MPa的抗拉强度；在风力发电行业，竹纤维增强复合材料逐渐取代玻璃纤维，用于风电叶片的制造。研究表明，竹纤维复合材料的比强度与玻璃纤维相当，但其生产过程中能源消耗减少了30%，并且竹纤维可自然降解，有助于减少废旧风电叶片的环保压力；在防护装备领域，天然纤维复合材料的应用也在扩大。例如，巴西材料学军事研究所通过研究发现，菠萝纤维增强复合材料与传统芳纶纤维复合材料在防弹性能上相当，但重量更轻且穿着更舒适。测试表明，菠萝纤维复合材料能够承受高达300MPa的冲击强度，具有良好的防弹效果。这种材料不仅环保，制造成本还低于传统材料，具有广泛的应用前景。

三、再生纤维素纤维的发展现状与趋势

（一）再生纤维素纤维的发展现状与格局

在2019—2023年，全球再生纤维素纤维的产量呈现出稳步增长的趋势，尤其是莱赛尔和莫代尔纤维，因其环保优势，市场需求显著提升。黏胶纤维仍然是产量最大的品类，其年均产量由2019年的约550万吨增长至2023年的620万吨[16]。莫代尔纤维的年产量在此期间从70万吨增加至85万吨，而莱赛尔纤维的增速更为显著，2023年产量已达到70万吨，较2019年翻倍。尽管2020年受到新型冠状病毒感染的影响，全球产量短暂下滑，但自2021年起市场迅速恢复，年产量持续上升。主要的再生纤维素纤维生产国集中在亚洲和欧洲，其中中国占据了全球产量的主导地位。2019—2023年，中国的年均产量从400万吨增长至480万吨，消费量也从220万吨提升至270万吨。印度是另一重要生产国，其产量从2019年的70万吨增至2023年的90万吨，国内消费也逐年增长。欧洲市场则以奥地利为代表，主要生产高端纤维如莱赛尔和莫代尔，产量从2019年的35万吨增至2023年的60万吨，尽管其国内消费较少，但出口量大，特别是在欧美高端市场中占据重要地位。印尼也在此期间提升了生产能力，年产量从2019年的50万吨增长至65万吨，主要出口亚洲和欧洲[17]。

再生纤维素纤维的消费用途广泛，涵盖服装、家用纺织品以及工业用纺织品。服装业是其最大的应

用领域，黏胶纤维和莫代尔纤维广泛用于内衣、休闲服和运动服等产品中。莱赛尔纤维则凭借其环保特性和优异的机械性能，广泛用于高端服装市场。家纺市场对再生纤维素纤维的需求也在逐年增加，特别是高端床上用品、毛巾和窗帘等产品。而在工业领域，再生纤维素纤维因其优异的吸湿性和抗菌性能，被广泛用于无纺布、医用敷料及湿巾等产品中。总体来看，2019—2023年再生纤维素纤维行业的生产和消费均呈现出持续增长的态势，尤其是在环保要求日益严格的背景下，莱赛尔和莫代尔纤维的需求增长显著。亚洲仍是再生纤维素纤维的主要生产和消费地区，未来随着全球对可持续纤维需求的进一步扩大，再生纤维素纤维的市场前景将更加广阔。

（二）再生纤维素纤维发展面临的挑战

1. 水资源的消耗降低了再生纤维的可持续性

尽管再生纤维素纤维原材料来源于自然界中的纤维素，但这类纤维在生产过程中仍面临较高的水资源消耗和严重的污染问题，尤其是传统黏胶纤维的生产方式，使得再生纤维素纤维的环境影响与当前绿色低碳材料的特性产生了较大的矛盾。

水资源的消耗是再生纤维素纤维生产中的关键问题之一。生产过程中的纤维素溶解和后续的纺丝步骤都需要大量的水来支持化学反应，特别是黏胶纤维生产中使用的二硫化碳和苛性钠的处理更是耗水大户。根据研究，每生产1t黏胶纤维平均需耗水近400m^3，远高于合成纤维如涤纶的生产耗水量[18]。此外，在纤维生成后的后处理工序中，为了去除残留化学品，往往需要大量水进行清洗，进一步增加了水资源的消耗。尤其是在水资源匮乏的地区，这种高水耗的生产工艺无疑对当地环境和水资源管理造成了巨大的压力。

2. 污染问题是再生纤维素纤维生产过程中难以忽视的环境负担

传统黏胶纤维生产使用的二硫化碳（CS_2）是一种对环境和健康均有危害的化学物质。数据显示，黏胶纤维生产过程中每吨产品可能排放约30kg的二硫化碳[19]，这种气体对大气层的污染具有长期性，并且工人长期接触此类物质还可能引发严重的健康问题，如神经系统损伤和呼吸系统疾病。此外，生产过程中产生的废水中含有高浓度的苛性钠和其他有害物质。如果这些废水未经妥善处理直接排放，将对水体造成严重污染，导致水体富营养化、重金属污染等问题。中国的某些纺织产业集中区域，已经出现了因黏胶纤维生产废水处理不当而导致河流水质恶化，进一步威胁着当地的生态系统。

再生纤维素纤维尽管在原料来源上具有可再生性，但其生产过程中的高能耗和高污染使其整体的环境负担较大。例如，每吨黏胶纤维的生产碳足迹约为5.5t二氧化碳当量（CO_2e）[20]，这与许多合成纤维的碳排放量相差不大，而后者却在水资源消耗方面表现更为环保。因此，再生纤维素纤维在当前的绿色低碳评价体系中仍然面临挑战，特别是在水资源使用和污染控制方面。

（三）再生纤维素纤维的技术发展趋势

再生纤维素纤维的技术发展正逐步应对生产过程中的环境挑战。衍生化水解技术在未来的应用中，将着重于通过开发新型催化剂和绿色溶剂体系来减少有害化学品的使用。当前，传统的氢氧化钠/二硫化碳法对环境造成的负担较大，而纳米技术在催化剂设计中的应用可能成为关键。研究表明，纳米催化剂具有更高的选择性和反应效率，能够在温和条件下实现纤维素的高效水解，从而显著降低能源消耗和生产成本。德国的一项研究显示，纳米催化剂在实验中将纤维素水解效率提高了25%，且溶剂的可回收率增加了15%。非衍生化水解技术也在解决生产中的高成本问题。LiOH/尿素改性溶液体系在纤维素的溶解性方面表现出色，但其溶剂的回收难度增加了整体工艺成本。未来的技术趋势将着力于改进这种溶液体系，使其更加经济高效。一些实验已经表明，通过优化溶液的循环使用，能耗减少了20%。NMMO/H_2O体系的进一步优化同样备受关注，新的控制技术能够通过降低反应温度来减少副产物的生成，实验显示这一技术改进将能耗降低了18%。这些技术改进有望使再生纤维素纤维的生产过程更加符合绿色低碳要求，同时显著降低生产成本。

再生纤维素纤维的原材料开发是未来技术发展的另一个重要方向。①稻草、玉米秸秆等农业废弃物在未来可能成为再生纤维素纤维的主要原料。通过改进纤维素水解工艺，这些农业废弃物可以被更高效地转化为纤维素纤维。数据显示，采用改进后的水解技术，稻草纤维的转化效率提高了30%，纤维强度也提升了10%。这一技术不仅为农业废弃物的循环利用提供了解决方案，还能降低纤维素纤维的生产成本，使其成为纺织行业更加可持续的材料选择。中国每年产生约7亿吨的农作物秸秆，如果处理不当会导致环境污染。研究人员开发了从秸秆中提取纤维素的方法，通过化学预处理和酶解技术，将稻草等废弃物转化为高纯度纤维素，再经过溶解纺丝制备出性能优良的纤维；印度的Grasim Industries公司每年处理数万吨棉籽绒，用于黏胶纤维的生产，提高了资源利用率。②竹子等快速生长植物也成为新的原料来源，中国福建和浙江的企业利用竹子生产再生纤维素纤维，采用Lyocell工艺减少化学品的使用和排放，竹纤维产品的需求量以每年约10%的速度增长。③海洋生物质资源方面，日本和韩国的研究团队从海藻中提取纤维素，用于制备具有良好生物相容性的纤维，应用于医疗和化妆品领域。④废旧纺织品的再利用也取得进展，瑞典的公司将废旧棉纺织品转化为高品质的再生纤维素纤维"Circulose"，已在市场上得到应用。⑤利用废弃物和非木质资源作为原料，不仅可将温室气体排放减少20%~30%，还为相关产业带来新的经济增长点，例如农民通过出售秸秆每吨可获得100~200元的收入。尽管面临杂质多、提取难度大等技术挑战，但随着预处理技术、酶解技术和溶剂体系的改进，这些问题正在逐步解决，政策支持也为产业发展提供了有利环境，推动了纺织行业的绿色低碳转型。

近年来，再生纤维在高性能纤维材料领域的研究取得了重要进展。通过绿色改性和先进制造技术的应用，提升了纤维的力学性能、耐热性和功能性，从而拓宽了其在高端领域的应用。首先，绿色改性技术的采用显著提高了再生纤维的性能。例如，瑞典的Infinited Fiber Company开发了一种专利技术，将废旧纺织品中的纤维素溶解后，加入纳米纤维素进行增强，生产出高强度的再生纤维素纤维Infinna™。这种纤维具有优异的染色性能和手感，可用于高品质的时尚纺织品。德国的Kelheim Fibres Gmbh公司通过优化黏胶纤维的纺丝工艺，开发了具有特殊截面形状的纤维，如空心纤维和多叶片纤维。这些纤维在保持再生纤维素环保特性的同时，提升了吸湿性、保暖性和强度，可应用于高性能滤材、功能性服装和医疗产品。其次，高性能再生蛋白质纤维的研究也取得了突破。例如，美国的Bolt Threads公司利用合成生物学技术，通过基因工程酵母生产出与蜘蛛丝蛋白相似的蛋白质，再纺制成高性能纤维。这种纤维具有高强度和高弹性，被用于制作高端服装和功能性织物，如领带和帽子。

再生纤维素纤维和再生蛋白质纤维因其良好的生物相容性和可降解性，在生物医学领域的应用得到了深入发展，特别是在组织工程、药物控释和医用纺织品方面。①在组织工程与再生医学中，再生纤维素纳米纤维被用于制备三维细胞培养支架，支持细胞的黏附、增殖和分化。例如，芬兰的芬欧汇川集团（UPM）开发了名为GrowDex®的纳米纤维素水凝胶，用于三维细胞培养和组织工程，已在生物医学研究中广泛应用；德国的JeNaCell公司开发的Epicite®纤维素水凝胶敷料，可用于治疗烧伤和慢性伤口，加速组织再生。②在药物控释系统方面，再生纤维素纳米纤维作为药物载体，通过调控纤维的结构和表面性质，实现药物的缓释和靶向递送。例如，日本的郡是（Gunze）公司利用再生纤维素纤维开发了药物控释植入物，用于局部治疗和组织修复，已进入临床试验阶段。这种材料的可降解性和生物相容性，有助于提高治疗的安全性和有效性。③在伤口敷料和医用纺织品领域，再生纤维素纤维被用于制作医用纱布、绷带和手术服，因其吸湿性、透气性和低致敏性而受到医疗行业的青睐。例如，中国的稳健医疗（Winner Medical）利用高品质的再生纤维素纤维，生产了一系列医用敷料和防护用品，供应国内外市场。同时，通过在纤维中引入抗菌剂，如银离子或壳聚糖，制备具有抗菌功能的医用材料，进一步提升了产品的性能。

四、生物基合成纤维材料的发展现状与趋势

（一）生物基合成纤维材料的发展现状与格局

近年来，生物基合成纤维材料因其环保性和可持续发展的潜力，逐渐成为纺织和材料领域的重要组成部分。生物基合成纤维由可再生生物质资源（如玉米、甘蔗等）通过生物和化学工艺制成，主要包括聚乳酸纤维（PLA）、生物基聚酰胺纤维（Bio-PA）、生物基聚对苯二甲酸乙二醇酯纤维（Bio-PET）和生物基弹性纤维。聚乳酸纤维是最具代表性的生物基合成纤维，以其优异的生物可降解性广泛应用于纺织、包装和医用纺织品领域；生物基聚酰胺纤维因其与传统尼龙相似的耐磨性和强度，常用于服装和工业用纺织品；生物基PET纤维主要通过植物基乙二醇替代传统的石化基乙二醇，广泛应用于纺织品和包装材料领域。

根据经合组织的预测，未来10年内全球将有至少20%的石化产品（约8000亿美元）能够被生物基产品所替代，但目前的替代率仅为不足5%，这意味着存在近6000亿美元的市场缺口[21]。随着环保意识的提升和技术的进步，生物基聚合物的市场需求不断增长。根据European Plastics的统计，2021年全球生物基聚合物产能达到了241.7万吨，其中可生物降解和不可生物降解聚合物分别占据155.3万吨和86.4万吨（图4-1）。聚乳酸纤维的产量增长尤为显著，2023年已达到28万吨，成为市场的主导力量，广泛应用于纺织品、包装及一次性塑料替代品。与此同时，生物基聚酰胺和生物基PET纤维的产量也显著增加，分别在2023年达到8万吨和17万吨，尤其在高性能纺织品和汽车内饰市场中需求强劲[22]。尽管2020年因新型冠状病毒感染导致产量下降，但从2021年起市场恢复增长，并在2023年达到历史新高。

预测显示，未来5年生物基聚合物产能将显著增长，并且呈现出多元化的发展趋势。从应用领域来看，包装仍然是生物基聚合物最大的应用领域，占据总产能的47.9%，其次是日用品和纺织领域（图4-2）[23]。随着功能性聚合物产能的增加，其在汽车和交通运输、建筑、电气与电子等细分市场的应用也将不断增长。

生物基合成纤维的生产主要集中在美国、中国和欧洲国家。美国作为全球生物基合成纤维技术的先驱，生产了大量PLA纤维，尤其是NatureWorks公司在该领域的领导地位显著。2019—2023年，美国的生物基合成纤维产量从10万吨增长至16万吨，国内市场对可降解包装和可持续纺织品的需求推动了消费量的增长。中国则在生物基聚酰胺和聚乳酸纤维领域显示出强劲的生产能力，产量从2019年的15万吨增长至2023年的23万吨，主要用于国内纺织和包装市场[24]。欧洲国家，特别是德国和法国，在生物基PET和聚酰胺纤维的生产方面具备较强的竞争力，2019—2023年的产量从8万吨增加到11万吨，消费量主要集中在高端服装和工业应用领域。

生物基合成纤维的主要应用领域涵盖纺织、包装、工业和医疗等多个方面。①在纺织品与服装领域，生物基合成纤维凭借其环保、舒适和功能性特征，广泛应用于运动服、内衣及环保时装。②在包装

图4-1 2020—2026年全球生物基聚合物产能

资料来源：European Plastics。

注：2022—2026年数据为预测值。

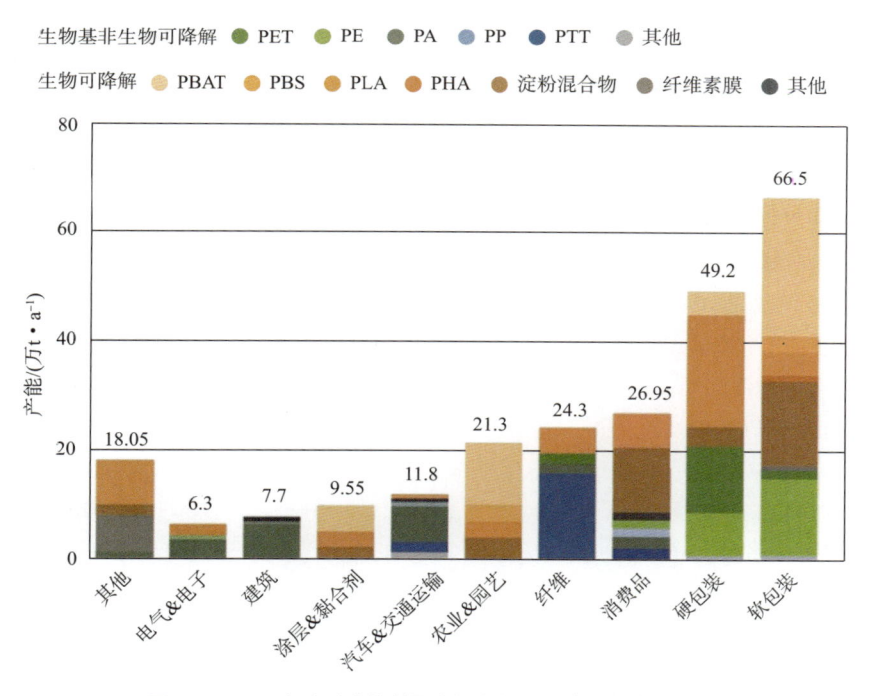

图4-2 2021年全球生物基聚合物产能分布（按应用领域）

资料来源：European Plastics。

领域，聚乳酸纤维被广泛用于可降解包装材料和一次性餐具。③在工业领域中，生物基聚酰胺和生物基PET纤维则用于汽车内饰、座椅套及工业过滤材料，满足了轻量化和环保的需求。④在医疗领域，聚乳酸纤维被用于制造医用敷料、缝合线等医用纺织品。尽管一些生物基聚合物已经实现了大规模生产或商业化应用，但仍有大量新兴材料处于研发或试生产阶段。如表4-1显示，不同类型的生物基聚合物在实际替代量上的预期范围为20%～100%，但实现这一目标面临着成本、产能利用率和技术成熟度等多方面的挑战。

表4-1 当前各类新兴生物基聚合物品类的开发现状

所处开发阶段	代表性品类
研发阶段	生物基PP、生物基PA6、生物基PA66、同样的新型淀粉塑料（乙酰化淀粉）：部分生物基PET、PEIT、PBS、PBA、PBSA、PBT
小型装置生产阶段	生物基琥珀酸、耐热型PLA、部分生物基聚氨酯
中型装置生产阶段	生物基PHA、生物基PE：部分生物基环氧树脂、部分生物基PVC
已实现产业化	部分生物基PTT、PLA、生物基PA11、部分生物基PA11、淀粉基聚合物
大规模商业化生产	纤维素基聚合物、醇酸树脂等

资料来源：European Bioplastics Report 2019。

（二）生物基合成纤维材料发展面临的挑战

1. 扩展生产原料来源的多样性与可持续性仍然是生物基合成纤维的首要问题

生物基合成纤维的生产依赖于大规模种植能源作物，如玉米、甘蔗和大豆等。这些作物的扩种可能导致土地利用方式的显著改变，进而引发森林砍伐和草原转化为农田的现象。据联合国粮食及农业组织（FAO）统计，2010—2020年，全球每年平均有约470万公顷的森林被砍伐，其中相当一部分用于农业用途。研究数据显示，2000—2018年，亚马孙地区的森林面积减少了约12%，其中农业扩张占主要原因。森林砍伐不仅导致二氧化碳吸收能力的降低，还释放了大量储存在树木和土壤中的碳，加剧了全球气候变暖。根据世界资源研究所（WRI）的报告，森林砍伐和土地利用变化每年产生的温室气体排放量约占全球总排放量的11%。

生物基合成纤维的原料主要来自农业和林业资源，如植物油、糖类和淀粉，这些原料的种植可能与粮食生产产生直接竞争，尤其是在可耕地资源有限的情况下，同时这些原料的获取和处理成本相对较高，导致纤维生产成本增加。例如用于生产聚乳酸（PLA）的玉米和用于生产生物基聚酰胺的油菜籽等作物，原本可以用于粮食或食用油的生产。国际粮食政策研究所（IFPRI）的研究表明，如果生物质能源和材料的需求持续增长，到2030年，全球粮食价格可能上涨20%~40%，对低收入国家的粮食安全构成威胁。美国农业部（USDA）的数据显示，2018年用于非粮用途的玉米比例比2000年增长了120%，这一趋势引发了对粮食供应紧张和食品价格上涨的担忧。据行业数据，玉米价格在近年来的波动幅度达到15%~25%，增加了生产成本的不确定性。此外，生物质原料需要经过糖化、提取等预处理过程，预处理和酶解过程的成本可占总生产成本的30%~40%。大规模种植能源作物可能与粮食生产竞争土地资源。根据联合国粮农组织（FAO）的数据，全球有3%~5%的农田用于能源作物种植，这可能影响粮食安全并引发伦理争议。水资源的竞争也是一个重要问题。农业用水占全球淡水资源消耗的70%，而能源作物的种植通常需要大量灌溉。世界银行的报告指出，到2050年，全球农业用水需求将增加15%，其中能源作物的种植是主要驱动力之一。在水资源匮乏的地区，能源作物与粮食作物的灌溉用水竞争可能导致粮食减产和生态环境恶化。

2. 生物基合成纤维材料在应用过程中还存在很多挑战

生物基合成纤维因其可再生和环保特性备受关注，但与传统石化基合成纤维相比，在性能上仍存在一些显著的劣势，主要体现在力学性能、耐热性、化学稳定性和物理性能等方面。在力学性能方面，生物基纤维的强度和韧性普遍低于传统合成纤维。以聚乳酸（PLA）纤维为例，其拉伸强度通常在2.5~6.0 cN/dtex，而传统聚酯（PET）纤维的拉伸强度可达到5.0~7.0 cN/dtex。这意味着在相同的负载条件下，PLA纤维更容易发生断裂。PLA纤维的断裂伸长率为20%~30%，而PET纤维可达到30%~40%，表明PLA纤维的韧性较差。在实际应用中，较低的强度和韧性限制了生物基纤维在高强度和高耐久性要求的领域，如工业用布、绳索和功能性服装等。

生物基纤维的耐热性能相对较差。PLA纤维的玻璃化转变温度（T_g）为55~60℃，熔点为170~180℃，而PET纤维的T_g约为80℃，熔点在250℃以上。低T_g导致PLA纤维在较低温度下就会软化或变形。例如，在熨烫或高温环境下，PLA纤维制品可能发生形变，影响产品的外观和性能。生物基纤维在加工过程中热稳定性不足，易发生热降解，导致分子量下降和性能劣化。熔融纺丝时，PLA需要在较低温度下加工，这对工艺设备和控制条件提出了更高要求，增加了生产成本。

生物基纤维的耐水解和某些物理性能方面较差。PLA纤维在高温高湿条件下容易发生水解降解，机械性能也随之下降。研究表明，在80℃、相对湿度65%的环境下，PLA纤维的力学性能在数周内会明显下降，而PET纤维在类似条件下则能长期保持性能。PLA纤维的耐磨性和耐折性较低，影响其在需要经受反复摩擦和弯折的应用中的表现。例如，在耐磨性测试中，PLA纤维织物的磨损率比PET纤维织物高出约20%。此外，虽然PLA纤维的吸湿率（约为0.4%）高于PET纤维（约为0.2%），但仍远低于天然纤维如棉纤维（约为8%）。这可能影响纺织品的舒适性和染色性能，导致织物手感较差、染色深度不足，需要特殊的染料和助剂，增加了工艺复杂性和成本。

此外，生物基合成纤维虽然以可再生资源为原料，但在降解性方面存在局限。以PLA纤维为例，其在自然环境中的降解速度较慢，可能需要数年时间。在工业堆肥条件下，PLA纤维可在几个月内降解，但这需要特定的温度、湿度和微生物条件。在缺乏适当处理设施的地区，生物基纤维可能与传统塑料一样，积累在环境中，导致塑料污染。生产生物基合成纤维的过程可能涉及高能源消耗和温室气体排放。生物质原料的种植、收获和运输需要机械作业，消耗化石燃料。根据研究，生产1t PLA纤维的能源消耗为50~70 GJ，与生产1t传统PET纤维的能源消耗（80~100 GJ）相当或略低，但差距并不显著。如果生物质种植过程中使用大量化肥和农药，可能导致土壤和水体污染，增加环境负担。生物基合成纤维的降解产物可能对环境产生潜在影响。降解过程中可能释放出微塑料或低分子量化合物，其生态毒性尚未完全明确。

（三）生物基合成纤维的技术发展趋势

目前，生物基合成纤维的生产面临高成本和低生产效率的问题，限制了其市场竞争力。为解决这些挑战，各行业正在研究和应用多种技术，旨在降低生产成本、提高生产效率，促进生物基纤维的广泛应用。在原料获取方面，开发非粮食生物质原料被认为是降低生产成本和避免与粮食生产竞争的关键策略。利用木质纤维素、农业废弃物和海藻等非粮生物质，可以有效降低原料成本。例如，美国的杜邦公司（DuPont）与丹麦的诺维信公司（Novozymes）合作，开发了从玉米秸秆中提取纤维素糖的技术。该技术采用预处理工艺，包括物理和化学方法，破坏植物细胞壁结构，提高纤维素的可及性。随后，通过高效酶解过程，将纤维素转化为可发酵的单糖，用于生产生物基材料。优化的酶制剂和反应条件使预处理和酶解过程的成本降低了约30%。这一技术的应用，不仅降低了对粮食作物的依赖，还提高了农业废弃物的利用率；日本的东丽公司（Toray Industries）正在研究利用海藻生产生物基聚酯纤维的技术。

海藻作为快速生长的海洋生物质资源，具有不占用陆地耕地、不与粮食生产竞争的优势。东丽公司通过提取海藻中的多糖，如褐藻胶和海藻酸，经过水解和发酵，转化为相应的单体，如乙二醇和琥珀酸。再通过聚合反应，合成生物基聚酯纤维。该技术有望减少对陆地资源的依赖，降低原料成本，并且有助于海洋资源的可持续利用。

在生产工艺优化方面，合成生物学和代谢工程技术被广泛应用于改良微生物菌株，提高发酵效率。通过基因编辑和代谢通路优化，培育出高效生产乳酸的工程菌株。例如，美国的NatureWorks公司利用基因工程技术，对乳酸菌的关键代谢途径进行改造，抑制副产物生成，提高乳酸的产量和生产速率。改良后的菌株将乳酸发酵时间从72h缩短至48h，乳酸产率提高至95%以上。此外，采用连续发酵工艺，实现了发酵过程的持续运行，减少了发酵罐的清洗和灭菌时间，提高了设备利用率。

在乳酸聚合环节，新型催化剂和聚合工艺的开发对于降低能耗和提高聚合物性能至关重要。传统的乳酸开环聚合需要高温（约180℃）和真空条件，以避免副反应的发生。例如，德国的科思创（Covestro）股份公司研发了新型金属有机催化剂，如锡、铝、锌等金属的配合物，具有高活性和选择性。采用这些催化剂，聚合温度降低到130℃，压力条件也得到缓解。低温条件下，副反应减少，聚合物的分子量和性能得到提高。能耗减少了约20%，设备的耐热和耐压要求降低，设备投资也相应减少。合成生物学将继续推动高效微生物菌株的培育。利用CRISPR/Cas9等基因编辑技术，对微生物的基因组进行精确改造，构建具有优化代谢网络的工程菌株。通过代谢流分析和计算机模拟，设计最佳的代谢路径，提高目标产物的合成效率。合成生物学还支持构建能够利用多种碳源的微生物，如同时利用葡萄糖和木糖，提高对非粮生物质的利用率。

在生物基合成纤维性能提升方面，越来越多的研究采用共聚改性和交联技术，提高玻璃化转变温度（T_g）和熔点以提高材料的耐热性能。通过引入高T_g的单体，如间苯二甲酸（IPA）或丁二酸（SA），合成共聚物PLA，T_g提高至75℃以上。例如，美国的NatureWorks公司开发了高耐热PLA树脂Ingeo 6260D，T_g达到88℃，适用于高温环境。使用交联剂，如过氧化物或环氧化合物，在分子链间形成化学键，提高热稳定性。研究表明，经交联改性的PLA纤维，熔点提高约10 15℃。

在增强化学稳定性方面，应用表面涂层和共混改性，通过在纤维表面涂覆耐化学性高分子，如聚偏氟乙烯（PVDF）或有机硅树脂，提升纤维的耐酸碱和耐水解性能。例如，德国的巴斯夫公司（BASF）开发了用于PLA纤维的防护涂层技术，延长产品使用寿命。共混改性方面，将PLA与耐化学性的聚合物如聚对苯二甲酸丁二醇酯（PBT）共混，提升耐化学性。共混纤维在强碱环境下的强度保持率提高约20%。

在改善物理性能方面，采用纤维结构设计和功能化改性，通过控制纺丝工艺参数，优化纤维的截面形状和结晶度，提高耐磨性和耐折性，以及设计中空纤维和多叶形纤维，增大纤维的比表面积，增强机械互锁效应。例如，韩国的晓星集团利用熔体直纺技术，生产高耐磨性的PLA纤维，耐磨性提高约25%。功能化改性方面，引入亲水性基团或共聚亲水性单体，提升纤维的吸湿性和染色性能。通过接枝丙烯酸（AA）或马来酸酐（MAH），PLA纤维的吸湿率提高至约1.2%，染色深度增加。固相缩聚技术的应用则进一步提高了聚乳酸的分子量和结晶度。将低聚物在熔点以下的温度下进行固相反应，分子链逐步增长，同时避免了高温下的降解现象。固相缩聚过程能耗较低，反应条件温和，产物的热稳定性和力学性能显著提升。这种技术的应用，使聚乳酸能够满足更高性能要求的应用领域，如工程塑料和纤维制品。

生物技术在解决生物基合成纤维降解性不足和原料可持续性问题上发挥了重要作用。通过基因工程、代谢工程和合成生物学等手段，研究人员正在开发新型微生物和酶系，以改进纤维的降解性能和优化原料来源。在增强纤维降解性方面，生物技术通过改造微生物和酶，提高了对生物基聚合物的降解效率。利用基因工程技术，培育了能够高效分解聚乳酸（PLA）的微生物菌株。例如，日本理化学研究所的研究团队分离出一种能分解PLA的酶"PldR"，通过基因改造提高了其活性。在实验室条件下，该酶可在一周内将PLA降解超过90%。这一成果为开发高效降解PLA的微生物奠定了基础；美国的卡内基梅隆大学研究人员利用合成生物学，设计了能够降解多种生物基聚合物的微生物群落。通过在细菌中引入降解酶基因，构建了一个多酶系统，实现了对PLA、聚丁二酸丁二醇酯（PBS）等聚合物的高效降解。在堆肥条件下，降解速度提高了50%以上。

五、循环再利用纤维材料的发展现状与趋势

（一）循环再利用纤维的发展现状与格局

近年来，循环再利用纤维材料在全球纺织行业中迅速发展，成为推动环保和可持续发展的重要技术手段，特别是再生聚酯纤维的市场表现最为突出，成为全球纺织和服装行业实现可持续发展的关键力量。2019—2023年，全球循环再利用纤维材料市场持续增长，尤其是再生聚酯纤维的需求大幅增加。再生聚酯纤维的年产量，从2019年的600万吨增长至2023年的750万吨[24]，这得益于回收PET瓶和废旧聚酯纤维的广泛供应，以及全球对环保材料的日益关注。同样，再生棉纤维和再生尼龙纤维的产量也有所上升，再生棉纤维的产量在2023年达到40万吨，再生尼龙纤维的产量则达到22万吨[25]。随着技术的进步和生产工艺的优化，循环再利用纤维材料的生产效率得以提升，满足了全球市场对可持续纤维日益增长的需求。

在全球循环再利用纤维的生产和消费中，亚洲和欧洲国家占据主导地位。中国是全球最大的循环再利用纤维生产国，其再生聚酯纤维的年产量从2019年的350万吨增至2023年的450万吨，占全球总产量的绝大部分[26]。与此同时，印度的循环再利用纤维生产也迅速增长，年产量从2019年的70万吨增至2023年的90万吨。欧洲则以再生尼龙和再生棉纤维的生产为主，特别是德国、意大利等国在循环纤维材料领域具备较强的技术实力。欧洲消费者对环保产品的需求强劲，推动了循环再利用纤维材料在高端服装和工业纺织品中的应用。随着全球环保意识的进一步增强和技术的持续进步，循环再利用纤维材料将在未来的纺织和工业应用领域中发挥更为重要的作用，助推全球纺织行业的绿色转型。

（二）循环再利用纤维发展面临的挑战

1. 现阶段低效率回收加工是循环再利用纤维的首要问题

循环再利用纤维的回收和再加工方法主要包括物理法和化学法。物理法循环再利用纤维的生产涉及多个步骤，包括收集、分类、清洗、破碎、再造粒和纺丝，每个环节都需要能源投入。研究指出，物理法回收聚酯纤维的能耗通常高于生产新的聚酯纤维，物理法生产1t再生聚酯纤维的能耗在60~80 GJ之间，而传统新的聚酯纤维的生产能耗通常在50~70 GJ之间[27]。这种能耗的增加可能会导致温室气体排放的上升，影响循环再利用纤维的环境优势，而且物理法的循环再利用纤维生产过程中的能源消耗依然依赖于化石燃料，相应的碳排放可能增加大约15%。此外，该方法也可能导致生产成本的上升，影响循环再利用纤维的市场竞争力，增加的能源消耗可能导致生产成本提高，这在经济压力较大的市场环境中可能抑制循环再利用纤维产业的扩展。

化学法通过化学溶剂或酶将废纤维分解成单体，然后进行聚合重造。这种方法可以保持或改善纤维的性能，但处理过程复杂，成本和能耗显著。化学法回收每吨聚酯纤维的能耗为5000 kW·h，而新的聚酯纤维生产的能耗为1500~2000 kW·h[28]。虽然化学法可以提供高质量的循环再利用纤维，但高昂的成本和潜在的环境风险限制了其广泛应用。这些技术的经济性和效率问题不仅增加了生产成本，降低了市场竞争力，还可能增加整个生产过程的环境负担。

2. 循环再利用纤维在应用过程中还存在很多挑战

与传统合成纤维相比，循环再利用纤维在力学强度、耐久性和外观品质等性能方面可能有所下降，这种性能的降低可能对绿色发展产生多方面的影响。

多次回收会导致纤维性能显著降低，尤其是强度和耐用性。研究显示，物理回收可能导致纤维强度下降10%~40%，意味着制品在使用过程中更易损坏。这种性能衰减限制了循环再利用纤维的应用范围，可能增加产品的更换频率，从而增加了废弃物处理的环境负荷。根据统计，纺织品废弃物每增加10%，固体废物处理量将增加约5%，对环境造成额外负担。为了达到与传统纤维相近的性能，制造商可能需要增加纤维用量或进行额外的加工处理，如添加助剂、共混改性等。这些措施可能导致资源和能源消耗的增加。制造高性能循环再利用纤维的工艺过程可能比生产原生纤维更复杂，能源消耗可能增加约15%。能源消耗评估显示，生产1t高性能再生聚酯纤维的能耗可能接近或超过原生纤维的生产能耗，抵消部分节能减排效果。性能下降导致产品更换频率增加，整体上可能增加全生命周期的环境负荷。生命周期评估（LCA）显示，纺织品使用寿命缩短50%，其全生命周期的碳足迹可能增加约30%[29]。循环再利用纤维的环境效益可能被产品性能不足所抵消，甚至可能对环境产生负面影响。

循环再利用纤维的原料来源多样，原料的异质性可能引起纤维在颜色、纯度和物理性能上的差异，影响产品的一致性和质量，导致循环再利用纤维的颜色和纯度难以控制，增加生产过程中的资源和能源消耗。例如，循环再利用纤维因颜色问题往往需要进行额外的漂白或染色处理，这些过程不仅消耗大量水和化学品，还可能产生有害的废水，与绿色低碳的目标背道而驰。此外，颜色和纯度问题还可能增加再生过程中的能源消耗。为了提升循环再利用纤维的质量，常常需要通过高温处理、化学改性或增加选择性溶剂等步骤来分离和纯化纤维，这些步骤均需消耗额外的能源。这种增加的能耗不仅提高了生产成本，还可能增加碳排放量，影响环境。

（三）循环再利用纤维的技术发展趋势

回收纤维的性能下降主要源于聚合物链的断裂，这种断裂导致材料的抗拉强度和延展性显著降低。为解决这一问题，当前研究主要集中在利用酶催化剂技术、交联剂应用以及纳米材料复合技术来修复和强化回收纤维。例如，德国研究人员开发了一种特定的酶催化剂，用于修复回收聚酯纤维中断裂的聚合物链。实验表明，经过酶处理的回收聚酯纤维，其抗拉强度相较于未处理的纤维提高了约15%。这项技术通过提升纤维的机械性能，减少了因性能下降导致的资源浪费和能源消耗；陶氏化学（Dow）开发了一种新型交联剂，专门用于改善回收聚酯纤维的结构，增强其韧性。添加此交联剂的回收纤维在汽车内饰和户外装备领域得到广泛应用，由于其改善的耐用性和性能，市场反响良好；日本研究团队探索了将纳米硅片复合到回收聚酯纤维中的方法。这种方法显著增强了纤维的机械性能和耐磨性，已经开始在运动装备和功能性服装中找到应用。纳米硅片的添加提高了纤维的耐用性和功能性，为回收纤维开辟了新的应用领域。未来的研究将继续探索更有效的酶催化剂和更稳定的纳米复合材料，以进一步缩小回收纤维与原生纤维之间的性能差距，目标是将这一差距降至5%以内，从而使得回收纤维在市场上的竞争力得到显著提升。

在循环再利用纤维的领域中,生物酶技术因其展现出的环保和高效潜力而受到重视。特别是法国Carbios公司开发的PET水解酶技术,这一技术在低温条件下能够有效分解PET纤维,恢复成对苯二甲酸和乙二醇。通过这种方法,Carbios不仅成功将生物酶技术应用于实际的工业生产中,还正在推进这项技术的大规模商业化。实验数据表明,该技术可实现PET废料的近100%转化率,极大地提高了资源的循环利用效率。荷兰BioBTX公司则在生物酶技术上取得了进一步的突破。该公司优化了生物酶的选择性,特别是在处理复杂聚酯材料方面取得显著成效。通过这种优化能够提升多种类型聚酯废料的回收能力,使之适用于更广泛的产品范围。这种技术的进步不仅增强了聚酯废料的处理能力,还提升了回收产品的经济价值。结合物理和化学手段的物理化学法再生技术也在全球范围内获得发展。这项技术通过改善再生聚酯的分子量和纯度,确保了再生产品的品质更为稳定。

在化学回收过程中,污染问题主要源于传统溶剂和催化剂的使用。为解决这一关键问题,酶催化剂的应用显著减少了对传统化学溶剂的依赖,研究表明,采用酶催化剂后,副产物减少了30%,溶剂循环利用率提升至90%。此外,无溶剂催化工艺正被广泛研究,以替代现有的有毒化学品。生物基催化剂的开发为化学回收提供了更为环保的解决方案。未来,绿色催化剂和无毒回收工艺的进一步发展将大幅减少污染,并降低化学性废物处理的成本。

在循环再利用纤维的生产过程中,面对颜色和纯度问题的挑战,越来越多的先进技术被开发和应用,以改善回收纤维的质量和环保性能。①近红外(NIR)光谱扫描技术在英国的纺织回收公司中得到应用,用于提高纤维回收的效率和纯度。这项技术利用光谱分析快速精确地区分不同材料和颜色的纤维,从而实现高效分类。这种方法显著提高了循环再利用纤维的纯度,据报道,通过使用NIR技术,纤维的纯度提升了20%以上,大大优化了后续的处理流程和资源利用效率。②生物酶处理技术提供了一种环保且高效的方法来处理纤维上的染料和杂质。例如,荷兰的BioBTX公司开发了专门的生物酶,这些酶在常温下就能有效去除纤维上的染料,减少了对高温处理的依赖,并显著降低了能耗和化学品使用。这种技术不仅减少了水和能源的消耗,而且由于其温和的处理条件,纤维的机械强度得以保持,从而延长了纤维产品的使用寿命。③酶催化技术也能解决化学回收过程中由传统溶剂和催化剂使用引起的环境污染问题。该技术不仅降低了对有害化学溶剂的依赖,还实现了副产物减少30%及溶剂循环利用率提升至90%的成就。④无溶剂催化工艺的研究正在蓬勃发展中,目标是完全替代现有的有毒化学品,开发生物基催化剂为化学回收提供了更加环保的解决方案。预计在未来,通过绿色催化剂和无毒回收工艺的广泛应用,将进一步减少环境污染并显著降低化学性废物处理成本。

在循环再利用纤维中,除了再生聚酯纤维的快速发展外,再生尼龙在环保和时尚领域也展现了巨大的潜力。再生尼龙不仅具有与原生尼龙相当的性能,还在减少原油资源消耗和环境污染方面发挥了关键作用。例如,Econyl公司通过回收废弃渔网和地毯等尼龙废料,生产出再生尼龙。每生产1万吨Econyl再生尼龙,减少7万桶原油使用,减少5.71万吨的碳排放。古驰(Gucci)和普拉达(Prada)等品牌采用Econyl再生尼龙生产时尚服装和配饰。未来再生尼龙将在更多领域得到应用,特别是在工业材料和建筑材料中。其他循环再利用纤维材料的开发和应用也在持续增长;Primaloft公司利用回收塑料瓶生产的100%循环再利用纤维,在保暖性和环保性能上表现出色,已被多个户外品牌采用。循环再利用纤维材料的广泛应用不仅满足了消费者对环保产品的需求,也推动了更多企业加入循环再利用纤维的行列。

循环再利用纤维制成的非织造布是应用极广的一种产品。采用非织造生产方式,流程短、效率高,可直接制备具备隔热和隔音功能的非织造布。这些布料广泛应用于工农业领域。废旧织物可通过机械、热黏结或化学方式加工，利用针刺、纺粘、热压、热黏和缝编工艺制成各种非织造产品。这些产品可用作鞋帽内衬、工业手套、箱包内衬、人造革基布和沙发毡垫等，还可用于制作包装材料、农业覆盖材料、建筑材料及绝缘材料。例如，通过针刺加固技术和接枝改性，废旧纤维可制成既能吸附重金属离子又适合植物生长的种植毯。

参考文献

[1] UNFCCC.New Report Sets Out How Fashion Industry Can Transition to Low Carbon Cotton and Polyester [EB/PL].（2021-04-26）[2024-12-06]. https://unfccc.int/news/new-report-sets-out-how-fashion-industry-can-transition-to-low-carbon-cotton-and-polyester.

[2] Laimer M, Maghuly F, Vollmann J, et al. Editorial: Sustainable production of renewable energy from non-food crops [J]. Biotechnology Journal, 2015, 10（4）: 503-504.

[3] Andrade M C D, Fonseca G, Mei L, et al.Mechanical recycling simulation of polylactide using a chain extender [J]. Advances in Polymer Technology, 2018, 37: 2053-2060.

[4] Zamani B, Svanström M, Peters G, et al. A Carbon Footprint of Textile Recycling: A Case Study in Sweden [J]. Journal of Industrial Ecology, 2015, 19（4）: 676-687.

[5] Preuss S.Repreve LCA shows climate impact of recycled polyester vs. virgin polyester [EB/OL].（2023-07-26）[2024-12-06]. https://fashionunited.com/news/business/repreve-lca-shows-climate-impact-of-recycled-polyester-vs-virgin-polyester/2023072655058.

[6] National Bureau of Statistics of China.Cotton production volume in China from 2019 to 2023 [EB/OL].（2023-09-19）[2024-12-06]. https://www.statista.com/statistics/263055/cotton-production-worldwide-by-top-countries.

[7] United States Department of Agriculture.The World and U.S.Cotton Outlook for 2023/24 [R/OL].（2023-02-24）[2024-12-06]. https://www.usda.gov/sites/default/files/documents/2023aof-Meyer.pdf.

[8] TBRC Business Research PVT LTD.The Hemp Fiber Market Is Expected To Reach $26 Billion By2026 [EB/OL].（2022-08-25）[2024-12-06]. https://www.globenewswire.com/news-release/2022/08/25/2504837/0/en/The-Hemp-Fiber-Market-Is-Expected-To-Reach-26-Billion-By-2026-Driven-By-The-Legalization-Of-Hemp-Cultivation-As-Per-The-Business-Research-Company-s-Hemp-Fiber-Global-Market-Report-.html.

[9] Ankit Gupta.Global Hemp Fiber Market Size and Forecast, 2023 [EB/OL].（2024-12-01）[2024-12-06]. https://www.marketresearchfuture.com/reports/hemp-fiber-

market-2023.

[10] Rahul Godatki.Silk Market Size, Share & Forecast Report2030 [EB/OL]. (2021-02-26) [2024-12-06]. https://www.marketresearchfuture.com/reports/silk-market-forecast-2030.

[11] International Wool Textile Organization (IWTO). IWTO's Market InformationAn annual compilation of the global wool market's production statistics from farm to retail [EB/OL]. (2024-10-03) [2024-12-06]. https://iwto.org/resources/statistics/.

[12] Australian Bureau of Statistics.Exports record a historic high of $36 billion [EB/OL]. (2021-05-25) [2024-12-06]. https://www.abs.gov.au.

[13] Our World in Data.Share of land area used for arable agriculture [EB/OL]. (2024-05-20) [2024-12-06]. https://ourworldindata.org/grapher/share-of-land-area-used-for-arable-agriculture.

[14] Environmental Justice Foundationz.How our clothes fuel the climate crisis-and what we can do about it [EB/OL]. (2020-02-02) [2024-12-06]. https://ejfoundation.org/news-media/new-report-reveals-how-our-clothes-fuel-the-climate-crisis-and-what-we-can-do-about-it.

[15] Tanaya K, Kumari A, Singh A K, et al. Bioremediation: An Economical Approach for Treatment of Textile Dye Effluents [J]. Water, Air, & Soil Pollution, 2024 (235): 516.

[16] Research and Markets.Global and China Viscose Fiber IndustryReport, 2019-2025 [EB/OL]. (2019-05-26) [2024-12-06]. http://www.researchinchina.com/Htmls/Report/2019/11559.html.

[17] Textile Exchange.Preferred Fiber and Materials Market Report2022 [EB/OL]. (2022-10-01)[2024-12-06]. Preferred Fiber and Materials Market Report 2022.

[18] Ding H, Feng X.Optimization of Water Network in a Viscose Fiber Plant [J]. Chemical Engineering Transactions, 2019 (76): 37-42.

[19] I G Shimko, V VShmatova, A I Zinina, et al. Reducing water consumption in the manufacture of viscose fibre—A way to sanitize and protect water reservoirs [J]. FibreChemistry, 1981 (12): 255-258.

[20] Jolliet O.Apparel Industry Life Cycle Carbon Mapping. [R]. Business for Social Responsibility, 2009.

[21] OECD.OECD Economic Outlook, Interim Report February 2024: Strengthening theFoundations for Growth [R]. OECD Economic Outlook, 2024.

[22] nova-Institute.Bio-based Building Blocks and Polymers - Global Capacities, Production and Trends 2023-2028 [EB/OL]. (2021-01-07) [2024-12-06]. https://www.renewable-carbon.eu.

[23] 本刊编辑部，赵永霞.全球生物基聚合物产业的发展概况 [J]. 纺织导报，2022（2）: 46-47.

[24] Rangappa S M, Puttegowda M, Parameswaranpillai J, et al.Advances in Bio-Based Fibers [M]. Cambridge: Woodhead Publishing, 2022.

[25] Textile Exchange.Materials Market Report2024 [EB/OL]. (2024-09-26) [2024-12-06]. https: //textileexchange.org/knowledge-center/reports/materials-market-report-2024/.

[26] CCF Group.2023 China virgin and recycled polyester fiber industry annualreport [EB/OL]. (2023-12-12) [2024-12-06]. https: //www.ccfgroup.com/newscenter/newsview.php?Class_ID=400000&Info_ID=2023121230032.

[27] Bruce N, Hartline N, Karba S, et al.Microfiber pollution and the apparelindustry [R]. Environmental Science & Technology, 2016.

[28] Shen L, Worrell E, Patel M.Open-loop recycling: A LCA case study of PET bottle-to-fibre recycling [J]. Resources, Conservation and Recycling, 2010, 55 (1): 34-52.

[29] Bergerson J A, Brandt A, Cresko J, et al.Life cycle assessment of emerging technologies: evaluation techniques at different stages of market and technical maturity [J]. Journal of Industrial Ecology, 2019, 24 (1): 11-25.

第二章 绿色低碳纺织技术发展及趋势展望

一、绿色低碳纺织技术的定义与范畴

纺织技术是将纤维转化为纺织品的一系列工艺、方法和工程手段,包括原材料的准备、纺纱、织造、针织、染色、印花、整理以及成衣制作等多个环节。绿色低碳纺织技术是具有环境友好、节能降耗和碳排放低等明显优势的纺织技术,对纺织行业绿色发展具有重要意义。

绿色低碳纺织技术的应用对生产制造环节实现低碳化转型至关重要。在纺纱阶段,绿色低碳纺织技术的应用主要体现在节能纺纱装备的普及和先进纺纱工艺的创新。例如,高速环锭纺、紧凑型纺纱等高效率纺纱技术,不仅提升了生产效率,同时也降低了能源消耗。气流纺、摩擦纺等新型纺纱技术,在丰富纱线品种的同时,也实现了生产效率的大幅提升;在织造阶段,绿色低碳纺织技术的贯彻实施依赖于高效织造机械的应用和织造工艺的优化。多臂织机、喷气织机等先进织造设备的使用,不仅提高了生产效率,同时也减少了纱线浪费,从而降低了整体的环境影响;在染色阶段,染整工艺的绿色低碳改造是纺织加工技术转型中的关键环节。低温染色、无水染色与印花、生物酶处理等环保技术的采纳,显著降低了能源消耗和化学污染,增强了染整工艺的环境友好性;在后整理环节,采取节能与环保措施是绿色低碳纺织技术的重要方面。低给液技术如泡沫整理,具有节约水资源、节能减排和降低成本的多重优势。低温定型和机械柔软处理等技术的应用,进一步减少了能源消耗和化学物质的使用,从而提升了纺织品的环保性能。

二、绿色低碳纺织技术的发展现状

(一)绿色低碳纺纱技术

在纺织工业中,纺纱是一个重要的生产环节。传统的纺纱工艺通常包括开松、梳理、精梳、牵伸、并合、加捻、卷绕等多个工序。此复杂性加剧了纺纱过程中的原料浪费以及对相关设备的依赖。因此,精简纺纱工艺、升级纺纱设备、优化纺纱流程,有利于提高生产效率,降低生产过程中资源和能源的消耗,实现纺纱技术在绿色低碳以及经济效益与环保效益上的双赢。

1. 短流程纺纱工艺

针对普通纺纱工序长、设备机型多而散而导致的资源浪费、能源消耗大等问题,优化工艺技术、缩短工艺流程为解决上述问题提供了一种绿色方案。德国迈耶西(Mayer&Cie)、德乐(Terrot)及我国台湾佰龙机械均推出了集纺纱与针织于一体的圆纬机,这种创新设备整合了细纱、清纱及针织步骤,缩短了流程,降低了能耗与占地面积,且能产出结构多样、触感柔软的针织品。例如,武汉裕大华纺织有限公司创新性地将梳并联技术应用于转杯纱生产流程中，这不仅大幅缩短工艺流程，而且提高纺纱质量。其中，纯棉28.1~84.4 tex转杯纱成纱质量指标达到乌斯特2018公报25%~50%水平。此外，纺之远（上海）纺织工作室与北京玛达力机电技术有限公司系统性提出的"多供一缓存式"梳并联技术应用模型，成功实现了梳棉与并条两大工序之间的自动化、无缝连续生产，有效打通了清—梳—并工序的物料流联接，克服梳并联技术市场应用难题，为纺织行业的智能化、绿色化发展提供了一个新的方向。

2. 纺纱设备

在纺纱工艺中，鉴于纺纱器材与纤维的紧密接触特性，对纺纱机器进行深度改造与升级，已成为提升生产效率、确保产品卓越品质、削减能耗及实现节能减排目标的关键路径。当前，纺纱技术领域正经历着以纺纱设备为核心的创新浪潮，展现出多样化的新型纺纱技术格局。尽管传统环锭纺技术依旧稳坐市场主流之位，经过改良的集聚纺、低扭矩纺、柔洁纺等技术以及其他新型纺纱技术如转杯纺和喷气涡流纺等展现出蓬勃的发展态势，共同推动着纺纱技术的革新与进步。

（1）环锭纺技术

环锭纺是纺织工业中最重要、最常用的纱线生产方法之一，具有成纱强度高、条干均匀度好、适用的规格范围广等优势。其中，环锭细纱机作为影响纱线品质的关键装备，其性能优劣直接关联到生产效益与能耗水平。当前，针对细纱机的深度改良正朝着高速化、智能化与节能化的方向大步迈进，旨在实现生产效率与产品质量的双重飞跃，并有效缩减资源消耗与能源成本。例如瑞士立达（Rieter）公司推出的G38环锭细纱机采用高能效组件，高达28000 r/min的锭速和25%的络纱速度的提升极大地提高了产能，并且采用经过优化的吸风系统，极大程度降低能耗；山西经纬纺织机械股份有限公司推出的JWF1590型细纱机采用长车、超长车一体化设计，最大锭数可达1824锭，可降低能耗30%以上。

紧密纺（亦称集聚纺），作为一种革新性的纺纱技术，其核心在于对传统环锭细纱机的巧妙升级。该技术通过在纱线加捻工序前巧妙融入纤维会聚装置，实现了纤维间的极致平行排列与紧密贴合，这一创新不仅显著增强了成纱的强力性能，还大幅度降低了纱线表面的毛羽现象，有效减少了生产过程中的废弃纱线比例，从而全面提升了纺纱质量与生产效率。其中立达集团是国际上最早推出紧密纺纱机的企业之一，目前有可适用于立达环锭细纱机的紧密纺装置COMPACTdrum、COMPACTapron等，以及紧密纺纱机K47、K48等，这些经过改造升级后的产品不仅具有极高的纺纱速度，还能充分降低能耗，其中K48纺纱机节能高达25%；此外，常州同和纺织机械制造有限公司研发出一系列的紧密纺自动落纱细纱机，包括TH518型、TH578型等紧密纺纱机。与普通环锭纺相比，TH518型纺纱机纤维强力提升10%，毛羽率下降70%、断头率降低60%，大大提高了纤维材料的利用率，减少资源浪费和能源消耗，而TH578型纺纱机在此基础上进一步提高的机电一体化程度。

另外，除了紧密纺外，在传统环锭纺的基础上发展出了多种新型纺纱技术，如低扭矩纺（扭妥^{TM}纺纱技术）、柔洁纺和赛络纺技术等。它们都是通过对传统环锭细纱机进行改进与创新而发展出的纺纱技术，与传统的环锭纺技术相比，它们在减少毛羽、提高纱线强力或降低功耗等方面更有优势。环锭纺纱技术目前仍是主流的纺纱方式，其技术进步与创新也是纺纱加工技术进步的一个重要组成部分。未来纺纱方法将会朝向相互渗透、相互补充、共同进步的局面，以促进环锭纺在高效、高产、节能降耗等方面的进步，推动其发展。

（2）喷气涡流纺技术

喷气涡流纺是一种半自由端纺纱技术，具有生产流程短、效率高、智能化和自动化程度高等优势，近年来获得快速发展和应用。相比环锭纺纱机，涡流纺纱机的生产速度快、成本低、产品品质好、资源利用率高、能耗更低。

近年来，喷气涡流纺技术发展迅速，国外多家公司已经研发出较为先进的涡流纺纱机，如日本村田（Murata）、立达、瑞士卓郎（Saurer）、意大利萨维奥（Savio）等。日本村田公司于1995年开创性地研发出了喷气式纺纱技术——喷气涡流纺。其MVS870EX纺纱机出纱速度达550 m/min，远超环锭纺20倍。能耗方面，较环锭纺减少近30%，涡流纺纱机在速度、成本及资源消耗上的显著优势。除了村田公司，其他公司也相继研发出新型喷气涡流纺纱机，如立达新推出的J70型喷气纺纱机、卓郎推出的Autoairo空气纺纱机、萨维奥推出的LYBRA涡流纺纱机等。

当前，喷气涡流纺技术在国内迅速发展，虽然目前国产设备在纺纱速度、设备自动化等方面与国外先进设备相比还有一定的进步空间，但凭借性价比优势占据一定的市场规模。据国际纺织制造商联合会统计，我国现有喷气涡流纺纱机存量在全球具有优势地位，2022年存量约32.4万台，约占全球喷气涡流纺纱机数量的58.3%。目前国内代表性企业生产的涡流纺纱机有江阴市华方新技术科研有限公司推出的HFW80型机、陕西华燕航空仪表有限公司推出HYF369型机、浙江日发纺织机械股份有限公司推出RFVS10型机。其中以RFVS10型喷气涡流纺纱机为代表，核心技术指标达到进口设备第二代水平，纺纱速度最高达500 m/min，实现了纺纱高效、节能、降耗的目标。

（3）转杯纺技术

转杯纺是典型的自由端纺纱技术，具有高速高产、短工序、大卷装、原料适用广泛等特点。转杯纺技术自诞生以来，经历了不断地发展和完善，应用越来越广，国内外有许多制造厂生产了多种机型，约有300万台转杯纱设备，应用遍及几十个国家。例如，立达集团研发的转杯纺纱机R70具有产能高、原料利用率高以及能耗低的特点，其产能增幅可达7%，节能高达5%。卓朗生产的BD8转杯纺纱机配备Twinsuction双侧吸风技术，降低了工艺过程中的能耗，即使在长机上也能保持成纱品质，具有节能环保的优势；国内的山西经纬纺织机械股份有限公司也推出了一系列的转杯纺纱机，如JWF1616转杯纺纱机，其转杯速度达120000r/min，引纱速度可达200r/min，成纱效率高，并且可实时根据系统需要调节风机转速，保证系统负压恒定，既保证了纱线质量又达到节能的目的，在此基础上进一步研发出更加高产高效、自动化、绿色节能的JWF1620转杯纺纱机，其能耗与同类型机器相比降低15%。

3. 智能化、数字化纺纱系统

随着智能制造技术的快速发展，智能化、数字化成为绿色低碳纺纱技术的重要趋势。数字化、智能化纺纱系统通过配置全流程自动化纺纱系统，将工序间半成品的人工搬运变革为自动化供给，通过信息化与工业化的深度融合，企业可以实现对纺纱过程的精准控制和高效生产，工作及管理效率提高，节能降耗效果明显。如瑞士的卓朗集团的智能清梳联系统通过集成高精度传感器和智能控制系统，实现了对梳棉机、清棉机等设备的自动监控和智能调整，提高了生产效率，降低了次品率，减少原料的损耗，另外，卓朗还推出了多款具备自动换筒、自动接头、智能张力控制等功能的智能并条机和细纱机，显著降低了人工干预，提高了生产稳定性和一致性；贝斯特机械制造有限公司生产的全球最长的细纱机，BS56型全智能化控制环锭细纱机，最高锭数可达2448锭，使用全电子牵伸、加捻、升降，具备粗纱循环自动输送、细纱断头在线监测、断纱自停等先进的智能化功能；魏桥纺织股份有限公司等企业建立的智能纺纱体系，实现了纺纱车间纤维流程的智能化精准衔接和全流程的智能管控，提高产品质量、产量和劳动生产率；江阴市华方新科技科研有限公司研究出具有数控集成、远程数字控制及智能化网络通信技术的高端智能毛纺细纱机，机电一体化水平大幅提升，并提高了羊毛、涤纶等多种纤维和竹节纱、包芯纱、赛络纺纱等各种纱线的质量。以上这些智能化、自动化的纺纱技术的应用，均在很大程度上实现生产的连续化，降低生产成本，减少资源的消耗和浪费，实现绿色低碳的纺纱加工方式。

（二）绿色低碳织造技术

在纺织行业，实现绿色低碳织造对于提高资源利用效率、减少环境污染、降低生产成本等方面具有重要意义。本部分介绍的绿色低碳织造技术主要包括生产工艺的优化和生产设备的创新。

1. 机织技术

机织又称为"梭织"，机织技术指的是把纱线按各种织物结构在经纱和纬纱两个方向上交织形成梭织物的工艺过程。梭织物的织造工艺包括织前准备、织造过程、后整理与加工三个部分。其中，织造设备技术的创新发展可以有效降低生产能耗，实现可持续发展，是绿色低碳织造技术的重要组成部分。在织前准备工序中涉及的设备有络筒机、整经机、穿经机等，在织造过程中涉及的设备有无梭织机和剑杆织机等。

国产自动络筒机的性能已基本满足大多数客户需求，但精密络筒机在张力控制方面仍落后于国外设备。青岛宏大纺织机械有限责任公司（QINGDAO HONGDA TEXTILE MACHINERY CO., LTD.）成功研发了VCRO型自动络筒机，不仅提高了纱线恒张力、筒纱恒压力的控制精度，使产品成纱质量优良、品种适应范围广，而且实现了络筒机的智能化、数字化，可大幅节约劳动力，工序万锭用工可减少75%以上。

在自动穿经机方面，瑞士史陶比尔公司（Stäubli）独占鳌头，其最新的SAFIR S60自动穿经机能够实现非接触式识别和纱线特性测量，促进厂家生产具有创新性的面料。国产自动穿经机也取得了一定进展，其在生产速度和运行质量上与进口设备不相上下，且价格低廉、维护简单。深圳市海弘装备技术有限公司（HayHon Equipment）的HDS5800Pro增强型全自动穿经机提升了15%的产能，且纱线路径上的主要零件采用真空纳米镀层技术，光滑耐用，同比寿命提升1倍以上。

在织造过程中，无梭织机因其分量轻、振动小、噪声低、车速快、效率高等优点，逐渐替代了有梭织机。无梭织机的主要机型为剑杆织机和喷气织机。国外喷气织机产品在高速、高效、品种适应性等综合指标上依然保持着优势，在设备的智能化、自动化方面有进一步深化的趋势。林道尔多尼尔有限公司（Lindauer Dornier GmbH）的A2喷气织机配备了众多电子控制系统，不仅提高了运行效率、减少了能源消耗，而且产品适应性更广。

丰田工业公司（Toyota Industries Corporation）的新型喷气织机改良了引纬空气喷射系统的结构，较以往机型空气消耗量减少20%、空气压力降低了10%，而选用的新型主马达逆变器也使设备的耗电量减少了10%。津田驹工业公司（Tsudakoma）的新型ZAX 001 neo系列喷气织机采用了新开发的副喷嘴，与以往机型相比，空气消耗量降低了35%，压力降低了20%，有效降低了能源消耗。

剑杆织机方面，生产企业纷纷优化产品结构、性能，推出了迭代机型，高端机型仍然以国外产品为代表。意达纺织机械（中国）有限公司（Itemagroup Co., Ltd.）的R9500 EVO系列剑杆织机配备了新型废边消除技术，不仅能消除织物左侧废纱、节约成本，而且适用于羊毛、羊绒和羊毛混纺等奢华面料的多种应用，显著提高了对可持续织造的贡献。斯密特有限责任公司（SMIT S.R.L.）2FAST 220 C8 D高速剑杆织机配备的2SAVE左右双侧节省废边装置能够最大化节约废边纱，并对纬纱尾端进行回收，消除废边纱架，具有绿色低碳的特点。

绿色发展是高质量发展的底色。当前织造企业应加速发展新质生产力，落实"双碳"目标，推动产业绿色发展。一方面，通过优化织机的结构与性能，达到提升效率、节能减排的目的，如降低剑杆织机的耗电量、喷气织机的耗气量等；采用节水型喷头，收集下机坯布上的水分，建立雨水收集池补充织造用水等方式进行节水；提高结构优化的织机对回收废旧纺织品的适应性，实现资源的循环利用。另一方面，加大绿色技术研发与应用，如剑杆织机的废边节省技术可以去除织物废边，在一定程度上避免了纱线的浪费。

2. 针织技术

绿色低碳理念在针织技术的整个生产流程中具有核心地位，秉持着绿色低碳理念，旨在从源头上减少碳排放，实现节能减排的目标，此部分探讨了四个关键针织技术领域的创新，包括短流程针织生产技术、轻量化针织结构增强技术、低能耗针织设备及免打样针织虚拟现实技术。

短流程针织生产技术是一种基于针织技术创新推动的绿色清洁生产方式，它通过精简传统生产流程中的多余步骤，实现节能减排、成本控制及生产效率的显著提升。其中，全成形针织技术依托先进横机、经编机与圆纬机，制备全成形或半成形针织品，使工序缩减53%，显著降低了原料损耗与能耗。目前，该技术已经实现能够独立完成整件成衣的编织任务，包括岛精（SHIMASEIKI）制作所生产的MACH2VS213型号全成形电脑横机、宁波慈星股份有限公司（Ningbo Cixing Co., Ltd.）推出的KS系列电脑横机，以及斯托尔公司（STOLL GMBH & CO. KG）旗下的ADF 830-24ki W型和CMS 830 ki型电脑横机。这些设备均具备编织整件成衣的能力，从减少生产环节和运输成本、提高资源利用率、提升生产效率和质量以及推动技术创新和产业升级等方面实现低碳环保。

纺纱-织造的一体化技术，即通过将单面提花圆纬机与纺纱设备集成，构建了一条从粗纱直接过渡到针织成品的连续生产线。在针织行业的短流程发展趋势下，迈耶西（Mayer & Cie.）（德国）所研发的Spinit 3.0 E型纺纱-针织一体化单面提花圆纬机，创新性地融合了细纱加工、纱线清洁以及针织编织三大功能，使得该设备能够直接利用棉、黏胶等多种纤维原料，生产出诸如极致柔软的T恤及轻柔舒适的婴儿服装等高品质针织产品，实现了生产流程的精简，有效降低了能源消耗和占地面积，同时赋予了针织产品更为多样化的纱线结构变化，以及更加柔软舒适的织物触感；德乐集团（Terrot）开发的Corizon纺纱供纱装置是一个从粗纱条到针织成纱相对独立的单元，缩短了针织物的加工时间，可根据需要装配于任何机型。然而，尽管这些设备具备显著优势，但目前尚未在市场上见到它们的大规模普及与应用。

轻量化针织结构增强技术，是产业纺织品加工领域的一种关键技术，可用于开发具有多种增强特性的创新型复合材料。如利用该技术通过沿特定方向嵌入碳纤维、玻璃纤维等高性能纤维生产的经编轴向织物，广泛应用于风力发电、航空航天、汽车制造等高端产业领域，通过其卓越的轻质且高强度的特性减少了原材料的消耗，节省了制造成本并节约能源。这种材料的应用不仅实现了飞机结构质量的显著降低，减轻20%~25%的整体重量，同时在航天领域，减少1kg的航天飞行器质量，或在运载火箭上减轻500公斤的重量，都显著提升了其性能。碳纤维增强复合材料因其密度远低于传统汽车制造中常用的金属材料，展现出显著的减重优势，相较于钢材，它能实现约50%的重量减轻，而与镁铝合金结构相比，也能减少约30%的重量。这种材料在汽车工业中具有广泛的应用潜力，包括但不限于车身结构、刹车系统部件以及传动轴等关键组件。以通用汽车公司（General Motors Company）为例，早在1992年，该公司就将碳纤维增强复合材料成功应用于一款超轻概念车的车身与底盘结构设计中，这一创新使得整车的质量降低至约191kg，实现了68%的大幅减重，并因此带来了约40%的油耗节省，显著提升了车辆的燃油经济性和性能表现。

低能耗针织装备生产技术的快速发展正加速针织设备的转型升级进程。高速经编设备以其高机号、少梳栉及卓越编织速度著称，德国卡尔迈耶公司（KARL MAYER）所创新的HKS 3-M型三梳高速经编机，凭借其独特的碳纤维复合材料制成的针床、先进的LEO（低能量消耗）技术以及集成的KAMCOS控制体系，展现了卓越的灵活性和高度自动化水平。特别是碳纤维复合材料针床的引入，成功地将HKS 3-M的运行速度较传统设备提升了25%，使其最高转速可达到惊人的2200r/min。同时，LEO低能耗技术的实施，有效减少了10%的能源消耗，彰显了其环保节能的设计理念。而宽幅经编装备相较于传统机型，显著拓宽了机器幅宽，增强了面料生产的灵活性与多样性。卡尔迈耶公司推出的HKS 3-M-ON型经编机（工作幅宽达到711.2 cm），巧妙地融合了高速运转与电子横移机构的双重优势。与同等幅宽的HKS 3-M型号相比，其运行速度实现了15%的显著提升，最高可达2500r/min。此外，该机型的工作门幅还具备额外的拓展能力，最多可增加50.8cm，使得最大编织幅宽达到762cm，充分满足不同生产需求。同时，该机型的机号范围覆盖了E28～E32，展现了其广泛的适用性和灵活性。宽幅化经编设备通过提升生产效率与资源利用率、促进清洁生产与节能减排、推动绿色技术创新与应用以及提升产品附加值与市场竞争力等多个方面，为纺织行业的绿色低碳发展做出了积极贡献。

针织物三维仿真技术，在二维仿真的基础上融合三维几何建模，精准模拟纱线结构、线圈形态及织物组织，清晰展现线圈在三维空间中的交织关系，直观预览设计效果，使设计者和生产者能够在虚拟环境中反复调整和优化，大大降低了试错成本，从而减少原材料的消耗并推动其绿色低碳发展。目前，市场上如CLO 3D和Style 3D等成熟的商业软件，专为服装行业的虚拟展示而设计，涵盖了从服装设计、三维服装仿真、服装图案与花型展示，到最终实现服装的全方位虚拟展示等一系列功能。针织品的三维仿真系统正逐步趋向于简易化、一体化与可扩展性的发展方向，这一转变显著提升了设计工作的效率与质量，有效减少了实物样品的制作需求，进而降低了生产成本，并大幅缩短了产品从设计到上市的周期。

（三）绿色低碳印染技术

印染是纺织业的核心工序，为纺织品赋予色彩与功能，并显著增值。推动印染业向绿色低碳转型，是纺织业实现循环低碳发展的关键，是破解资源环境瓶颈的必由之路，亦是行业升级生产力、追求高质量发展的战略抉择。近年来，纺织印染业积极拥抱技术创新与转型，致力于走绿色可持续发展之路。染整流程中的低碳技术贯穿始终，涵盖前处理、染色印花及后处理等环节，全方位促进环保生产。

1. 绿色节能前处理技术

织物前处理是确保织物后续染色、印花、整理等工序顺利进行并达到高质量效果的基础。传统的处理工艺虽能有效去除杂质，但能耗大、污染重。而现代绿色节能技术，包含生物酶处理、冷轧堆、液氨处理、低温漂白和等离子体处理等，以其低能耗、低污染、高效能的特点，成为替代传统工艺的重要选择，推动了纺织行业的可持续发展。以下列出了几种较为常见的绿色节能前处理技术。

（1）酶退浆工艺

棉纤维表层的蜡质、果胶及蛋白质等疏水物质，阻碍了后续染色与整理工艺，故需对棉织物实施退浆、精炼、漂白等预处理，以清除杂质并提升白度[1]。

退浆手段丰富，涵盖酸碱处理、氧化剂应用及酶解等多种方法。其中，酶退浆凭借其低能耗、高效、温和且环保的特点，广泛应用于棉、丝绸及黏胶纤维等多种织物的退浆处理[2]。淀粉酶退浆可显著改善前处理废水的可生化性能，降低了化学品的使用，减少COD排放，综合成本降低15%~20%。淀粉酶包含多种类型，其中α-淀粉酶和β-淀粉酶是应用最广泛的淀粉酶类型；高温淀粉酶是较为先进的淀粉酶，它可以在高温条件下进行退浆和整理，减少生产步骤和时间；碱性淀粉酶在碱性环境下展现出高效催化活性，可与碱性果胶酶协同作用，实现退浆与精炼的一体化处理，还能在较低温度下工作，减少能耗并保护棉纤维免受损伤[3]。目前，国外淀粉酶的主要生产厂家有诺维信（Novozymes）、杰能科（Genencor International）、汽巴（Ciba Specialty Chemicals）等企业，我国的主要生产厂家有宁夏夏盛生物科技有限公司、山东隆科特酶制剂有限公司、河北邢台思倍特生物科技有限公司、苏州福莱德生物科技有限公司等。

（2）低温漂白工艺

传统漂白工艺需高温强碱，能耗大，废水处理难，且对棉纤维损伤显著[4-5]。而H_2O_2由于其反应时间短、工艺温度低、对环境污染小、废水便于处理等优点被广泛用于涤棉、丝绸、棉、麻织物等漂白工艺，成为应用较为广泛的漂白工艺之一。过氧化氢漂白过程中，通过优化漂白配方和工艺，可以减少化学品的使用量，从而降低对环境的影响。为进一步顺应绿色发展趋势，研究者开发了过氧化氢活化技术，通过添加活化剂如壬烷基氧苯磺酸钠（NOBS）、氨基腈类、硫脲、五乙酰葡萄糖（PAG）及四乙酰肼（TH）、四乙酰乙二胺（TAED）、N-[4-(三乙基氨基甲基)-苯甲酰]-己内酰胺（TBCC）等，降低其分解温度，实现低温漂白，进一步减少能耗与纤维损伤。目前，宝洁公司（Procter & Gamble）和联合利华（Unilever）等国外公司均使用过氧化氢活化剂，以提高漂白效率并减少对环境的影响，我国的浙江金科日化新材料股份有限公司是中国乃至亚洲唯一一家具备四乙酰乙二胺量产能力的企业，公司新建年产1.5万吨四乙酰乙二胺清洁生产技改项目，山东泰和科技股份有限公司也是国内重要的过氧化氢活化剂生产企业之一。

（3）冷轧堆前处理

冷轧堆前处理是一种纺织工业中适用于棉织物和其他天然纤维织物、长丝类涤纶、锦纶等化纤织物的前处理工艺。冷堆工艺不需要高温加热，可以显著降低能源消耗；不涉及高温烘干和蒸汽过程，对环境污染小；染色过程中对化学品使用较少，降低污水处理负荷。相较于传统的冷轧堆工艺，冷轧堆前处理化学冷堆精炼法是一种更为环保、节能的纺织前处理方法，在提高生产效率的同时，也有助于降低生产成本和减轻对环境的负担。冷轧堆前处理化学冷堆精炼法在国内纺织行业的应用已经取得了一定的进展。例如，广东德美精细化工集团股份有限公司开发了一种名为ZL-321的高效冷轧堆精炼剂，适用于棉织物的冷轧堆前处理；上海祺瑞纺织化工有限公司开发了一种新型低温低碱练漂剂QR，用于全棉和涤棉织物的冷轧堆流程前处理；浙江美欣达公司常采用常规冷堆退浆煮练。随着全球对环保和节能的日益重视，这一技术在国际上的应用将会增加。相比于传统的化学冷堆精炼法，酶冷堆精炼不需要大量烧碱和高温蒸箱，环保效果显著[6]。在酶冷堆精炼法中，使用的酶主要有碱性果胶酶、淀粉酶、催化酶、木聚糖酶、PVA降解酶等。例如，中国科学院天津工业生物技术研究所开发的退浆精炼复合生物酶制剂，专用于纺织品退浆精炼的染前处理步骤，可完全替代传统碱处理工艺，达到了节能、节水、减排、提高品质和降低成本的良好效果；河北宁纺集团与中国科学院天津工业生物技术研究所合作，成功完成了10万米布的生物酶法前处理工艺的应用示范和推广。这种工艺可节约蒸汽50%，节省电量40%，节约用水50%，减少烧碱用量40%。相比于传统连续高温前处理工艺，棉织物综合节能约30%，化纤织物节能20%~30%。

2. 节能减排染色技术

染色是指染料和染液或其他介质而向纤维转移并将纤维染透的过程。传统染色过程耗水大，废水排放含污染物多，对环境影响大。因此，发展绿色染色技术，是纺织行业绿色转型升级的关键。

(1)气液染色技术

气液染色技术融合气流与溢喷染色优势,创新设计显著降低风机能耗,既保留气流染色高效性,又克服其幅宽波动、染深不足、水洗不彻底等缺陷[7]。如表4-2所示,与气流染色相比,在同等条件下处理1t织物,所消耗的水、汽、电均有所降低。如广东佛山市三技精密机械有限公司基于此技术研发的低能耗气液染色机,电能消耗仅有目前气流染色机的50%,且在相同条件下展现出更高水洗效率,减少水蒸气消耗,并大幅降低电能使用,实现节能增效[8]。

表4-2 气液染色和气流染色能耗

技术	气液染色	气流染色
水/t	35~55	40~60
蒸汽/m³	1.5~2.8	1.8~3.0
电/(kW·h)	120~180	250~400

(2)筒子纱数字化染色技术

筒子纱染色是生产高档色织面料的核心环节,其传统工艺流程复杂,高度依赖人工操作,过程中易产生人为错误,影响染色成品率[9]。为应对这些挑战,我国首次将筒子纱染色与数字化技术相融合,实现了染色过程的高质量、高效率与环保节能。如辽宁康平纳产学研协同创新研制的"筒子纱数字化自动染色成套技术与装备"实时全流程闭环控制,全部实现了自动化,节约用工70%以上,可实现吨纱节水27%、节约蒸汽19.4%、节电12.5%、减少污水排放26.7%,超过了德国、意大利等国际先进技术水平。据工信部数据,相较于传统染色技术,数字化筒子纱染色技术显著提升了生产效率,增幅可达10%~15%,同时实现了平均每吨纱线的染料消耗减少5%以上,并有效降低了劳动力需求,展现了其在提高生产效益与资源利用效率方面的巨大潜力。

(3)无盐/低盐染色

无盐及低盐染色技术是一种创新的染色工艺,其核心在于显著减少或避免无机盐的使用,并有效提升活性染料的利用率。此技术不仅有效应对了染色过程中产生的盐污染问题,还显著减轻了色彩残留对环境的污染。该技术通过物理或化学改性手段,在棉纤维表面引入阳离子,借助静电相互作用的原理,强化了染料对纤维的亲和力与吸附能力,进而实现了无需或仅需少量无机盐即可完成染色过程[10]。愉悦家纺、孚日集团、华纺和鲁丰织染等企业引领潮流,率先实现活性染料无盐染色技术的产业化,彻底摒弃盐类添加剂,显著提升了产品品质与价值。相较于轧烘轧蒸法,此技术节能率高达27%,污染物排放量锐减74.2%;而与常规散纤维染色相比,工艺流程减半,成本下降32%,化学品使用量减少67%,废水排放也降低了46%,展现出卓越的环境友好与经济效率。

此外,推动无盐低盐染色技术的发展还涉及多个方面,包括研发新型阳离子型活性染料、优化染色工艺流程以及应用高效的染色助剂等。这些综合措施为纺织印染行业在资源节约与环境保护方面提供了多元化的解决路径,有助于缓解行业面临的资源消耗大、环境污染重等挑战[11-12]。

(4)非水介质染色

非水介质染色法采用一种独特的非极性溶剂,该溶剂既不溶解染料也不与水互溶,作为水的替代品,实现了染色过程的新突破[13]。非水介质与纤维及染料间缺乏直接相互作用,相比之下,活性染料在水溶液中对棉纤维展现出优异的亲和力。此染色体系大幅缩减了用水量,仅保留传统染色所需水量的十分之一，确保棉纤维能充分吸收体系中的水分，可实现活性染料近乎完全的上染效果[14]。

非水介质包括硅基非水介质染色体系（如D5悬浮体系和D5反相微乳液体系）、废食物油乳化液体系以及超临界二氧化碳等。如浙江绿宇纺织科技有限公司运用硅基非水介质染色技术，成功建立了产量3000 t/a的非水介质染色生产线。此示范线实现了全过程节水98%，减排污水98%，盐分完全去除，同时节省了20%的染料和22%的能耗；荷兰DyeCoo公司创新性地设计了集成三并联染色釜的超临界二氧化碳染色装置，搭配循环供给与回收系统，实现了纺织品染色与CO_2回收的同步进行，保障了系统的连续高效运行；中昊光明化工研究设计院自主研发的2250L超临界CO_2无水染色设备，在青岛即发集团成功实现规模化应用，成为全球首例连续稳定运行的产业示范标杆。此技术每年可节水超10万吨，大幅缩短染色时间至3~4h（相比传统8~12h），且CO_2介质可循环利用，能耗仅为传统工艺的20%，彰显了显著的环保与经济效益。该技术在染色过程中纤维损伤小，织物无须后续烘干步骤，兼具高效能与低能耗特点，充分彰显了绿色、低碳的加工理念[15-16]。

（5）泡沫染色

泡沫染色加工是将处理剂、染料或涂料转化为具有稳定发泡比的泡沫体，确保其在特定时间内有效抵达织物表面。该技术的核心在于以空气替代部分水资源，较常规轧染工艺可节水约40%，降低能耗约60%[17-18]。目前已在欧美发达国家取得了良好应用效果，如德国门富士（Monforts）公司、荷兰施托克（Stork）公司、奥地利齐玛（Zimmer）等公司等开发的相关设备应用较为广泛，而我国也在加快推动相关技术和装备的开发与应用。如上海技楷机电设备有限公司、佛山市亚诺精密机械制造有限公司等已推出泡沫染整设备。

（6）结构生色

结构色源自微球的不同结构：不规则微球尺寸接近或小于光波长，而规则微球则显著小于光波长，前者更倾向促进漫反射[19-20]。结构色依据其生成机制，可划分为光栅衍射型、薄膜干涉型、散射型及光子晶体型等几大类，其中前三者属于规则结构范畴，而后者则归入不规则结构[21-22]。薄膜干涉技术现已成熟、光子晶体技术还在试验研发中并未进入商业运用阶段。如日本帝人集团（Teijin）根据自然界蝴蝶翅膀表面对光发热干涉生色原理设计研发出结构生色纤维Morphotex®，以及美国利用薄膜对光发生干涉而产生闪光的颜色开发出Angelina系列的超细闪光纤维，这种纤维主要是短纤维，由聚酯和聚酰胺薄膜制成。其中，闪光的Mearl薄膜含有200多层两种或更多种的聚合物，并随着聚合物折射率和厚度的不同，对光产生干涉，进而发生各种闪光的颜色，该产品生产过程能够避免印染行业大量用水以及污水排放，实现真正的无水染色；浙江理工大学邵建中团队研究了SiO_2/聚甲基丙烯酸甲酯光子晶体在涤纶织物表面的结构生色，还研究了涂覆和喷印的方法，实现色彩和图案的结构生色。

相较于传统纺织印染技术的高耗水、高能耗及环境污染问题，结构生色技术无须染料与助剂，实现了无污染且颜色恒久的技术革新，是一项可持续的生态染色解决方案[23]。这些结构色色泽鲜艳，具备颜色调控自如的优势，无惧光漂白与褪色，只要其周期性结构保持完好，色彩便能持久。因此，结构生色技术有望成为有害化学染料的替代品，广泛应用于纺织品、包装材料及装饰品等领域[24]。

3. 数码印花技术

纺织品数码喷印技术，是通过数字设备（如摄像机、照相机）捕获图案，转化为数字信号输入计算机，经特定软件精准处理后，由计算机数控的喷墨印花设备直接将墨水精准喷射至织物表面，创造出层次鲜明、色彩绚丽的图案[25-26]，是一项先进的非接触式环保印花技术。与传统印花技术相比，数码喷墨印花技术不仅兼容广泛的织物类型，而且其后续处理仅需简单的焙烘固色，省去了传统的汽蒸水洗步骤，减少了污水排放。此外，该技术的操作流程简便快捷，生产周期短，具有少水甚至无水环保等优点，完全符合我国绿色低碳的产业发展导向[27]。据工信部数据，与传统印花相比，数码喷墨印花单位产品水耗降低10%~20%，能耗降低5%~10%。

经过多年发展，数码喷墨印花技术已趋于成熟，完全能够满足工业化批量生产的需求。中泰证券研究所预测显示，全球数码喷印设备市场规模预计从2020年的80亿增长至2025年的265亿，预示着广阔的市场潜力。中国作为世界第一纺织大国，正在大力发展数码喷墨印花产业。2024年中国纺织品数码喷墨印花布发展报告显示，中国纺织品数码喷墨印花布产量达到37亿m，占全球总量的比重在20%以上。纺织品数码喷印技术的发展关键在于装备技术和墨水的研发。

从装备技术来看，当前喷印设备不仅速度已达标工业化需求，耗材如墨水和转印纸也已实现规模化生产，成本显著降低，且兼容性增强。印花精度跃升至600×4800 dpi，基础喷印速率高达500 m²/h。荷兰施托克公司引领创新，其Magnolia扫描式直喷印花机融合Archer技术，配备36个富士桑巴6色喷头，墨滴精准调控于2~10 pl之间，喷头与介质间距优化至3~5 mm，实现超清分辨率1200×1200 dpi，印花幅宽灵活，最高可达3100 mm，速度峰值达550 m²/h。国内方面，杭州宏华数码科技自2000年开创先河，推出首台国产数码喷墨印花机以来，持续突破。其最新VEGA8000DI直喷印花机，顶配可达48个工业级京瓷高精度喷头，覆盖4至12色打印方案，确保24 h不间断高效生产，日产量惊人，相当于每小时产出约583 m²印花布，彰显了国产技术的强劲实力与竞争力。

从墨水研发来看，国内数码印花墨水行业在质量与技术层面实现了显著飞跃，尤其在墨水的稳定性、色彩表现力、与喷墨设备及供墨系统的兼容性、面料适应性，以及生产过程中的研磨、过滤、分散技术等方面，均取得了重大技术突破。同时，墨水产品线丰富，性能持续精进。据中国纺织机械协会统计，2021年度，分散墨水占据市场主导地位，其消耗量占比高达77.6%，而活性墨水则以16.3%的份额紧随其后。

4. 低碳环保后整理技术

织物后整理是提升织物品质的关键步骤，它不仅能美化外观、优化手感，还赋予织物多样功能如抗皱、防水、透气及抗菌、阻燃等特性，满足市场多元化需求。然而，传统后整理常伴随挥发性有机物及有害废水排放，污染环境。为应对此问题，低碳环保后整理技术应运而生，包括节能烘干、水性涂料应用及天然/可降解整理剂等，旨在减少碳足迹，保护生态环境。这些技术不仅增强了产品的环保价值，还促进了纺织业的绿色转型与可持续发展。以下是几种备受推崇的低碳环保后整理技术。

（1）短流程多功能后整理

面料在后处理流程普遍复杂，涵盖坯布初步清洁、脱水、缩绒、再洗、复脱水、烘干等多个环节，不仅设备投入大，还拉长了生产周期，显著增加了水电及蒸汽的消耗。这些繁复工序往往导致织物成品缺陷频发（如易起皱、缠绕难解及表面擦伤），限制了产品价值的提升潜力。此外，自动化水平不足，部分企业仍依赖人工进行物料配比，且缺乏先进的在线监测手段，对最终产品的质量控制构成了挑战，进一步削弱了市场竞争力。

将多流程缩短可以解决纺织染整成套设备重复引进的问题。相比之下，短流程工艺具有高效率、节约染化料、节约纤维原料、节约能耗、绿色环保的特点。例如，泰安康平纳机械有限公司创新推出集洗涤、缩绒、柔软化、烘干及干态整理于一体的多功能复合设备，成功将纺织染整传统七道工序精简至三道，即筒状坯布直接进入多功能整合处理，随后烘干完成。该设备设计独特，自动化水平卓越，操作迅捷且处理量大，实现了设备的高效利用与节能降耗，有效替代了昂贵的进口机型。与市场上同类进口设备相比，泰安康平纳机械有限公司的这款后整理设备性价比显著，价格优势高达30%～50%，为行业带来了可观的经济与社会效益。

（2）无氟防水整理

防水整理是印染行业后整理工序中不可或缺的一环，它能够提升纺织品性能并增加产品附加值。纵观整个防水整理剂的发展历程，早期的防水整理剂主要有以下几类：①烷烃长链类的铝皂、石蜡/金属盐类防水整理剂。这类防水整理剂虽然具有很好的防水效果，本身不具备反应性基团，仅在纤维表面黏附，因此经该类防水整理剂整理后的面料无耐洗涤效果；②有机硅类防水整理剂。该整理剂由含氢硅油、甲基硅油或羟基硅油组成，可适用于大部分合成纤维面料的防水整理。但在整理效果上不能满足消费领域对各种纤维纺织面料防水整理的使用需求；③氟碳类防水整理剂。该类整理剂的防水、防油性能取决于其碳链的长短，碳链越长，分子之间的稳定性就越好，防水、防油效果也越好。在提升防水效果及耐久性的同时也逐步降低了此类防水助剂的成本，使得含氟化合物防水整理剂得到广泛应用。全氟辛烷磺酰基化合物（PFOS）是生产氟碳防水、防油剂的重要单体，可以使防水剂具有很好的防水、防油性能。全氟辛酸（PFOA）作为疏水基碳链全氟化的含氟表面活性剂，是作为生产防水整理剂中仅次于PFOS的重要原材料，同时也是用于生产氟聚合物时所不可缺少的加工助剂。但因具有和PFOS相似的生物毒性，而且有持续性的生物累积性，一些国家在发现其危害性后也限制其使用。由于目前世界各国尚无行之有效的方法来解决氟碳类防水整理剂中PFOS和PFOA可能对动物体产生致病毒性累积及影响生态环境等问题，因此寻找不含PFOS和PFOA类表面活性剂的防水产品已成为助剂行业及消费者关注的重点。由于无氟系列防水整理剂不含任何的PFOS和PFOA，不会在生物体内沉积，同时容易降解，因此，随着生态、环保、健康理念日益深入人心，无氟防水整理剂作为一类安全环保的产品更容易被消费者和市场所接受。随着对无氟防水整理剂研究开发的不断深入，无氟防水剂应用效果在不断提升，其市场需求量也在不断增加。因此，安全环保的无氟防水整理剂成为发展的重要方向。目前，无氟防水整理剂的产品开发与应用已获得快速发展，推动无氟防水整理技术广泛应用于户外服装、家用纺织品和医疗用品等多个领域。

国内在无氟防水整理剂领域有许多知名的产品和技术。例如，浙江传化化学集团有限公司推出了适用于化纤、天然纤维及其混纺织物的无氟防水加工剂，该产品具有良好的防水及耐洗性能，且不含氟元素、PFCs及APEO，保证了使用的安全性。此外，广州联庄科技有限公司提供的Texnology®XR89无氟防水剂是一种环保的无氟碳氢树脂，适用于合成纤维及混纺面料的防水处理，具有优异的防水性能和良好的手感。

还有一些企业专注于研发新型无氟防水剂，如福可新材料（上海）有限公司推出的聚氨酯无氟防水剂原料系列，这些产品具有防水效果佳、面料通用性好、耐水洗性能佳等特点。此外，赢创工业集团（Evonik IndustriesAG）推出的TEGOTEX®无氟织物防水剂，灵感来源于雨林甲虫的防水背甲，是一种安全环保且不含PFOA和PFOS的防水剂，适用于各种纤维类型织物的高效防水处理。

国外在无氟防水整理剂的开发和应用方面已经取得了一定的进展。一些知名的公司如亨斯迈（Huntsman）、明尼苏达矿业制造公司（Minnesota Mining and Manufacturing）、鲁道夫（Rudolf）、大金（DAIKIN）和昂高（Archroma）等都在开发和生产无氟防水整理剂。这些产品通常通过环保认证，不含PFOS和PFOA，易于降解，对环境友好。例如，亨斯迈推出的无氟防水整理产品ZELANTR3，利用植物原料，且再生利用原料含量高达60%，通过了纺织品环保标准瑞士蓝标（Bluesign）认证；鲁道夫公司的仿生型无氟防水整理剂ECO是一种超支化树状高分子化合物和聚合物,不含有机卤化物和APEO,适用于各种纤维类型面料的防水整理;Nano-Tex公司的无氟防水整理剂X018是一种碳氢聚合物结构的耐久性防水整理剂,适用于多种面料的防水整理;大金公司的无氟防水整理剂采用独特的侧链固定技术与全新表面偏析技术,提升了耐洗涤性以及舒适性;昂高推出的无氟防水整理剂Arkophob FFR PFC-FREE成分为改性脂肪族化合物和链烷烃分散液,主要用于纤维素纤维及其与合成纤维混纺类产品的防雨淋整理。

(3)绿色阻燃技术

随着人们安全意识的增强,阻燃纺织产品的需求逐步增多,其应用领域不断拓展。然而,传统阻燃剂(特别是卤系阻燃剂)存在以下几个主要缺点:粉化产品毒性大;产生大量的烟雾和有毒气体,特别是一些耐久性阻燃整理剂,处理后的织物强力损失较大,这些缺点导致了卤系阻燃剂在现代纺织阻燃领域的逐渐淘汰,并被其他类型的阻燃剂所替代,如无卤和无机阻燃剂。现代阻燃剂不仅需要具备低烟、低毒和高效能等基本特性,还应保证不改变原材料的性能,并具备多功能化特点。而环保型阻燃剂采用天然或生物基材料,在保护人体健康和环境的同时,提供优良的阻燃效果,成为发展的重要趋势。当前,绿色阻燃剂根据成分、结构和作用机制的不同,可分为无卤阻燃剂、纳米高聚物/无机复合阻燃剂、无机阻燃剂和膨胀阻燃剂等类型[28]。这些环保型阻燃剂既可用于日用纺织品,也可用于焊工服、防火服等特殊工种的防护服。

瑞士汽巴精化公司的Famesrab NOR 116是一种可熔融性非卤素阻燃剂,专门用于聚烯烃类纤维,包括非织造材料,呈现出卓越的阻燃效果,适合广泛应用于各类汽车和建筑结构材料。金属氢氧化物阻燃剂,例如在阻燃地毯中的氢氧化铝乳液,在燃烧过程中具有显著的热吸收能力,因此在初始燃烧阶段表现出优秀的阻燃效果。泰科纳(Apexicial)公司近期推出了一种非卤素、高含磷的熔融可溶性阻燃剂,命名为Apexicial Pyrapex,这种新型阻燃剂专为聚酯和尼龙织物设计,因其优越的聚合物熔融可溶性,特别受到需要阻燃保护的双组分非织造生产企业的青睐。膨胀型阻燃剂(FR)主要由氮和磷组成,作为复合阻燃剂在纤维和织物中的应用主要有两种途径:首先,通过将阻燃剂配制成整理液,并通过涂布等技术将其应用于织物表面,此方法常用于天然纤维的处理,以某种棉织物的绿色阻燃整理最佳工艺条件为例:阻燃剂质量浓度250 g/L,交联剂质量浓度90 g/L,柔软剂质量浓度9 g/L,温度160 ℃,时间3 min[29];其次,将膨胀型阻燃剂作为一种共聚单体直接添加到聚合物中,普遍用于合成纤维的阻燃处理。

(4)生物酶防毡缩处理

羊毛是具有典型鳞片结构的纺织用纤维,正是这一特殊结构使其具有与众不同的缩绒性,使人们可以得到表面绒毛密布、结实厚重、保暖性好的毛纺制品,但羊毛的这种缩绒性也存在一定的弊端,譬如导致产品外观不良,起球发毛等现象,严重影响了产品的质量。生产上为了克服这种现象,一般采用化学整理的方法来防止纯毛织物的起球和毡缩,特别是氯化-树脂两步法处理纯毛绒线及其织物防毡缩工艺已相当成熟,该技术具有羊毛强力损伤小,防毡缩效果好的特点。然而,该工艺废水中存在大量的卤化有机物(AOX)类物质,造成严重的生态环境污染,为此,开发对环境污染小或无污染的整理工艺已成为防缩工艺的一个主要方向。绿色环保是酶在纺织行业应用中的鲜明特点。生物酶作为一种天然存在的大分子物质,具备有效催化化学反应的能力,即使在极小的用量下也能够展现出显著的效果。此外,作为一种生物制剂,生物酶无毒无害,且能够完全生物降解[30]。相比于传统的羊毛氯化、氧化防毡缩技术,生物酶技术的发展和应用更符合绿色生产和可持续发展的要求,因此越来越多地被应用于对羊毛进行防毡缩处理,是羊毛绿色后整理的重要发展方向之一。

根据关于生物酶及其在羊毛防毡缩整理中作用的研究，目前可将用于羊毛防毡缩的生物酶分为三大类：预处理酶、蛋白酶和转氨酶。具有潜在预处理效果的生物酶包括脂肪酶、角质酶和角蛋白酶，这些酶的主要功能是分解羊毛鳞片外层的类脂物质并破坏二硫键。蛋白酶则是防毡缩过程中的核心成分，负责降解鳞片层，目前的研究重点主要集中在丝氨酸蛋白酶和巯基蛋白酶。转氨酶则主要用于修复二硫键并增强蛋白分子间的交联[31]，从而弥补因蛋白质降解而造成的强度损失。由于羊毛结构复杂，不同部位的羊毛蛋白质组成并不相同，在利用生物酶对毛织物进行防毡缩处理时，通常采用多酶协同、分布毡缩的整理工艺。为进一步提高处理效果，可以配合使用生物酶活化剂，例如，采用蛋白酶与生物酶活化剂联合组成的混合溶液（蛋白酶 16 L，质量浓度为 1.8 g/L，三羧基乙基膦质量浓度为 1.0 g/L，处理温度 50 ℃，处理时间 2 min）[32]协同对羊毛进行一浴一步浸轧处理，可以达到高效的羊毛绿色无氯防毡缩整理。

在生物酶防毡缩技术领域，国内外已有多家公司取得了显著的研发和产业化进展。这些公司通过创新技术，提供了环保且高效的羊毛防毡缩解决方案。天津市绿源天美科技有限公司与天津工业大学等单位共同研发了"生物酶连续式羊毛快速防缩关键技术及产业化"项目，该技术基于"双催法"理论，研制了高效生物酶和活化剂，显著提高了生物酶与羊毛纤维鳞片的反应效率，实现了羊毛防缩的绿色加工。亨斯迈（Huntsman）公司也提供了一系列的生物酶产品，用于纺织工业的多种应用，包括羊毛的防毡缩处理。

然而，在推广生物酶防毡缩技术的过程中，仍然存在一些亟待解决的挑战，例如成本、不同酶制剂的相容性、复配的稳定性以及可回收性等问题。

总体而言，我国作为纺织印染领域的领军者，推动先进生产技术的革新，不仅促进企业向高端转型，也为实现碳达峰、碳中和目标贡献行业智慧。纺织印染全流程蕴含丰富的低碳减排潜力，技术创新需行业全链条协同合作，共同肩负降低印染行业碳排放的重任，这是一项长期且艰巨的任务。

（四）绿色低碳服装加工技术

绿色低碳的服装加工技术是指在服装生产过程中采用环保和节能的加工方法或技术，以减少对环境的影响。目前，该技术正引领纺织行业向可持续发展迈进。其中低碳材料、绿色原料以及优化生产流程等措施能够显著降低服装生产过程中的碳排放和资源消耗，提高产品的环保性能和市场竞争力。值得注意的是，自动转运系统和光机电一体化缝纫系统等先进的智能化生产设备与自动化技术在服装加工过程中发挥了关键作用。这些绿色低碳技术不仅使生产过程更加灵活高效，而且减少了碳足迹，为实现可持续发展的目标奠定了坚实基础。

1. 自动转运系统

自动转运系统通过提高生产效率和资源利用效率，支持绿色低碳发展。它们通过智能化的生产排程和物料管理减少浪费，优化能源使用，从而降低整体能源消耗和碳排放。此外，这些系统整合了供应链管理，实时传递供需信息，有助于减少过剩生产和库存积压，进一步降低环境负担。通过这样的方式，自动转运系统能够促进更加环保和可持续的生产模式。常见的自动转运系统包括输送带系统、自动导引车搬运系统和立体仓库系统等。

输送带系统是最常见的自动转运方式，可通过优化传动系统、减少能量损失、提高输送效率等手段降低能耗，以减少环境负荷。该系统可根据绿色生产的需求设计成直线、曲线或倾斜的连续流动生产线，以确保裁剪、缝纫和质检等工序之间的物料快速转运。例如华孚色纺股份有限公司在生产车间部署的曲线型输送带系统实现了纱线的自动化运输和管理,极大提升了生产线的自动化水平和效率。

自动导引车(AGV)搬运系统通过提高生产效率、减少人力成本、增强安全性以及优化空间利用等方面,为纺织企业带来了显著的优势。其高效的生产流程有助于降低单位产品的能耗,促进绿色低碳发展。例如江苏大生集团有限公司凭借自动导引车(AGV)、电动轨道小车系统以及机器人技术的有效应用,成功构建了智能物流系统,实现了柔性搬运、传输和打包等关键功能。这一创新不仅提高了物流管理的效率,也显著提升了生产的整体效率;红豆集团通过自主研发的5G服装柔性生产系统,实现了5G自动引导车(AGV)在自动送料和下料过程中的应用。该系统突破了传统生产线中强耦合的局限,依据订单工艺和工人技能进行雷达监控,采用动态虚拟产线的形式来优化生产线的组合。这一创新显著提升了企业的竞争优势,使其能够有效应对外部环境的变化。

此外,立体仓库系统通过其高效的空间利用、高速的货物传输、安全可靠的存储环境以及灵活的管理系统,为纺织企业提供了实现绿色低碳发展的有效途径,帮助企业降低能源消耗、减少碳排放,同时提高生产效率和资源利用率,从而促进企业的可持续发展。例如鲁泰纺织股份有限公司所实施的自动化立体仓储系统,主要由七个核心模块构成,这些模块包括机器人码垛、垛形检测、提升运输、转运、子母车输送、货架储存以及出库。这一系统的设计旨在实现产品包装、成品储存、货运物流管理的自动化,从而达到无人化值守的高效运作;华纺股份有限公司目前正在构建一个在行业内处于领先地位的"纺织产业链信息物理系统"。该系统涵盖了基于企业资源计划(ERP)和制造执行系统(MES)系统的智能立体仓储以及智能能源管理辅助设施等多项内容,能够实现从订单提交、产品设计到供应链采购、制造交付以及产品质量追踪等各个环节的全方位可追溯;此外,德国的SEW(赛威)公司采用模块化设计,可根据客户需求定制各种规模和复杂度的仓储解决方案,受到众多企业的青睐。

2. 光机电一体化缝纫系统

光机电一体化缝纫系统是现代服装加工中一种高效、智能的缝纫解决方案,结合了光学、机械和电子技术。该系统旨在提升缝纫过程的自动化水平及生产效率,同时提高缝合质量和灵活性。

光机电一体化缝纫系统主要包括光学传感器、伺服电机、控制器、自动给料系统和软件系统等。尽可能降低由人为造成的废件消耗,缩短成品生产周期,提高生产效率的同时达到了绿色生产的要求。这些设备可以最大限度地利用布料,减少裁剪过程中产生的废料。在提高生产效率的同时,也支持可持续发展的目标,是服装制造业向绿色转型的重要组成部分。

汇宝科技集团有限公司研发的智能化设备在厚料应用和自动化服装生产方面实现了重大创新;浙江中捷缝纫科技有限公司专注于全品类缝制设备的开发,推出了提升性能和效益的智慧缝制解决方案;深圳市顺发智能机械设备有限公司开发了自动化、数字化钉扣设备,推动了生产环节的智能升级;琦星智能科技股份有限公司推出了7寸彩屏和物联网技术的多轴双步进双针伺服控制系统,支持层缝和厚度自适应;上海鲍麦克斯电子科技有限公司通过电控系统创新,提供了改进服装生产的整体解决方案;索博(Sewbo)公司研发了全球首个自动化制衣系统,利用可暂时维持硬态的材料,使机器人更易制作衣物;舒特沃自动化(Soft Wear Automation)公司推出了自动缝纫机LOWRY,能够以亚毫米级精度调整面料,纠正材料变形;罗伯纺织(Robotextile)公司利用库卡(KUKA)机器人技术,创建了高效、便捷的纺织生产过程,具备专门设计的抓手,可高效处理坯布并送入下一个生产步骤。

绿色低碳的服装加工技术正处于快速创新和发展的阶段,尽管仍面临一些挑战,如成本、技术壁垒等,但其在行业内的应用前景广阔。通过智能化生产、可持续材料应用和循环经济模式,服装加工企业能够在降低环境影响的同时提高生产效率和资源利用率。这些技术的持续发展和推广，将有助于实现服装行业的绿色转型和可持续发展目标。

（五）纺织数字化技术

当前，数字化与智能化的有机融合，正以前所未有的速度推动着纺织行业的科技革命和产业转型升级，两者之间的协同效应日益凸显。关于数字化设备的介绍，已在前文详细阐述。在此，重点展示数字化、智能化车间及工厂的改造成果，以彰显这一进程的深远影响和积极成效。

1. 化纤生产的智能化

化纤智能示范工厂和智能车间实现了送配切片、卷绕自动落丝、在线检测、自动包装、智能仓储等全流程自动化生产，大大减少了用工、用时和残次品，具有显著绿色低碳效益。例如，新凤鸣集团股份有限公司综合应用5G、人工智能、数字孪生、工业互联网和先进制造工艺等10余项先进技术，高效高质量建成了差别化聚酯长丝高效规模化智能制造工厂，实现人均生产效率全行业最高，单品单耗全行业最低，推动了纺织行业绿色低碳制造的发展；福建省恒申合纤科技有限公司的高性能锦纶6数智化工厂利用AI人工智能、大数据、云计算、机器人、AGV（自动导引运输车）等技术，将智能制造延伸到卷绕、质检、包装各个环节，智能化系统和设备费用大约增加投资20%，但是实现全流程智能自动化管理后，每吨产品加工成本下降30%，碳排放显著降低；福建凯邦锦纶科技有限公司也发展"5G+工业互联网"智慧工厂项目，系统上线后，产品废丝率下降30%、设备故障停机时间下降25%、呆滞库存下降30%、备品备件寿命延长30%，降低作业人力成本200万元，降低原料切片成本80t，降低现金流占用960万元，增加产能200t。

2. 纺纱生产的智能化

以山东华兴纺织集团有限公司、鲁泰纺织股份有限公司、魏桥纺织股份有限公司、江苏大生集团有限公司、无锡一棉纺织集团有限公司、武汉裕大华集团股份有限公司、安徽华茂集团有限公司等为代表的纺纱智能化车间广泛应用新一代数控技术，实现了全流程自动化生产、数字化监控和智能化管理，工序间物料自动输送，夜班无人值守，设备生产过程、故障可远程控制、诊断，用工减少至万锭15人。赐来福（Schlafhorst）公司拥有目前最先进的Autocoro 10气流纺生产线，引纱速度最高达300m/min，每个纺纱单锭均拥有数字控制的精准接头技术，接头质量类似于原纱，因此该生产线可显著提高产能，降低残次率，减少能耗和用工，实现纺纱生产线的绿色低碳。

3. 印染生产的智能化

印染自动化和数字化不断升级，从一开始的数字化车间向智能化工厂方向发展。例如，山东康平纳集团有限公司的智能染色工厂使用数字化、智能化的染色工艺与装备，染色一次合格率提升至98%以上，生产效率提高28%，节约用工超过80%，同时节能减排效果显著，与行业规范条件相比，每吨纱节水70%、污水排放减少68%、综合能耗降低45%；山东烟台业林纺织科技有限公司与恒天立信合资建设示范性智慧工厂，该工厂构建了"大数据需求预测－面料智能研发－工艺数字化－物料智能供给－网络化产能协同－云工厂智慧生产－销售数据监测"的业务闭环及数据闭环，有效破解非标面料生产无法响应"以销定产、小单快反"的行业痛点，减少库存积压，降低资源浪费和碳排放；上海题桥纺织染纱有限公司筒子纱数字化自动染色车间实现90%自动化生产，吨纱节水70%，节电45%，污水排放减少60%左右，年产多种高档功能性面料已超2万吨；吴江创新印染厂将原有生产流程"破旧立新"，引入数字化"智能工厂"，全方位实现企业数字化转型升级，生产周期缩短50%，用工节约25%，人均产值提高30%；吴江市桃源海润印染有限公司应用智能称量配输送系统后，生产线的生产效率提高了30%，产品一次成功率在原有基础上提升了15%，能耗降低了20%；湖北嘉麟杰纺织品有限公司创建了趋于"无人化"操作的数字化智能工厂，所有的生产设备通过中央监管、精准的数据测算后下达分配，减少用工和能源消耗，实现高效、绿色、低碳生产；德国莱默尔公司（Erhardt+Leimer）智能化车间中所推出的ELCLEAN非接触式布面清洁系统配备了ELSEAMTEX视觉传感器，不仅适用于常规织物清吉，还可用于轻薄弹力等敏感织物的表面杂质去除，清洁后的织物可免去水洗清洁环节，该系统有效地减少了用水量，具有绿色低碳的特点。

（六）绿色低碳循环利用技术

纺织行业作为传统的制造业，其高能耗、高水耗以及大量废水和废弃物的产生，对环境造成了严重压力。在全球对环境保护和可持续发展高度重视的背景下，纺织印染行业迫切需要采用绿色低碳循环回用技术，以实现节能减排、降低成本、提高资源利用效率，推动行业的可持续发展。

1. 纺织染整余热回收利用技术

纺织企业采用热能回收技术，能够对生产加工过程中产生的高温废气、废水中的热能进行回收利用，可以减少对热能资源的需求总量，降低生产成本，提高能源利用效率，实现绿色低碳化发展。纺织染整余热回收利用技术在国内外均有一定的应用基础和发展前景，芬兰、瑞典和俄罗斯等国已经建立了完善的余热回收系统，中国也在积极推进这项技术，印染企业采用余热回收的案例也在不断增加，致力于为全球带来显著的环境效益和经济效益。

（1）热交换技术

传统热交换技术广泛应用于工业废水处理，以提高能源利用效率和减少环境污染。该技术通过换热器实现高温废水与常温清水之间的热能交换[33]，将高温废水流经换热器的一侧，通过导热壁面将其热量传递给流经另一侧的常温清水。且经过热交换的废水温度降低，减少对环境的热污染，符合排放或进一步处理的要求。该技术的主要优点包括高效的热能回收和较低的操作及维护成本，通过充分利用废水中的余热，传统热交换技术能够显著降低能源消耗，推动节能减排。然而，该技术也存在一些局限性，例如传热效率受限于换热器的材料、结构及流速，并且在处理低温热源时效果不佳。此外，换热器可能因污垢沉积而导致效率下降。因此，尽管传统热交换技术在提高能源利用效率和环境保护方面表现良好，其应用效果仍需结合具体工艺要求和系统设计进行优化。定型机是纺织行业中主要耗能设备之一，而定型机余热回收技术正是热交换技术在此行业的重要应用。高温定型机产生的烟气中含有大量的废热，通过均匀高效过滤、喷淋、高压静电处理、自动清洗、消雾、热回收等系统，能够将定型机180℃热风尾气降至60℃以下，回收的热能可产生热风或热水，节约能源，降低生产成本。集士节能科技在纺织印染行业的定型机余热回收与废气净化技术中，提供了一种高效率长距离余热回收的解决方案，这种技术通过独有的专利设计，实现了高效率的热能回收，换热器的换热面积大，换热距离长，热交换时间多，热能回收率高，节能减排效果明显。定型机余热回收技术是一种高效节能的绿色低碳技术，不仅提高了能源利用效率，降低了生产成本，还有助于减少环境污染，实现可持续发展，此技术的应用推动了纺织染整行业向绿色生产方式转变。

常熟市琴达针织印染有限公司对18个染缸进行冷凝水密闭回收闪蒸系统、蒸汽引射提温升压系统的升级改造，实现了对原本直接排放的135℃高温冷凝水的有效利用，据统计，改造后每年可节省高达926640元的能源消耗成本，减少标准煤消耗达287.3t/a、年碳减排量高达716.2t，这一绿色转型促进了碳减排目标，降低对环境的负担。Lim[34]等提出了一种新型的余热和废油回收系统，用于纺织工艺的后整理处理，该系统可从气体中回收废热用于染色，同时去除气体污染物、总成本降低10.2%；Ozer[35]等研究在土耳其一家主营针织物染整、年染色能力12000t的纺织厂安装燃爆和冷却水回收系统，该厂每年可节省21061t蒸汽；Rakib[36]在孟加拉国某纺织厂安装逆流式翅片管壳热交换器回收废水余热，可将进水余热升温到40~43℃。且研制了空对空板式逆流式换热器，提取定型机尾气废热，可将新风预热至80~90℃，将排气温度降至90~100℃，可节能约10%；Fiaschi[37]等对纺织排气热回收网络的布局进行改进，新的热交换网络使废气的热回收率增加了约180%，增加的翅片与裸管相比热回收率增加了97%。

（2）热泵技术

热泵技术利用高品位能源，对印染加工过程产生的废水余热实施回收，使热能从低温热源流向高温热源，是当前发展较成熟的一种节能低碳技术。热泵技术可用于多种环节，如加热漂洗水、定型机余热回收、废水预热等。通过热泵系统可回收工艺废水中70%的余热，机组排出的冷量可用于废水降温、设备降温和车间环境降温等。热泵技术的应用减少了对新能源的需求，从而降低了整体的能源消耗和相关的碳排放，有助于纺织染整行业实现能源的高效利用和环境的可持续发展，是推动行业绿色低碳转型的重要技术手段。

江苏盛泰克纺织印染有限公司采用天然牌风冷螺杆式高温热泵空调机组，实现中央空调余热回收制90~100℃热水，系统全年可制热水约73万吨，节省燃气制热水费用约960万元，减少碳排放量约128788t；四川某纺织厂房采用碧涞节能的RB-172KHS高温水源热泵热水机和RB-172KH高温空气源热泵热水机，对生产过程中产生的废水和废气进行余热回收，成功回收了漂洗、染色过程中约45℃的废水余热和烧毛、定型过程中约180℃的废气余热，用于生产中的高温环节，降低了能源消耗和碳排放量，提高了经济效益；Yu[38]等人将ORC系统与热泵系统集成，在ROC的功率增加超过热泵功率的消耗条件下，净功率输出和余热回收量分别增加了9.37%和12.04%；南通某印染企业采用凯德利空气源高温热泵机组和水源高温热泵机组，将烧毛、预定型、定型阶段产生的大量高温废气，以及退煮氧漂、轧色、还原阶段的大量废水进行余热回收，回收的热量用于制取生产热水，不仅降低废水处理费用，还提高能源利用效率。

2. 纺织染整废水处理及循环回用技术

纺织染整行业中的废水深度处理及化学品循环回用技术旨在通过先进的处理工艺，有效去除废水中的有害物质和过量的营养物质，达到或超越环保排放标准，同时实现化学品的回收和再利用。这些技术的应用不仅减少对新鲜水资源和原材料的需求，降低生产成本，还显著减少化学污染物的排放，减轻对环境的压力，且通过循环回用废水，促进了清洁生产和循环经济的可持续发展。近年来，国内在印染废水处理技术上取得技术性突破，高级氧化技术和膜分离技术解决了传统技术在处理复杂、难降解的印染废水时往往存在的效率不高、成本较高等问题；而且越来越多的企业建立和应用废水循环回用系统，实现了大量废水资源的循环再利用。

自然沉淀、吸附等物理法被广泛应用于纺织染整废水的预处理阶段，用于去除废水中的悬浮物、大颗粒杂质等；混凝、氧化等化学法也常针对性地用于印染废水中的有机物和色素的去除；活性污泥法、生物膜法等生物处理技术通过微生物的代谢作用，将废水中的有机物转化为无害物质，且综合应用以上多种技术能够使得处理后的废水达到回用标准，实现对废水的有效处理和循环利用。这一系列废水深度处理技术旨在提高废水处理效率和水质，减少污染物排放，从而确保符合强化排放或回用标准。为积极响应国家出台的《纺织染整工业废水治理工程技术规范》，纺织染整行业在废水深度处理技术上不断创新，包括曝气生物滤池、高级氧化技术（如Fenton氧化、臭氧氧化）、膜分离技术（如超滤、纳滤、反渗透）等，进一步去除难降解有机物和提高水质，这些技术的应用有助于纺织染整行业实现绿色低碳发展，提高资源利用效率，减少环境污染。

吴江市新达印染厂采用Fenton氧化法处理每日产生的大量且含有难降解有机物的废水，显著提高难降解有机物的去除率，降低废水的COD值和毒性，可以将出水COD降至65mg/L以下，色度降至3NTU以下，完全符合回用标准。鲁泰纺织股份有限公司采用双膜法"柱式超滤（CCMF）+反渗透（RO）"工艺处理、回用印染污水，先后投资近2亿元，建成4个污水站，日处理污水量1.8万吨；且承担淄川区城市污水处理任务，日处理污水量8万吨。绍兴兴明染整有限公司的污水处理及回用项目，通过帘式中空纤维超滤膜与改良活性炭耦合，以及反渗透膜的应用，实现了75%以上的膜系统回用率，外排水量比常规项目减少30%以上，成为行业的绿色发展和转型升级的重要助力。常州明泰纺织印染有限公司对每日产生数千吨废水，采用超滤和反渗透组合工艺，首先通过超滤膜去除废水中的悬浮物、胶体和大分子有机物等，然后通过反渗透膜进一步去除废水中的溶解性盐类、小分子有机物和微生物等，实现了废水的高效净化和回用，COD去除效率达到99%以上，色度及浊度去除率接近100%，脱盐率也达到极高水平，废水的总回用率达到85%以上，大大降低企业的用水成本和排污费用。

广东溢达纺织有限公司在常规的"物化+生化"印染废水处理基础上，引进臭氧氧化和曝气生物滤池的深度处理工艺，形成一个高效、全面的废水处理系统。溢达还充分利用中水回用系统，结合UF超滤膜和反渗膜等先进技术，对处理后的废水进行深度过滤，有效去除了水中的杂质和金属离子，使得最终出水的水质接近自来水标准，达到了安全、环保且可再利用的高水平，且在2019年重复循环利用逾300万吨水，实现了46.58%的水回收利用率，单位工业增加值能源消耗、碳排放量分别降低13.5%和18%，为行业的绿色低碳发展做出积极贡献。

三、绿色低碳纺织技术的发展趋势

顺应全球绿色发展潮流，在绿色政策的引领和支持下，在新一轮技术革命和技术融合发展趋势下，短流程、低能耗、低水耗、轻量化、数字化/智能化等已成为绿色低碳纺织技术的重要趋势。

（一）短流程

在绿色低碳纺织技术领域中，短流程纺织技术正逐步成为引领行业绿色变革的关键力量。面对纺织行业日益严苛的生产效率、成本控制与产品质量要求，拥有独特优势和显著绿色低碳效益的短流程技术正是应对这些挑战的有效手段。短流程纺织技术通过深度优化生产流程、减少生产环节，使得整体生产周期大幅缩短，生产效率显著提升，生产过程中的能源消耗和废弃物排放也大幅减少，从而实现纺织生产的绿色化、低碳化。如针织短流程技术，德国迈耶西、德乐和我国台湾佰龙机械厂股份有限公司分别推出了集纺纱和针织于一体的针织圆纬机，其通过将细纱、清纱和针织集合或连接在一起，可缩短生产工艺流程，减少能耗和占地，同时可获得纱线结构变化丰富、织物柔软舒适的针织产品。

未来，随着纺织技术的不断发展和创新，短流程技术将继续发挥重要作用。企业需要不断关注市场动态和技术发展趋势，加强技术研发和创新，推动短流程技术在纺织行业中的广泛应用和深入发展。

（二）低能耗

能源消耗产生的碳排放是现有技术条件下纺织生产过程中碳排放的主要来源。在碳达峰碳中和目标导向下，低能耗、高效能成为绿色低碳纺织技术的重要发展方向。目前，这一趋势在纺织装备技术的发展上表现得尤为显著。

（三）低水耗

纺织服装行业的水资源消耗量是巨大的。《纺织染整工业废水治理工程技术规范编制说明》中显示，据不完全统计，每生产1t纺织品，平均消耗约200t水。节约用水、减少用水和废水排放一直是纺织服装行业可持续发展的重要议题。大力推进低水耗纺织技术创新发展与应用，尤其是低水耗纺织装备的研发，是纺织技术发展的重要方向。以印染技术为例，目前以溢流染色机和气液染色机为主的间歇式染色机在减小浴比和降低能耗方面进步显著，如德国特恩（THEN）的AIRFLOW AIRJETWIN高温气流染色机、意大利巴佐尼（BRAZZOLI）的Danflow、中国台湾亚矶AS－DSL型染色机、恒天立信的DYECOWIN、佛山三技UFH plus 630高温低浴比染色机、宁波德科SF－DT500顺流染色机等低浴比装备深受市场青睐。

（四）轻量化

传统纺织设备制造中，存在结构重量较大，制造成本较高，能耗高，运输成本增加，并限制设备的灵活性和适应性等问题，难以满足市场快速变化的需求，增加企业运营风险，影响竞争力和可持续发展。因此，在满足结构强度的同时，采用轻量化设计以降低自重，符合节能环保要求。例如，为增强局部结构强度，可根据实际运行状态合理调整纵向间距和肋间距，从而提高结构承载能力。据国内碳纤维辊的主要生产方无锡智上新材的负责人介绍，传统的纺织机用辊多数是钢制的，钢辊的重量大、设备能耗高，为了满足提速的需求还要不断增加壁厚，从而引发一系列的弊端。采用碳纤维辊则能同时满足重量轻、速度快、刚度好、变形小、能耗低等多种需求。

（五）数字化/智能化

近年来，数字化、智能化技术与纺织技术的融合创新应用不断深化，对提升纺织装备生产效率、提升能耗效率等方面具有显著作用。数字化、智能化纺织设备的使用能够提高生产效率，减少人工操作带来的误差和资源浪费。例如，武汉裕大华纺织有限公司建设了10万锭100%国产化的全流程智能纺纱车间，并在车间内配备了全流程国产数字化、智能化、自动化棉纺成套设备，运用经纬纺织机械股份有限公司的质量管理系统、环境智控系统，形成了高质高效、自主可控的智能制造新模式，实现了"纺纱装备全智能、物流智能无间断、回花智能全收付、信息联通无死角"的全流程智能纺纱示范应用。在染色环节，智能化设备通过精准控制染料浓度、温度和时间等参数，实现了对面料色彩的精确控制。设备内置的智能算法能根据面料材质和颜色需求自动调整染色工艺，确保色彩均匀、鲜艳且持久。这不仅提高了染色效率，还减少了染料浪费和环境污染在烘干环节，智能化设备通过精确控制温度和湿度，实现了对面料烘干过程的智能化管理，设备能自动识别面料的种类和尺寸，调整烘干参数，确保面料在烘干过程中不会出现变形、缩水等问题。同时，设备还具备智能节能功能，能根据烘干进度实时调整能耗降低生产成本。此外，大数据分析技术在绿色低碳纺织染整中发挥着重要作用。它可以实时监测能源消耗和排放情况，帮助企业精准识别高能耗环节，从而优化生产流程、设备运行和能源管理，实现绿色低碳目标。

参考文献

［1］石桂刚，杨文芳.棉织物前处理方法的研究现状与展望［J］.染整技术，2020，42（7）：6-11.

［2］Panda S K B C，Mukhopadhyay S，Sen K.Coloration of ultraviolet-C-assisted combined desizing-scouring cotton fabric［J］.RSC Sustainability，2024，2（9）：2657-2668.

［3］孙志扬.碱性淀粉酶在棉机织物退浆中的应用［D］.无锡：江南大学，2023.

［4］纪柏林，胡欢，陈八斤.铜系仿酶催化剂对棉针织物印染低温漂白性能的研究［J］.网印工业，2024（2）：2-4.

［5］李伟勇，唐启昌，刘昊，等.速练剂在棉针织物冷轧堆前处理中的应用［J］.针织工业，2024（6）：51-54.

［6］王利萍，陈波，陈光，等.高品质棉及其混纺机织物冷堆前处理工艺［J］.印染助剂，2023，40（8）：41-44.

［7］郑永忠.低能耗染色的创新发展——气液染色技术［J］.针织工业，2013（5）：29-31.

［8］李冬梅，冯富添，林舫，等.棉针织布气液环保漂染新工艺［J］.印染，2018，44（16）：22-25.

［9］张建祥，王家宾，徐峰，等.筒子纱数字化自动染色车间的装备研究与工艺应用［J］.染整技术，2016，38（6）：58-60.

［10］杜森.棉织物阳离子化及其对活性染料染色性能的影响［D］.大连：大连理工大学，2021.

［11］杜森，马威，张淑芬.活性染料无盐低盐染色研究进展［J］.染料与染色，2020，57（6）：5-11，20.

［12］刘添涛，陈志华.活性染料低盐和无盐染色技术［J］.染整技术，2023，45（10）：1-9.

［13］裴刘军，刘今强，王际平.活性染料非水介质染色的技术发展和应用前景［J］.纺织导报，2021（5）：32-40.

［14］裴刘军，施文华，张红娟，等.非水介质活性染料染色关键技术体系及其产业化研究进展［J］.纺织学报，2022，43（1）：122-130.

［15］袁淑英，王威强，胡德栋，等.超临界CO_2染色机理的研究进展（待续）［J］.印染助剂，2021，38（2）：8-13.

［16］张娟，郑环达，郑来久.超临界二氧化碳染色工艺技术研究进展［J］.染料与染色，2015，52（4）：22-29.

［17］费良，殷允杰，王潮霞.新型泡沫染色技术［J］.印染助剂，2020，37（11）：1-4.

［18］费良，殷允杰，王潮霞.新型泡沫染整概述［J］.印染助剂，2020，37（8）：1-5.

［19］顾佳，张振雄，韩颖，等.基于光子晶体结构生色纤维的研究进展［J］.纺织学报，2023，44（4）：212-221.

［20］李新阳.液态光子晶体的快速制备及其在纺织品结构生色中的应用［D］.杭州：浙江理工大学，2023.

［21］王晓辉，刘国金，邵建中.纺织品仿生结构生色［J］.纺织学报，2021，42（12）：1-14.

［22］吴蒙，盛善祥，刘亚明，等.结构色在纺织领域中的研究进展［J］.印染，2023，49（4）：

67-76.

[23] 张之悦，高伟洪，朱婕，等.功能性结构色纳米纺织材料的研究进展[J].毛纺科技，2022，50（1）：118-124.

[24] 周震宇.基于光子晶体的功能化结构色材料的制备与性能研究[D].秦皇岛：燕山大学，2022.

[25] 董淑秀，林琳，丁思佳.中国纺织品数码喷墨印花发展现状[J].印染，2024，50（3）：78-81.

[26] 黄德朝，黄文萍，蒿培建.纺织品涂料数码喷墨印花技术研究[J].针织工业，2023（8）：90-94.

[27] 刘丹，张雨彤，毛志平.数码喷墨印花设备的发展现状和趋势[J].纺织导报，2022（6）：38-42.

[28] 管雯珺，周兆懿.绿色阻燃剂在纺织面料中的应用[J].中国纤检，2013（11）：78-81.

[29] 李红，郑来久.棉织物的绿色阻燃整理工艺的研究[J].大连轻工业学院学报，2007（4）：378-380.

[30] 李淑华，顾晓梅，邱红娟.生物酶在染整加工中的应用及其发展[J].染整技术，2007（1）：13-17，10.

[31] 飞中琳，王炜，俞丹.基于点击化学的羊毛耐久防毡缩抗起毛起球整理[J].印染，2017，43（19）：1-5，10.

[32] 张淑梅，姬春林，殷秀梅，等.羊毛生物酶联合防毡缩整理[J].纺织学报，2018，39（11）：85-90，102.

[33] 许文强，肖鑫，刘洋.纺织业余热回收利用研究进展[J].上海节能，2024（4）：609-619.

[34] Lim J，Lee H，Cho H，et al.Novel waste heat and oil recovery system in the finishing treatment of the textile process for cleaner production with economic improvement[J].International Journal of Energy Research，2022，46（14）：20480-20493.

[35] Özer B，Güven B.Energy efficiency analyses in a Turkish fabric dyeing factory[J].Energy Sources，Part A：Recovery，Utilization，and Environmental Effects，2021，43（7）：852-874.

[36] Rakib M I，Saidur R，Mohamad E N，et al.Waste-heat utilization-the sustainable technologies to minimize energy consumption in Bangladesh textile sector[J].Journal of Cleaner Production，2017，142：1867-1876.

[37] Fiaschi D，Manfrida G，Russo L，et al.Improvement of waste heat recuperation on an industrial textile dryer：Redesign of heat exchangers network and components[J].Energy Conversion and Management，2017，150：924-940.

[38] Yu H，Gundersen T，Feng X.Process integration of organic Rankine cycle（ORC）and heat pump for low temperature waste heat recovery[J].Energy，2018，160：330-340.

第三章 绿色低碳制造模式发展及趋势展望

一、绿色低碳制造模式的定义与发展背景

（一）绿色低碳制造模式的定义

制造业是推动经济社会发展的强大动力，制造业的发展水平与一个国家的综合国力紧密相连。当今时代，世界上的每一个强国都无一例外地是制造业的强国。自工业革命爆发以来，全球的制造能力经历了前所未有的提升，制造业在为世界创造了巨量财富的同时，也带来了一系列环境生态问题，如制造及产品使用过程中对自然资源（如煤、石油、天然气等）的无节制开发利用破坏了生态平衡，制造过程产生的污染物和废弃物也带来了空气污染、水污染、固体废弃物等问题，人类赖以生存的生态环境正遭受着严重破坏与威胁[1]。

近年来，"绿色""循环""低碳"等成为指引全球发展的主题词，探索绿色可持续发展之路成为全球共识。推动经济社会绿色可持续发展，关键在制造业[2]。绿色制造，就是要实现制造绿色化发展，即在保证产品的安全、质量与性能的前提下，提升制造产品的资源效率、最大限度降低环境影响。绿色制造模式是绿色制造的标准样式或一般样式，主张提高自身的自主创新能力，在产品的设计、制造、物流、使用、回收、拆解与再利用等全生命周期过程都得到系统性优化，从而实现生产的产品对环境影响最小、对资源能源利用率最高、对人体健康与社会危害最小，同时使企业的经济与社会效益优化协调，实现自然与社会和谐发展[3]。

（二）绿色低碳制造模式的发展背景

1. 中国绿色低碳制造模式的发展背景

（1）中国绿色低碳制造模式发展历程

在政府、企业和社会各界共同努力下，历经多年探索实践，中国已经形成了具有自身特色的绿色制造模式，并在各行业各领域得到广泛应用[4]。具体而言，中国绿色制造模式的形成发展主要有四个阶段。一是起步与探索阶段。此阶段，中国开始意识到制造业对环境的影响，并初步探索绿色制造模式。政府和企业开始关注环保问题，提出节能减排、清洁生产等理念，并逐步在制造业中推广应用。二是政策推动与示范引领阶段。随着环境问题的日益突出，中国政府加大了对绿色制造的推动力度。通过制定一系列政策措施，如《中国制造2025》《工业绿色发展规划（2016—2020年）》《绿色制造工程实施指南（2016—2020年）》《绿色制造标准体系建设指南》等文件中，明确了绿色制造的发展方向和目标。同时，政府还通过示范项目的建设，引领企业向绿色制造转型。三是体系构建与全面推广阶段[5]。在政策和示范项目的推动下，中国绿色制造体系逐渐构建完善。工业和信息化部等政府部门相继出台了绿色

工厂、绿色产品、绿色园区、绿色供应链等标准和评价指南，为绿色制造提供了有力的制度保障[6]。同时，政府还加大了对绿色制造技术的研发和推广力度，推动制造业全面向绿色化、低碳化方向发展。四是深化发展与创新引领阶段。在政府的持续推动下，中国绿色制造模式当前已经进入深化发展与创新引领阶段。企业积极探索绿色制造新技术、新模式和新业态，不断提高资源利用效率和环境保护水平。同时，中国还加强与国际社会的合作与交流，借鉴国际先进经验和技术成果，推动绿色制造模式的不断创新和升级。

目前，中国形成以绿色设计、绿色工厂、绿色供应链、绿色园区为主要形式的绿色制造模式，具体如下。

①绿色设计。绿色设计是指将生态设计理念融入产品设计，在产品的整个生命周期内，着重考虑产品的节能性、可拆卸性、可回收性、可维护性、可重复利用性等环境友好特性，并将其作为设计目标，在满足环境目标要求的同时，保证产品满足应有的功能、使用寿命和质量等基本要求。

绿色设计是绿色制造模式的核心环节，它从根本上实现了制造绿色化，从产品全生命周期来看，绿色设计减少了产品生产制造过程的能源与原辅材料损耗、提高了绿色物料使用比率、减少了有毒有害物质的利用、提高了产品的能源利用效率、提高了产品的可回收利用性，可以从源头上实现产品的绿色低碳化。

②绿色工厂。绿色工厂是指实现用地集约化、原料无害化、生产洁净化、废物资源化和能源低碳化的工厂，它侧重于生产过程的绿色化。绿色工厂在制造过程中除了要保证产品的功能和质量，还要关注生产者的职业健康与安全、优先选用绿色工艺、技术和设备，满足基础设施、管理体系、能源与资源投入、产品、环境排放、绩效的综合评价要求。

制造业企业可以通过多项措施实现工厂的绿色发展，如运用绿色建筑技术建设、改造厂房，合理布局厂区绿化；完善工厂质量、能源、环境和职业健康与安全管理体系；升级或更新生产技术与设备，增加清洁绿色能源资源投入；优先选用绿色技术或者工艺，对产品进行绿色设计；减少有毒有害物质原辅材料的使用，从而减少污染物的产生和排放。

③绿色供应链。绿色供应链是一种在整个供应链中综合考虑环境影响和资源效率的现代管理模式，它以绿色制造理论和供应链管理技术为基础，涉及原材料供应、生产、销售和使用等多个环节，其目的是使产品从物料获取、加工、包装、仓储、运输、使用到报废处理的整个过程中，对环境的影响达到最小，使资源效率达到最高。

制造业企业构建绿色供应链，必须制定并制定绿色供应链发展战略，强化对绿色供应商的管理，完善供应商管理制度，积极选择绿色供应商进行合作，确保采购的原材料绿色化。要推动生产、物流环节的绿色低碳化，选用绿色包装材料，降低环境影响。要建立绿色回收体系，引导下游企业对产品进行有效拆解与回收；搭建绿色信息平台，向消费者披露产品信息，以绿色消费促进供应链的绿色发展。

④绿色园区。绿色园区是指将绿色低碳发展理念贯穿于园区规划、空间布局、产业链设计、能源利用、资源利用、基础设施、生态环境、运行管理等方面，进而实现绿色低碳循环可持续发展的一种模式。绿色园区是绿色工厂和绿色基础设施集聚的平台，旨在推动园区内企业实现绿色转型，提高资源利用效率，减少环境污染，促进经济、社会和环境的协调发展。

园区是生产企业与基础设施集聚的平台，园区的绿色化是工厂绿色生产的保障，工厂的绿色化是园区良好发展的必要条件。过去，园区发展过程中常遇到规划不当、空间布局不合理、产业链衔接不完整或不协调、资源和能源利用效率低下、基础设施陈旧且不完善，以及运行管理不规范等问题。然而，在国家构建绿色制造体系政策的引导与支持下，绿色园区已成为绿色制造的重要内容。

绿色园区的着力点主要包括：一是布局集聚化。绿色园区通过围绕龙头企业招商引资，吸引产业链上下游企业入驻园区，利用"园中园"聚集效应，提高产业竞争实力。这涉及园区规划、空间布局的优化，以及产业链设计的合理化，以实现资源的高效利用和产业的集群发展；二是结构绿色化。绿色园区在结构上强调绿色低碳，推动企业、园区、重点行业全面实施绿色低碳技术改造升级。这包括采用用地集约化、原料无害化、生产洁净化、废物资源化、能源低碳化等原则，结合行业特点，分类创建绿色工厂，推行资源能源环境数字化、智能化管控系统，实现资源能源及污染物动态监控和管理；三是链接生态化。绿色园区侧重于园区内工厂之间的统筹管理和协同链接，推动产业生态链接和服务平台建设。这涉及园区内企业之间的物质流和能量流的优化，通过资源共享和副产品互换，实现产业共生，提高资源能源利用效率，减少环境污染。

（2）中国绿色制造模式发展现状

中国绿色制造已从前期研究、理念推广和政策引导转向工程实施阶段，绿色制造模式已经成形并不断深化。2017年以来，工业和信息化部以重大工程、项目为牵引，大力推进绿色工厂、绿色工业园区、绿色供应链和产品绿色设计，中国绿色制造水平不断提高，绿色制造体系基本形成。目前，我国陆续公布了8批绿色制造名单，累计培育国家级的绿色工厂5095家、绿色工业园区372家、绿色供应链管理示范企业605家和绿色设计产品近3730种（表4-3）。

表4-3 中国绿色制造模式发展情况

批次	绿色工厂/家	绿色供应链/家	绿色园区/家	绿色设计产品/种
第一批	201	15	24	193
第二批	208	4	22	53
第三批	391	21	34	480
第四批	602	50	39	371
第五批	719	99	53	1073
第六批	662	107	52	989
第七批	874	112	47	643
第八批	1488	205	104	—
总数	5095	605	372	3730

注：总数指标的统计剔除了因动态调整的企业数量。

从区域看，各省份绿色制造发展水平差距明显。从统计结果看（图4-3），绿色制造发展水平与区域经济发展程度显著相关，即经济发展水平高，则绿色制造水平也较高。以绿色工厂为例，江苏、山东、广东、浙江等经济发达省份绿色工厂的数量较多，而西藏、青海等经济欠发达地区，以及黑龙江、吉林、辽宁等东北老工业基地，其制造业发展水平较低，绿色工厂的数量相对较少。部分省份如海南以发展旅游业为主，其经济对制造业的依赖较小，制造业工厂数量较少，绿色工厂数量也相对较少[2]。

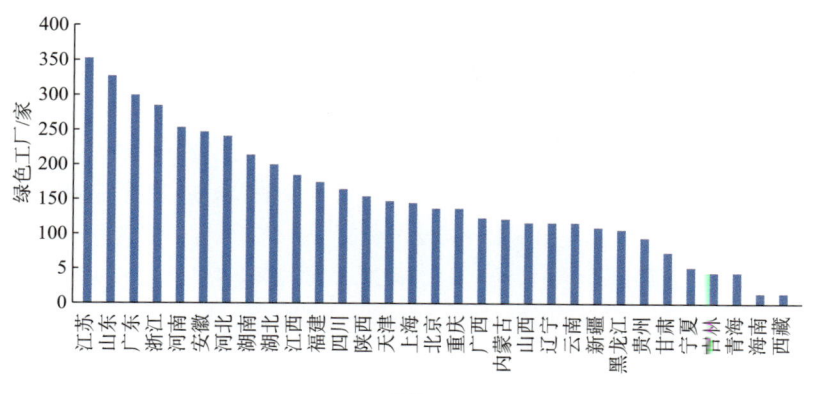

图4-3 国家级绿色工厂地区分布情况

近几年,国家在推进绿色制造方面的政策也有变化。一方面,加强对绿色制造实施项目的管理,在发展的同时保障质量提升。2023年工业和信息化部办公厅发布《关于公布2023年度绿色制造名单及试点推行"企业绿码"有关事项的通知》[7],将根据绿色工厂动态管理报送的绿色绩效数据开发"企业绿码",对绿色工厂绿色化水平进行量化分级评价和赋码,可以直观反映企业在所有绿色工厂中的位置以及所属行业中的位置。"动态管理"可以很好地对现有绿色工厂进行管理,对不满足要求的企业踢出名单,让企业不安于现状,要求现有企业持续开展节能减排减碳工作。绿色采购是纺织绿色供应链的重要组成部分。通过选择环保材料和绿色供应商,纺织企业可以在生产的源头上减少对环境的负面影响。

另一方面,我国正加速构建"国家—省—市"三级绿色制造体系,绿色制造体系建设迈入新阶段。2024年初,工业和信息化部颁布了《绿色工厂梯度培育及管理暂行办法》(以下简称《暂行办法》),标志着我国绿色制造体系建设迈入新阶段[8]。《暂行办法》从两个维度出发,构建了梯度培育机制:一是纵向维度,形成了国家、省、市三级联动的绿色工厂培育体系;二是横向维度,通过绿色工业园区和绿色供应链管理企业,带动园区内及供应链上下游企业共同创建绿色工厂。自《暂行办法》实施以来,全国各地积极响应,因地制宜地制定并发布各自梯度培育办法,构建以绿色工厂为核心的基础单元的绿色制造体系,不断完善"国家—省—市"三级绿色制造梯次培育机制。以山东为例,山东省作为我国省级绿色制造建设的排头兵,紧跟国家步伐,根据工业和信息化部的相关要求,率先制定了《山东省绿色制造单位梯度培育及管理暂行办法》,为推动省级绿色制造贡献力量[9]。山东省自2018年起着手开展省级绿色工厂建设工作,至今已完成七批省级绿色制造单位的征集。在国家政策的支持下,各地级市在推进绿色制造体系建设上进一步发力。以常州为例,自2019年起,便积极开展市级绿色工厂的选拔工作,至今已圆满完成六批市级绿色工厂的遴选任务。

2. 国际绿色制造模式的发展背景

(1)美国

在全球"绿色革命"的浪潮推动下,美国出台了一系列绿色发展的政策法规,旨在强化法律约束、转变传统高碳产业、促进新能源产业的发展等。例如,《应对国内外气候危机的行政命令》将气候危机置于国家安全与外交的中心,强调应对气候变化的紧迫性和严峻性;《2050年净零排放战略》明确了气候行动路线图,制定了2030年减排50%~52%、2035年实现电力系统完全脱碳、2050年前净零排放的节点目标;《两党基础设施法案》《芯片和科学法案》《通货膨胀削减法案》等综合性政策,推动能源、国防、工业、交通、建筑、生态、农业等领域绿色发展。这些政策和措施体现了美国在推动绿色新政方面的全面布局和坚定决心，旨在通过立法、技术创新和市场机制，促进可持续发展和环境保护。

（2）欧盟

欧盟在推进绿色发展方面一直引领全球，尤其是在政策体系建设方面。2019年以来，欧盟通过立法、技术创新和市场机制，推动经济和社会向更加可持续的方向发展，展现了其在全球绿色转型中的领导力和决心。2019年，欧盟提出了全球最全面的转型计划之一——《欧洲绿色协议（GREEN DEAL）》[10]，旨在将欧盟转变为一个清洁、资源高效、竞争力强的经济体，并确保到2050年实现零排放，使欧洲成为世界上第一个气候中性大陆。此后，在清洁能源、清洁技术、市场机制、绿色金融等方面，先后通过了一系列政策和计划，包括"REPowerEU"能源计划、《净零工业法案》《欧盟碳边境调节机制》《循环经济行动计划》等，加速欧洲摆脱对化石燃料的依赖，提高欧盟净零技术和净零产品的制造能力，以应对气候变化和环境污染等全球性问题。欧盟的绿色新政不仅是对全球气候变化问题的响应，也是对未来经济发展模式的探索。尤其是在纺织领域的政策框架已基本形成，如《可持续产品生态设计法规》《可持续及循环纺织品战略》《废弃物框架指令》等，涉及产品设计、生产和废弃物等整个生命周期[11]。

（3）英国

英国的绿色制造模式是在全球应对气候变化和推动绿色经济发展的背景下形成的。英国政府通过立法和政策引导，以及科研和商业创新，致力于实现绿色制造，以减少温室气体排放，促进经济可持续发展。2008年，英国通过《气候变化法案》，承诺到2050年将温室气体排放量在1990年基础上减少80%，而2019年修订并通过的《气候变化法案》进一步将目标提高到100%，即到2050年实现温室气体"净零排放"。至此，英国成为世界上第一个以法律形式确立这一目标的主要经济体。2020年11月，英国政府公布《绿色工业革命十点计划》（*The Ten Point Plan for a Green Industrial Revolution*），聚焦英国在绿色产业拥有优势并将重点发展的十个领域，阐述政府将采取的举措，旨在通过绿色工业革命实现2050年零排放目标。该计划将调用120亿英镑的政府投资，并拟在2030年前促进3倍以上预计400亿英镑的私营部门投资，创造多达25万个绿色就业机会。2021年10月，英国发布《清洁增长战略》（*Clean Growth Programme*），以促进绿色出口，吸引绿色投资，加速绿色增长。

（4）日本

顺应绿色发展潮流，日本加快推进经济绿色转型，不断完善绿色政策体系。2020年12月，日本政府出台了以产业绿色发展为宗旨的《绿色增长战略》，旨在将努力实现碳中和这一挑战视为发展绿色经济的大好机遇，通过对碳中和涉及的相关产业进行战略性布局，提出高标准发展目标，实施一系列有针对性的产业政策，从而构建面向碳中和的绿色产业体系，推动相关产业绿色发展，最终实现经济与环境的良性循环，即绿色经济与绿色社会的形成[12]。2023年2月10日，日本内阁通过《绿色转型（GX）基本方针》，对未来10年的能源/工业转型作出全面部署，包含制定碳定价、补贴、信息披露和融资机制等政策和法规，涉及可再生能源、核能、液化天然气、能源效率等领域。2023年7月28日，为落实《绿色转型（GX）基本方针》，日本以《绿色转型推进法》为基础，制定了"促进向低碳化增长型经济结构转型的战略"（即GX推进战略）。绿色转型推进战略将采取以下两项主要举措：①在确保能源供应稳定的前提下，努力实现去碳化。重点举措包括促进全面节能，扩大可再生能源消费，可再生能源占比2030年达到36%~38%。②实施以增长为导向的碳定价政策，包括通过使用"绿色转型经济转型债券"

和其他工具提供大胆的前期投资支持，通过以增长为导向的碳定价（CP）激励绿色转型投资，以及使用新的金融工具实现绿色转型[13]。

二、纺织行业绿色低碳制造模式的发展现状

（一）中国纺织行业绿色低碳制造模式的发展现状

在国家政策的引导和支持下，纺织行业积极开展绿色设计、绿色工厂、绿色供应链和绿色园区等试点示范工作，纺织行业绿色制造体系建设成效显著。截至2024年，我国累计培育纺织行业国家层面绿色工厂达205家（现存202家，其中3家纺织企业在动态管理中因不再符合要求而被撤销）、绿色供应链企业45家、绿色设计产品478种（表4-4）。其中，29家企业同时获评国家级绿色工厂和国家级绿色供应链。从整体发展趋势看，纺织企业在绿色制造名单中的数量呈现逐批次上升趋势，这些示范企业将会促进绿色制造理念的普及与推广，进而引领和带动更多企业加快绿色转型升级，促进纺织行业绿色制造体系建设不断取得新进展。

表4-4 中国纺织行业绿色制造体系建设进程

批次	绿色工厂/家	绿色供应链/家	绿色设计产品/种
第一批	3	0	0
第二批	13	0	7
第三批	23	4	35
第四批	24	2	27
第五批	30	8	161
第六批	24	4	110
第七批	32	10	138
第八批	53	17	0
总数	202	45	478

1. 绿色设计

绿色设计是一种以环境和可持续性为核心的设计理念，它强调在产品的设计、制造、使用和回收的整个生命周期中，最小化对环境的负面影响，同时满足功能、质量和经济性的要求。绿色设计不仅关注产品的美学和实用性，还特别强调环保和资源的高效利用。采用绿色设计的纺织产品，从产品的生命周期全过程出发，实现包括纤维材料选用、生产、销售、使用、回收、处理等多个环节的绿色化、低碳化。在国家政策支持下，纺织行业大力推行绿色设计，绿色产品不断推出、总数量稳步提升，产品数量占国家级绿色产品的比重实现大幅提升。如在国家级第七批绿色产品名单中，纺织行业绿色产品所占比重超过20%（图4-4）。

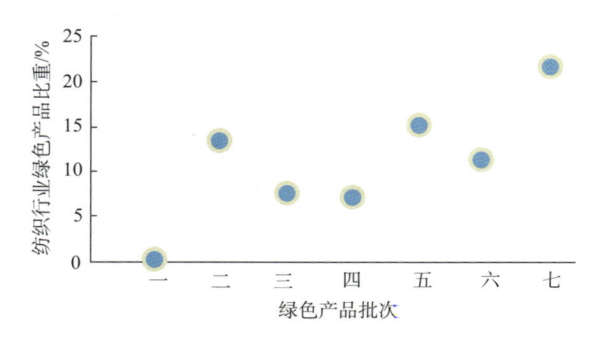

图4-4 中国纺织行业绿色产品占比情况

大多数纺织企业在产品绿色设计方面的创新实践尚未实现价值链的全覆盖，而是侧重于绿色环保纤维材料的选择和产品制造过程的绿色低碳化。在产品设计阶段，原材料的选择对减少产品全生命周期的环境影响具有重要作用。例如在原材料选用环节，中国第七代时速200公里磁浮列车车体材质为碳纤维复合材料，其为含碳量在90％以上的高强度高模量纤维，复材强度极高、耐高温属性极强，在航空航天、轨道交通等领域也有很大的应用前景，可以取代传统的金属制品，从而减少能源消耗，起到节能减排的效果。绿色原料需求的扩大，带动了绿色纺织材料产业的快速发展。据中国化纤协会统计，2023年再生纤维素纤维产量达到479.4万吨，同比增长12.3％。其中，莱赛尔纤维产量33.6万吨，同比增加138.3％，中国再生纤维素纤维和莱赛尔纤维的供给需求增长迅速[14-16]。

浙江佳人新材料有限公司通过运用GREEN CIRCLE™化学法永久循环再生技术，将原本难以降解的涤纶废旧纺织品进行回收，经过解聚、过滤、酯交换、提纯等环节进行再生制造，制成再生对苯二甲酸二甲酯（DMT）、再生聚酯切片、再生涤纶纤维，替代以石油基为原料的化学纤维，减少石油消耗。同时，也解决了化纤面料不易降解的问题，减少了处理废弃面料造成的环境污染。浙江佳人生产过程遵循绿色设计，通过建设光伏板、采购国际绿电、构建智慧工厂、开展余热回收技改项目等举措，有效降低了能源消耗。

内蒙古鄂尔多斯资源股份有限公司以羊绒为原材料，从山羊饲养、绿色设计和生产到零售的每一个环节进行绿色设计。公司开发可持续产品"善系列"以无染色羊绒材质、全成型针织衫为核心产品，在回归羊绒舒适本原的同时，更加凸显羊绒材质的天然、绿色性能。在原材料阶段，建设"可持续发展示范牧场"——源牧场，集成了科学研究、羊绒收储、社区共建、文化塑造4大职能，旨在通过对阿尔巴斯绒山羊、草原生态的研究，在羊绒产业链的源头探索一条在提升羊绒品质同时保护自然生态的绒山羊养殖之路；在制造阶段，注重创新与传承，攻关绿色生产技术，实施绿色生产，开发可持续产品。公司在羊绒全产业链条绿色加工技术研发、绿色设计标准的研制、生产加工装备绿色水平方面均居于优势地位。

淄博大染坊丝绸集团有限公司是国家绿色产品设计示范企业，建立了完整的绿色产品制造模式，集团公司充分利用广西优质桑蚕资源，在广西南宁市建立上林大染坊茧丝绸有限公司，该公司缫丝事业部现有13组自动缫丝机组及配套设备，为集团公司优质原料基地；坚持科技与绿色相融并重的研发理念，设计研发出多项绿色产品；引进多种节能高效生产设备设施，提高自身生产水平与能力；企业通过了GRS回收纺织品认证，保证了产品的可回收性，并有利于再回收处理的实施。

2. 绿色工厂

我国纺织行业的绿色工厂模式已经取得了良好的发展。目前，纺织行业国家级绿色工厂达205家。与其他行业相比，纺织行业绿色工厂在全国绿色工厂中比重偏低，在第一批绿色工厂中，纺织行业绿色工厂仅占1.5％，第二、第三批数量占比有所提升，超过6％，而后占比趋于平稳，保持在4％左右（图4-5）。纺织行业绿色工厂发展与区域经济发展程度显著相关。如图4-6所示，经济发展水

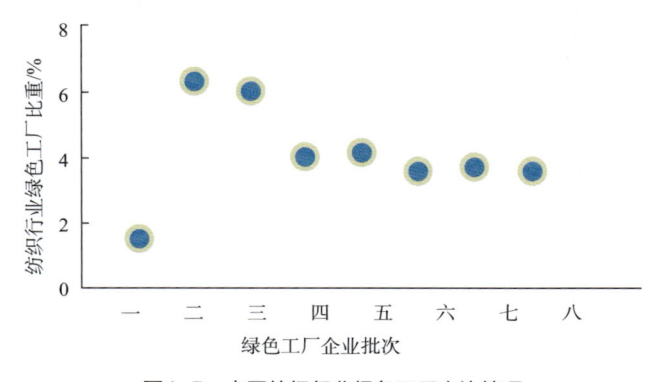

图4-5　中国纺织行业绿色工厂占比情况

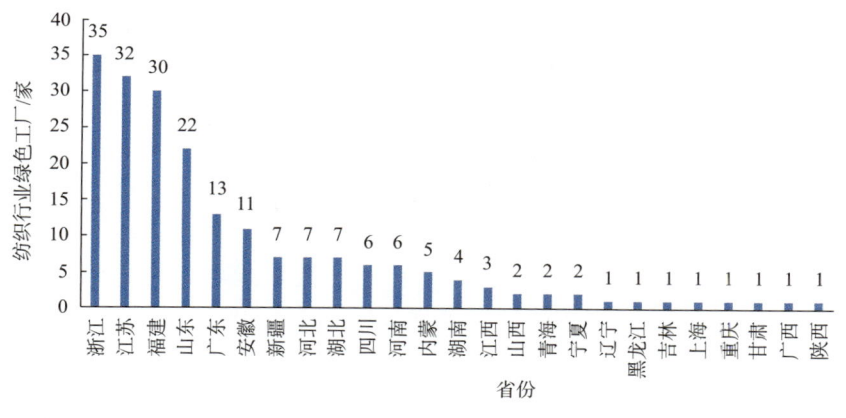

图4-6 中国纺织行业国家级绿色工厂地区分布

平高，绿色制造水平也较高，浙江、江苏、福建、山东、广东等经济发达省份纺织行业绿色工厂的数量较多，共计132家，占纺织行业国家级绿色工厂总数量的64.4%。而甘肃、广西、陕西等经济欠发达地区，辽宁、吉林、黑龙江等东北老工业基地，纺织行业绿色工厂的数量相对较少。

我国的纺织绿色工厂相关标准体系初步建立，为纺织绿色工厂创建、评价提供依据，对引导纺织绿色工厂规范化发展具有重要意义。在《国家层面绿色工厂评价标准清单（2024年度）》[6]中，纺织业行业发布了多项行业导则，包括《丝绸行业绿色工厂评价要求》（FZ/T 07006—2020）、《筒子纱智能染色绿色工厂评价要求》（FZ/T 07009—2020）、《毛纺织行业绿色工厂评价要求》（FZ/T 07021—2021）、《色纺纱行业绿色工厂评价要求》（FZ/T 07022—2021）、《针织行业绿色工厂评价要求》（FZ/T 07025—2022）等。这些导则按照细分行业特点对不同产品的单位产品废气产生量、废水产生量、综合能耗、碳排放量等指标规定了先进值和基准值，并根据评价分数确定工厂的培育期和创建期，引导和促进企业科学推进绿色转型。

福建凤竹纺织科技股份有限公司通过一系列的绿色生产措施、清洁生产工艺、绿色能源利用、智能制造与绿色制造的结合、绿色建筑与节能技术、环保管理机制、绿色设计建设以及绿色工厂认证，打造了一个高效、环保、节能的绿色工厂模式。以安东新厂为例，公司引入智能立体仓储系统、ERP系统、MES系统、OA管理系统、WCS设备调度系统和WMS信息化系统等软件系统，大幅提升经营生产数字化水平。在生产过程中，引进国际先进的新型节水印染设备，单位产品取水量低于80t/t，废水实行清浊分流、分质处理、分质回用，水重复利用率50%以上；蒸汽实现梯级利用，蒸汽凝结水利用率75%以上。同时，建设有国内首个柔性支架分布式光伏发电系统，实现年发电量6兆瓦。

新凤鸣集团股份有限公司是一家涵盖PTA、聚酯、涤纶纺丝、加弹、短纤以及进出口贸易的综合性现代大型股份制企业，年产860万吨聚酯长短丝和500万吨PTA。2022年获得工信部认定第七批"国家级绿色工厂"。公司制定碳排放管理制度，出台了《碳排放管理办法》，将绿色发展战略纳入企业的年度报告考核及社会责任报告发布，落实企业绿色发展责任，明确发展目标和重点任务。先后开展POY、FDY、DTY三大产品生命周期评价研究和产品碳足迹计算工作，梳理各环节环境影响及重点环境影响清单，并根据评价结果制定安装屋顶光伏、研发聚酯废水有机物回收系统、压缩空气除湿技改等改进提升措施。公司引入生态设计理念，提升绿色产品开发能力。建成"5G+"全要素一体化工业互联网平台——凤平台，打造基于凤平台的数字化、协同化、一体化管理模式。应用实时数据库、CAD等工具与模型库，集中管控设备运行和预防性维护，实现产品数字模型设计与管理；重点提高面向产品性能的设计、材料的开发及选择、面向产品生命周期末端的设计、面向生产和制造环节的设计、节能降耗和污染减排设计等方面的绿色设计能力，开展模拟仿真、虚拟化调试，测试和验证产品设计的合理性，提升研发效率与产品质量，缩短产品研发周期。公司生产的POY全系列涤纶长丝产品入选工信部第四批、第五批绿色设计产品名单，绿色产品产量及销售额占比均达到99%以上；利用聚合过程产生的废料块和纺丝过程产生的废丝为原料生产的再生涤纶纤维，2021年通过了全球可回收标准认证（GRS）。

浙江迎丰科技股份有限公司对纺织品印染全流程关键工艺突破开展研究和建设，一是通过绿色印染关键工艺技术的创新和绿色化改造，重点针对以绿色材质，如棉、锦棉、涤棉等类型罗马布的绿色制造前处理、后整理关键工艺展开研究，通过对印染关键工艺技术的绿色化创新与改造，从而降低能耗，减少用水量，缩短染色流程，提高成品率和染色效率；二是开展绿色装备和材料的创新和集成应用，开展低浴比气流雾化染色机关键技术研究、低排放非导热油热定型机关键技术研究、热定型废气余热回收技术研究，研制适合气流机短流程工艺的绿色助剂、热定型过程热回收装置从而利用余热，降低能耗。

广东溢达纺织有限公司是自2005年以来，溢达在环保和能源管理方面累计投入已超过1.5亿美元，贡献20多项污水处理、节水和回收水等方面的国家发明专利，溢达不断探索循环经济应用技术，开发出有机棉纱、天然染色纱线、再生棉纱（Loopie）、绿色生态纱（Green Bio）、100%循环再生纱（Total Recycled）等一系列绿色产品并广受市场欢迎，用实力证明了循环经济无须以牺牲质量和消费体验为代价。溢达启动的再生员工制服项目，每年回收数万件旧员工制服，再造成棉纤维，搭配新棉混纺，最终制成再生员工制服。该项目大大延长了衣服的生命周期，减少了旧衣填埋的压力，更节省了水资源及化学染料的使用。溢达不断践行环保改造提升，过去十年公司产量和产值即使增长数倍，但能源单耗降低了49%，水资源单耗降低了67%。

双碳背景下，零碳工厂成为绿色工厂的重要发展方向。近年来，各省市相继发布了一系列政策文件[17-22]，加快绿色工厂的低碳化发展。例如，2022年，江苏省苏州市发布了《苏州市"近零碳"工厂建设管理办法（试行）》，开展了近零碳工厂的申报工作，并于2023年公布了苏州市首批"近零碳"工厂，首批上榜5家企业，至2024年已开展三批"近零碳"工厂申报工作，第二批上榜企业达12家；2023年9月，江苏省连云港市发布《关于开展连云港市"近零碳"工厂推荐工作的通知》中要求申报企业需按照《连云港市"近零碳"工厂评价指标》进行申报；2023年10月，江西省发展改革委发布《江西省低碳零碳负碳示范工程实施方案》，文件要求到2025年，创建60个左右低碳零碳负碳示范工程，首批示范工程申报工作同步启动，2024年2月江西省首批示范工程名单公示，上榜企业达20家；2023年11月，浙江省经济和信息化厅发布《零碳（近零碳）工厂建设评价导则（2023版）》；2024年6月天津市发布《市工业和信息化局关于组织开展"零碳"工厂试点工作的通知》，文件要求到2025年底，力争培育10家左右"零碳"工厂；2024年7月，常州市发布《市发展改革委关于组织开展常州市近零碳园区试点申报工作的通知》和《常州市近零碳园区和近零碳工厂试点建设三年行动方案（2024—2026年）》，文件要求，到2026年末，完成10个以上近零碳园区、15个以上近零碳工厂、30个新型智能微电网试点示范项目的建设。

在政策的支持和推动下，纺织企业在近零碳工厂建设方面取得进展。例如，波司登羽绒服装有限公司是首家苏州市级纺织行业近零碳工厂，获得国家级绿色工厂、绿色供应链"双绿色"认证。企业将节能降碳、绿色发展作为企业重要战略，积极践行"可持续时尚"，以数智化、低碳化推动品牌化、高端化、国际化发展，做好原材料管理、包装材料控制、减少污染、废弃物管理等各项工作，减少自身以及整个价值链的环境足迹。企业大力建设屋顶光伏发电，扩大可再生电力在自身运营中的使用规模。

2022年物流园的光伏发电量达到960兆瓦时，约占物流园总耗电量的22%，直接减排比例高。苏州美山子制衣有限公司成立于1993年，主导产品为高档男女内衣，是第四批国家级绿色工厂，第二批苏州市"近零碳"工厂。企业通过加大节能新技术、新工艺、新设备和新材料的研究开发和推广应用，大力调整企业产品、工艺和能源消费结构，把节能降耗技术改造作为增长方式转变和结构调整的根本措施来抓，促进公司生产工艺的优化和产品结构的升级，从而实现管理节能、技术节能和结构节能。

3. 绿色供应链

纺织行业正处于全球可持续发展转型的关键节点，面临着环境保护、资源节约以及社会责任等多重挑战。在这一背景下，绿色低碳制造模式中的绿色供应链成为推动这一转型的重要引擎。纺织绿色供应链发展现状呈现出积极的发展趋势。纺织供应链绿色制造模式从构建绿色供应链出发，加强对上游供应商的绿色要求，保证产品的绿色拆解与回收，指导下游企业回收操作，实现供应链绿色管理，我国的纺织供应链绿色制造模式得到了良好发展。

在绿色供应链示范企业中，纺织行业绿色供应链企业的创建较晚，最早出现在第三批国家级绿色供应链示范企业名单，在该批次绿色供应链企业中，纺织业企业占比达到了近20%，而后虽出现小波动但趋于平稳，保持在8%~10%，纺织业绿色供应链发展得到广泛关注并稳步推进（图4-7）。

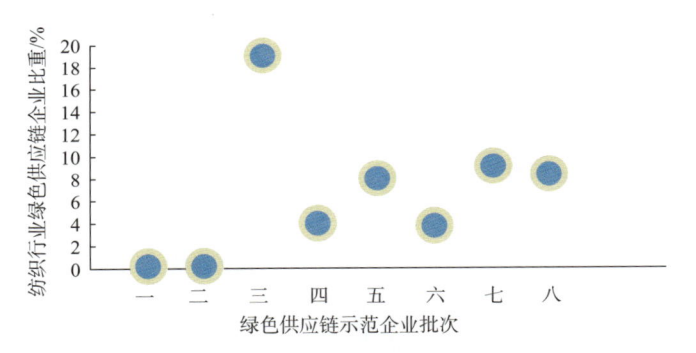

图4-7 纺织行业绿色供应链企业占比情况

波司登集团不断加强供应链管理要求，制定《供应商化学品安全管控手册》，全面升级供应商化学品安全管控要求，选择绿色供应商；明确《化学品限用物质清单》，委托第三方对原材料进行检测，保证100%合格；与消费者建立对话，为消费者介绍纺织品化学成分信息；携手上下游合作伙伴承担环境与社会责任，促进技术进步与贸易发展；切实践行企业社会责任，波司登将持续升级完善ESG体系建设，建立环保、健康、安全、高效的产业共生平台。

兰州三毛实业有限公司构筑了一个完整的呢绒产业链，该产业链从羊毛的收储、采购、牧场合作、洗毛制条、条染复洗、纺纱、织造到后整理，无一不体现环境保护与资源节约的理念；在生产和流通过程中，公司积极实施技术创新，引入了蒸汽冷凝水回收系统、染色机冷却水回收系统、中水系统、变频控制系统、新型螺杆空压机系统以及天然气磁共振节能装置系统，这些措施显著提升了资源和能源的利用效率，同时有效减少了污染排放。公司还推行了纺纱回条的使用、对羊毛原料进行调整使用以及零疵纱的利用，以实现资源的最大化利用。此外，公司通过开展绿色供应链管理评价，公司充分发挥了在供应链中的核心主体作用，以信息披露促进供应商的绿色发展，成为甘肃省2024年度绿色制造体系"绿色供应链管理企业"名单中的首家且唯一单位。

浙江盛泰服装集团股份有限公司围绕绿色设计、绿色采购、绿色制造、绿色运维、绿色回收，在供应链管理的上下游组织实施绿色供应链管理理念；建立绿色采购、供应商认证体系、供应商定期审核、供应商绩效评估、供应商进行培训等制度和标准，低风险供应商占比大于91%，推动供应商持续提高环境管理水平；研发产品通过Oeko-Tex Standard 100生态纺织品、GOTS全球有机纺织品等多项认证，所使用的化学品符合有害物质限制使用相关管理办法；污染物委托专业的危险废物处理机构处置；大力推广循环经济典型模式，与供应链的上下游公司共建绿色回收体系，包装回收率为100%，产品的废料回收利用率达90%以上，产品通过GRS全球纺织品再利用认证，废弃产品符合再利用标准。

浙江森马服饰股份有限公司拥有超过66家供应商，并在其中发挥着强大的影响力。公司实施了全过程绿色采购策略，对供应商实行绿色管理，加强了对绿色生产过程的监督。通过这些努力，森马已推动30家供应商建立了能源和环境管理体系，并确保所有供应商实现了100%的资源回收率。此外，公司运用SCM系统——即供应商统一管理平台，实现了对供应商全生命周期的管理。

4. 绿色园区

纺织行业绿色园区建设以布局集聚化、结构绿色化、链接生态化为关键着力点，致力于实现产业的可持续发展和生态环境的和谐共生。

云南德宏和广西河池的由缫丝企业主导的桑蚕茧丝绸产业园，集农工贸和研发、设计、生产于一体，形成了从科学育种到种桑养蚕，再到桑蚕产品综合利用，形成绿色循环产业体系。以河池为例，宜州区以打造桑蚕高效生态产业示范区为切入点，采用"企业+基地+合作社+农户"的生产经营模式，已经形成5条循环经济产业链包括："桑—蚕—茧—丝—绸—服装""桑树（果）—桑枝（食用菌、生物碱提取、生物发电等）—桑叶茶（桑叶固体饮料）—桑果酒""蚕沙—有机肥""蚕茧（废丝）—蚕丝被""蚕蛹—饲料（食品）产品"等，不仅实现了桑蚕副产品的综合利用，也带动了本地经济的发展。

国家级库尔勒经济技术开发区依托独特的资源禀赋、政策支持和环境优势，按照"一朵棉"到"一件衣"的全产业链发展布局，已经形成了涵盖从棉到服装、家纺和产业用纺织品等多品类、高品质、智能化、绿色化的产业链格局。面对产能的"高需求"和环保的"高要求"，园区企业通过增加污水预处理设备和中水循环管网搭建，减少了污水排放和染色材料的使用；通过数字化智能化改造，实现了"两升两降"，即管理水平和资源利用效率提升，能耗、物耗降低。

（二）国际纺织行业绿色制造模式的发展现状

1. 低碳生产

低碳生产是指在产品的生产过程中，通过减少温室气体排放，实现低能耗、低排放、高产出的制造模式。国际纺织服装企业在低碳发展方面的实践主要包括实施绿色低碳技术改造，减少化石能源用量，扩大可再生能源消费量，使用先进生产设备和节能环保设备，强化能源管理，等等。

（1）应用节能环保设备

通过使用高效节能的生产设备，可以在保证生产能力的前提下，显著减少能源的消耗。例如，采用新型高效电机和节能空调系统，可以大幅降低工厂的用电量和制冷能耗，同时减少环境排放，是纺织绿色工厂实现低碳生产的重要基础。例如，德国户外面料的制造商Schmitz Textiles，通过为蒸汽锅炉配备热交换器，可将温度从102℃提高到135℃，每年可以节省7%的能源；通过在再生式燃烧设施中使用能源转换器，每年可减少360t的二氧化碳当量；通过改用高效LED和T8灯泡，每年可节省85%的电费。

（2）积极利用可再生能源

增加引入太阳能、风能和地热能等可再生能源，可以减少对传统化石能源的依赖，从而降低碳排放。也可通过优化能源结构，工厂可以对多种能源进行合理组合，进一步提高能源利用效率，辅以先进的能源管理系统，工厂能够实时监控能源的使用情况，并根据生产需求动态调整能源分配。这不仅可以提高能源利用效率，还能够有效降低碳排放。例如，作为印度领先的服装出口商之一，Shahi Exports在可再生能源的采纳上取得了显著成就。2022年，该公司成功地从其服装生产设施中移除了煤炭作为能源来源，并持续致力于在纺织厂中淘汰煤炭。Shahi Exports投资建设的太阳能发电总容量已增至92.5兆瓦，这标志着他们向2026年实现100%可再生电力目标迈出了坚实的步伐；南亚最大的纺织制造商MAS Holdings，基于2019年排放量的科学基础目标（SBTi），承诺到2025年将范围1&2的排放量减少25.2%。其宣布在印度尼西亚的两座工厂将改为采用100%的可再生能源，将其碳足迹减少约3000t，大约相当于657辆汽车一年的碳排放。根据初步统计，在这两座工厂生产的产品可将碳足迹减少5%~15%。

（3）加强能源管理

德国Schmitz-Werke公司通过引入Siemens AG的Simatic S7控制器和B.Data能源管理系统，成功实现了工厂的能源管理优化。通过这一系统，能够精确记录和分析工厂内的能源使用情况，并迅速识别出高能耗设备，从而进行针对性优化。这种精细化的能源管理措施不仅提升了能源利用效率，还帮助工厂在一年内节约了约5%的能源成本。

（4）打造绿色建筑

合理的建筑设计，可以提升工厂对自然资源的利用水平，如光照、风能和雨水等，进而减少对外部能源的依赖。而绿色建筑材料的应用也可降低工厂的碳排放。例如，德国的户外服装品牌巍德（VAUDE）在其纺织工厂的设计中广泛应用了绿色建筑理念，不仅使用环保的建筑材料，还通过智能建筑设计最大限度地利用光照和风能等自然资源，从而减少对人工照明和空调的依赖。此外，VAUDE还在其工厂中安装了雨水收集系统，用于灌溉和其他非饮用用途，进一步降低水资源消耗的同时减少了碳足迹。

2. 循环生产

循环利用是绿色制造的一种重要方式，强调资源利用率的最大化和废弃物的最小化。纺织服装企业在循环经济领域的探索实践已经比较普遍，且部分方面的发展比较成熟，主要包括通过废弃物资源化利用、废水的处理与回用，以及能源的再循环等措施，减少工厂对环境的影响。例如，通过引入先进的废水处理技术，工厂可以实现废水的再循环使用，减少新鲜水的使用量；通过先进的废料再生技术，工厂可以将废布料转化为再生纤维，重新投入生产。

意大利服装品牌Napapijri推出了循环夹克。回收利用夹克和其他外衣，一个重要因素是产品的复杂性。一件普通的夹克的部件多达25个，包括外层、拉链、纽扣、填料等。这些由不同材料类型制成的部件，分离这些由不同材料制成的部件是回收利用的最大挑战。这款夹克通过简化设计和使用单一的100%可回收材料，克服了传统高性能夹克难以分拣和回收的难题，也大大简化了回收过程。通过合作伙伴Aquafil的解聚工艺对旧夹克进行化学回收，转化为名为Econyl®的再生尼龙6纱线，实现材料的循环利用。此外，为鼓励消费者参与回收旧夹克，Napapijri承诺在顾客返还旧夹克后，未来购物时可享受八折优惠，形成有效的旧夹克回收体系。

牛仔裤的生产过程造成的污染和资源浪费较为严重，生产一条普通的牛仔裤需要耗费7000L水，且生产过程中通常会用到有毒化学物质和燃料。实现牛仔裤的循环利用是纺织服装行业可持续发展的重要议题。例如，荷兰牛仔品牌 MUD Jeans 以"没有浪费的世界"为目标，通过商业模式创新，即生产、出租和回收有机棉牛仔裤，实现牛仔裤的循环再利用。与此同时，MUD Jeans 还借助新技术来降低生产牛仔裤的环境影响。如通过收集、循环利用雨水，实现节约用水；使用激光替代高锰酸钾来获得理想的做旧效果；利用洗衣机内部的磨搓部件替代会造成污染的浮石，得到石洗效果；将氧气转化为臭氧，用于消色漂白工艺等。

SOEX 集团是全球领先的纺织品废弃物处理公司，位于德国萨克森－安哈尔特州的沃尔芬工厂拥有世界上最先进的纺织品回收处理技术，是德国废弃纺织品回收再制造的中心。SOEX 集团秉承"零浪费"的宗旨，建立了以 Reduce（减少）、Reuse（再利用）、Recycle（回收）、Renewable（可再生）为主体的 4R 模型，旨在通过闭环系统将用过的产品作为新产品原料重新流动到新产品的生命循环中，进而实现可持续发展。集团通过其子公司 I：Collect 实施"全球旧衣回收计划"，并与国际知名品牌建立了合作网络，每年可回收 100 万吨废旧服装，服务网络遍布 90 个国家和地区。

日本帝人集团采用"回收再生循环系统（ECO CIRCLE）"开发再生纤维，缓解纤维原料短缺问题。在这个系统中，制服、时装、运动服、窗帘都可以循环变成新的纤维，即将从用户回收的聚酯纤维产品无限次再生成为新的纤维，而且重复再生并不会导致品质下降，每一次都与石油生产的产品性能完全相同的全新纤维。依托这套系统，帝人集团实现了"纤维到纤维"的回收再生，通过技术和整体供应链整合，可以将使用过的纤维制品分解到单分子级，成为与原料同等品质的回料，且可以多次循环；在应用方面，在各类衣装、家庭建筑软装等行业，这种纤维回收技术都有广泛应用。目前已与日本境内外150家以上的服装和体育用品厂商共同开展商品的开发及回收再生，共同构建回收再生循环系统。

美国萧氏地毯（Shaw contract）公司是全球最大的地毯制造商，在地毯的循环利用方面已经形成了有效的商业路径。公司在2006年启动了 re［TURN］®回收计划，致力于通过回收地毯和纺织品，把现有产品变成未来产品的原材料资源。截至目前，公司回收利用地毯达到4.5亿kg，每年回收塑料瓶超过20亿个。现有的产品中再生材料比例实现大幅提升。例如，PET Hybrid 是一种新型地面材料，由40%的废弃 PET 制成。这款高度耐用的产品厚度为4mm，可与大多数 EcoWorx®硬底背块毯同时安装，无须过渡。EcoLogix®厚韧软底通过了 cradle to cradle®铜级认证，具有很高的回收再生材料比例，包括绿色聚酯针垫，静音材料和缓冲底垫。

3. 清洁生产

清洁生产是使用清洁的能源和原料，采用先进的工艺技术与设备、改善管理、综合利用等措施，从源头削减污染，提高资源利用效率，减少或者避免生产、服务和产品使用过程中污染物的产生和排放，以减轻或者消除对人类健康和环境的危害。清洁生产的主要内容有：一是常规能源的清洁利用和使用清洁能源；二是生产过程的清洁化，以先进和清洁技术贯穿于从原材料投入产出成品的生产全过程，同时强调生产中废弃物的自净与削减；三是生产清洁的产品，即从设计、生产、包装到消费，都应考虑产品的互利共生、生态自净和生命周期等，如产品包装应当易于回收利用，减少不必要的功能。

Gebrüder Otto 公司是德国最著名的高档面料生产商之一，主要生产高品质的羊毛、丝绸和混纺面料。该公司在清洁生产方面的实践成效显著，主要包括：一是使用可持续材料，生产产品多以纤维素和再生纤维为主，其中再生纤维所用木浆均通过 FSC 认证；二是持续推进生产过程清洁化，包括使用的化学品（约120种染料）均符合最高（环境）标准（包括 REACH 法规、OEKO-TEX 和 GOTS）；改进染色生产技术和工艺，减少水耗、能耗。近年来已将每公斤纱线的耗水量减少了约25%。通过采购节能生产设备、完善能源管理，进一步降低每公斤染色纱线的能源需求。同时，公司重建了迪滕海姆工厂的供暖系统，进一步优化能耗；三是利用生产废弃物。公司使用来自纺纱前期和下游工艺的回收材料，减少了二艺废物，节省了新原棉。

美国萧氏工业集团（SHAW INDUSTRIE）是全球最大地毯及地面材料制造商。该公司通过研究生态系统的健康状况，确定生产地点附近水道的流域生态风险，并通过有效管理措施来预防工业污染，尽可能减少运营和生产过程中的水耗。2023年，产品实际水耗（以每磅成品为衡量单位），较2010年相比降幅高达48%。公司通过发布化学品政策与限用物质清单（RSL），帮助供应商更好地遵守清洁生产的要求，保障供应链与公司的目标保持一致。公司也在积极减少碳排放，在提升能源效率、利用清洁能源等方面实施了一系列举措。2023年，公司能源强度（每磅成品的英热单位BTU）较2010年基线水平减少了30%，温室气体排放量（范围1&范围2）较2010年减少了57%。与此同时，公司还与伯克希尔·哈撒韦能源子公司BHE Renewables签订了一项虚拟电力购买协议（VPPA），建设200兆瓦Flat Top风电场进行可再生能源投资，这项可再生能源投资将助力公司实现2030年企业运营净零排放目标。该公司通过Green Label Plus、FloorScore®和GREENGUARD三项认证，确保产品在VOC（挥发性有机化合物）排放方面，符合严格的室内空气质量标准。

三、纺织行业绿色低碳制造模式的发展趋势

（一）中国纺织行业绿色低碳制造模式发展趋势

当前　中国绿色制造模式已经成熟，并走向标准化，围绕绿色设计、绿色工厂、绿色供应链、绿色园区等的评价标准均已制定并发布实施。纺织行业在参考国家标准的同时，也在根据行业特点加快构建行业绿色制造模式的评价标准体系。与此同时，积极贯彻落实国家发展战略，纺织行业绿色制造模式的内涵也有新的变化。

1. 绿色设计

双碳战略下，碳足迹成为纺织产品绿色设计关注的重要内容。如何通过绿色设计，来降低产品全生命周期过程中的碳排放，成为当前和未来一段时期内纺织产品绿色设计亟待解决的关键任务。

2. 绿色工厂

建立健全纺织行业细分领域的绿色工厂评价标准是十分必要的。为实现纺织行业细分领域评价标准的全覆盖，需要对细分领域的生产工艺、原辅材料、能源种类等方面的划定差异化指标，对企业的污染物排放量、能源消耗量、废水回用率、重复利用率、碳排放量等评价指标进行量化，对企业现有状况进行有效划分，推动企业在节能减排减碳方面进行有效发展。健全纺织行业细分领域的绿色工厂评价标准可以有效推动企业进行绿色工厂的创建工作、培育工作，加快纺织行业企业建设绿色制造体系。

双碳战略下，各地纷纷出台近零碳、零碳工厂政策，要求绿色工厂企业以科学降碳为目标，建立温室气体管理体系，促进企业发展与降碳协同。在此背景下，温室气体排放管理已成为绿色工厂建设的重点内容和绿色工厂评价标准的重要指标之一。

3. 绿色供应链

绿色供应链的标准化和认证体系在未来将成为推动纺织行业绿色转型的重要工具。目前，工信部尚未发布纺织行业绿色供应链管理企业评价指标体系的标准，如何制定纺织行业绿色供应链管理标准成为纺织行业绿色制造模式发展的关键。①供应商管理。未来可以建立纺织行业采购标准，依据标准建立采

购及供应商管理制度并落实，从物料环保、污染预防、节能减排等方面完成绿色供应商的认证、选择和管理，引导供应商持续提高绿色制造水平，共同构建绿色供应链。②绿色生产。未来可建立绿色生产相关标准，让企业具备开展生命周期评价的能力，引导企业采用适用的工艺技术和设备，不断提升绿色设计能力。③绿色回收体系。未来可建立纺织品回收标准体系，引导企业主动承担废弃纺织品回收和再利用的责任。④信息披露。未来可建立纺织行业供应链信息披露管理体系标准，引导企业建立绿色供应链内的信息披露平台，定期公布上下游企业间的节能减排、污染物排放、违规情况等信息，加强上下游供应商的管理。

4. 绿色园区

绿色园区的标准化和认证体系在未来将变得更加重要。目前，工信部发布的绿色园区评价体系中并无纺织行业标准，建立纺织行业绿色园区评价标准将会是今后发展的重点。标准可对再生能源、清洁能源使用率、资源综合利用率、绿色建筑覆盖率、废物处置率等指标制定限值要求，优化园区内各企业的用能结构，减少化石燃料的使用，引导纺织园区建设余热利用、光伏发电、风能发电、废水回用等设施，鼓励园区建立并运行环境管理体系和能源管理体系，建立园区能源监测管理平台对园区内用能进行实时监测。未来可根据标准建立园区的管理体系及管理制度，并成立相应的机构进行园区的绿色化管理，以保证园区内各企业的整体绿色化。

（二）国际纺织行业绿色低碳制造模式发展趋势

1. 绿色制造更加重视生产清洁化

清洁生产是使用清洁的能源和原料，采用先进的工艺技术与设备、改善管理、综合利用等措施，从源头削减污染，提高资源利用效率，减少或者避免生产、服务和产品使用过程中污染物的产生和排放，以减轻或者消除对人类健康和环境的危害。从清洁生产的内涵看，不仅包括能源和原料，也涵盖了技术、设备、管理等方面，还涉及产品的使用过程，清洁生产覆盖了产品的全生命周期。从绿色政策看，清洁能源和可持续材料、清洁生产技术等成为各国政策的重要内容。如，《"十四五"全国清洁生产推行方案》提出，清洁生产是加快形成绿色生产方式、促进经济社会发展全面绿色转型的有效途径，并在各领域全面推进。《欧洲绿色新政》重点关注清洁能源和循环经济，《净零工业法》和《关键原材料法》旨在进一步促进清洁生产技术和可持续材料技术。未来，推进产业绿色化转型，不仅会进一步加大力度推进清洁生产，也会促进清洁生产模式的创新应用。

2. 绿色制造更加凸显低碳化

面对愈加严重的气候危机，低碳发展已成为各国应对气候变化、实现绿色转型的重要途径。为了保障和加快低碳发展，各国制定的法律法规、政策数量在不断增长。《2024全球碳中和年度进展报告》显示，截至2024年6月，全球颁布的气候相关法律已超过3600条。这些法律法规、政策所覆盖的领域在不断拓宽，目前已覆盖能源、工业、交通、建筑等领域，且文件数量增长速度也较快。自《巴黎协定》颁布以来，全球在交通、工业、建筑等领域每年颁布的法律数量相较往年平均水平增加了40%~60%。可以预见，在全球积极应对气候变化的趋势下，气候变化的法律、政策等将愈加，使得低碳发展已成为未来的经济发展和产业发展的重要方向，也必然是制造业绿色化转型的重要任务。

3. 绿色制造更加趋向循环化

循环发展是一种以资源高效利用和循环利用为核心，旨在建立循环型工业、农业、服务业产业体系，实现生产系统和生活系统的循环链接，形成"资源—产品—废弃—再生资源"的集约型增长模式。

积极发展循环经济，不仅能够显著提高资源能源利用水平，也可有效减少产品的加工和制造步骤，延长材料和产品生命周期，提升产品的碳封存能力，减少能源消耗和碳排放。

顺应绿色发展大势，面对环境问题和资源能源约束，大力发展循环经济已成为各国的重要战略。从国际看，发达经济体正在加快构建循环经济的战略框架和政策体系。以欧盟为例，欧盟将循环发展作为绿色发展的重要方向，不断完善循环经济的政策体系。从《新循环经济行动计划（CEAP）》到《可持续和循环纺织品战略》，欧盟将纺织行业纳入循环经济发展重点领域，并明确了欧洲纺织行业循环发展愿景和循环转型行动路线图。与此同时，欧盟还采取了一系列具体政策措施来推动循环经济，政策涉及污染行动、废物管理、回收、新的环保声明标准、消费者维修权等。如2023年欧盟修订了《废弃物指令》，明确对纺织品实施生产者责任延伸制度（EPR），旨在加快欧盟纺织品分类收集、分拣、再利用和再循环行业的发展。从国内看，从"十一五"到"十四五"，先后印发了《国务院关于加快发展循环经济的若干意见》《循环经济发展战略及近期行动计划》《循环发展引领行动》《"十四五"循环经济发展规划》等政策性文件，法规制度逐步完善，发展模式不断创新，涉及领域不断扩大。

未来，伴随各国循环经济政策体系完善，面对不断加大的环境保护和资源能源约束压力，大力推进纺织行业循环发展，将是行业绿色发展的重点任务。

参考文献

［1］中华人民共和国国务院.中国制造2025［R］.北京：中华人民共和国中央人民政府，2015.

［2］人民论坛网 国家治理.绿色制造：国内外创新探索与经验启示［R］.北京：人民论坛网，2017.

［3］李金华.中国绿色制造、智能制造发展现状与未来路径［J］.经济与管理研究，2022，43（6）：3-12.

［4］机械工业信息研究院.绿色制造成为企业可持续发展的现代制造模式［R］.北京：人民论坛网，2023.

［5］工业和信息化部和国家标准化管理委员会.绿色制造标准体系建设指南［R］.北京：中华人民共和国工业和信息化部，2016.

［6］节能与综合利用司.国家层面绿色工厂评价标准清单（2024年度）［R］.北京：中华人民共和国工业和信息化部，2024.

［7］工业和信息化部办公厅.关于公布2023年度绿色制造名单及试点推行"企业绿码"有关事项的通知［R］.北京：中华人民共和国工业和信息化部，2023.

［8］工业和信息化部办公厅.绿色工厂梯度培育及管理暂行办法［R］.北京：中华人民共和国工业和信息化部，2023.

［9］山东省工业和信息化厅.关于印发《山东省绿色制造单位梯度培育及管理暂行办法》的通知［R］.济南：山东省工业和信息化厅，2024.

［10］经济日报.欧盟新法案促进绿色工业发展［R］.北京：经济日报，2024.

［11］中华人民共和国商务部.欧盟委员会《可持续及循环纺织品策略》［R］.北京：中华人民共和国商务部，2023.

［12］刘平，刘亮.日本迈向碳中和的产业绿色发展战略——基于对《2050年实现碳中和的绿色成

长战略》的考察［J］. 现代日本经济，2021（4）：14-27.

［13］朱丹晨. 日本批准"促进向低碳化增长型经济结构转型的战略"［EB/OL］.（2023-10-13）［2024-12-06］. http：//www.casisd.cn/zkcg/ydkb/kjzcyzxkb/2023/zczxkb202309/202310/t20231013_6902119.html.

［14］中国纺织工业联合会. 建设纺织现代化产业体系行动纲要（2022—2035年）［R］. 北京：中国纺织工业联合会网站，2023.

［15］消费品工业司. 化纤工业高质量发展的指导意见［R］. 北京：工业和信息化部国家发展和改革委员会，2022.

［16］中国化学纤维工业协会. 2023年中国化纤行业运行分析与2024年展望［R］. 北京：中国化学纤维工业协会，2024.

［17］苏州市工业和信息化局. 苏州市"近零碳"工厂建设管理办法（试行）［R］. 苏州：苏州市工业和信息化局，2022.

［18］连云港市工业和信息化局. 关于开展连云港市"近零碳"工厂推荐工作的通知［R］. 连云港：连云港市工业和信息化局，2023.

［19］江西省发展改革委. 江西省低碳零碳负碳示范工程实施方案［R］. 江西：江西省发展改革委，2023.

［20］浙江省经济和信息化厅. 零碳（近零碳）工厂建设评价导则（2023版）［R］. 浙江：浙江省经济和信息化厅，2023.

［21］常州市工业和信息化局. 常州市近零碳园区和近零碳工厂试点建设三年行动方案（2024—2026年）［R］. 常州：常州市工业和信息化局，2024.

［22］国家发改委. 关于加快建立产品碳足迹管理体系的意见［R］. 北京：国家发改委，2023.

专家观点

专家观点 1

北京服装学院材料设计与工程学院院长、教授
张秀芹

在全球气候变化的挑战下，绿色转型已势在必行。绿色低碳纤维在全球纺织工业中的重要性愈加凸显，逐步成为行业的主导力量，引领纺织行业的未来发展。生物基合成纤维依托可再生资源，减少对石油等不可再生资源的依赖，并在生产过程中通过降低碳足迹和实现生物降解，有效缓解环境污染问题。这种材料的应用符合全球可持续发展和循环经济的趋势，推动纺织行业在面对环保法规和消费者绿色需求时提升竞争力。生物基合成纤维不仅具有可持续性，还通过技术进步逐步提升其力学性能和耐用性能，开拓了高性能纺织品的新应用领域（包括运动服、功能性服装、医用纺织品等）。随着成本下降和技术成熟，这类纤维将成为行业创新的关键驱动力，引领未来纺织产业的绿色转型。其推广与应用不仅有助于优化资源利用、促进经济效益，还将助力实现全球低碳目标，对纺织行业的长远发展具有深远的影响。

专家观点 2

天津工业大学教务处处长
先进纺织复合材料教育部重点实验室副主任、教授
王春红

在全球环境问题日益严重、绿色可持续性已经成为多个行业发展重点的大背景下，低碳纤维材料的开发对实现碳中和目标至关重要。天然纤维复合材料通过减少碳排放，为绿色发展做出贡献。在纺织工业中，天然纤维与再生纤维、可降解聚合物的结合，有助于降低生产过程中的碳足迹，推动纺织行业的绿色转型。

天然纤维复合材料依托可再生资源（如麻、亚麻等植物纤维），减少了对不可再生石油基材料的依赖，具有低碳环保和生物降解的优势，不仅在建筑和汽车内饰等传统应用中表现出色，还在高性能复合材料和医疗器械等高技术领域展现了广阔的前景。苎麻、黄麻、亚麻等植物纤维具有轻量、高强度和优异的生物降解性，如何提升其界面结合性、耐久性和防水性等性能将成为材料研究的焦点，帮助行业构建起贯穿整个生产过程的绿色供应链体系，确保材料的可持续性和经济效益。

复合材料的回收技术是绿色可持续发展必须研究的重点问题。机械回收通过物理分离实现材料再利用，化学回收则通过化学处理解聚材料，回收技术的成熟将增强材料的环境友好性。生物降解技术与回收技术的结合，有望实现更高效的资源再生与环境保护。天然纤维复合材料及其回收技术的发展趋势日益明确，技术进步将进一步提升其性能，持续扩大低碳纤维材料的应用范围，为全球可持续发展目标的实现发挥关键作用。

专家观点3

上海市领军人才
中国纺织学术带头人、教授
蔡再生

在全球环境保护和可持续发展理念推动下，绿色低碳染整技术是纺织产业链绿色转型的核心支撑。绿色低碳染整技术的显著特征主要有：①减少环境影响。通过使用环保染料和化学品，优化工艺流程，减少水资源和能源的消耗，降低废水和废气的排放，从而减轻对环境的污染；②提高资源利用效率。更加强调资源的循环利用和高效利用，如废水回用、余热回收等，以减少资源浪费；③保障产品质量。在减少环境污染和资源消耗的同时，能够保持或提高纺织品的质量，满足市场需求。

近年来，绿色、低碳染整技术取得了长足的进步。①创新性染整技术不断发展。如高效短流程染整技术，少水、少碱前处理技术，非水介质染色技术，数码印花技术，免水洗印花等进展加快，应用日益广泛；②染整装备技术更趋绿色。清洁生产和降耗减排染整设备不断进步，如生态型、多功能、低浴比、超低能耗染色机，连续式少水低能耗智能煮漂洗一体机等；③节能技改和污染治理技术的进步显著。如中水回用和废水排放实时监测，展现生产过程的洁净化。通过高效能电机、数字控制定型机和废水余热回用等技术，减少能源消耗和污染排放。与此同时，政府部门也在通过制定相关法规和标准，加快推动绿色、低碳染整技术创新发展，通过政策支持和资金补贴等措施，促进绿色、低碳染整技术的普及应用。

未来，在绿色政策的引领和支持下，在新一轮技术革命和技术融合发展趋势下，短流程、低能耗、低水耗、数字化等已成为绿色低碳染整技术的重要趋势。绿色低碳染整技术的创新发展和应用，将有力支撑纺织产业的绿色高质量发展。

专家观点4

上海嘉麟杰纺织科技有限公司副总工程师
王俊丽

党的二十大报告明确指出，推动经济社会发展绿色化、低碳化是实现高质量发展的关键环节。纺织行业要走以科技创新为引领、绿色低碳为导向的高质量可持续发展之路。①构建绿色低碳的技术创新体系，秉承科技与绿色并重的理念，高校、科研院所、企业全方位合作，打造从基础研究、技术原理、关键技术、产品形成到价值实现的"学""研""产"的创新链，促进产业技术研发与成果转化的创新体系，持续提升创新能力；②强化产品全生命周期绿色管理，推行绿色设计和无废生产，开发生产绿色纺织产品，实施绿色发展战略，推广使用绿色生产技术（包括短流程印染技术、少水/无水染色技术、低浴比染色技术等），引进连续式、低能耗生产设备，加强水、热能、废料等回收使用，构建从原料、生产到营销、消费的全产业链纺织循环体系；③加快智转数改是纺织行业的必走之路。运用人工智能、数字孪生、大数据分析等新一代信息技术，将设计研发的创新性、生产的高效率、物流的智能化以及服务的个性化紧密串联起来。通过数字孪生技术和AI技术，以虚拟镜像的视角提供新的时尚展示平台，并利用高度模拟和沉浸式环境，重塑设计、制造和营销流程，打造数字时尚生态产业链；通过数据采集对生产过程和设备运行状态性能的实时监控，从而实现设备、机器人、物料的精准配合；基于信息系统实现产品生产全过程数据的自动获取、流转和分析，提高管理决策效率。

专家观点 5

中国循环经济协会副会长
中国循环经济协会工业固废
专业委员会理事长
尾矿综合利用产业技术
创新战略联盟理事长
李边卓

绿色低碳制造模式是在应对全球气候变化、提倡减少温室气体排放的大背景下提出的，并且在国际社会中得到了广泛认可和推崇。发展绿色低碳经济已成为全世界新型经济发展的基本趋势，也是世界主要工业国家的根本性战略选择。

我国政府高度重视绿色低碳发展，并出台了一系列政策和指导意见来推动制造业的绿色化转型，明确要求通过推动制造业绿色化发展，在落实碳达峰碳中和目标任务过程中锻造新的产业竞争优势，加快建设现代化产业体系，推进新型工业化。

中国纺织行业绿色制造体系建设成效显著，能源利用效率、单位产值能耗水耗、碳排放量得到了显著优化。纺织行业企业在绿色制造名单中的数量呈现逐批次上升趋势，先后培育纺织行业国家层面绿色工厂达202家、绿色供应链企业45家、绿色设计产品478种。绿色制造理念得到普及与推广，促进纺织行业绿色体系建设不断取得新进展。生物可降解材料和绿色纤维产量年均增长10%以上，循环再利用纤维年加工量占纤维加工总量的比重达15%。

纺织制造过程资源消耗大、污染物产生率较高，绿色制造模式在纺织行业虽得到了广泛推广，但是绿色技术改造难度较高、所需费用高，现有绿色制造成果虽有部分成效但还需逐步提升。纺织行业是我国有着悠久历史的传统优势支柱型产业，也是重要的民生产业，在美化人民生活、增强文化自信、拉动内需增长、促进社会和谐等方面发挥着重要作用。因此，在全球应对气候变化的时代背景下，推动纺织业全产业链绿色低碳模式发展，不仅是应对环境挑战的必要举措，也是提升行业竞争力和履行社会责任的重要途径。

专家观点 6

全球时尚产业离不开纺织行业。纺织行业绿色低碳理念与创新是推动纺织行业可持续发展和全球时尚产业发展的重要驱动力。

落实绿色低碳理念与创新实践，第一，贯彻绿色低碳理念，包括

浙江纺织服装学院纺织服装
研究院院长兼染整技术
研究所所长
宁波市纺织服装智能制造
技术重点实验室主任、教授
夏建明

循环经济（推动纺织品的回收和再利用，减少废弃物，延长产品使用寿命）、节能减排（通过技术改进和管理优化，减少能源消耗和温室气体排放）、绿色供应链（整合上下游资源，打造绿色、低碳、高效的供应链体系）等；第二，关注技术创新，包括再生纤维技术（利用废旧塑料瓶、废旧衣物等制作再生纤维，实现废物资源化）、功能纤维材料（如高性能碳纤维、导电抗辐射纤维等及其功能纺织品）、绿色染整技术（如非水介质染色、短流程染整等技术，减少水污染和废水量）等；第三，标准与认证（如CNTAC系列标准等国际、国家、行业等标准及其认证，规范行业行为）；第四，碳中和加速计划（如"时尚品牌30·60碳中和加速计划"，推动企业设定和达成碳中和目标）；第五，行业实践，包括绿色投资（特别是中小企业开展绿色投资，获得碳减排效益，推动行业整体绿色化转型）、供应链整合（大型企业发挥引领作用，将绿色低碳理念贯穿于供应链全过程，推动全链条绿色低碳发展）、绿色金融（为符合绿色标准的中小企业提供绿色信贷、绿色债券等金融服务，支持其绿色低碳技术投资）等。

纺织行业绿色低碳理念落地与创新发展，不仅有助于纺织企业提升其ESG表现，也有利于推动整个发展纺织行业的可持续发展和绿色转型，增强市场竞争力，满足消费者对可持续、功能化、时尚化纺织产品的需求。

专家观点 7

广东溢达纺织有限公司
能源与环境管理部
副总监、博士
邱孝群

纺织行业是资源和能源消耗较多的行业，产生的废水对环境的影响也比较大，节能减排是过去一段时期行业发展的主要工作。随着全球对气候问题的关注，绿色低碳逐渐成为行业发展的趋势。

现阶段纺织行业的绿色低碳涵盖了生产制造的各个方面，包括可再生材料的使用、清洁能源或者可再生能源的使用、循环回收利用等，越来越多的企业开始发布碳达峰、碳中和路线图，开始产品的碳足迹计算并试图从设计到生产各环节努力降低产品的碳足迹，特别是提高清洁能源或者可再生能源的使用。

随着可再生能源的广泛使用，绿色和低碳的概念将会发生变化。绿色将是所有行业可持续发展的共同主题，低碳是一段时期内通向绿色发展目标的主要途径。绿色代表的是极高的资源使用效率，从产品全生命周期（包括设计、生产制造、工厂、园区、供应链、使用、废弃、回收）全环节综合提升资源的使用效率。可以设想，在未来全部使用可再生材料和可再生能源，实现了净零碳排放，绿色发展仍然是不变的主题。

绿色发展除了需要全行业自身在技术创新方面的共同努力，还需要积极向消费者宣传绿色发展理念，引导消费者绿色消费，参与纺织品回收循环利用等，共同为绿色发展贡献力量。